Werner Ingendahl
Sprachliche Bildung im kulturellen Kontext

WV studium   Band 166

Werner Ingendahl

Sprachliche Bildung im kulturellen Kontext

*Einführung in die
kulturwissenschaftliche Germanistik*

Westdeutscher Verlag

Der Westdeutsche Verlag ist ein Unternehmen der Verlagsgruppe
Bertelsmann International.

Alle Rechte vorbehalten
© 1991 Westdeutscher Verlag GmbH, Opladen

Das Werk einschließlich aller seiner Teile ist urheberrechtlich geschützt. Jede Verwertung außerhalb der engen Grenzen des Urheberrechtsgesetzes ist ohne Zustimmung des Verlags unzulässig und strafbar. Das gilt insbesondere für Vervielfältigungen, Übersetzungen, Mikroverfilmungen und die Einspeicherung und Verarbeitung in elektronischen Systemen.

Umschlaggestaltung: Horst Dieter Bürkle, Darmstadt
Druck und buchbinderische Verarbeitung: W. Langelüddecke, Braunschweig
Gedruckt auf säurefreiem Papier
Printed in Germany

ISBN 3-531-22166-3

Inhaltsverzeichnis

Vorwort 7

I. Grundbegriffe: Verständigung, Erfahrungsmodi, Identität 11
1. Verständigung 11
   Die Inhalte der Verständigung 18
   Exkurs: Wurzeln einer pragmatischen Sprachreflexion 24
2. Die Tätigkeiten der Kommunikativen Kompetenz und die
   Strukturen des Bewußtseins 35
   Eindrücke 35
   Ausdrücke 46
   Die Leistungen des sprachlichen Zeichens im Verständigungsprozeß 50
3. Identität als Ziel der Kommunikativen Kompetenz 60

II. Die Entfaltung der Kommunikativen Kompetenz 75
1. Die ersten beiden Lebensjahre 75
   Vor der Sprache 75
   Die allmähliche Versprachlichung der kindlichen Handlungsformen 82
   Das Erste Wort 86
   Auf dem Weg zum symbolischen Denken und Handeln 92
   Mehrwortäußerungen 97
2. Die Kindheit 100
   Die frühe Kindheit 100
   Der Erfahrungsraum Familie 110
   Das Kindergartenkind 116
   Erfahrungsraum peer-group I 125
   Das Grundschulkind 129
   Erfahrungsraum peer-group II 138
   Neue Impulse für die Sprachentwicklung 143

3. Das Jugendalter 150
   Der bisherige Aufbau einer Identität
   zwischen subjektiven und sozialen Ansprüchen 152
   Die kognitive und motivationale Entwicklung zur Ich-Identität 156
   Die sozialisierenden Leistungen der peer-group 164
   Die Erfahrungsmodi 167
   Identitätsentwicklung zwischen Voranstürmen und Rückfall ... 176
   Das Jugendalter und die Jugend einer Kultur 181
   Die moralische Entwicklung 184
   Erfahrungsraum Arbeitswelt 188

III. **Vermittlungsinstanz: der Erfahrungsraum Schule** 199
   1. Leistung als Leitbegriff 200
   2. Die Erfahrung sozialer Beziehungen 204
   3. Die Erfahrung von Sachverhalten 208
   4. Die Erfahrung der Sprache 214
   5. Die Erfahrung des eigenen Ich 216
   6. Ethisch-politische Erfahrungen in der Schule 224

IV. **Sprach- und Literaturdidaktik im Rahmen kulturwissenschaftlicher Germanistik** 229
   1. Die Institution Germanistik 229
      Ein interaktionistischer Kulturbegriff 232
      Kulturwissenschaftliche Inhalte in den Fremdsprachendidaktiken und in der germanistischen Kulturkunde 239
      Germanistik als Kulturwissenschaft 245
   2. Die Erfahrungsmodi und die Erkenntnisziele des Wahren,
      Schönen und Guten 248
      Vier Modi der Konstitution von Wirklichkeit in der
      Erfahrung 251
      Alltagspraktische Erfahrungen 252
      Theoretische Erfahrungen 255
      Ästhetische Erfahrungen 258
      Ethisch-politische Erfahrungen 262
   3. Sprachliche und literarische Bildung im kulturellen Kontext 268
      Ein Unterrichtsbeispiel 282

Literaturverzeichnis 293

Über den Autor 306

Vorwort

> Den frantzösischen
> Freyheitsbaum Linnéisch
> zu schildern, könnte eine
> gute Satyre werden.
> *Lichtenberg*

Wer anfängt zu lesen, fängt an zu fragen, steigt aus dem Alltag aus und handelt in Gedanken.

Einer hat Worte aufgeschrieben, in geregelter Anordnung; er nimmt an, er kann damit Vorstellungen und Gedanken von Lesern komponieren zu neuen Geschichten oder Theoriegebäuden. Er weiß, seine Annahme ist berechtigt, wenn es ihm gelingt, seine Sprache so zu formen, daß sie in den Köpfen der anderen die gleichen Bewußtseinsprozesse anregt, die ihn gerade beschäftigen.

Auch nach Jahrzehnten vielfächrigen Sprachstudiums staune ich über die Sicherheit der Menschen, mit der sie ihre tägliche Kommunikation betreiben. Sie müssen doch wohl erfahren, daß sie ihnen gelingt.

Ein Wunder ist es immer wieder für mich, daß Kinder sprechen lernen bei Eltern, die nichts anderes tun als in ihrer unerschütterlichen Sicherheit mit den Kindern zu reden, wie ihnen der Schnabel gewachsen ist.

Dagegen die Profis: Sie beschreiben "Spracherwerbsprozesse", als ginge es je einem Kind darum, eine "Sprache" zu erwerben; sie konstruieren "Sprachlernprogramme", als wäre der "Sprachbesitz" ein Konto; sie schreiben "Sprachbücher" und halten "Sprachunterricht", um die sprachlichen Fähigkeiten in streng fachlicher Isolation "auszubauen". Nicht immer, weil sie es nicht besser wissen, nicht immer aus fachidiotischer Beschränktheit, sondern - mehr oder weniger bewußt - aus politischen Motiven: Solange man nur die "Sprache" fördert, ist man nicht verantwortlich dafür, was der Lernende daraus macht, und kann trotzdem behaupten, sich um seine "Erziehung" zu kümmern.

Wissenschaftliche Grundlage (und also Legitimationsbasis) der Spracherwerbstheorien wie der Sprachunterrichtskonzepte sind Grammatiken, formale Modelle von Theorien, in denen als Steuerungszentrum und Materialbasis menschlichen Denkens und Handelns "die Sprache" behauptet wird.

In solcher Beleuchtung wirkt das menschliche Sprechen wie ein technischer Vorgang: "Sprachgebrauch", "Sprachverwendungssituationen" und ähnliche Termini sollen sich auf Tätigkeiten und Zustände beziehen, in denen Menschen ihr Leben leben. In grammatischer Reduktion geht allzuviel davon verloren.

Doch genug der negativen Abgrenzung; ich will lieber sagen, aus welchen Interessen ich dieses Buch geschrieben habe. Ich wollte wissen, was Kinder lernen, wenn sie sprechen lernen; was sie dann können und wie sie sich dabei verändern; wovon die Lernprozesse abhängen und wie man sie fördern kann. Ich wollte verstehen, was in einem Bewußtsein vor sich geht, das lernt und von dem Handeln gesteuert wird.

Um mich durch diese komplexen Bewußtseinsvorgänge und Handlungsprozesse hindurchzufragen, brauchte ich eine Fülle von Theorien. Die herangezogenen auf eine stringente Fragestellung zu beziehen, mag eklektisch anmuten; dadurch, daß ich über zehn Jahre lang dieses Projekt herausarbeitete und täglich in Forschung und Lehre vorläufige Antworten geben mußte, hatte das Theoriegeflecht genügend Chancen, sich zu bewähren. Und was übrigblieb, halte ich für einsehbar und hilfreich.

Die unendlich vielen Forschungsergebnisse brauchten zunächst einen Bezugsrahmen, der so allgemein ist, daß er auf alle Menschen und alle Lebenssituationen anwendbar ist, der Anfang, Prozeß und Ziel menschlichen Lernens umfaßt wie auch die Dialektik menschlicher Wirklichkeit und Möglichkeit.

Eine solche - notwendig transzendentale - Grundlegung bietet Karl-Otto Apels Sprachphilosophie als die dem 20. Jahrhundert angemessene Form von Bewußtseins- und Gesellschaftsphilosophie. Er fragt nach den normativen Bedingungen der Möglichkeit menschlicher Verständigung, die wir immer schon bei uns selbst voraussetzen und akzeptiert haben müssen (Apel 1976). Jürgen Habermas entwickelte dazu ein Praxismodell, das die sprachliche Interaktion eines *Sprechers* (allgemein eines Sinnproduzenten) mit einem *Hörer* (entsprechend) um einen *Sachverhalt* in einer gemeinsamen *Sprache* beschreibt. Die Bedingungen der Möglichkeit gelingender Verständigung werden definiert aufgrund der Unterstellungen jedes Teilnehmers an einer Kommunikationssituation: Der Sprecher soll wirklich meinen, was er sagt, damit Hörer ihm vertrauen können; seine Äußerung soll in einer verständlichen Sprache formuliert sein; sie soll den normativen Erwartungen der Hörer angemessen und der Sachverhalt wahr wiedergegeben sein, damit Hörer das Wissen des Sprechers teilen können. Diese vier Geltungsansprüche erheben die Beteiligten reziprok; ihr Ziel ist die Herbeiführung eines Einverständnisses (vgl. Habermas 1976, S. 176).

Es läßt sich nachweisen, daß jede tatsächliche Kommunikation die Erwartung dieser vier Kriterien voraussetzt, auch wenn sie de facto nicht erfüllt werden. Deshalb ist dieses Verständigungsmodell als grundlegendes geeignet. Darin ist die Sprache die Vermittlungsinstanz, die alle für unsere Ausgangsfragen relevanten Existenzen miteinander ins Spiel bringt, und zwar in jeder *sprachlichen Handlung*: Die Position des Sprechers repräsentiert den Menschen als Individuum, dessen "innere Natur" einzig zur Wahrhaftigkeit fähig ist. Die Position des Hörers steht für den Menschen als Sozialwesen, für seine Gesellschaftlichkeit, die ermöglicht wird durch richtiges/angemessenes Handeln. Die Position Sachverhalt repräsentiert die Inhalte der Interaktionen, alles was dem Menschen "Wirklichkeit" werden kann.

In diesen Zusammenhängen kann Spracherwerb dargestellt werden
- im Blick auf den einzelnen als *Individuation*,
- im Blick auf seine Handlungsfähigkeit in einer Gesellschaft als *Sozialisation*,
- im Blick auf die kulturspezifischen Inhalte, die sprachlich bezeichnet werden, als *Enkulturation* (zum Zusammenhang der Begriffe vgl. Loch 1968).

Die sprachlichen Tätigkeiten des Menschen bleiben bei dieser Darstellung in ihren lebenspraktischen Bezügen: sprechen lernen erfordert die Eingewöhnung in eine Lebensform.

Sprechen ist nicht nur "Wörter und Sätze produzieren"; sprechen als handeln heißt, Situationen gelingender Verständigung hervorzubringen, also die Bedingungen und die Konstituenten von Kommunikation (mit) zu erzeugen. Die Wissenschaft, die diese Prozesse durch Nachkonstruktion erforschen soll, nennt Habermas "Universalpragmatik" (1976, S. 174); es ist eine Sprach*handlungs*theorie (im Gegensatz zur Semantik, Syntaktik), aber nicht auf einzelne Sprechakte oder eine einzige Sprache bezogen, sondern "universal", generell nach den allgemeinen, immer und überall geltenden Regeln möglicher Verständigung fragend. 1971 identifizierte Habermas die Universalpragmatik mit einer "Theorie der kommunikativen Kompetenz" (1972, S. 102). Diesen Begriff hatte Dell Hymes in die Diskussion eingebracht, der als Schüler der amerikanischen Kulturanthropologie den Chomskyschen Begriff der "Sprachkompetenz" kritisierte, da dieser die menschliche Fähigkeit, Sprache hervorzubringen, auf ein grammatisches Regelsystem reduziere; statt dessen entwickelte Hymes

eine Konzeption der kommunikativen Kompetenz als Gesamtheit der Fähigkeiten zum kulturellen Verhalten. "Die Kultur einer Gesellschaft", schrieb Hymes' Lehrer Goodenough, "besteht in dem, was man wissen oder glauben muß, um sich als Mitglied der Gemeinschaft verhalten zu können" (vgl. Coulmas, in Hymes 1979, S. 24.).
Dies eben wollte ich begreifen: wie sich beim Sprechenlernen zugleich eine *Persönlichkeit* bildet, eine *Gesellschaft* als symbolisch strukturierte Lebenswelt und eine *Kultur* als System typischer Interpretationsmuster.

Also hatte ich psychologische, soziologische und kulturwissenschaftliche Theorien und Forschungsergebnisse zu sichten und aufeinander zu beziehen.

Die Übersicht über die Kompetenzentwicklung hatte einige Weiterungen zur Folge, die ausgearbeitet werden mußten, um die didaktische Konzeption der Praktizierbarkeit anzunähern:
- Während und nach der Darstellung der Genese einer Kommunikativen Kompetenz mußte ich die sozialen Erfahrungs- und Handlungsräume beschreiben, wenigstens die fundamentalen, deren Bedingungen jedes Menschenleben ausgesetzt ist. Ich wählte dafür die Typologie der Sozialisationsinstanzen Familie, peer-group, Bildungssystem und Arbeitswelt, weil in ihnen die Position des Heranwachsenden jeweils spezifisch ist.
- In der thematischen Dimension der Kommunikations*inhalte* stellte sich heraus, daß heterogene Wirklichkeitsbereiche zu unterscheiden sind - z.B. die Alltagswelt, die erfundenen Welten der Theorien und Phantasien usw. Sie entstehen durch verschiedene Weisen des geistigen Umgangs mit den Erfahrungen und durch jeweils besondere Einstellungen zu ihnen. Zur systematischen Übersicht faßte ich diese unter die Begriffe der alltagspraktischen, der ästhetischen, der theoretischen und der ethisch-politischen Erfahrungsmodi zusammen.
- Daraufhin entwickle ich das Programm einer kulturwissenschaftlichen Germanistik, in deren organisatorischem Rahmen ja diese didaktische Konzeption erforscht und gelehrt werden soll.
- Den Schluß bildet eine formale und inhaltliche Grundlegung einer "Sprachdidaktik im kulturellen Kontext" mit einigen praktischen Auswirkungen.

Und eben dies alles halte ich für die notwendige Grundlage eines Studiums der Germanistik, das auf eine professionelle Förderung sprachlicher und literarischer Fähigkeiten in didaktischen Berufen vorbereiten soll.

I. Grundbegriffe:
Verständigung, Erfahrungsmodi, Identität

1. Verständigung

Eine Kommunikative Kompetenz zu erlernen ist das heimliche Interesse jedes Menschen: er kann sein Leben menschlich nur kommunikativ leben; alle Lebensbereiche sind kommunikativ strukturiert und angewiesen auf die Kommunikative Kompetenz der nachwachsenden Mitglieder, für ihr Fortbestehen wie für Neugründungen. Eine Familie, einen Freundeskreis, eine Lerngruppe gibt es nur, weil Menschen einander sprachlich ihre Zusammengehörigkeit zeigen, dabei sprachlich relevante Inhalte verhandeln und auch sprachlich sich als Individuen auf der Folie der Gemeinsamkeiten darstellen. Jede Gruppe sorgt durch ihren kommunikativen Umgang zugleich für die Kompetenzentwicklung der nachwachsenden Generation, indem sie diese in ihre Lebensform handelnd integriert. Besondere Lehrprozeduren sind wenige nötig.

Bedroht waren und sind die fundamentalen Lebensgemeinschaften einerseits von der Borniertheit ihrer Mitglieder, die allzu schnell den erreichten Stand ihrer Kompetenzentwicklung für das Erreichbare halten. Hier tut Aufklärung und Übung not. Andererseits - und dadurch mitbedingt - werden die Kommunikationsgemeinschaften in dieser Zeit mehr und mehr bedroht durch die "Kolonialisierung der Lebenswelt" (Habermas 1981, II, S. 489 ff): Persönliche Beziehungen, Konfliktlösungen, alltägliche Situationen wie auch die Gestaltungen außergewöhnlicher Ereignisse werden unmerklich überformt von medienvermittelten Eingriffen anonymer Mächte; Bürokratisierung, Institutionalisierung, Formalisierung von Beziehungen sollen Verständigungsprozesse ersetzen, die künstlichen Medienwelten sollen die Weltbilder stiften. Dagegen reicht Aufklärung nicht mehr aus; "Alternativszene" und "Zukunftswerkstätten" arbeiten praktisch gegen die Verplattung an.

Bevor ich die Genese der Kommunikativen Kompetenz darstelle, werde ich in diesem Kapitel die dafür genutzten Theorien im systematischen Zusammenhang vorstellen. Es geht mir dabei nicht um vollständige Referate dieser Konzeptionen, sondern um ihr Nutzbarmachen zum

Durchschauen und Verstehen der kommunikativen Prozesse. Die Auswertung und Anwendung von Theorien ist immer ein ethisch-politischer Akt: persönlich zu verantworten, hier in den Bewährungsprozessen der Lektüre und deren Folgehandlungen.

Ich beginne auf sehr abstrakter Ebene mit der Frage nach den Bedingungen der *Möglichkeit gelingender Verständigung*: Welche Voraussetzungen müssen erfüllt sein (müssen Kommunikationspartner sich gegenseitig erfüllen), bevor und damit sie sprachlich handeln können?

Wir informieren oder beraten einander, unterhalten uns oder erzählen Geschichten. Um solche kommunikativen Ziele überhaupt anstreben zu können, müssen alle Beteiligten gemeinsam, unausgesprochen, eine soziale Struktur in der Situation aufbauen, damit Verständigung -, als Bedingung der Möglichkeit von Information, Beratung, Unterhaltung oder Erzählung - gelingen kann. Sie tun das - völlig selbstverständlich und unreflektiert - indem sie mit denselben Annahmen in die Situation hineingehen: Zum Zwecke der Gemeinschaftshandlung soll von indviduellen Unterschieden abgesehen und auf das Gemeinsame zurückgegriffen werden, und zwar in unbedingter Gegenseitigkeit: Ich gehe von diesen Voraussetzungen aus; ich erwarte, daß der andere auch davon ausgeht; und ich erwarte, daß der andere dasselbe von mir erwartet.

Diese Annahmen sind "Idealisierungen" der Situation (vgl. Schütz 1974; Cicourel 1975; Arbeitsgruppe Bielefelder Soziologen 1973; Garfinkel 1973; Maas 1978; Kallmeyer/Schütze 1975); würde nicht jeder davon ausgehen, daß solche Konstitutionsbedingungen sozialer Situationen von jedem Beteiligten eingehalten und unterstellt werden, wäre es völlig sinnlos, eine Kommunikation überhaupt zu beginnen. Diese Idealisierungen lauten, formuliert als implizite Mit-Aussagen jeder Äußerung:
- Wenn ich du wäre, verstünde ich, was ich sage.
- Das, was jeder weiß, ist die rechte Grundlage des Handelns in einer sozialen Situation.
- Wir haben relevante Sachverhalte und ihre Merkmale gleich ausgewählt und interpretiert.
- Wir haben ein gemeinsames Rollen- und Kommunikationsschema.
- Mit den Typisierungen, mit denen ich bisher gut zurechtkam, werde ich auch weiter gut fahren.
- Alle Ereignisse werden eine bestimmte geregelte Abfolge haben, und unsere Handlungen haben Folgen.

Mit diesen Idealisierung im "Hinterkopf" lassen wir die meisten Situationen problemlos gelingen; wir unterstellen einfach die Erfüllung der gegenseitigen Erwartungen. So ganz unbewußt aber sind uns die Annahmen nicht, denn wir können sie durchkreuzen, mißachten, verletzen oder ihre Verletzung durch andere bemerken; wir können sie auch thematisieren ("Das verstehst du ja selbst nicht!"), wir können sie intentional handhaben und sie gezielt einsetzen für strategisches, aber auch für ethisch begründetes Handeln. Wir "wissen" also recht genau, was wir zu tun haben, um Verständigung herbeizuführen; wir kennen die Kriterien einer "idealen Sprechsituation". Es wird nie eine so heile Welt geben, in der Menschen nur noch in solchen Situationen verkehren, auch das wissen wir. Aber ohne den dauernden Vorgriff auf diese ideale Sprechsituation käme keine Kommunikation zustande.

Aus den (gemeinsamen) Annahmen folgen für das konkrete Verhalten in der Situation bestimmte Forderungen - "Kommunikationsmaximen" (Grice 1968) -, die jeder Beteiligte erfüllen muß, der mit seinen Erwartungen ernstgenommen werden will: "Grundsatz, mache deinen Beitrag zur Kommunikation so, wie er an der jeweiligen Stelle dem akzeptierten Zweck oder der Richtung des Redewechsels, an dem du beteiligt bist, erforderlich ist.

Maximen:

Mache deinen Beitrag so informativ wie erforderlich. Versuche deinen Beitrag so zu machen, daß er wahr ist.

Mach deinen Beitrag relevant.

Sei klar und deutlich" (Grice, nach Wunderlich 1972, S. 54-58)

Idealisierungen und Kommunikationsmaximen versuchen zu explizieren, was dem Alltagsbewußtsein selbstverständlich ist; sie sind induktiv gewonnen und additiv untereinandergeschrieben, mit allen Anzeichen des "Es-könnte-auch-anders-sein" formuliert. Systematischer ging Jürgen Habermas vor, als er seine "Theorie des kommunikativen Handelns" aufbaute (1976b, 1981):

In den Positionen von Sprecher und Hörer stellen Menschen die Beziehungen zueinander her, die ihnen erlauben, sich miteinander zu verständigen; sie formulieren *Äußerungen* und verstehen sie, und zwar immer sowohl Inhalte als auch Beziehungen. In jeder Äußerung steckt eine Aussage über einen Sachverhalt und eine Anweisung, als was für eine Handlung diese Aussage zu verstehen ist. Diese Verstehensanweisung kann expliziert sein, etwa durch ein Verb des Sagens (ich frage dich, verspreche dir ...), sie kann aber auch implizit mitzuverstehen sein (etwa aus "Komm her!" ist der Befehl, die Aufforderung zu erschließen). In den Termini von Habermas (1976b) und Watzlawick (1969): Auf der "Ebene der Intersubjektivität" konstituieren die Beteiligten den "Beziehungsaspekt" ihrer Interaktion; gleichzeitig betreten sie die "Ebene der Erfahrungen und Sachverhalte", über die sie sich verständigen möchten, die also den "Inhaltsaspekt" ihrer Interaktion ausmachen. Nach der Searlschen Sprechakttheorie ist die Verstehensanweisung der "illokutive Akt", die Inhaltsaussage der "propositionale Gehalt" der Äußerung. Ich stelle die entsprechenden Termini an einem Beispiel zusammen:

Äußerung: Ich verspreche dir,   morgen zu kommen.

           illokutiver Akt   / propositionaler Gehalt
           Beziehungsaspekt / Inhaltsaspekt
           Ebene der Inter-   / Ebene der Erfahrungen
           subjektivität   und Sachverhalte

Die Sprache vermittelt Interaktionserfahrung und Erfahrungen mit Sachverhalten in der Verständigungshandlung.

Diese Beschreibung wird dem Charakter der Äußerung als Gemeinschaftshandlung gerecht: Der Sprecher formuliert mit der (als gemeinsam unterstellten) Sprache einen Sachverhalt und wirkt damit auf den Hörer ein:

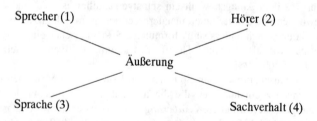

Mit jeder Äußerung appräsentiert der Sprecher also auch implizit folgende Mit-Aussagen:
(1) Ich bin es, der die Äußerung formuliert; ich identifiziere mich mit ihr, ich werde zu ihr stehen. In diesem Sinne erfülle ich das Kriterium der *Wahrhaftigkeit*.
(2) Ich habe deine (des Hörers) Verstehensvoraussetzungen und deine normativen Erwartungen an die Form unserer Interaktion berücksich-

tigt; ich gehe davon aus, daß wir beide unser Beziehungsverhältnis in dieser Situation so gestalten wollen, wie ich es vorschlage. In diesem Sinne genüge ich dem Kriterium der *Angemessenheit*.
(3) Ich formuliere meine Äußerung in Zeichen, Strukturen und Regeln einer Sprache/eines Codes, die du wie ich verstehen wirst. In diesem Sinne genüge ich dem Kriterium der *Verständlichkeit*.
(4) Den thematisierten Sachverhalt gibt es (in irgendeiner Wirklichkeit: wahrnehmbar, denkbar, träumbar ...), und du wirst ihn wie ich in der formulierten Sichtweise erkennen. In diesem Sinne erfülle ich das Kriterium der *Wahrheit*.

Erst wenn der Sprecher allen vier Kriterien genügt, sorgt er für gelingende Verständigung. Wer die Äußerung auf sich bezieht, also die Position des Hörers akzeptiert, muß damit gleichermaßen der Äußerung bestimmte Implikationen unterstellen; denn eine kommunikative Handlung gelingt nur nach dem Prinzip der unbedingten Gegenseitigkeit. Wenn etwa ein Sprecher zu einem Hörer sagt: "ich verspreche dir, dich morgen zu besuchen", dann gelingt die Verständigungshandlung nur, d.h. sie wird erst dann ein Versprechen, wenn

- sowohl der Sprecher die Absicht hat, sein Versprechen einzuhalten, also am nächsten Tag den Hörer tatsächlich zu besuchen,
- als auch der Hörer das Versprechen ernst nimmt, dem Sprecher Wahrhaftigkeit unterstellt und den Besuch tatsächlich erwartet.

(1) Als Hörer akzeptiere ich es, von dir angesprochen zu werden, ich identifiziere die Äußerung mit dir; an dich werde ich mich mit meiner Reaktion wenden.
(2) Ich beziehe die Äußerung auf mich, werde erkennbar reagieren, implizit oder explizit deine Annahmen bestätigen oder korrigieren und mich zum Thema äußern.
(3) Ich bemühe mich, meine sprachlichen Fähigkeiten auf dich einzustellen und die Formulierung so zu verstehen, wie du sie gemeint hast.
(4) Ich werde versuchen, den Sachverhalt, den du bezeichnest, in seiner Wirklichkeitsebene zu erkennen und meine Erfahrungen mit ihm in der von dir angebotenen Sichtweise zu sehen.

Verständigung beginnt, wenn der Sprecher die Antwort des anderen als Antwort auf seine erste Äußerung versteht; jetzt können sie sich unterhalten, einander beraten, diskutieren, sich streiten...

(1) Zentrales und "letztes" Kriterium gelingender Verständigung ist die Wahrhaftigkeit. Bei den "Idealisierungen" und den "Kommunikationsmaximen" fehlt es, den drei anderen Kriterien nähern sich jene auch. Auf

die Wahrhaftigkeit wären sie gestoßen mit der Frage: Warum soll eigentlich jemand für eine gelingende Kommunikation sorgen? Weil er selbst es ist, der mit der Äußerung identifiziert wird, bei dem Fehler, Strategien, Unglaubwürdiges, Unangemessenes... eingeklagt werden. Seine Äußerung fällt auf ihn zurück, er wird sich im Laufe der Situation oder später zu *bewähren* haben: hat er eine Frage gestellt, wird er sich die Antwort anhören müssen... Das hat nur Sinn, wenn der Hörer vom Einhalten der Verpflichtung überzeugt ist: die Frage also als ernstgemeinte Frage versteht und sich zu einer Antwort aufrafft.

(2) Der Hörer bringt seine Erfahrungen mit Interaktionen und mit Sachverhalten in die Situation ein. Er stellt Ansprüche an das, was hier zur Sprache kommen sollte und wie. Der Sprecher weiß das, wenn auch meist nicht genau. Der Hörer repräsentiert für den Sprecher eine "Rolle", und das heißt: die normativen Erwartungen einer gesellschaftlichen Gruppe oder Situation (Familie, Clique). Aufgrund seiner Einschätzung der normativen Bedingungen der Situation wird der Sprecher nun ein/mehrere Verhaltensmuster für infragekommend halten und eines davon in seiner Äußerung realisieren. Die Angemessenheit der Formulierung an die normativen Bedingungen kann nur vom Partner bestätigt/korrigiert werden. Nötigenfalls müssen die Beteiligten die Angemessenheit ihrer Äußerungen *rechtfertigen*, indem sie sich auf das zugrundegelegte Normensystem berufen.

(3) In jeder Kommunikation wird mit sprachlichen Zeichen auf Sachverhalte eines Wirklichkeitsbereichs gezeigt: aus der Welt der Gefühle und Gedanken, der wahrnehmbaren Welt, der wünschbaren... Indem der Sachverhalt sprachlich gefaßt wird, wird er - in einer bestimmten Sichtweise - zur Tatsache, sie erst kann bestritten werden. Um Wahrheit seiner Äußerung zu erreichen, muß der Sprecher die Tatsache so formulieren, daß es dem Hörer gelingt, den gemeinten Sachverhalt zu erkennen. Diesen Anspruch muß er nötigenfalls *begründen*.

(4) Äußerungen werden als wahrhaftig, als angemessen, als wahr erschließbar, wenn die primäre Voraussetzung der Verständlichkeit erfüllt ist: Sprachzeichen, die für die Beteiligten dieselbe Bedeutungsfähigkeit (denselben "Inhalt") haben, müssen nach geltenden sprachlichen Regeln ausgewählt und angeordnet werden. Ihre Vermittlungsfunktion im Verständigungsprozeß gibt der Sprache gegenüber den drei anderen Konstituenten ihre besondere Bedeutsamkeit: Erst über die Verständlichkeit werden die drei anderen Kriterien gelingender Verständigung erreichbar. Dieser Dominanz in den Voraussetzungen korrespondiert eine Unwichtigkeit der Verständlichkeit in den Zielen der Verständigung: eine Äußerung mag

produziert werden um der Selbstdarstellung des Sprechers willen, um eines Appells an den Hörer willen, um der Darstellung eines Sachverhalts willen, nie aber um der Verständlichkeit willen. (In poetischen Texten ist das anders; da geht es auch und vor allem um die Sprache, um die Vorführung ihrer Vermittlungstätigkeit - aber poetische Äußerungen sind mit einem Modell gelingender Verständigung sowieso nicht angemessen zu beschreiben.)

Die Sprache vermittelt natürlich auch bei mißlingender Verständigung. Sie bringt die subjektive Intention des Sprechers unwahrhaftig zum Ausdruck, präsentiert eine unangemessene Interaktionsform oder täuscht über eine wahre Tatsache hinweg. Aber gerade hier erweist sich wieder ihre besondere Bedeutsamkeit: Die "falschen" Vermittlungsleistungen können sprachlich aufgegriffen und zum Thema gemacht werden, um dem nichtbeachteten Kriterium zu seinem Recht zu verhelfen: "Das meinst du doch nicht im Ernst!" - "Wie sprichst du denn mit mir?" - "Fliegen kannst du höchstens im Traum." - "Hast du Kommunion oder Kommunikation gesagt?" Die durch die Selbstreflexivität der Sprache ermöglichte *Metakommunikation* ist die Voraussetzung dafür, daß mißlingende Verständigung nicht gleich abgebrochen oder unter dem Schein ihres Gelingens aufrechterhalten werden muß, sondern in die Richtung des Gelingens zurückgeführt werden kann. Sie macht aber auch aufmerksam auf die Offenheit der Bedingungen: Wahrhaftigkeit, Angemessenheit, Verständlichkeit und Wahrheit bezeichnen Skalen von Beurteilungsmatrizen von "gerade noch annehmbar" bis "voll und ganz erfüllt". In welchem Grade überhaupt jemand haftbar für seine Äußerungen gemacht werden kann, in welchem Grade sie den Erwartungsnormen eines Hörers angemessen ist..., hängt von den konkreten Bedingungen und Möglichkeiten der Handlungssituation ab und wäre nur in einer maschinellen Automatik strikt festzulegen. Der Ausdruck "gelingende Verständigung" muß in dem hier besprochenen Sinne zunächst formal verstanden werden: Jeder, der sich in Kommunikation begibt, setzt damit unbewußt und selbstverständlich die Geltung der vier Bedingungen voraus; warum sollte er sonst überhaupt den Mund aufmachen oder sein Ohr/Auge leihen? Dazu der Beweis ex negativo: Verzerrte und pervertierte Kommunikationsformen wie Lüge, arrogantes Abkanzeln, Nie-gesagt-haben-Wollen oder unverständliches Reden können nur wirken, weil und solange die vier Geltungsansprüche als prinzipiell aufrechtzuerhaltende unterstellt werden.

So wird immer unter den Beteiligten auszuhandeln sein, wie rigide oder wie großzügig sie die Kriterien ausgelegt wissen wollen; das Besondere kommunikativen Handelns ist schließlich, daß die Beteiligten eine

Verständigung suchen über die Handlungssituation, daß sie eine *konsensfähige* Situationsdefinition gemeinsam finden wollen.

So allgemein und jedesmalig dies gerade beschriebene "Kommunikative Handeln" von jedem Menschen erwartet wird, so selten ist es jedoch tatsächlich anzutreffen. In der kommunikativen Praxis herrschen die anderen Formen interaktiven Handelns vor, die ich später noch genauer vorstellen werde: (s. S. 48) teleologisches, besonders strategisches Handeln, normenorientiertes Handeln und dramaturgisches Handeln. Dies sind aus situativen Interessen manipulierte Kommunikationsformen, bei denen die Grundform zwar erwartet und vorgetäuscht, aber durch (heimliche) Verletzung eines oder mehrerer Kriterien nicht realisiert wird.

Menschen verständigen sich also unter Bedingungen, die sie selbst und füreinander schaffen. Diese nötigen Voraussetzungen stellen sich nicht naturhaft oder automatisch ein, sie müssen jedesmal gewollt und gesetzt werden. Was unter dem formalem Aspekt als anonyme gesellschaftliche Voraussetzung von Verständigung erscheint, stellt sich inhaltlich als fundamentales ethisches Forderungsbündel heraus.

Individualethisch begründet: Weil Handlungen Folgen haben, und weil die Handlungsbedingungen eingeklagt werden können, muß jeder an der Einhaltung der vier Bedingungen interessiert sein. Demokratisch begründet: Weil ich von allen, mit denen ich mich in Kommunikation begebe, die Einhaltung der vier Bedingungen erwarte, halte ich sie selbst auch ein.

Universal begründet: Verständigung hat nur Sinn in einer Verständigungsgemeinschaft, also unter Menschen, die das, was sie voneinander erwarten, prinzipiell auch selbst tun können. Das Prinzip menschlicher Freiheit ermöglicht zwar auch den Verstoß gegen die Verständigungsmaximen; aber die Spanne zwischen der noch immer unzureichenden Realität voller Mißverständigungen und der immer zu unterstellenden gelingenden Verständigung ist als historische Aufgabe ihrer Verringerung zu begreifen.

Die Inhalte der Verständigung

Es ist problematisch, einen treffenden Begriff für alle Erfahrungsinhalte aus der Vielzahl der Wissenschaften, die sich damit befassen, auszuwählen; jeder hebt einen spezifischen Aspekt hervor. Ich brauchte einen Begriff, der nicht fern - wie "Geist" - die Inhalte nennt, sondern ihre Beziehungen zur Lebenspraxis und zu den (sprachlichen) Ausdrucksmitteln anschließen läßt. Jürgen Habermas greift in seiner "Theorie des kommunikativen Handelns" (1981, II, S. 182 ff.) den Begriff der *Lebenswelt* (von Husserl) als inhaltliches Komplement zu Sprache auf: Eine Gesellschaft als Kulturgemeinschaft bindet Menschen, die überzeugt sind und voneinander erwarten, daß alle die Welt genauso kennen wie sie selbst und deshalb genauso darin leben können. So wie wir im kommunikativen Handeln so tun, als ob Verständigung gelingt, tun wir in bezug auf die Inhalte so, als ob wir über die Lebenswelt schlechthin reden.

Dieser "allen gemeinsame" Erfahrungshorizont unseres Lebens enthält "alle" Ressourcen für Verständigungshandlungen. Wenn ich etwas zur Sprache bringe, kann ich nur Einzelheiten aus dem großen Erfahrungsraum herausgreifen; die Beziehungen, in denen jedes Detail steht, setze ich dabei als bekannt voraus. Der Lehrer etwa, der Fritzchen in der Schule fragt: "Was hast du denn in den Ferien erlebt?", geht davon aus, daß ein Junge wie Fritzchen in der Ferienzeit etwas Besonderes, Typisches, Erzählenswertes erlebt hat; daß der Schüler ihm das in der Institution Schule in bestimmter Form erzählen wird; daß (nur) Lehrer an Schüler solche Fragen stellen dürfen; daß es für Fritzchen eine relevante/notwendige... Intention ist, Ferienerlebnisse in der Schule zu erzählen usw. Diese Unterstellungen - in der Linguistik Präsuppositionen genannt - binden die explizit genannten Einzelheiten in größere Erfahrungszusammenhänge ein und machen sie im Rahmen der Sprechsituation sinnvoll. Einige der Verstehensvoraussetzungen lehnt Fritzchen jedoch ab, wenn er antwortet: "Es reicht auf keinen Fall für einen Aufsatz."

Mit jedem ausgesprochenen Ausdruck werden also in den Beteiligten größere Erfahrungskomplexe aufgerufen; stimmen sie in diesen Hintergrundüberzeugungen überein, wird Kommunikation in erwarteter, gewohnter Weise unproblematisch möglich. Durch den Akt des Aussprechens verändern sich aber die Inhalte der "Lebenswelt" entscheidend: Was vorher diffus als allen Bekanntes vorausgesetzt wurde, wird jetzt in wenigen relevanten "Spitzen" thematisiert, die aber ihre Eisberge mitbringen. Ein Ausschnitt aus den lebensweltlichen Verweisungszusammenhängen wird in einer Situation gemäß einem Handlungsziel zum *Thema* (Habermas 1981, II, S. 187 f.). Die Beteiligten gehen davon aus, daß sie in einer gemeinsamen Lebenswelt stehen, deren Zentrum jetzt ihre Interaktionssituation ist. Sobald aber Erfahrungen zur Sprache gebracht sind, verlieren sie die Selbstverständlichkeit ihres "Gegebenseins", ihre Fraglosigkeit. Sie werden in der Äußerung zu einer Tatsache der "objektiven Welt" und/oder zu einer sozialen Verhaltensnorm und/oder zu einer subjektiven Meinung, einem individuellen Erlebnis. Aus dem lebensweltlich Allgemeinen, das aller menschlichen Tätigkeit vorausgesetzt ist, macht ein Sprecher etwas bestimmtes Wirkliches, das für eine Handlung eine Rolle spielen soll und das nun zugänglich ist für Zustimmung und Ablehnung oder das auch ganz anders interpretiert werden könnte. In dem Moment, da der Lehrer Fritzchens Ferienerlebnisse als Unterrichtsstoff thematisiert, können die Beteiligten, vor allem Fritz selbst, nicht nur die Äußerung selbst bestreiten, sondern auch ihr "Mitgemeintes". Fritzchens Antwort zeigt auch, daß er zwischen den drei "Welten" der objektiven Tatsachen, der geltenden Normen und der subjektiven Erlebnisse unterscheiden kann. Seine Antwort sagt: Ich habe etwas erlebt, aber in die Schule gehören diese Geschichten nicht; deinem normativen Anspruch, einer Schulaufgabe entsprechen zu müssen, widerspreche ich, aber nicht direkt, sondern indem ich meine Erlebnisse als zu wenige für die Schulaufgabe einschätze, damit aber eine Eigenständigkeit zeige, die hier in der Schule unüblich ist. Fritzchen beweist, daß er den vorausgesetzten Wissenszusammenhang von Ferienerlebnissen, ihrer schulischen Behandlung und den Handlungspielräumen der Beteiligten kennt; dieser Kontext ist kulturell vorausinterpretiert in der vertrauten Lebenswelt. Ebenso ist geregelt, mit welchen Ausdrücken dies thematisiert werden kann, damit es verständlich wird.

Habermas zeigt, wie die Menschen in einem jahrtausendelangen Entwicklungsprozeß fähig wurden zur "Rationalisierung der Lebenswelt": aus der diffusen Weltkenntnis durch deren Reflexion heraustreten konnten in einen Bewußtseinstand, der ihnen die Unterscheidung von objektiven Tatsachen, geltenden Normen und subjektiver Meinung erlaubte, wie also aus Kommunikation zur Lebensregelung allmählich Verständigung wurde als sittliche Lebensform; wie die Menschen aus der ursprünglichen Einheit von Institutionen (Stamm), Weltbild und Gruppenmitglied sich herausarbeiteten in einer Dauerrevision ihrer Verhältnisse, in der sie die Naturwüchsigkeit ihrer Tradition reflexiv brachen und mehr und mehr durch diskursive Verständigung ersetzten (a.a.O., S. 221).

Kultur als Vorrat an Interpretationsmustern, *Gesellschaft* als Potential zur sozialen Integration und *Persönlichkeit* als Kommunikative Kompetenz mit Identität sind die *entwickelten* Komponenten einer Welt, über die Verständigung möglich ist.

In unserem Zusammenhang ist an diesem Konzept vor allem wichtig: Bei den Inhalten der Kommunikation können wir unterscheiden zwischen einem kollektiven Erfahrungsraum ("Lebenswelt"), der als Horizont der Hintergrundüberzeugungen allen in einer Kultur gemeinsam ist, und den objektiven, sozialen und subjektiven Tatsachen als Gegenständen von

Verständigungsprozessen. Und genauso wie in der Struktur jeder alltäglichen Kommunikation bereits die Bedingungen der Möglichkeit von Verständigung angelegt sind, so sind auch im Alltagskonzept der Lebenswelt bereits Kultur, Gesellschaft und Persönlichkeit angelegt, die immer wieder in einem Emanzipationsprozeß herauszuarbeiten sind. Sprache ist dabei wie alle kulturellen Deutungssysteme die entscheidende Instanz der Vermittlung zwischen Erfahrung und Handlung, zwischen Möglichkeit und Wirklichkeit.

Allerdings besteht die Gefahr, daß wir uns die "Lebenswelt" und die drei "Welten der objektiven Tatsachen, der sozialen Normen und der subjektiven Erlebnisse" vorstellen als feste Bezirke im Bewußtsein. Das ist sicher nicht angemessen, denn wenn wir uns fragen: Wann ist denn ein Sachverhalt Element einer dieser Welten? können wir doch wohl nur antworten: dann, wenn ein Sprecher/Hörer ihn dazu macht. Alles kann in jeder der Welten vorkommen, entscheidend ist die Einstellung zu ihm: Ist mir etwas selbstverständlich vorgegeben? Ist es eine Tatsache, die ich zur Kenntnis nehme, oder eine Norm, die ich befolgen soll, oder ein Gefühl, ein ausgedachtes Erlebnis, ein Werturteil?

Eigene Erfahrungen so differenziert beurteilen zu können, ist kognitive Voraussetzung für Selbständigkeit und Verantwortlichkeit. Also müssen wir die bisher diskutierten statischen "Welt"-Begriffe energetisch umdenken in Konzepte, die Tätigkeiten des Umgehens mit Erfahrungen in bestimmter Einstellung meinen; auch für Habermas sind die "Welt"-Konzepte im Grunde energetische Begriffe (vgl. 1981, II, S. 183 f, 206 f). Wir können etwas wissen, etwas glauben, etwas probehalber annehmen - oder uns etwas ausdenken. Dabei treten wir quasi in verschiedene Verhältnisse zur Wirklichkeit.

Zumeist läuft unser Denken so gut wie automatisch ab, es begleitet unser Handeln routiniert und lenkt es in gewohnten Bahnen. So kann uns das Leben unproblematisch erscheinen und soll möglichst so andauern. Was wir wahrnehmen, wird nach Mustern zurechtgemacht, bei denen wir überzeugt sind, alle Welt verfahre ebenso. Eine solche Haltung ist in der Lebenswelt des *Alltags* überlebenswichtig; im normalen Tagesablauf darf nicht jede Kleinigkeit schwer und wie zum ersten Mal zu bewältigen sein, hier müssen wir ohne Frage schnell und erfolgreich handeln können, um uns eine Verhaltenssicherheit zu erhalten.

Trotzdem gibt es immer wieder Anlässe, die die Selbstverständlichkeit aufbrechen, die uns innehalten lassen. Unser Denken wird eigenständig gegenüber dem Handeln, verfolgt aus mehr theoretischem Interesse eine Frage, blickt zurück und reflektiert einen Handlungsverlauf, plant die nächste Phase genauestens vor oder sinnt über merkwürdige Zusammenhänge nach.

Eine ganz andere Einstellung zur Wirklichkeit bauen wir auf, wenn wir uns Möglichkeiten ausdenken, tagträumen, intuitiv mit den Erfahrungen spielen und sie phantasierend verwandeln. Im *ästhetischen* Erfahrungsmodus gehen wir sinnlich, gefühlvoll, lust- und leidempfindlich mit unseren Erlebnissen um.

In dominant theoretischer Einstellung entstehen die "Welten der objektiven Tatsachen", in dominant ästhetischer Einstellung die "Welten der subjektiven Erlebnisse", "Welten der sozialen Normen" konstituieren wir in *ethisch-politischer* Einstellung. Dabei wird der Handlungsverlauf unterbrochen, weil es einem primär um das Finden von Werturteilen geht, um das Suchen von Maßstäben, um das Vergleichen von Kriterien und um das Bedenken wahrscheinlicher Konsequenzen. (Auch das Alltagsbewußtsein bewertet, aber spontan und unkritisch.)

Ein Beispiel für die vier Erfahrungsmodi:

Menschen gehen an einer Wiese entlang.

Einer denkt vielleicht: Sie muß bald gemäht werden, das Wetter ist günstig. Aber es wird viel Schweiß kosten. Ja, wenn wir uns Maschinen leisten könnten wie der Großbauer drüben ...

Ein anderer: Sehr artenreiche Trockenwiese, begünstigt durch Sandboden auf Schiefergrund, gute Wasserführung. Hauptsächlich Lippenblütlergewächse, hier die Kleine Braunelle (Prunella vulgaris), dort ...

Oder: Herrlich, der Geruch von Sommer und Wiese und Hitze und Heu, die Farbenpracht aus rot und gelb und weißnichtnoch. Leuchtfelder! Erst möcht ich mich hineinlegen, nein hineinwühlen. Erinnerungen stürmen auf mich ein ...

Oder: Wie gut, daß es hier im Vinschgau noch so viele Wiesen und Weiden gibt; sie mußten noch keinen Baumaßnahmen weichen. Hier ist die Natur noch im ökologischen Gleichgewicht. Das ist notwendig, ich werde mich dafür einsetzen, daß es so bleibt.

Der *alltagspraktische Erfahrungsmodus* entsteht aus der elementaren Orientierung an den Erfordernissen des täglichen Handelns. Die Handlungsfelder der Alltagswelt (Wohnen, Kleidung, Essen, Arbeit...) sind in hohem Grade typisiert und der bewußten Wahrnehmung und jeder Problematisierung unzugänglich. In wissenschaftlicher Darstellung macht dieser Erfahrungsmodus natürlich keinen positiven Eindruck, aber seine praktische Leistung ist für uns täglich unverzichtbar. Die Erfahrungen des Alltagsbewußtseins sind unser Routinewissen, sich selbst plausibel; es kann jeder Kommunikation vorausgesetzt werden als das, was jeder akzeptiert. Neues wird prinzipiell auf Bekanntes reduziert. Um die Alltagsinteraktionen problemlos aufrechterhalten zu können, verarbeitet das Bewußtsein in alltagspraktischer Haltung neue Situationen mit gewohnten Organisationsregeln: Abwehr, Reduktion, Themaverschiebung (vgl. Schütz und Luckmann 1982 und 1984; Leithäuser 1988).

Im *theoretischen Erfahrungsmodus* hingegen stellen wir das fraglos Gegebene in Frage. Jetzt ist unser Ziel Erkenntnis; wir unterbrechen das Handeln für Sekunden, Stunden oder Jahre, um ein Problem zu erforschen, zu untersuchen, zu reflektieren in seinen Bedingungen der Möglichkeiten. Je länger die theoretische Auseinandersetzung mit einer Frage dauert - und das können Jahrhunderte sein -, desto mehr verselbständigt sich die Theorie zu einer Lebensform mit eigenem Gegenstandsbereich, eigenen Methoden und eigenen Fachsprachen, stellt also eine eigene Form von Praxis dar, in der andere Prinzipien gelten als in der Lebenswelt des Alltags: Nach logischen Gesetzen werden Erfahrungsbereiche zu Theoriesystemen mit wohldefinierten Begriffen konstruiert. Es geht nicht um das Nützliche, sondern um die Wahrheit, jedes Problem wird expliziert, hypothetisch und experimentierend Lösungen zugeführt, die wiederum überprüft und mit anderen Erkenntnissen konfrontiert werden. Die ihr gemäße Kommunikationsform ist der offene und selbstreflexive Diskurs (vgl. Körner 1970; Zimmermann 1978).

Auch im *ästhetischen Erfahrungsmodus* erheben wir uns über die Alltagswelt und schaffen Neues, jedoch nicht rational, sondern spielerisch und intuitiv. Phantasie und Sinnlichkeit geben den Ton an: Sonst schlummernde, von der Alltagswelt als unnütz ausgeschlossene Vorstellungen und Wünsche unseres Ichs komponieren aus verfremdeten Gegenständen das als möglich Vorschwebende. Es entstehen freie Angebote, sich selbst und die Welt neu zu entdecken, unbegründbar zwar, aber manchmal eben doch Lust und Einsicht gleicherweise überzeugend.

Im *ethisch-politischen Erfahrungsmodus* reflektieren wir wertend unsere Erfahrungen, alltagspraktische wie theoretische und ästhetische. Der Doppelbegriff soll auf die zwei Dimensionen wertender Entscheidungen hinweisen: Wertsetzungen sind subjektive Entscheidungen, die aber Konsequenzen im sozialen Umfeld haben. Moralische Werte kann ich nicht wissen; ich muß sie als geglaubte Bewußtseinsinhalte vertreten, will ich sie verantworten. Damit dabei Werte vergleichbar und überprüfbar auf ihre Angemessenheit sind, brauchen wir Prozeßnormen, die regeln, wie Menschen ihre subjektiven Bewertungen voreinander rechtfertigen sollen. Wie sich in der Genese der Kommunikativen Kompetenz zeigen wird, sind solche Prozeßnormen vom Niveau kognitiver und gesamtkultureller

Entwicklung abhängig: Jeder Mensch und jede Kultur beginnt mit Lust-Unlust-Entscheidungen, bevor nämlich Moralität als Problem entdeckt ist. In der vorkonventionellen Phase, bevor also eine Gemeinschaft als legitim normsetzend anerkannt werden kann, orientieren sich die Menschen egozentrisch an ihrem Erleben: Gut kann nur das sein, wofür man nicht gestraft wird oder was eigene Interessen befriedigt. Erst in der "Konventionellen Phase" können sich Menschen orientieren auf der Basis der Loyalität gegenüber Ordnungen, zunächst wegen eines repräsentierenden Vorbilds, dann um der sozialen Ordnung selbst willen. Aber auch Normen sind gesetzt und können verändert werden. "Postkonventionell" urteilen Menschen aufgrund universaler Prinzipien wie den in den Menschenrechten formulierten. Das ethisch-politische Ziel einer Kommunikativen Kompetenz wird es sein, an Diskussionen selbständig und verantwortlich mitzuwirken, in denen die Geltung universaler Prinzipien im Hinblick auf bestimmte Probleme verständigungsorientiert ausgehandelt wird.

Exkurs: Wurzeln einer pragmatischen Sprachreflexion

Zum Verstehen einer Kommunikativen Kompetenz brauchen wir eine Sprachwissenschaft, die sprachliche Äußerungen zusammen mit allen ihren Voraussetzungen und Wirkungen untersucht, deren Gegenstand also "Sprache in der Kultur" ist.

Ihr Gegensatz ist die sog. Systemlinguistik, die Formen und Inhalte sprachlicher Ausdrücke beschreibt. Dazu gehören traditionelle Grammatiken wie auch die Generative Transformationsgrammatik und ihre Fortführungen. Charakteristisch für eine systemlinguistische Arbeitsweise ist, daß die Materialien der Forschung aus (beliebigen) Sätzen gewonnen werden: da Sprache immer existiert in der Dialektik von Besonderem (einmaligem Ausdruck: *parole*) und Allgemeinem (geltendem Sprachelement: *langue*), kann man an jedem Sprachstück Regeln, Strukturen und Elemente "des" Sprachsystems ermitteln. Das fängt - wie auch im Grammatikunterricht - meist so an: Nehmen wir den Satz "Ich schreibe einen Brief nach X." Sätze oder Wörter werden hier als Beispiele zitiert. Natürlich wissen auch Systemlinguisten um die Zusammenhänge, in denen Sätze normalerweise stehen; sie klammern sie aber aus, weil ihr Erkenntnisinteresse auf die Nachkonstruktion des "Systemoids" (Glinz) Sprache gerichtet ist. Das ist wissenschaftlich legitim; auch Kernphysiker erforschen ihre Gegenstände isoliert aus Verwendungszusammenhängen.

Anders in einer erfahrungs- und handlungsbezogenen Sprachwissenschaft: Ihr Forschungsgegenstand sind *Äußerungen* als sprachliche Handlungen (aus der Sicht der Systemlinguistik ist eine Äußerung ein "situierter Satz"). Was einer mit seiner Äußerung in einer konkreten Situation wirklich sagt, kann ich nicht verstehen ohne mein Wissen um den Sachverhalt und den Sprecher, ohne Deutung des Beziehungsverhältnisses, in dem die Äußerung als Handlung eine Rolle spielt. Und das ist eben der methodische Unterschied: Ziel ist hier, die Äußerung zu verstehen, sie nicht nur zu beschreiben.

Besonders deutlich wird das formale Vorgehen der Systemlinguistiker, wenn sie sich um "Sprachkritik" bemühen: Wenn etwa die deutsche Energieindustrie für abgebrannte Kernbrennstäbe "Entsorgungsparks" schaffen will und die Wortgewaltigen im Fernsehen und der Massenpresse diese "Sinngebung" unterstützend verbreiten, so weist der Sprachkritiker durch Analyse nach, daß diese Begriffe zwar strukturell möglich, semantisch jedoch nicht richtig sind (sie entsprächen doch nicht der Vorstellung von "Parks" und würden unsere Sorgen eher steigern als beseitigen). An die Stelle eines solchen Euphemismus müßten wahrere Begriffe treten wie "nukleare Lagerstätte" oder "Atommülldeponie". Wie gesellschaftspolitisch naiv eine solche Sprachkritik ist, wird erst in einer pragmatischen Kritik der Sprechenden und ihrer Lobby sichtbar: Man weiß natürlich um die jahrhundertelange Gefährlichkeit der gelagerten Brennstäbe; gerade deshalb aber kann man die vorgeschlagenen Begriffe nicht wollen; man will wirklich sagen: Wir beruhigen euch mit dem Wort "Entsorgungspark"; nur diese Äußerung entspricht der tatsächlichen Aussageintention.

Dieser Fall zeigt auch, daß sich Systemlinguistik und Pragmatische Sprachwissenschaft nicht einfach wie zwei "Schulen" unterscheiden (wie etwa Valenzgrammatik oder Sprechakttheorie); sie stehen vielmehr repräsentativ für zwei grundsätzlich verschiedene gesellschaftspolitische Richtungen; dort die Wissenschaft, die sich in ihren Forschungsgegenstand einspinnt, ein System konstruiert, an dem zu basteln als Selbstzweck gerechtfertigt ist - am deutlichsten wird das in der Arbeitsweise der sog. Kognitiven Linguistik (Bierwisch), die die Sprache für die Computer-Simulation zurechtmacht, um exakte Beschreibungen zu erzeugen. Hier die Wissenschaft in bewußter ethisch-politischer Ausrichtung und Verantwortlichkeit vor der erforschten Praxis. Noam Chomsky, in den 60er Jahren Begründer einer Syntax-Theorie, sagt es deutlich (in Sprache und Geist, 1970, S. 183): "Ich möchte noch einmal betonen, daß Politik und Linguistik logisch unabhängig sind, daß man aber eine Art loser Verbindung herstellen kann." Solch eine lose Verbindung war wohl auch die Finanzierung seiner Sprachstudien durch die NASA mit dem Auftrag, die linguistischen Voraussetzungen zu schaffen für Computerübersetzungen russischer Publikationen zur Waffen- und Weltraumtechnik. Als "logisch unabhängig" kann man Politik und Linguistik vielleicht darstellen; doch praktisch werden sie immer sehr abhängig voneinander sein.

Die ältesten Wurzeln der Pragmatik müssen wir bei Aristoteles aufsuchen: *pragmata* sind die menschlichen Angelegenheiten gesellschaftlicher Praxis, die durch Handeln veränderbar sind, im Gegensatz zu den ewigen Gesetzmäßigkeiten der Wissenschaft (*episteme*); die *pragmata* sollen durch praktische Klugheit organisiert werden, also vor allem durch Rhetorik - das sprachliche Handeln. Braunroth u.a. (1975, S. 15 ff) beschreiben die Geschichte dieses Begriffs in der Philosophie. In den "bürgerlichen Wissenschaften" bleibt er peripher - verständlich, denn der pragmatische Aspekt einer Theorie macht sie zur ethisch-politischen Aufgabe.

Erst bei Charles Peirce (1835-1914) wird er zur zentralen Kategorie; allerdings bleibt sein Werk zunächst ohne Resonanz, wird in den USA erst in den 30er Jahren des 20. Jahrhunderts durch Morris bekannt gemacht, in Deutschland in den 60er Jahren durch Karl-Otto Apel.

Peirce fragt nach der Möglichkeit wahrer Erkenntnis. Wissenschaft als vorurteilsfreie theoretische Form der Wahrheitssuche ist bei ihm - im Gegensatz zu Aristoteles - eine praxisintegrierte Lebensform des Menschen; die Weise der Erforschung und Aneignung der Welt muß gelebt werden als Experimentier- und Interpretationsgemeinschaft mit dem Ziel der Konsensbildung. Keiner kann allein wahre Erkenntnis finden, und Objektivität gibt es nicht schon vor aller Geistestätigkeit; nur in gemeinsamen Verstehensversuchen kann Wahrheit entstehen. Diese ist aber nur dann auch *sinnvoll*, wenn sie sich in der Praxis bewähren kann. Erkenntnisfortschritt steht für Peirce im Dienste eines Fortschritts humanen Lebens. Deshalb schließt wissenschaftliche Tätigkeit ethisches Engagement und politische Verantwortung der Beteiligten ein: Peirce formuliert seine pragmatische Maxime so: "Überlege, welche Wirkungen, die denkbarerweise praktische Bezüge haben könnten, wir dem Gegenstand unseres Begriffs in Gedanken zukommen lassen. Dann ist unser Begriff dieser Wirkungen das Ganze unseres Begriffs des Gegenstandes" (1968 (1878), S. 63).

Die "Gegenstände" der Wirklichkeit sind für Peirce dem Menschen nicht direkt und unmittelbar erreichbar, sondern nur vermittelt über die Sprache; er entwirft ein dreidimensionales Modell des sprachlichen Zeichens mit seinen Bezügen zum Menschen, zur Wirklichkeit und zu anderen Zeichen.

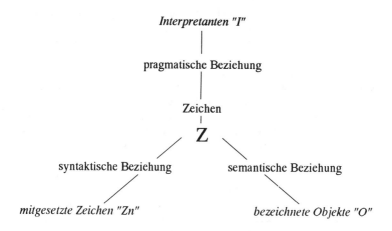

Sprachtheoretisch entscheidend für eine "pragmatische Wende" ist, daß in diesem Modell das Verhältnis des Zeichens zu den beteiligten Menschen konstitutiv ist für die beiden anderen Beziehungen: Zu einem Z-Z-Verhältnis im Satz wie zu einem Z-O-Verhältnis im Erkenntnisprozeß kommt es nämlich erst und nur dann, wenn Menschen ein Zeichen in diese Beziehung setzen. Es ist also dem Prozeß sprachlicher Vermittlungsarbeit unangemessen, Sprachzeichen und deren syntaktische oder semantische Beziehungen unabhängig von den Menschen zu erforschen, die mit der Setzung solcher Beziehungen handeln, und unabhängig von den Einstellungen, Erfahrungen, Interessen ... dieser Menschen.

Peirces pragmatische Grundlegung bedurfte in einer wichtigen Frage noch der Ergänzung: Wie wird eine gemeinsame Zeichendeutung und damit Verständigung zwischen den "Interpretanten" möglich, die doch (mindestens zwei) verschiedene Menschen sind? Georg Herbert Mead trennt (konsequent pragmatisch) den Faktor "I" im Zeichenmodell in Sprecher und Hörer auf: Der Sprecher hört seine Äußerung in demselben Moment wie der Hörer, d.h., beide hören dasselbe. Da man die Ohren nicht verschließen kann, ist die Lautsprache das einzige Medium, das diese Gleichzeitigkeit des Zeichenverstehens ermöglicht und zwingend erforderlich macht. So werden die Interpretanten "gleichgeschaltet". Mead sagt: "Sinnvolle Sprache besteht aus jenen vokalen Gesten, die dazu neigen, im Einzelnen die auch beim anderen ausgelösten Haltungen hervorzurufen" (1968 (1934), S. 203). Einen Laut, der für Menschen eine gemeinsame Bedeutung hat, nennt Mead ein "signifikantes Symbol"; damit ist das "Z" des Zeichenmodells aber auch nicht mehr das unschuldig-neutrale, "nur" vermittelnde Gelenkstück der semiotischen Beziehungen. Es ist Zeichen der beteiligten Menschen und also Element einer bestimmten Sprache bzw. eines Codes, eines sprachlichen Subsystems.

Damit sind die an der sprachlichen Tätigkeit beteiligten Faktoren aus dem Himmel formaler und geschichtsloser Allgemeinheit auf die Erde menschlicher Praxis geholt: Der Prozeß der jedesmaligen sprachlichen Vermittlung von Mensch und Welt in der Verständigungshandlung ist angemessen nur zu verstehen zusammen mit den dabei relevanten Erfahrungen und Handlungszielen, also den situativen Bedingungen und Möglichkeiten der Situation, in der ein solcher Prozeß stattfindet.

Im selben Jahr wie Mead (1934) veröffentlicht der Sprachpsychologe Karl Bühler seine "Sprachtheorie", in der er Peirce's Semiotik zu einem "Organon-Modell der Sprache" umwandelt; er vernachlässigt die syntaktische Dimension des Zeichens, ihn interessiert die Leistung der Sprache im Sinne von Platons Organonbegriff, die "*Einer* dem *Anderen* etwas mitteilt über die *Dinge*".

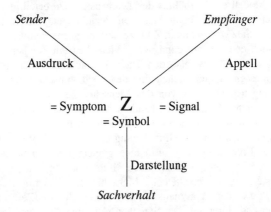

Das geäußerte Zeichen, gemeinsam inhaltlich gedeutet, kann für die Beteiligten unterschiedliche Funktionen in der Interaktion ausüben: Es ist Symptom der Erfahrungen, der Intention usw. des Sprechers, es ist für beide Symbol eines Sachverhalts, und es ist Signal für die Reaktion des

Hörers; die mit der Zeichenäußerung ausgeführte Handlung bringt also des Sprechers Innenwelt zum Ausdruck, stellt ein Stück Welt in bestimmter Sichtweise dar und steuert das Verhalten des Hörers ("Appell"). Das Z, das diese Handlung ausführt, ist eine Äußerung, meist in Gestalt eines Satzes.

Wilhelm von Humboldt (1767 - 1835) einen der Lehrmeister sprachwissenschaftlicher Grundkenntnisse zu nennen, ist selbstverständlich. Seine sprachtheoretischen Einsichten fundieren so gut wie alle Richtungen heutiger Sprachwissenschaft. Natürlich war er ein "idealistischer" Philosoph in der Tradition Vicos, Hamanns und Herders; begründet war bei ihm die Sprache in der "Arbeit *des* Geistes" und nicht - wie einige Jahrzehnte später bei Marx - in der gesellschaftlichen Arbeit. Aber gewonnen, besser: erarbeitet war seine Sprachphilosophie durch empirische Forschertätigkeit. Er hat über fünfzig Grammatiken fremder Sprachen geschrieben, hat - für die Zeit des frühen 19. Jahrhunderts - exotische, entlegene Sprachen intensiv studiert, das Baskische, Sanskrit, Chinesisch, Japanisch ... Sein umfangreichstes Werk ist eine 400seitige "Einleitung" in die Beschreibung des Kawi, der Sprache der javanischen Dichter und Priester. Aufgrund dieses vergleichenden Sprachstudiums kann er seine wegweisenden Erkenntnisse formulieren: Sprache ist nicht zu begreifen als starre Form, wie sie eine Grammatik vorführt, als fertiges Werk; Sprache ist vielmehr Erzeugung, inhaltlich formende Kraft, jede mit einer spezifischen "Weltansicht", die aber den Menschen die Erkenntnis ihrer Welt nicht verstellt, sondern allererst möglich macht.

Seine Einsicht, daß Sprache wesentlich als *Tätigkeit* (Energeia) zu denken ist, hat in diesem Jahrhundert Leo Weisgerber zur Überwindung der fest-stellenden Grammatikarbeit durch eine "Energetische Sprachwissenschaft" geführt, deren Ziel es ist, sprachliche Leistungen in ihrem Zugriff auf die Wirklichkeit zu beschreiben sowie deren Wirkungen im Denken und Handeln der Menschen. Damit leitete er sicherlich eine der revolutionären Entwicklungen in der Sprachwissenschaft des 20. Jahrhunderts ein. Trotz des Ansatzes wurde keine Pragmatik daraus; Weisgerber fehlten Ende der 20er, Anfang der 30er Jahr die internationalen Kontakte zu den Strukturalisten, zu Korzybski, der im Rahmen einer "Allgemeinen Semantik" auch die Wirkungen der Sprache auf Verhaltensweisen erforschen wollte, oder zu Morris, der zu derselben Zeit die Pragmatik als die "lebensbezogenen Aspekte der Semiose" beschrieb (vgl. dazu ausführlich Ingendahl 1978). Weisgerbers Energetische Sprachwissenschaft blieb eine Systemlinguistik, in der die geltende Sprache (langue) unter vier Aspekten beschrieben wird: dem der Gestalt, des Inhalts, der Leistung und der Wirkung. Humboldts Sprachtheorie wurde damit wohl wieder allgemeiner bekannt, nur leider sehr einseitig ausgelegt: Seine Aussagen zur Semantik, zur heuristischen, gegenstandskonstitutiven Funktion von Sprache wurden in den Vordergrund gerückt, fast vergessen blieben Humboldts Erkenntnisse über den interaktiven Charakter der Sprache. Das hat m.W. als erster Peter Jansen (1979) herausgearbeitet: Sprache existiert für Humboldt nur "in dem Acte ihres wirklichen Hervorbringens", sie ist "die Arbeit des Geistes, den articulierten Laut zum Ausdruck des Gedankens fähig zu machen" (Humboldt 1963 (1830-35), S. 418), und zwar "nicht rein erzeugend, sondern umgestaltend" (ebd., S. 419). Erfahrungsinhalte werden bei ihrer Umsetzung in artikulierten Ausdruck sprachlich geformt; dies aber nicht subjektiv, sondern auf den anderen hin: "Sie [diese Arbeit des Geistes] hat zum Zweck das Verständniss. Es darf also Niemand auf andere Weise zum Andren reden, als dieser, unter gleichen Umständen, zu ihm gesprochen haben würde" (ebd., S. 419).

Diese Ergänzung des traditionellen Humboldt-Bildes schließt erst heuristische und kommunikative Sprachtätigkeit zusammen: Sprache formt menschlichen Geist im Prozeß der Verständigung. Marx wird diese Erkenntnis entidealisieren, indem er dem interaktiven Konstitutionsprozeß eine praktische Sinnbestimmung gibt: die menschliche Arbeit. Diese Synthese zweier heterogener Philosophien wird aber erst in den 60er Jahren unseres Jahrhunderts geleistet.

In der Philosophie greift Karl-Otto Apel die Arbeiten Peirces wieder auf. Er stellt seine Philosophie in eine Tradition seit Kant über Hegel zu Wittgenstein, in der Bewußtseinsphilosophie betrieben wird als Sprachphilosophie (vgl. zum folgenden Apel 1973, II, S. 225 ff). Die Bedingung der Möglichkeit und der Gültigkeit von Verständigung, Erkenntnis, Selbstverständnis (Identität), des begrifflichen Denkens und des sinnvollen Handelns ist die Sprache. Der Weg zum Verstehen des Menschen ist eine Transzendentalhermeneutik: Welterschließung setzt ein intersubjektives Kommunikationsverhältnis voraus, und zwar innerhalb konkreter Lebenspraxis. Der Welt kann keine "reine Bedeutung" zugeschrieben werden, sondern immer nur die Bedeutung, die etwas für die Handlungsprozesse der damit umgehenden Menschen hat.

Also kann auch das Subjekt der Wahrheitssuche nicht ein allgemeines "Bewußtsein überhaupt" sein, sondern eine geschichtlich-reale Gesellschaft. Deren Mitglieder konstituieren mit ihrer konkreten Einzelsprache (langue) ihre Wirklichkeit. So verschieden auch diese semantisch-syntaktischen Systeme in ihren Formen und "Weltansichten" (Humboldt) sein mögen, so sind sie doch gegenseitig interpretierbar, d.h., man kann jede Äußerung von einer Sprache in eine andere übersetzen - wenn auch oft nur mit großem Umschreibungsaufwand. Das aber setzt logisch voraus, daß es - sozusagen "unter" allen Sprachen - eine allen gemeinsame Weise des Umgangs mit Sprache geben muß, die universal ist. Das Subjekt dieser *pragmatischen Universalien* ist die "unbegrenzte Kommunikationsgemeinschaft". Zu ihr gehören alle Menschen, die sich verständlich äußern und andere verstehen. Sie bedienen sich im Verkehr mit anderen Menschen eines Zeichensystems, von dem sie überzeugt sind, daß die anderen wie sie selbst darüber verfügen und denselben Gebrauch davon machen. Zu dieser Überzeugung gehört, jederzeit damit zu rechnen, daß jemand die Verständlichkeit einer Äußerung einklagt; denn jeder Mensch lernt beim Sprechenlernen mit, daß die Zeichen oder ihr Gebrauch mißverstanden werden können. Trotz real zu erwartender Schwierigkeiten geht aber jeder Kommunizierende selbstverständlich davon aus, daß die Kommunikation zum erwarteten Ziel der Verständigung führt. Jeder der Beteiligten sagt stillschweigend vor dem ersten Wort: Ich weiß, daß du weißt, daß ich weiß, daß wir uns über jenes in dieser unserer Sprache verständigen werden. Jeder realisiert die (ideale) Möglichkeit gelingender Verständigung dadurch, daß er sie erwartet. (Nur daraufhin kann man einander auch belügen, täuschen usw.)

> "Die Pointe unseres Apriori scheint mir vielmehr darin zu liegen, daß es das Prinzip einer Dialektik (diesseits) von Idealismus und Materialismus bezeichnet: Wer nämlich argumentiert, der setzt immer schon zwei Dinge gleichzeitig voraus: Erstens eine reale Kommunikationsgemeinschaft, deren Mitglied er selbst durch einen Sozialisationsprozeß geworden ist, und zweitens eine ideale Kommunikationsgemeinschaft, die prinzipiell imstande sein würde, den Sinn seiner Argumente adäquat zu verstehen und ihre Wahrheit definitiv zu beurteilen. Das Merkwürdige und Dialektische der Situation liegt aber darin, daß er gewissermaßen die ideale Gemeinschaft in der realen, nämlich als reale Möglichkeit der realen Gesellschaft, voraussetzt; obgleich er weiß, daß (in den meisten Fällen) die reale Gemeinschaft einschließlich seiner selbst weit davon entfernt ist, der idealen Kommunikationsgemeinschaft zu gleichen. Aber der Argumentation bleibt, aufgrund ihrer transzendentalen Struktur, keine andere Wahl, als dieser verzweifelten und hoffnungsvollen Situation ins Auge zu sehen" (Apel 1973, II, S. 429).

Aus dieser nicht mehr hintergehbaren Bedingung der Möglichkeit menschlichen Lebens resultieren für alle Menschen die Aufgaben lebenslanger Emanzipation und der Sicherung des Überlebens der realen Kommunikationsgemeinschaft. Die Dialektik, von der Apel spricht, praktizieren wir mit jeder Äußerung, mit jedem Verstehensversuch: Wir greifen sozusagen auf die "ideale Verständigungssituation" vor, wir tun einfach so, als hätten wir hier und jetzt eine solche vor uns; anderenfalls wäre es völlig sinnlos, überhaupt den Mund aufzumachen. Wer sich in Kommunikation begibt, sagt damit implizit: Ich benutze ein sozial geltendes Zeichensystem, und zwar so, wie es jeder benutzt; alles, was ich damit tue, ist erwartbar, niemand wird Grund bekommen, die Kommunikation abzubrechen; ich bezeichne damit etwas in unserem gemeinsamen Horizont, das es wirklich gibt und das zu identifizieren sein wird; schließlich bin ich selbstverständlich bereit, mit meiner Person einzustehen für alles, was ich sage. Tagtäglich spüre ich die Idealität meines Vorgriffs auf gelingende Verständigung darin, daß ich zwar von anderen die Einhaltung dieser "Selbstverständlichkeiten" erwarte, selbst aber längst nicht immer bereit/in der Lage bin, sie einzuhalten. Aus dieser Spannung entsteht die Notwendigkeit einer Kommunikativen Ethik.

Immer wieder gelang es in den Sprachwissenschaften und im Sprachunterricht, die ethisch-politische Brisanz des pragmatischen Ansatzes zu verdrängen. Das schien um 1970 endgültig vorbei zu sein: Die "Linguistische Pragmatik" wurde schnellstens auch in der BR Deutschland verbreitet durch Übernahme und Weiterführung amerikanischer Arbeitsweisen und der Anregungen der "Sprechakttheorie" von Austin und Searle (vgl. Wunderlich 1972). Doch schon die ebenso rasante Übernahme dieser Pragmalinguistik in neue Schulbücher zeigte, daß nichts zu befürchten war: Wie ehedem die Grammatik beschrieb man jetzt auch das Funktionieren der Sprechhandlungskonventionen als abstraktes Regelwerk. Es war lediglich ein neuer Theorieblock entstanden, kein Handlungsinstrumentarium für Menschen. Den Tonangebenden in der Schulpolitik, der Kulturindustrie und den Geisteswissenschaften war es erneut gelungen, die Reflexion auf Sprache und ihren Gebrauch so zu formalisieren, daß sie gesellschaftspolitisch unwirksam blieb. Peirce's Hauptforderung an wissenschaftliche Tätigkeit, ihre Erkenntnisse auf ihre Bewährung in der gesellschaftlichen Praxis zu überprüfen, konnte wieder einmal nicht erfüllt werden.

Einer der schärfsten Kritiker dieses neuen Formalismus in Hochschule und Schule war Utz Maas; er hatte Anfang der 70er Jahre selbst die Ausarbeitung der Linguistischen Pragmatik betrieben, sich dann aber schon bald vom "mainstream" distanziert. Für ihn ist Wissenschaft nicht zu trennen von der Lebenspraxis eines Forschers oder Lehrers, also auch nicht von seiner weltanschaulichen Überzeugung und seinen ethisch-politischen Zielen. Anhand einer Erzählung machte er klar, wie selbstverständlich uns durch unser formalisiertes Denken linguistische Arbeitsweisen geworden sind: Ein Linguist fragt einen Indianer nach dem Ausdruck für "Ich laufe". Nach langem Überlegen erzählt der Indianer lang und breit; der Linguist kommt nicht mit, unterbricht, fragt zurück und erfährt, daß der Indianer einen sinnvollen Zusammenhang gesucht hat zu sagen "Ich laufe"; er fand ihn in einer Geschichte über eine Jagd. "Nur ein Narr würde für gar nichts laufen!" fügt er hinzu (Maas 1976, S. 26 f). Sprache zu produzieren um ihrer selbst willen, sie zu betrachten ohne ihre Beziehungen zum Sprecher und seinen Intentionen, zur Situation, zum Handlungsziel usw., vor allem ohne sinnvolles Motiv, das ist - so kommentiert Maas - für jemanden, der nicht durch die Schule formaler Sprachbetrachtung gegangen ist, verrückt.

Maas schreibt aus materialistischer Sicht die Geschichte der bürgerlichen Sprachwissenschaft: von den Anfängen einer "pfäffischen" Linguistik im 5. Jahrhundert v.Chr. bei den indischen Brahmanen bis hin zur "kapitalistischen" Linguistik mit ihrer systemstabilisierenden Arbeitsweise in den 30er Jahren dieses Jahrhunderts wie in den 70ern. Das Gemeinsame dieser Richtung ist die Ausblendung aller Erfahrungszusammenhänge durch formale Abstraktion, die Beschränkung auf die Form des Geschriebenen/Gesprochenen bis hin zu einer totalen Formalisierung in computer-morphen Modellen.

Seine eigenen Arbeiten zu einer erfahrungsbezogenen Pragmatik bauen auf folgendem Sprachbegriff auf: "Sprache ist die Form, unter der wir Erfahrungen machen und Erfahrungen vermitteln. Grammatische Kategorien sind also insofern auch Kategorien zur Thematisierung von Erfahrungen und damit indirekt solche zur Thematisierung der *Darstellung* von Erfahrung" (Maas 1976, S. 273). Also fragt er immer durch die Sprache hindurch nach den Erfahrungen eines Sprechers mit sich selbst, mit Gesellschaft, mit der Umwelt, natürlich auch nach seinen Erfahrungen mit Sprache und Kommunikation. Entspricht eigentlich die Sprache, die jemand lernt, seinen Erfahrungen mit der Umwelt? Schon das Kleinkind erfährt schmerzlich, daß die zu lernenden Ausdrucks- und Verstehensweisen seine Erfahrungen, Bedürfnisse und Vorstellungen kanalisieren, indem sie sie "sozialfähig" machen. (Eine Erfahrungsanalyse durch Sprachreflexion, die von Maas' Arbeiten angeregt wurde, habe ich unter dem Titel "Interesse an Verständigungshandeln. Vom praktischen Sinn sprachlicher Reflexion" vorgelegt: Ingendahl 1978c.)

Maas' Ansatz ist konsequent materialistisch: Er nimmt die Menschen mit ihren konkreten Möglichkeiten und Bedingungen ernst; sie drücken sich nicht in "der" Sprache aus, nicht in einem linguistischen Konstrukt, sondern in *ihrer* Sprache, die sie - gemeinsam mit jeweiligen Kommunikationspartnern - zugleich mit der Interaktionssituation schaffen (vgl. Maas 1974, S. 141). Die dort produzierten sprachlichen Ausdrücke sprechen von der Welt, in der diese Menschen leben, sprechen von ihren Schwierigkeiten, mit ihr und miteinander umzugehen, aber auch von ihren Bemühungen, sich anderen verständlich zu machen, immer wieder und immer wieder neu. Wer diese Zusammenhänge zum Gegenstand der Analyse macht, forscht konsequent pragmatisch und auch konsequent energetisch.

Ebenso konsequent ist die Annäherung dieser erfahrungsbezogenen Sprachwissenschaft an eine Forschungsdisziplin, die früher Volkskunde hieß, sich heute nach der - recht tonangebenden - "Tübinger Schule" um H. Bausinger Empirische Kulturwissenschaft nennt. Gemeinsam ist das Interesse an den Inhalten gesellschaftlichen Lebens. In der kulturellen Praxis gesellschaftlicher Gruppierungen kommen Kenntnisse, Fähigkeiten, Sitten, Gewohnheiten, Künste, Werte zur Geltung, die die "Weltkenntnis" ihrer Mitglieder ausmachen. Jede soziale "Praxis" - von der Begrüßung über Essen und Feiern bis zum Begräbnis - ist kulturell geformt, jedes konkrete (auch Sprach-)Handeln ist "kulturell artikuliert" (Maas, in: Ballmer/Posner 1985, S. 93; besonders informativ ist hier die kulturgeschichtliche Herleitung des Wortes "Kultur" aus der "Arbeit als gesellschaftlich geformter Tätigkeit" in Fußnote 2). Keine dieser Praktiken kommt ohne sprachlichen Ausdruck aus, sei es im Handeln oder im Erzählen davon; und so haben es Forschungen zur Volkskultur (vgl. Jeggle u.a. 1986) ebenso mit Textdokumenten zu tun wie Sprachwissenschaftler. Sicher fragen die Kulturwissenschaftler durch die Sprache hindurch nach den gemeinten Sachverhalten, Handlungen, Gewohnheiten; doch auch sie sind aufmerksamer geworden auf die besondere sprachliche Formuliertheit eines Rituals, einer Erzählung, einer Interviewantwort (vgl. W. Kaschuba, in Jeggle u.a. 1986, und H. Bausinger, in Brekle/Maas 1986).

Der "kulturanalytischen Sprachwissenschaft" geht es jedoch vor allem darum, "die *Form* des sprachlichen Materials als eigene Artikulation der Praxis" zu erklären (Maas, in Brekle/Maas 1986, S. 42); Wörter und Wendungen - besonders der "Alltagssprache" - sind komplexe Zeichen für ganze Handlungszusammenhänge. Wenn Jugendliche zur "Fête" einladen, sieht jeder Angesprochene die zu erwartende besondere Situation vor sich: Es wird persönlich eingeladen, es werden viele Leute da sein, laute Musik, aber auch diskutierende Gruppen, es gibt zu trinken (nicht unbedingt Alkohol) und zu essen, Eintrittsgeld ist nicht unüblich; das "Register" einer Fête kann aber auch nach Altersstufen, sozialen Schichten oder Regionen verschieden sein. "Keinen Bock haben" ist keinesfalls - wie Eltern oft meinen - austauschbar gegen "keine Lust haben"; es ist aggressiver, trotziger, dabei aber weniger ablehnend gemeint als bei fehlender "Lust"; wozu man keinen Bock hat, kann man dann trotzdem tun, es soll nur kurz die emotionale Gestimmtheit zu einem Ansinnen zum Ausdruck kommen. Äußerungen beschreiben also nicht nur kulturelle Praxis, Ausdrucksformen sind vielmehr selbst Symbole kultureller Praxis: "Jede Ausdrucksweise ist quasi indexikalisch gebunden an einen Praxiszusammenhang, den sie im Erfahrungshorizont des Sprechers/Hörers symbolisch bindet und dessen Form sie konnotiert" (Maas, in: Januschek 1985, S. 74). Schlüsselwörter eines Praxiszusammenhangs machen den spezifischen Code der Beteiligten/Zugelassenen aus, der inhaltlich das Deutungssystem der jeweiligen Gruppe repräsentiert. Hier trifft sich die kulturanalytische Sprachwissenschaft mit der "Pragmatischen Stilistik" (vgl. B. Sandig 1986), welche die "Zusatzhandlungen" erfassen will, die in Ausdrucksweisen mit-übermittelt werden. Die Konnotationen, die diese Zusatzhandlungen anregen, sind oft wichtiger als die plane semantische Information einer Äußerung; sie repräsentieren das gemeinsame Weltbild und Wertsystem ("sub")kultureller Gruppen. Sprachstile werden also beschrieben als Ausdrucksformen sozialer Identität; dabei ist es beim emanzipatorischen Interesse kulturorientierter Sprachwissenschaften wiederum konsequent, die Elemente und Strukturen der Handlungspraxis nicht nur "fest-stellend" zu beschreiben, sondern zugleich die in den Formen und ihrer Anwendung sichtbar werdenden Möglichkeiten zur Veränderung aufzuzeigen.

2. Die Tätigkeiten der Kommunikativen Kompetenz und die Strukturen des Bewußtseins

Eindrücke

Der zweite Schritt zur Annäherung an die Kommunikative Kompetenz soll durch Fragen an die Bewußtseinspsychologie, Neurologie und Wissenssoziologie klären, was in einem Bewußtsein vor sich geht, wenn jemand spricht und versteht. Sprachliche Tätigkeiten zur Verständigung sind angewiesen auf die Mitwirkung aller geistigen Tätigkeiten, aller Arten von Gedächtnisinhalten, von Kenntnissen, Normen, Meinungen, Gefühlen, Werten.

Wir nehmen etwas wahr, wir fassen etwas auf, wir begreifen etwas, wir behalten etwas - wir machen eine Erfahrung. Ich werde mich auch weiterhin so metaphorisch ausdrücken müssen; denn die Vorstellungen der Menschen über den Prozeß, wie die Inhalte des Geistes entstehen, waren immer sehr konkret und anschaulich.

Das, was aufgefaßt, und das, was behalten wird, ist nicht mehr dasselbe. Der Eindruck im Gehirn ist materiell und formal verschieden von dem Wahrnehmungsgegenstand, der ihn veranlaßt hat. Der Eindruck kann bleiben, auch wenn der Gegenstand selbst nicht mehr da ist; behalten wird eine "Repräsentanz" (Lorenzer 1973, S. 111 f) Bewußte Repräsentanzen sind reformulierbar, unbewußte Repräsentanzen ("Klischees") sind im Auffassungsakt "desymbolisiert" worden, etwa durch Verdrängung; sie sind nicht formulierbar, dennoch verhaltenswirksam. Bewußte Repräsentanzen sind Gefüge aus Symbolen, entstanden aus verschiedenen Sinnesreizen. Diese werden über die Nerven von den Sinnesorganen ins Gehirn geleitet und dort zur Speicherung und zum weiteren Gebrauch zurechtgemacht. In diesen "Transformationsprozessen" (Langer 1965, S. 49 f) entstehen sowohl "diskursive" als auch "präsentative" Symbole: Diskursive Symbole sind permanente Bedeutungseinheiten, die in einer besonderen Ordnung aufeinander bezogen sind (wie die Sprache); präsentative Symbole sind einfache bis höchst komplexe Vorstellungsgebilde, Phantasien, affektnah, verdichtet.

Es deutet alles darauf hin, daß die linke und die rechte Hirnhälfte Informationen unterschiedlich verarbeiten und damit umgehen (vgl. Popper/Eccles 1982; Samples 1975; Watzlawik 1977; Floßdorf 1978). Während die rechte Hirnhälfte Ganzheiten auffaßt, Komplexe von Eindrücken zusammenfaßt und sie ausarbeitet, analysiert die linke Hirnhälfte die Eindrücke: Sie arbeitet eher rational, linear, digital und logisch, die rechte eher intuitiv, analog und imaginativ. Beide Gehirnhälften sind verbunden durch das "Corpus callosum", eine Nervenstrangbrücke, die wahrscheinlich unsere Fähigkeit zur Metaphorisierung ermöglicht.

Der Akt der Verinnerlichung von Erfahrungen beginnt mit der Wahrnehmung. Schon hier bilden unsere Sinne nicht einfach ab, vielmehr Formen sie eine "Gestalt". Das liegt zum einen an den Sinnesorganen selbst, die ein begrenztes Fassungsvermögen haben (das Auge etwa ist nur für Wellenlängen von 380 bis 760 nm empfindlich, das Ohr nur für Töne von 16 bis 16000 Hertz). Ferner gehen wir immer davon aus, etwas

Bestimmtes wahrzunehmen; wer sich eine Zeitlang in einem völlig dunklen Raum aufhält, wird vieles "sehen", obwohl tatsächlich nichts da ist. Erst recht erkennt man den aktiven Charakter der Wahrnehmung, wenn man über die physiologische Beschreibung hinausgeht und fragt: warum und wozu fassen wir denn überhaupt etwas auf? Eine erste Antwort darauf mag sein: Wir wollen wissen, was das ist, eine zweite: Wir brauchen dieses Wissen, um uns in unserer Umwelt zu orientieren. Und eine dritte Antwort: Orientieren müssen wir uns, weil wir sonst nicht in der Welt und mit anderen zusammen leben können. Menschen werden nicht mit fertigen Orientierungs- und Verhaltensplänen geboren, sondern müssen sich diese aneignen in jahrelangen, lebenslangen Lernprozessen. "Was da ist", wird man uns schon sagen: Wir nehmen dort etwas wahr, wo wir etwas wahrzunehmen gelernt haben. Aber wie wird es überhaupt möglich, etwas als etwas wahrzunehmen? Vor der Haustür steht ein Baum, der ist mal klein, mal größer, näher oder weiter weg, mal trägt er grüne Blätter, mal gelbe, mal braune, mal keine; mal ist er naßglänzend, mal sonnenbeschienen, mal schneebedeckt; dann wird er vielleicht gefällt und liegt am Boden. Und doch ist es immer ein Baum. In vielen verschiedenen Situationen nehmen wir unsere Umwelt wahr.

Wenn jede Situation für uns immer völlig neu wäre, lernten wir nie, uns zu orientieren. Wir müssen etwas wiedererkennen, da aber die Personen und Gegenstände nicht immer völlig gleich sind, müssen wir sie im Wahrnehmungsakt gleichmachen. Wir sehen von Veränderungen ab und suchen das Gleichbleibende, wir machen Eindrücke identisch ("Konstantisierung"; Hörmann 1978, S. 195): Wir erkennen jeden Tag unseren Baum wieder, und wir erkennen auch im nahen Park (dieselben) Dinge, obwohl sie ganz anders geformte Blätter, Stämme, Zweige, Früchte haben. Wir reduzieren einerseits die potentiell erkennbaren Phänomene, sehen von gewissen Unterschieden ab zugunsten der Aspekte, die eine Wahrnehmung als identisch mit einer früheren erscheinen läßt. Andererseits fügen wir im Wahrnehmungsakt etwas hinzu, was am Gegenstand selbst nicht zu finden ist: Wir brauchen unser Wissen, um mit anderen zusammen leben zu können. Brauchbar kann also nur eine Erfahrung sein, die irgendwo sozial bestätigt wird, die sich als für gemeinsame Handlungen abrufbar erweist, die auch von anderen als die identische wiedererkannt wird. Der (individuelle) Wahrnehmungseindruck muß also im sozialen Gebrauch ergänzt werden zu einer "sinnvollen" Erfahrung.

Wir lernen unsere Umwelt nicht in Forschungssituationen kennen, in denen es darum ginge, ein enzyklopädisches Wissen aufzubauen. Wir machen Erfahrungen, während wir in Lebenssituation handeln; meist merken wir es gar nicht bewußt, daß wir dabei auch Wissen auffassen. Die Erfahrungsbewegung des Bewußtseins erfolgt nicht um ihrer selbst willen, denn sie ist eingebunden in die Bewegung, in der wir in Situationen Handlungsziele verfolgen. Das (prozeß- oder produktorientierte) Ziel einer Handlung läßt sich erfragen mit "worumwillen?" (Bubner 1976, S. 74); diese Frage umfaßt "wozu?" und "warum?", Zweck und Grund einer Handlung. Was sich im Bewußtsein als Erfahrung niederschlägt, ist im Handlungszusammenhang einer Situation hergestellt. Brauchbare Erfahrungen sagen uns also nicht nur, was etwas ist, sondern sie enthalten auch Anweisungen dafür, wie man im Wiederholungsfall mit Erfahrungsgegenständen umgehen kann. Abrufbare Eindrücke werden zu Schemata (z.B. Eß- und Greifschemata) und Kategorien (z.B. eßbar, anfaßbar). Das kann aber nur funktionieren durch eine aktive, produktive, konstituierende Bewußtseinstätigkeit: Einen Gegenstand, einer Handlung, einer Stimmung usw. wird eine bestimmte Bedeutung zugesprochen, indem aus einer Reihe von Möglichkeiten eine bestimmte realisiert wird. Die Komplexität der umgebenden Welt wird reduziert, dann aber zu einer neuen Komplexität aufgebaut; denn der Weltausschnitt spielt in dieser Handlungssituation nur eine Rolle unter dem für das Handlungsziel relevanten Aspekt. In den nächsten Situationen können andere Aspekte am Gegenstand eine Rolle spielen; so wird ein Buch als etwas zum Bildergucken, zum Zerreißen oder zum Fliegentotschlagen erfahren.

Dieser Akt der Konstitution einer Erfahrung ist ein komplizierter, auch mit heutigen Methoden und Apparaten noch schwer durchschaubarer schöpferischer Prozeß; denn zwischen der Frage nach dem Sinn einer Erfahrung für die Situationsbewältigung und der Antwort darauf in der Handlung muß nicht nur die Wahrnehmung, sondern auch ein Verstehensprozeß liegen. Verstehen aber kann nicht heißen: den Sinn am Gegenstand ablesen; verstehen kann ich einen Sachverhalt nur, indem ich ihn deute: Was ist er hier in dieser Situation im Hinblick auf das Handlungsziel, das ich zusammen mit den anderen anstreben kann? Meine Frage an die Wirklichkeit beantworten mir dann die anderen; ich übernehme zunächst die Sinnangebote meiner sozialen Umgebung. Diese Sinnstiftung im deutenden Verstehen ist - besonders im Alltagsleben - immer präreflexiv: ein die Lebenspraxis notwendig begleitendes Daseinsverständnis. Daß meine Erfahrungen so sinnvoll für mich und andere sind, unterstelle ich ganz selbstverständlich, denn das tun alle. Welchen Sinn die anderen jedoch anbieten, als was sie mir eine Wahrnehmung zu interpretieren anraten, das hängt von dem Deutungssystem ab, in dessen Kategorien ihnen selbst ihre Lebenswelt plausibel ist. Da jede Sinnstiftung prinzipiell auf Sinnverständigung ausgerichtet sein muß, ist der konstitutive Akt der Erfahrung immer eine (kulturspezifische, schichtenspezifische, familienspezifische...) Be-Deutung eines Sachverhalts und seiner Umstände. Jede Erfahrung ist also ein Komplex aus Vorstellungsbild, Handlungsanweisungen, Bewertung, "Kontext".

Besonders für die Wissenskomplexe der rechten Hirnhälfte ist sicher davon auszugehen, daß sie Informationen über die Lebenswelt in bestimmter Bewertung samt der daraus resultierenden Handlungsmöglichkeiten enthalten, und diese Fertigteile funktionieren auch im "Alltagsbewußtsein" (Leithäuser 1976) als Stereotype, als Reiz-Reaktions-Schemata. Es wird von der eingreifenden (oder eben abgewehrten) Tätigkeit der linken Hirnhälfte abhängen, inwieweit diese Fertigteile eingebracht, reflektiert und verändert werden können. Dafür wird vor allem die Leistung der Sprache unverzichtbar sein. Daß allerdings Erfahrungen Schemata sind, Komplexe mit "polythetischer Struktur" (Schütz), durchschaut kaum jemand in der Lebenswelt des Alltags, wo die Erfahrungen sich als nützlich zum Handeln erweisen sollen. In dem für das Handlungsziel relevanten Sinn geht die Erfahrung "monothetisch" als merkenswert in den Wissensvorrat ein (Schütz/Luckmann 1975, S. 130). Man hält die Erfahrung für "die Sache selbst", für die Wirklichkeit schlechthin. Erst in theoretischer Reflexion - angeregt etwa durch alternative Erfahrungen - wird man aufmerksam darauf, daß man eine Sichtweise, ein Deutungsschema im Kopf hat: abstrahiert aus einem situativen Erfahrungsakt, verallgemeinert für die weitere Orientierung, typisiert durch ein bestimmtes Deutungssystem.

In welchen Repräsentationsformen sich unsere Erfahrungen tatsächlich im Bewußtsein niederschlagen, darüber gibt es zahlreiche Theorien und Modelle (vgl. die Übersichten über den kognitionspsychologischen Forschungsstand bei Kluwe 1979; Hoffmann 1986; Hillert 1987). Inhaltlich unterschieden sich die Modelle primär darin, ob sie Sachstrukturen, Sprachstrukturen oder Apparatestrukturen als Vorbilder für Bewußtseinsstrukturen ausgeben. Letztere wollen auf Wegen der Computersimulation Erkenntnisse über Aufbau und Funktionieren des Bewußtseins gewinnen; hier bestimmen die Methoden das Ergebnis. Tests mit sprachlich formulierten Aufgaben und Antworten verführen eher dazu, Sprachstrukturen (etwa Wortfelder, Morphemklassen oder Satzbaupläne) auch für die grundlegenden Bewußtseinsstrukturen zu halten. Schließlich übertragen andere Theorien die logisch abgeleiteten Sachstrukturen auf das Ordnungssystem des Bewußtseins. Dessen tatsächlichem Aufbau und Funktionieren näher kommen wahrscheinlich Modellvorstellungen, die aus neurologischen Untersuchungen - vor allem an Hirngeschädigten - gewonnen wurden.

Die größten Wissenseinheiten scheinen *thematische Orientierungsbereiche* zu sein, in denen Begriffe miteinander vernetzt sind nach drei verschiedenen Arten ihres Erwerbs bzw. des Umgangs mit ihnen:
- verdichtete Erfahrungskomplexe für die hochautomatisierte Verarbeitung und Äußerung von Informationen;
- horizontale Gliederung: Begriffe in der Struktur von Propositionen in Handlungen: zwischenbegriffliche Relationen zwischen Aktor - Aktion - Rezipient - Instrument - Objekt - Kausalität - Ort - Dauer ...
- vertikale Gliederung: klassifikatorische Verarbeitung von Informationen nach Hierarchien der Über-, Unter- und Nebenordnung, nach Oppositionen, Äquivalenzen und Komparationen (vgl. Hillert 1987, S. 115-120).

(Diese Modellvorstellung scheint eine Synthese von sprachkulturell und sachlogisch dominierten Grundannahmen zu sein; aber immerhin hält sie der Überprüfung in hirnphysiologischen Untersuchungen stand.)

Von einem ganz anderen Forschungsansatz her kommen Mathematikdidaktiker zur Annahme größerer Inhaltsbereiche im Bewußtsein: "Mikro-Welten" mit nur ihnen zugehörigen Denk- und Handlungsmustern (vgl. Bauersfeld 1983). Angeregt wurden diese Vorstellungen von Beobachtungen an Vorschul- und Schulkindern, die bestimmte Rechenoperationen nur bezogen auf bestimmte Gegenstände durchführen konnten: Miriam etwa konnte am Computer mehrere 90-Grad-Winkel zusammenzählen, mußte aber bei der Aufgabe 5 + 2 Äpfel die Finger zur Hilfe nehmen und rechnete beim Geld nur in Münz- und Kaugummi-Einheiten; keine Methode konnte sie auf einen anderen Gegenstandsbereich übertragen. H. Bauersfeld definiert: "Die subjektiven Erfahrungsbereiche umfassen Sinn- und Bedeutungszuschreibungen und einen spezifischen Sprachgebrauch ebenso wie konkrete Handlungsmuster, Routinen, Interaktionserwartungen usw. und darauf bezogene Ich-Erfahrungen" (ebd., S. 27).

Die tragenden Knoten im Netz solcher Inhaltsbereiche sind die *Begriffe*, verdichtete Erfahrungen aus wahrgenommenen und funktionalen Informationen. Das Gehirn bildet Begriffe und konstruiert deren Beziehungen aus wiederkehrenden Erfahrungen: "Die Akkumulation hypothetisch analysierter Komplexe von Äußerungs- und Situationsmerkmalen im Gedächtnis bildet die Basis, auf Grund deren angemessenere (generelle) Regeln und Einheiten extrahiert und, *wenn sie sich bewähren*, fixiert werden" (Hillert 1987, S. 25).

Begriffe stellt man sich in dieser Richtung der Kognitionspsychologie als Komplexe aus Merkmalsinformationen vor; die Merkmale eines Begriffs repräsentieren Eigenschaften der im Begriff zusammengefaßten "Gegenstände" sowie deren Relationen zu anderen Begriffen. Als Beispiel (aus Hoffmann 1986, S. 77), werden die Begriffe "Vogel" und "Meise" wiedergegeben:

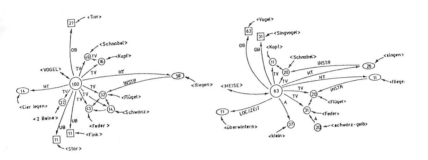

Zu lesen: "Vogel" gehört zum Oberbegriff (OB) "Tier", zu ihm gehören die Unterbegriffe (UB) "Fink", "Meise" ...; ein Vogel hat "Schnabel", "Flügel" ... (TV=Teil von), er kann (HT=Handlungsträger) "fliegen", ... mit (INSTRument) dem Flügel. Andere Relationen sind MATerial, Attribut, OBjekt, Ort. Die Wörter, mit denen die Begriffe ausgedrückt werden können, stehen in <Klammern> neben ihnen.

Hoffmann faßt die Merkmaltypen von Begriffen wie folgt zusammen: es gibt
- sensorische Merkmale, also alle, die mit den Sinnen wahrnehmbar sind;
- Beziehungsmerkmale: Horizontale Beziehungen repräsentieren Zusammenhänge zwischen Objekten in realen Situationen, vertikale Beziehungen repräsentieren begriffliche Über- und Unterordnungen;
- sprachliche Merkmale, die einem Begriff oder seinen Merkmalen zuzuordnenden Wörter (es können jeweils mehrere sein: Synonyme bzw. dialektale oder soziolektale Alternativen); sie erlauben die Kommuni-

kation über begriffliches Wissen und die sprachliche Manipulation begrifflicher Strukturen:
- Verhaltensmerkmale, die sagen, wie man mit den im Begriff zusammengefaßten Objekten umgehen kann, etwa: Werkzeug - arbeiten, Hammer - schlagen;
- emotionale Bewertungen.

Entscheidend für diese Modelldarstellungen von Begriffen ist die Methode, durch die Hoffmann seine Merkmale gewinnt: durch Assoziationstests. Grundannahme des Vorgehens ist: Was im Gehirn dichter beieinander vernetzt ist, wird schneller und öfter zum Reizwort assoziiert. Je häufiger ein Merkmal genannt wurde, desto gewichtiger wird es im Modell (die Zahlen in den Kästchen und Kreisen).

Was ein Merkmal für einen Begriff ist, kann selbst wieder Begriff sein (etwa MEISE). Die dadurch angeregten Versuche früherer "Netzwerk"-Theoretiker, den gesamten Wissensbestand eines Menschen als ein zusammenhängendes Riesennetz darzustellen, mußten natürlich wegen Unübersichtlichkeit scheitern. Hoffmann kommt nun aufgrund seiner Tests und von hirnphysiologischen Erkenntnissen zu der Annahme, daß die Vorstellung von einem Gesamtnetz falsch ist: "Unsere Begriffe sind wie frei schwebende, komplexer strukturierte Gebilde, die unabhängig voneinander existieren, aber auf vielfache Weise aufeinander verweisen" (S. 65). Also vernetzt er in den Darstellungen der Begriffsmodelle nicht alles mit allem, sondern läßt gleiche Items (MEISE als Begriff und als Merkmal von VOGEL) wie "Adressen" aufeinander zeigen im Sinne: Dort können weitere Informationen gefunden werden.

Neben "Objektbegriffen" gibt es "Geschehenstypen" in Form von verbundenen Begriffen; sie repräsentieren Informationen über häufig wiederkehrende Ereignisse. Das LEHREN oder UNTERRICHTEN zu nennende Geschehen etwa hat als Handlungsträger I (Akteur) den "Lehrer", als HT II (Rezipient) den "Schüler", als Ort die "Schule", den Zweck "Wissen" oder "Können" usw. Bemerkenswert ist bei solchen propositionalen Begriffsmodellen, daß als Relationstypen immer die handlungsgrammatischen Termini verwendet werden (Akteur, Aktion, Rezipient, Objekt, Instrument, Grund, Zweck, Ort, Zeit ...). Im sprachlichen Ausdruck werden die Relationstypen durch entsprechende Satzglieder formuliert, jedoch nicht in ein-eindeutiger Umsetzung. Der "Akteur" LEHRER kann syntaktisch als Subjekt (im Aktivsatz), als Präpositionalobjekt (im Passivsatz) oder etwa als Genitivattribut ausgedrückt werden. ("Was der Schüler weiß, verdankt er dem Unterricht seines Lehrers XY.")

Schließlich sind nach diesen Vorstellungen auch Informationen über unser *Verhalten* Bestandteile des begrifflichen Wissens: Zum einen als Verhaltensmerkmale in Oberbegriffen; zum anderen sind aufeinander abgestimmte Geschehenstypen zusammengefaßt zu Verhaltensprogrammen. Deren Phasen (Auslöser, Plan, Konsequenzen, Ergebnis, Ziel) enthalten Angaben über Bewegungsfolgen, mit denen ihre Ausführung (oder die Vorstellung davon) gesteuert werden kann. Solche Verhaltensprogramme beschreiben Cohen/Taylor als "Scripts" - die "Drehbücher des Alltags"; mit einem Script wird ineins eine Situation definiert, die tragenden Rollen und ihr Handlungsspielraum sowie mögliche Themen festgelegt; ihr Autor ist die Volkskultur (vgl. Cohen/Taylor 1980, S. 51 ff).

Weder Begriffe noch Wörter oder Verhaltensprogramme sind ein für allemal starr festgelegt; sie sind vielmehr Orientierungsmuster, deren Anwendung auf konkrete Erfahrungen und Handlungen jedesmal wieder einen kreativen Akt des Zugriffs, des "Passendmachens" erfordert. Der Neurolinguist sagt dazu: "Sprache ist als eigenständiges, aber mit anderen kognitiven Fähigkeiten interagierendes Funktionssystem aufzufassen" (Hillert 1987, S. 22). Sprache ist eine Form, mit Wissen umzugehen, sie bietet die Möglichkeit, unsere Erfahrungen zum Ausdruck zu bringen, sie zu überschauen und zu begreifen sowie die Erfahrungen anderer zu verstehen. Sprache existiert nur als Tätigkeit des Ausdrückens und Auffassens.

Es ist nicht verwunderlich, daß Modelle über Wissensinhalte und -strukturen immer an grammatische und/oder pragmatische Erkenntnisse über Sprache erinnern; anders als über seinen sprachlichen Ausdruck oder über - eben auch sprachliche - Interpretationen von Verhaltensweisen kommt kein Forscher an "das Wissen" heran. Davon dürfen wir uns aber nicht verführen lassen, "Weltwissen" und "Sprachwissen" gleichzusetzen. Jeder weiß, daß man einem Menschen unrecht tut, wenn man das für sein gesamtes Wissen hält, was er sprachlich formulieren kann. Was können etwa Handwerker, "Hacker" oder Physiker, was können Gärtner, Tänzer oder Hausmänner, ohne Sprache dafür zu haben; was weiß ein Kleinkind schon alles, bevor es zu sprechen anfängt? Siegfried Kanngießer (1986, S. 49 ff) weist in einem Aufsatz nach, daß Wissenssysteme völlig anders strukturiert sind und eine ganz andere Existenzform haben als eine Sprachkompetenz: Grammatische Kenntnisse und die des Wortschatzes besitzen wir, ohne sie begründen zu können, mit ihnen gehen wir so um als seien wir ihrer absolut sicher - und müssen es tun. Wissenssysteme dagegen sind begründbar, je nachdem, ob wir sie meinen, glauben oder wissen.

Auch die linguistische Semantik geht inzwischen von einem "kognitiven Gesamtsystem" aus, in dem die Sprachkompetenz *ein* "Funktionssystem" unter anderen ist: etwa dem visuellen, motorischen, auditiven, konzeptuellen und dem auf soziale Interaktion gerichteten System. "Sprachliche Prozesse stehen in direkter Wechselwirkung mit konzeptuellen Repräsentanzen" (Bierwisch 1983, S. 19). Diese bilden das "interne Modell" der Realität. Als Verweispol für die semantische Beziehung wird nicht mehr die Umwelt selbst angenommen, sondern die im "internen Modell" strukturierten Erfahrungen mit der Umwelt: "Das, worüber wir sprechen, ist das interne Modell, die auf die Realität projizierte Struktur" (ebd., S. 51).

Wir wissen etwas über unsere Welt; in einem Teil davon - nämlich in unserer Sprachkompetenz - kennen wir Möglichkeiten, unser Wissen für andere sprachlich zu formulieren, und zwar unterschiedlich je nach situativer Anforderung. Über diese informiert uns unsere Sprachhandlungskompetenz; mit ihr können wir unsere Möglichkeiten in verschiedenen Interaktionssituationen nach deren Bedingungen einschätzen und uns zu einer bestimmten Handlungsweise entscheiden. Diese Sprachhandlungskompetenz wiederum ist Teil unserer Interaktionskompetenz oder Handlungsfähigkeit. Jeder Kompetenzbereich kann unterschiedlich stark ausgebildet sein, und das auch wieder in bezug auf verschiedene thematische Schwerpunkte.

Es ist also den Beziehungen von Sprachwissen und Weltwissen angemessener, wenn man die Begriffsmodelle (s. S. 41) so erweitert, daß man zu jedem Begriff alle - zumindest mehrere - Wörter setzt, mit denen er bezeichnet werden kann:

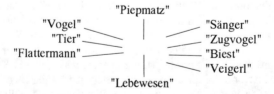

Zu jedem Wort wiederum sind Formparadigmen zu denken, mit denen es je nach syntaktischer Anforderung flektiert werden muß. Das ist schwer zu erforschen. Aus der Untersuchung von Rezeptionsprozessen kann man schließen, daß wir die Wortstämme und Flexionssendungen in zwei eigenen Denkprozessen zu verstehen suchen.

Vorhandene Kenntnisse und Fähigkeiten wirken sich nicht nur darin aus, was einer sagen oder tun, sondern auch darin, was einer verstehen kann. Neues Wissen bedarf der Anknüpfung an vorhandenes, ohne eine aufnehmende Inhaltskategorie könnte es nicht im Bewußtsein festgemacht werden. So wirkt sich jede Erfahrung wieder aus als *Matrize* zum Erfahrungmachen. Hirnphysiologischen Forschungsergebnisse zeigen sehr anschaulich, daß zum Aufnehmen und Behalten jeder neuen Erfahrung ein bereits vorhandenes Schema aktiviert werden muß (Vester 1978). In den ersten Instanzen, dem Ultrakurzzeit- und dem Kurzzeitgedächtnis, können wir neue Eindrücke nur dadurch vor dem Verlöschen bewahren, daß wir sie bereits gespeicherten Gedächtnisinhalten zuordnen und eine Resonanz mit vorhandener Erinnerung erzeugen. Im Langzeitgedächtnis können die neuen Informationen nur fixiert werden mit Hilfe von "RNA-Codierungsstreifen", die wiederum nach DNA-Matrizen (vorhandene Wissensinhalte in Form von Proteinketten) produziert werden. Erfahrungen werden immer aus Vorerfahrungen gemacht und also von ihnen mitgeprägt; und als solche Resultate konstituierender Bewußtseinstätigkeit sind sie auch wieder Produktionsmittel.

Erfahrungen werden in Handlungszusammenhängen erworben und wiederverwendet. Über ihre Typisierung und über ihre Wiederverwendbarkeit entscheidet das damit anstrebbare Handlungsziel. Also wird die Typisierung einer Erfahrung abhängig sein von den Sozialbeziehungen und Lebensumständen, in denen sie angeeignet wird. In der Öffentlichkeit einer konkreten Gesellschaft sind aber die Handlungsmöglichkeiten in der Weise geregelt, daß sie bestimmten Erwartungen anderer entsprechen müssen, um akzeptiert und damit überhaupt weiterhin realisiert werden zu können.

Öffentlichkeit besteht de facto aus verschiedenen gesellschaftlichen Gruppierungen, die zum großen Teil stark institutionalisiert sind: Familie, Freizeitgemeinschaft, Betriebe, Schulen, Verbände, Parteien, Konzerne, Medien... Solche Gruppen werden strukturell zusammengehalten durch eine feste Organisationsform, inhaltlich aber - und das ist hier das Entscheidende - durch eine feste "Meinung" über die richtige Lebensform und die Welt überhaupt. Jede Erfahrung erhält also öffentlich die Bedeutung, die in der Gruppe gilt, in der die Erfahrung handelnd angeeignet wird. Weltkenntnis bildet sich als Weltanschauung heraus: ein Wissen mit impliziten Deutungssystemen, aus denen sich vorhersagen läßt, wie einer zukünftige Erfahrungen auffassen wird.

Deutungssyteme sind unbewußt geltende Interaktionsmuster für Erfahrungen, in denen sich die Handlungsinteressen einer gesellschaftlichen

Gruppe oder Institution niederschlagen. Sie werden in der Erziehung explizit, in der täglichen Interaktion implizit tradiert, über Belohnung und Strafe gesichert, stabilisiert über die Autoritäten der Gruppe (Vater, Gott, Fernsehsender, Generalmanager...). Sie können als Satzung, Gebotstafel oder Gesetzbuch codifiziert sein, gelten meist aber - wirksamer und hartnäckiger - als ungeschriebenes Gesetz. Werden Deutungssysteme absolut gesetzt, sind sie objektiv als Ideologie zu bezeichnen; sie sollen dann glauben machen, die Art und Weise, die sie mit der Welt umzugehen vorschreiben, sei die einzig mögliche. Sie erzeugen also "falsches Bewußtsein". Auf die Erfahrungen wirken sie inhaltlich und wertmäßig konstituierend, auf die damit möglichen Handlungen als (unbewußte) Motive (vgl. Heckhausen 1974, S. 142).

Um also zu erkennen, wie jemand Erfahrungen macht, muß man ihn in seinen sozialen Lebensräumen beobachten, wie er handelt und Handeln kommentiert. Hier steckt eines der größten Probleme der Erforschung der Erfahrungsinhalte: Jedes Wissen muß über sein Ausdrucksmedium dargestellt werden; zwangsläufig wird es dabei situations- und medienspezifisch verändert. Physiologisch kann man Wissen vor allem Gebrauch als Proteinketten nachweisen, inhaltlich jedoch nur in Ausdruckstätigkeiten.

Ausdrücke

Wer weiß, daß an einer bestimmten Stelle im Fluß eine Furt ist, kann dieses Wissen zum Ausdruck bringen (Schütz/Luckmann 1975, S. 265 ff):
a) durch eine Tätigkeit: er geht eben an dieser Stelle durch den Fluß;
b) durch Anzeichen: er markiert die Stelle mit Steinen;
c) durch Zeichen: er zeichnet einen Pfeil in den Ufersand, stellt ein Schild auf oder winkt;
d) durch Sprachzeichen: er sagt: "Die Linie zwischen dem Felsblock und dem abgestorbenen Baum ist die seichteste Stelle weit und breit; das ist eine Furt."

Nur die Sprachzeichen können das Wissen zum Ausdruck bringen, ohne an den bezeichneten Ort gebunden zu sein.

Nun sind Ausdrücke nicht Selbstzweck; sie stehen im sinnvollen Zusammenhang einer Lebenssituation. "Sinnvoll" ist der Ausdruck einerseits in bezug zum Ausdrückenden: Er setzt eine Erfahrung in eine Handlung um, damit er eine Lebenssituation mitleben kann: sinnvoll ist der Ausdruck aber auch in bezug auf andere, die ihn verstehen. Wenn also sozusagen die Regel erkennbar wird, der mein Handeln gerade folgt, wird

mein Tun als "Ereignis einer sozialen Ordnung" (Wieder/Zimmermann 1976, S. 120) erkennbar:
a) Jemand folgt meiner *Tätigkeit* und geht auch an dieser Stelle durch den Fluß;
b) jemand deutet die besondere Lage und Anordnung der Steine als *Anzeichen* dafür, daß dort eine Furt ist;
c) wer die *Zeichen* Pfeil, Schild, Winken kennt, bezieht sie hier auf diese Furt;
d) wer die benutzten *Sprachzeichen* versteht, kann die Situation wie der Sprecher begreifen.

Sinnvolle Erfahrungsausdrücke müssen erst auf eine Situation hin entworfen sein: Aus einer Vorerfahrung heraus (Retention) entwerfe ich eine Ausdruckshandlung auf ein bestimmtes Handlungsziel hin (Protention); insofern unterscheidet sich das Handeln vom Verhalten oder der bloßen Ausdrucksbewegung (Schütz 1974, I, S. 78 ff, 162 ff). Handlungen sind demnach intentionale Ereignisse in einer Ereigniskette, insofern die Handlung beabsichtigt ist, und zwar als eine unter mehreren Möglichkeiten des Handelns in dieser Situation. Brauche ich zum Entwerfen Bewußtseinselemente, die ich von anderen gelernt habe und die ich mit anderen teile, entwerfe ich die Handlungen also nach einem Handlungsmuster (Rehbein 1977, S. 184), kann eine Gemeinschaftshandlung (Interaktion) entstehen. Das *Handlungsziel* kann bestehen im Vollziehen der Interaktion (prozeßorientiert) oder in ihrer finalen Phase (produktorientiert; vgl. Ungeheuer 1974, S. 13). Das Ziel ist eine entworfene Handlung oder finale Handlungsphase, um derentwillen die Gemeinschaftshandlung durchgeführt wird. Die Frage nach dem "Worumwillen?" (Bubner 1976, S. 74) einer Handlung schließt ein (a) die Frage nach dem "Wozu?", also dem Zweck einer Handlung, und wird mit "um zu" beantwortet (Protention); (b) die Frage nach dem "Warum?", also dem Grund für die Handlung, und wird mit "weil" beantwortet (Retention). Der Zielentwurf wirkt auf die Phasen der Interaktion als *Motivation*: Ich spanne meinen Schirm auf, um mich vor Regen zu schützen (dieses Ziel tritt danach ein); das werde ich tun, weil ich die Erfahrung gemacht habe, daß Regen unangenehm naß macht (durch diese Vorerfahrung bin ich überhaupt zum Entwurf meiner Handlung gekommen; vgl. Schütz 1974, S. 123).

Mein Tun selbst kann schon den anderen den Sinn meines Handelns erklären, andernfalls erklären sich die Beteiligten den *Handlungssinn* kommentierend. Diese Kommentare können sich explizierend und in theoretischer Distanz auf die ablaufende Situation beziehen (Metakommunikation), meist aber versichern sich die Beteiligten des eigenen und fremden Handlungssinns - besonders in wechselnden Handlungskontexten - mit indexikalischen Ausdrücken ("Aber so geht das doch nicht!").

Die Um-zu-Motive des Handelns werden in sozialwissenschaftlichen Theorien auf folgende vier Grundbegriffe zurückgeführt (Habermas 1981, I, S. 126 ff):

1. Teleologisches Handeln verfolgt Ziele nach egozentrischem Nutzenkalkül mit allen erfolgversprechenden Mitteln; es wird zu strategischem Handeln, wenn dadurch andere Menschen zu bestimmten Handlungsweisen gebracht werden sollen.

2. Normenreguliertes Handeln orientiert sich an den normativen Erwartungen der Gruppe, in der jemand handelt.

3. Dramaturgisches Handeln dient der Selbstrepräsentation, der zuschauerbezogenen Darstellung der eigenen Subjektivität.

Bei diesen drei Handlungszielen wird die Verständlichkeit des Ausdrucks, die Wahrheit der dabei geäußerten Tatsachen, die Gültigkeit der leitenden Normen und die Wahrhaftigkeit der eigenen Erlebnisse stillschweigend unterstellt.

4. Kommunikatives Handeln zielt von vornherein auf Interaktion mindestens zweier sprach- und handlungsfähiger Subjekte; die Handelnden "suchen eine Verständigung über die Handlungssituation, um ihre Handlungspläne und damit ihre Handlungen einvernehmlich zu koordinieren" (Habermas 1981, I, S. 128). Erst beim kommunikativen Handeln wird der Handlungsentwurf auf den Sinn einer Gemeinschaftshandlung hin reflektierbar; die Gültigkeit eines Zeichensystems, der Bezüge zur objektiven, sozialen und subjektiven Welt wird hier nicht vorausgesetzt, sondern ausgehandelt:

- Der strategisch Handelnde geht davon aus, daß er die Welt objektiv wahr erkannt hat; folglich muß er andere Menschen mit allen Mitteln dahin führen, wo er selbst schon ist.
- Der normenreguliert Handelnde weiß sich aufgehoben in den Handlungsregeln seiner Gruppe; diese Normen gilt es nur noch zu befolgen.
- Der dramaturgisch Handelnde setzt sich selbst absolut; seine Individualität gilt es wirksam und glaubhaft darzustellen.
- Der kommunikativ Handelnde hat natürlich auch ein Bild von der Welt und von sich; da er aber deren mehrere kennt oder zumindest vermutet, ist er nicht von vornherein sicher, welches jetzt in dieser Situation für die Interaktion förderlich ist. Er kennt auch Normensysteme und Codes (sprachliche Systeme und Subsysteme), aber welches ist hier und jetzt angemessen? Wenn er die Interaktion aufrechterhalten will, muß er zu-

sammen mit den Beteiligten ein gemeinsames Deutungssytem, ein akzeptierbares Normensystem, das Maß authentischer Selbstdarstellung und vor allem eine gemeinsame Sprache suchen. Das wird meist implizit und erprobend geschehen, kann aber auch in der Metakommunikation expliziert werden: Verstehst du mich, wenn ich so spreche? Kannst du diese Sichtweise nachvollziehen? Treffe ich deine Erwartungen? Gehe ich dir mit meinem Macken nicht auf den Wecker?

Das kommunikative Handeln hat unter den vier Handlungszielen eine Sonderstellung: einerseits ist es - da so gut wie nie "rein" realisiert - eine "kontrafaktische" Idealvorstellung; andererseits liegt es als Annahme, als Erwartung, ja als zwingend notwendige Unterstellung allen anderen Handlungsweisen zugrunde: Niemand kann strategisch handeln, ohne nicht so zu tun und vom Partner zu erwarten, daß er kommunikativ handelt. Keine Selbstdarstellung schlägt ein, wenn nicht alle Beteiligten so tun, als seien alle vier Kriterien des Verständigungshandelns erfüllt.

Das Besondere am vierten Handlungsziel jedoch ist: Die kommunikativ Handelnden setzen das Gelingen der Verständigung nicht mehr naiv (oder strategisch ...) voraus, sondern erkennen es als Aufgabe aller Beteiligten an: "Sie suchen ... zu koordinieren." Damit geben die kommunikativ Handelnden zu, was alle anderen stillschweigend voraussetzen, daß man in jeder Äußerung "zwischen den Zeilen" seine Einschätzung der Situation, der geltenden Normen, sein Selbstbild und sein Bild vom anderen zu erkennen gibt.

Jede Ausdruckshandlung ist also eine komplexe Tätigkeit; sie bringt nicht nur eine Erfahrung mit dem besprochenen Sachverhalt zum Ausdruck, sondern auch Erfahrungen mit Ausdrucksweisen:
- Die Äußerung sagt auch, daß der Sprecher es für notwendig/relevant/... hält, diesen Sachverhalt hier und jetzt zum Ausdruck zu bringen, ihn in bestimmter Weise erfahren hat und er es ist, der die Ausdruckshandlung als die seine vertritt.
- Die Äußerung sagt auch, welche gesellschaftlichen Normen der Sprecher für seine Ausdrucksweise für angemessen hält, welche Erwartungen er anderen unterstellt und mit welchen Reaktionen er selbst rechnet.
- Die Äußerung sagt auch, welche Ausdrucksmittel der Sprecher für die geeigneten hält, hier eine Gemeinschaftshandlung durchzuführen.

Natürlich sagt so manche Äußerung, daß sie das alles nicht will: nicht verständlich sein, nicht wahr, nicht wahrhaftig, nicht angemessen. Im Handlungsentwurf rechnen wir immer schon damit, daß die anderen die Einhaltung dieser Kriterien erwarten; deshalb können wir sie verletzen.

Die Leistungen des sprachlichen Zeichens im Verständigungsprozeß

Im Prozeß der Verständigung versuchen die Beteiligten, ihre Bewußtseinstätigkeiten so zu koordinieren, daß sie miteinander handeln können: Ein Äußerungsakt soll einen ihm entsprechenden Verstehensakt auslösen, und zwar durch sprachliche Zeichen.

Wer sprechen lernt, kann mit sprachlichen Zeichen und Strukturen handeln; er kann Hörer dazu anregen, in ihrem Bewußtsein eben die Sichtweise eines Sachverhaltes aufzubauen, die er in dieser Situation für relevant hält. Diese Anregung kann er so übermitteln, daß damit zugleich die Form des Beziehungsverhältnisses zum anderen konstituiert wird, die er jetzt für angemessen hält. Den Sinnzusammenhang aber, in dem die bezeichneten Sachverhalte hier und jetzt eine Rolle spielen sollen, muß der Hörer aus seinen Erfahrungen aufbauen. Also müssen die geäußerten Sprachzeichen bestimmte Erfahrungen abrufen und sie in eine handlungsrelevante Beziehung zueinander bringen: Die Sprache verknüpft situativ relevante Sachverhalte mit Erfahrungen. Die so konstituierte "Tatsache" soll den Inhalt der Kommunikation darstellen, sich also als relevant für die gemeinsame Interaktion erweisen; die Sprache muß deshalb auch die Handlungsform deutlich machen, die hier und jetzt für die Beteiligten als Lebensform gelten kann.

Hilfreich für diese Vermittlungsleistung ist in der Sprachwissenschaft der Begriff des *Zeichens*: Das geäußerte Sprachelement "zeigt" zugleich auf die Aussageabsicht des Sprechers, auf die Wirkungsabsicht beim Hörer und auf das Gemeinte am Sachverhalt. Ein sprachliches Zeichen ist ein Ausdrucksmittel, dem eine Gruppe von Menschen (Sprachgemeinschaft, Clique ...) durch Gebrauch Geltung verschafft hat; es besteht aus einem sinnlich wahrnehmbaren Träger (Lautfolge, Schriftbild) und einem geistigen Inhalt, eben dem, was das Zeichen meinen kann. Sie sind endlich an Zahl zum unendlichen Gebrauch. Wir lernen Zeichen zusammen mit bezeichenbaren Erfahrungen; sie sind jedoch diesen gegenüber invariant (gleichbleibend bei wechselnden Erfahrungen).

Jedes Zeichen dient in der Gruppe, in der es gilt, zur Bezeichnung eines bestimmten Typus von Sachverhalten. Konkrete Gegenstände (Bäume), Verhaltensweisen (gehen), Zustände (warm), Stimmungen (Leid), Ideen (Hoffnung) usw. werden unter einem bestimmten Aspekt gesehen und anderen vorgestellt. Indem ich ein Zeichen in dieser Situation äußere, schlage ich anderen vor, den besprochenen Sachverhalt in der Sichtweise eben dieses Zeichens zum Gegenstand unserer Interaktion zu machen: "Diese Stelle des Flusses sehen wir in unserem Handlungszusammenhang jetzt mal als Furt - und nicht als Untiefe oder schimmerndes Wasser im Sonnenlicht."

Das geäußerte Zeichen ist Zeichen für einen besprochenen Sachverhalt ("Signum"); aber es ist auch Zeichen von jemandem ("Symptom"), der die Bezeichnung als seine Handlung durchführt; es ist auch Zeichen an jemanden ("Signal"), der es auf sich bezieht und seine Erfahrungen damit abruft. Der Sinnzusammenhang, der sich durch die Äußerung von Zeichen im Hörer aufbauen soll, kann vom Sprecher antizipiert werden, wenn beide über einander entsprechende Zeichen verfügen.

Die Leistungen kann ein Zeichen nur erbringen als Teil eines geltenden Zeichensystems. Dadurch, daß die in der Situation Beteiligten die geäußerten Zeichen auf ihre Vorerfahrungen und auf die gerade behandelte Thematik und auf die gerade ablaufende Interaktion beziehen, können die Zeichen situativ *Bedeutung* schaffen. Als Zeichensystem also ist die Sprache ein Handlungspotential: Jede kommunikative Handlung setzt für die beteiligten Menschen Erfahrungen, Intentionen und Wirkungen in Form sprachlicher Zeichen in eine syntaktisch strukturierte Beziehung, die insgesamt als Handlung gemeint und verstanden wird. Sprachzeichen sind demnach potentielle Handlungen, Wirkungspotenzen; und nur als solche sind sie für Menschen, die nicht Linguisten sind, von Interesse. Sie sagen ihnen, "how to do things with words" (Austin).

(a) Für den *Sprecher* werden die Sprachzeichen nicht erst im Ausdrucksakt notwendig; daß er sich auf eine Situation einstellt, bedeutet ja, daß er zunächst den Sinnzusammenhang antizipieren muß, den der Hörer in sich aufbauen soll (vgl. Schütz 1974, S. 177). Er entwirft seine Äußerung mit solchen Sprachzeichen, von denen er überzeugt ist, daß sie dem Hörer zur Rekonstruktion des gemeinten Sinnzusammenhangs verhelfen können. Wer sprechen lernt, lernt auch, seinen Erfahrungen Sprachzeichen zuzuordnen. In jedem Erfahrungsakt erfährt er etwas über seine Umwelt wie über seine Erfahrungsweise dieser Umwelt; jede Erfahrung ist eine Synthese von "Was" und "Wie". Bei sprachlichen Erfahrungen weiß er dann, daß es das bezeichnete Etwas (in einem bestimmten Wirklichkeitsbereich) gibt, und er weiß, wie man in Kommunikationssituationen dieses Etwas erfahrbar machen kann. Wir erfahren also etwas zusammen mit seiner Ausdrucksform.

Erfahrungsinhalt und Ausdrucksform haften jedoch nicht für alle Zeiten zusammen. Einerseits sind Erfahrungen nicht nur an Sprache, sondern auch an andere sinnliche Medien gebunden, was ihre Ablösung herausfordert; andererseits können wir denselben Erfahrungsinhalt - je nach Situation und Handlungsplan - mit verschiedenen Sprachformen zum

Ausdruck bringen. Erfahrungen und Sprachzeichen sind im Bewußtsein verschieden stark miteinander "vernetzt". Im vorigen Kapitel ist dieses Verhältnis kognitionspsychologisch dargestellt; demnach hängt es von der Lern- und/oder Anwendungssituation ab, ob wir auf einen Erfahrungskomplex schematisch zurückgreifen - in einem "fertigen Satz" etwa - oder ob wir eine Äußerung selbständig aus einzelnen Wörtern zu verantwortbaren Propositionen komponieren. Wie läßt sich dieser Prozeß der Versprachlichung von Erfahrungen vorstellen?

Aktualisierte Erfahrungsinhalte, die in einer Situation sozusagen zur Äußerung anstehen, werden *Konzepte* genannt (Chafe 1970, S. 75; Ungeheuer 1972, S. 26). Für die Formulierung wird ein Konzept aus Erfahrungsinhalten in die Thematik der Handlungssituation hineinprojiziert; der Sprecher hat es zur situativen Sinnstiftung zu formulieren. Das Konzept hat bereits eine Struktur, eine "innere Programmierung" (Leontjev), gebildet nach dem Handlungsziel. Da die meisten Konzepte nach Schemata aufgebaut werden, gibt es für sehr viele eine fertige Ausdrucksform: Redewendungen, Klischees, "fertige Sätze", besonders in der Alltagskommunikation. Jedes Konzept kann aus einzelnen Wörtern formuliert werden; das lernen nur nicht alle Menschen gleichermaßen. Beim differenzierten Ausformulieren wird die zu äußernde Thematik auch dem Sprecher selbst klarer; Sprache entfaltet dabei für ihn ihre "heuristische Funktion": Der Anlaß, seine Erfahrungen für eine Situation zurechtmachen zu müssen, gibt ihm Gelegenheit, sie "auseinanderzulegen", sie sich also unter bestimmten Aspekten zu vergegenwärtigen. Das kann auf einer groben Stufe aufhören, aber auch zu einer detaillierten Durchleuchtung führen, die für den Sprecher selbst neue Erkenntnisse über den Sachverhalt, über seine Beziehung zum Partner und über sich selbst bringt. Es kann allerdings auch in dichten Nebel führen, wenn die suchenden Sprachzeichen nichts zum Bezeichnen finden, weil deutlichere Erfahrungen fehlen.

Nach bisherigen Forschungsergebnissen und Überlegungen gibt es gute Gründe, mehr oder weniger komplexe bzw. differenzierte Erfahrungsstufen wie auch ebensolche Formulierungsstufen anzunehmen: von den Allerweltsausdrücken über idiomatische Wendungen immer mehr abnehmender Metaphorizität, über umgangssprachlich redundante Umschreibungen bis hin zu präzisen Fachbegriffen. Aufschlußreich sind dafür neurolinguistische Untersuchungen, die zeigen, daß idiomatische Wendungen mit Erfahrungsinhalten offenbar in einem direkten, schematisierten Zusammenhang stehen: Bei Verletzung der Sprachzentren der linken Hirnhälfte kann die Fähigkeit zum Reden in konventionellen Formeln erhalten bleiben, während die Fähigkeit zum Wort-für-Wort-Ausformulieren ausfällt (von Lancker 1975).

Wenn wir nun davon ausgehen, daß
- Erfahrungen in verschiedenen Konzepten aktualisiert werden können,
- Konzepte situativ verschieden ausformuliert werden können,
- Erfahrungen für Situationen äußerungsgerecht gemacht werden müssen,
- dabei situative Komponenten mit der Erfahrung verschmolzen werden,
- also Erfahrungen durch Ausdruckshandlungen verändert werden (können),

dann folgt daraus für die Diskussion um "Sprachwissen und Weltwissen", daß wir von verschiedenen Erfahrungsbereichen im Bewußtsein ausgehen müssen, die allerdings nicht einfach der rechten und der linken Hirnhälfte zugeordnet werden dürfen. Aber: Ist das Bewußtsein immer ein "Bewußtsein von etwas für mich", so ist das sprachliche Bewußtsein ein Bewußtsein von Formulierungsmöglichkeiten (im Medium des Sprechens/Schreibens, Verstehens und Reflektierens). Für alle Explizierungshandlungen brauchen wir invariante Inhaltselemente (die Sprachzeichen), um die Erfahrungen von Situationen abheben, sie in Erfahrungselemente auseinanderlegen, neu miteinander kombinieren und sie für Verständigungshandlungen zurechtmachen zu können. Wir brauchen erfahrungsunabhängige Zeicheninhalte, um Erfahrungen in ihrer Komplexität durchschauen und überschauend erfassen, um handlungsrelevante Erfahrungskomplexe neu aufbauen zu können.

Doch erfahrungsunabhängig und invariant sind die Sprachzeichen nur prinzipiell: die Zuordnung von Erfahrung und Sprachzeichen erfolgt immer unter den Handlungsbedingungen einer Situation, und die dort geltenden Normen prägen die sprachliche Fassung der Erfahrung.

Erfolgen solche Prägungen nach einem durchgehenden Grundprinzip, kann man von einem *Deutungssystem* sprechen; es wird repräsentiert in einem Code von zugelassenen/bevorzugten Sprachzeichen ("Gottessohn", "Erbsünde", "Kreuzestod", "Auferstehung", "Erlösung"). Der Code regelt die semantischen Kombinationsmöglichkeiten von Sprachelementen und damit die Aussagen, die über Wirklichkeitsbereiche gemacht werden müssen, können, nicht dürfen ... Diese Regeln erstrecken sich bis auf ganze Äußerungen ("Bücher raus!" darf ein Schüler nicht zum Lehrer sagen) und ganze Texte (ein Gedicht von Erich Fried gehört nicht in ein bayrisches Lesebuch). Damit determinieren Deutungssysteme über Formulierungsregeln die Bedingungen und Möglichkeiten von Menschen, in der Welt miteinander zu leben. Sie fallen jedoch den Menschen, die sie täglich praktizieren und tradieren, nicht auf. Erst dann, wenn Codes verschiedener Gruppen zusammenstoßen, wird Widerspruch erzeugt. Was der eine als "Abenteuer" bezeichnet, nennt der andere etwa "Sünde". Aus verschiedenen Deutungssystemen erscheint ein Sachverhalt unter verschiedenen Aspekten, wird verschieden erfahren, ausgelegt und für intendierte Handlungskonsequenzen zurechtgemacht. Streiten zwei um den "richtigen Ausdruck", streiten sie letztlich um die Rechtmäßigkeit ihres Deutungssystems und um die Legitimation der jeweils angestrebten Handlungsfolgen.

Deutungssysteme als Bindeglieder zwischen Erfahrungen und Sprache regeln die Vorauswahl an Sprachzeichen für bestimmte Situationstypen; denn die Deutungssysteme enthalten mehr oder weniger fertige Bilder von Kommunikationssituationen. Wenn der Sprecher seine Erfahrungen für die Äußerung zurechtmachen und sich dabei - wegen der Verständlichkeit - sozusagen der Sprachzeichen des anderen bedienen muß, braucht er Kenntnisse über diesen "anderen". Vor der Situation schätzt er sein Gegenüber mehr oder weniger generell ein, jedenfalls als verallgemeinerten anderen (Mead: "generalized other"). In solch voraus-typisierter Form wirkt der andere schon auf den ersten Entwurf ein.

Hier entfalten die Sprachzeichen ihre *kommunikative* Funktion: Sie lassen den Sprecher seine Erfahrungen im Hinblick auf den Hörer auslegen. Da er bereits vor der Äußerung wissen muß, zu welcher Sprachhandlung er stehen kann (Wahrhaftigkeit), muß er die Reaktion des anderen antizipieren. Das ist möglich, wenn er bereits im Entwurf mit alternativen Inhaltselementen arbeitet, sie versuchsweise einsetzt, kombiniert, auswechselt. Weil ein Sprecher die Wirkung geäußerter Zeichen vorher einschätzen können muß, muß ihm die sinnstiftende Leistung der Sprachzeichen bekannt sein (vgl. Ingendahl 1978 b). Trieb- und instinktgesteuerte Tätigkeiten erfolgen direkt auf das Ziel hin; intentionale Handlungen als prinzipiell sinnvolle müssen sich in Gemeinschaftshandlungen bewähren. Also setzt der Handelnde die Verfolgung des Ziels in der Zeit aus, um den anderen in die Sinnstiftung einbeziehen zu können. Und weil der Sich-Äußernde mit seiner Sinnstiftung identifiziert werden wird, hat er ein Interesse an einer Formulierung, die sich im Handlungsverlauf bewähren kann.

In der Reflexion auf die heuristischen und kommunikativen Leistungen der Sprache - für seine Orientierung in der Welt und für sein Handeln mit anderen - kann der Sprecher sich selbst als Identität erfahren: Er ist der unverwechselbare einzelne, der seine Erfahrungen "macht" und ihren Ausdruck vertritt.

(b) Für den *Hörer* repräsentieren die geäußerten Sprachzeichen den illokutiven und den propositionalen Akt seines Gegenübers. Er hat gelernt, aus einem präsentierten Laut auf etwas zu schließen, das selbst nicht präsentiert werden kann. Die Proposition zeigt ihm das Gemeinte, und die Illokution zeigt ihm, wie er in dieser Situation mit dem Gemeinten umgehen soll. Der Hörer appräsentiert die angebotene Sichtweise des bezeichneten Sachverhalts, den Bezug dieses Angebots zu sich selbst und dadurch eine Beziehung der sprechenden Person zu sich. Die gehörten Sprachzeichen regen ihn an, einige "Mitteilungen" hineinzudenken, die die Zeichen zwar nicht explizieren, die aber den geäußerten "Satz" in dieser Situation erst sinnvoll machen. Wer etwa "Komm!" hört, versteht mit, daß
- es in der gerade gelebten Wirklichkeit eine Bewegung des Kommens gibt;
- die Bewegung hier und jetzt für die Beteiligten sinnvoll sein soll;
- der Sprecher die Situation so einschätzt, daß er - der Hörer - nicht (nah genug) bei ihm ist;
- der andere die Ausführung der Bewegung erwartet;
- der andere die Form der Äußerung für die ihm - dem Hörer - angemessene Form der Interaktion hält;
- und daß er die Äußerung genauso versteht, wie der Sprecher sie gemeint hat.

Wer darauf "Nein!" antwortet, mag die 2. oder die 4. Mitbehauptung ablehnen. Diese Mitbehauptungen (Präsuppositionen) muß der Hörer aus seinem Erfahrungswissen, aus den ihm bekannten Aussagen über die Wirklichkeit, abrufen. Was er jeweils konkret mitversteht, wird davon abhängen, in welchen Sinnzusammenhängen er die gehörten Sprachmittel gelernt hat und selbst zu verwenden gewöhnt ist. In ihren Präsuppositionen werden Interaktionspartner selten ganz übereinstimmen; es sind pragmatische Bedingungen der Verständigung, also situativ wechselnde. Die genannten und die mitbehaupteten Aussagen bilden den Inhalt des Verständigungsprozesses.

In dessen Verlauf ist deutlich festzustellen, daß auch der Hörer aktiv tätig sein muß: Er produziert seine Beiträge zur Interaktion (vgl. Rehbein 1977, S. 191). Zunächst muß er den Handlungsplan des Sprechers zu rekonstruieren versuchen; dazu braucht er Anzeichen in der Äußerung, aus denen er auf ein Handlungsmuster schließt, d.h. einen Satzbauplan und eine bestimmte Handlungsstrategie bzw. eine Textsorte. Aufgrunddessen bildet er seinen Hörerplan, mit dem er der Äußerung immer mit bestimmten Erwartungen vorauseilt. Das läßt sich beobachten, wenn der

Angesprochene angefangene Äußerungen fortsetzt, unterbricht, mitspricht oder wenn er stutzt, enttäuscht, überrascht über eine Formulierung ist. Vor allem durch die geltende Syntax ermöglicht die Sprache dieses vorausdenkende Verstehen; die Redundanz, die dabei entsteht, gestattet es dem Hörer, schon während der Rezeption seine Antwort als zu vertretende Folgehandlung zu entwerfen. Daß er das tut, wird häufig aus Einwürfen, Zwischenbemerkungen, mimischen und gestischen Anzeichen erkennbar; diese dienen dem Sprecher zur Kontrolle seines Sprecherplans.

Indem Sprachzeichen, die in Situationen zur Verständigung akzeptiert werden, in den beteiligten Menschen - trotz unterschiedlichster Biografie - gleiche Sinnzusammenhänge aufbauen, ermöglichen sie ihr Miteinanderhandeln, ihr Miteinanderleben, Gesellschaftlichkeit und Kultur. Denn in Sprache konstituieren sie die Wirklichkeiten, in denen sie leben können.

(c) Was leisten nun die Sprachzeichen gegenüber dem *Sachverhalt*, der in der Äußerung thematisiert wird? Sie bezeichnen ihn, referieren ihn, schreiben ihm Merkmale, Eigenschaften zu, stellen ihn in Beziehungen... Das sind gängige Aussagen, eher verwirrend als aufklärend. Wo sind denn die Sachverhalte, daß ich das alles mit ihnen tun kann? Selten in der Situation sinnlich wahrnehmbar, kaum einmal "zur Hand", eher schon in unserer Vorstellung, herbeizitiert von entsprechenden Sprachzeichen.

Zwei reden über das Wetter: "Es bewölkt sich." - "Ab und zu kommt aber noch die Sonne raus." Wo ist der "bezeichnete Sachverhalt"? Sicher, sie reden über reale Ereignisse, nur: Wie sind ihnen diese Ereignisse präsent, zugänglich? Aus den vielen Einzelerscheinungen greift jeder eine heraus und stellt sie sprachlich dar. Da er es mit geltenden sprachlichen Zeichen tut, wird die Erscheinung im Augenblick des Nennens zu einem bestimmten Vorstellungsbild gestaltet: "Es (!) bewölkt sich." Ein Vorgang (und kein Zustand...) wird geschaffen, das kaum zu beobachtende Aufziehen und Dichterwerden der Wolken wird "focussiert", zum Kern der Sichtweise; dieser Vorgang wird einem an sich selbst tätigen anonymen Subjekt "es" als Tätigkeit zugeschrieben.

Das Beispiel zeigt: Die sprachlichen Zeichen
- segmentieren Wissensausschnitte so, daß sie für ein gemeinsames Handlungsziel sinnvoll/relevant werden;
- vergegenwärtigen Inhalte früherer Erfahrungen so, daß sie die intendierten Wirkungen der Äußerung erzeugen;
- stellen die bezeichneten Sachverhalte in einer bestimmten Sichtweise vor, so daß diese ihre Rolle im Handlungszusammenhang spielen können;

- stellen die Sachverhalte in einer bestimmten Existenzform dar: sinnlich wahrnehmbar, möglich, nicht da...;
- machen die mitgeteilten Erfahrungen auch für andere erfahrbar, damit auch auf ihre Gültigkeit überprüfbar;
- stellen die referierten Sachverhalte in eine Beziehung zueinander (prädizierend, kausal...).

Formulierte Erfahrung ist demnach eine für eine Situation zurechtgemachte Erfahrung. Die Äußerung muß - zum Ziel der Verständigung - vorhandenes Wissen so organisieren und (um)gestalten, wie es intersubjektiv in der Situation Wirklichkeit werden soll. Die Wahrheit einer Information hängt von dem Beziehungsaspekt ab, in dem sie geäußert wird. Denn relevant wird der Sachverhalt kommunikativ nur in seiner Bedeutung, die er situativ für die Beteiligten haben soll. Über die Bedeutung kann man reden, kann sie bestreiten, modifizieren...

(d) Die *Sprachzeichen* bringen das Bewußtsein zum Ausdruck, konkret: ein Konzept, einen noch nicht formulierten Gedanken, ausgerichtet auf eine Situation. Das einzelne Sprachzeichen ist auf der Folie dieses Formulierungsprozesses in seiner Leistung gut zu erkennen: Indem es einen gemeinten Sachverhalt bezeichnet, indem es ein Erfahrungselement ausdrückt, deutet es das Gemeinte für die Beteiligten in bestimmter Weise, unter dem situativ relevanten Aspekt. Daß es diese pragmatische Funktion erfüllen kann, läßt darauf schließen, daß es virtuell für die Menschen eine Bedeutungsmöglichkeit darstellt. Diese schafft aktuell im Ausdruck für die Beteiligten Bedeutung: Sprachliche Ausdrücke fordern den Hörer auf, wie der Sprecher "die Bezugselemente für die im Text vollzogenen Prädikationen zu identifizieren" (Schmidt 1973, S. 83), d.h. folgende Beziehungen herzustellen (Kallmeyer u.a. 1974, S. 44):
- Referenz: Beziehung der geäußerten Sprachzeichen auf Erfahrungselemente und der gerade ablaufenden Situation (semantischer Bezug),
- Relation: Beziehung der geäußerten Sprachzeichen auf andere geäußerte Sprachzeichen desselben Kontextes (syntaktischer Bezug),
- Konsequenz: Beziehung der geäußerten Sprachzeichen auf die damit intendierte(n) Folgehandlung(en) der Beteiligten (pragmatischer Bezug).

Sprachliche Zeichen appräsentieren also in jeder neuen Situation etwas Einzigartiges, Besonderes; die Bedeutung, die sie schaffen, ist einmalig und nicht wiederholbar; die Gegenstände, Personen, Erfahrungen, Handlungen, die gerade hier und jetzt aufeinander bezogen werden, erzeugen unter den konkreten Bedingungen dieser Situation eine einmalige Konstellation, die in ausgesprochenen Sprachzeichen präsent ist. Immer wieder Besonderes bedeuten können die Sprachzeichen aber nur, wenn sie selbst nicht in jeder Situation neu, sondern als die "alten" bekannt sind. Der geltende Inhalt ist allgemein, die konkrete Bedeutung das Besondere. Die aktuelle Bedeutungskonstitution setzt Konstituenten voraus, die in allen Verwendungssituationen ihre Identität bewahren, die wiedererkennbar sind. Nur als identisches, allgemeines wird das Sprachzeichen fähig zum Ausdruck individueller Erfahrungen und immer wieder besonderer Handlungen; identisch bleibt - wie die Lautgestalt - die (weitgehend) von individuellen Erfahrungen ablösbare Konstitutionsleistung des Zeichens. Sie ist unverzichtbar für ein verantwortbares, also reflektiertes Handeln. Wem nicht allgemeine Bedeutungsmöglichkeiten verfügbar sind, der kann die eigene Handlung nicht entwerfen, die Wirkung beim anderen nicht antizipieren, nicht die Sprachzeichen des anderen zum Ausdruck seiner Handlung benutzen.

Diese Leistungen sind Sprechern einer Sprache gleichermaßen bekannt; daß sie diese Leistungen immer wieder in Äußerungen einsetzen können, macht ihre Sprachkompetenz aus. Die Semantik versucht, diese Leistungen zu beschreiben; das ist - wie die jahrhundertelange Forschungspraxis zeigt - sehr schwer:

Sprachliche Leistungen sind nicht unabhängig von Äußerungsprozessen zu erfassen; in jeder Äußerung bedeutet das Zeichen etwas Besonderes. Der Semantik als Wissenschaft vom Sprachsystem geht es aber um das Allgemeine, um die in allen Verwendungssituationen konstante Leistung. Das Zeichen soll also in einem "Zustand" beschrieben werden, den es nie "hat"; es existiert nur als Ausdruck. Auch der Sprachwissenschaftler, der über die Leistungen eines Zeichens spricht oder nachdenkt (oder eine semantische Komponentenanalyse macht ...), kann es nur "in action" erfahren, nämlich in seiner analytischen Handlung der wissenschaftlichen Beschreibung. Und Bedeutungsangaben in Wörterbüchern (also die von allen pragmatischen Bezügen isolierten Inhaltsmerkmale eines Wortes) sind eben Äußerungen von Sprachwissenschaftlern über mögliche Bedeutungskonstituenten desselben Zeichens in verschiedenen Kommunikationssituationen. Was ist ein "Stuhl"? Was ist das typisch "Stuhlhafte" an einem Sitzmöbel, warum ist es kein Sessel oder Hocker? Die Bedeutungsangabe im Wörterbuch "Sitzmöbel für eine Person mit einer Rückenlehne und meist vier Beinen" beschreibt einen Sachverhalt, der mit dem Wort zu bezeichnen wäre; sie könnte auch auf einen Sessel zutreffen. Helmut Gipper, der zu ermitteln versucht hat, was Menschen dazu bringt, in verschiedenen Situationen Sitzgelegenheiten als "Stuhl" oder "Sessel" zu bezeichnen, resümiert: "Bei Sessel überwiegt der Charakter der Bequemlichkeit (man setzt sich "in" ihn), beim Stuhl der praktische Nutzwert (man setzt sich "auf" ihn). Diese beiden Gesichtspunkte leiten den Sprecher in der Regel beim Gebrauch beider Wörter, ohne daß er sich dessen ausdrücklich bewußt wird. Bei Neubenennungen machen sich diese Auffassungen geltend" (Gipper 1959, S. 289). Warum tauchen gerade diese Merkmale nicht in den Bedeutungsangaben auf? - Es muß wohl daran liegen, daß beim abstrakten Beschreiben eines Wortes andere Merkmale in den Blick kommen als dann, wenn jemand im praktischen Umgang mit Stühlen und Sesseln diese auseinanderhalten muß.

Die Gesamtheit der Zeichen-Inhalte einer Sprache nennt Leo Weisgerber die "sprachliche Zwischenwelt". Dieser Begriff macht besonders deutlich, daß die sprachlichen Konstitutionen eine eigene Realität gegenüber unseren Erfahrungen und gegenüber unserer Umwelt darstellen und daß sie zwischen unserem Wissen über die Wirklichkeit und der handelnd gelebten Wirklichkeit vermitteln.

Zusammenfassend sind die Leistungen der Sprache für die Erfahrungsaneignung und die Formulierungshandlung, gegliedert nach den Faktoren der Verständigungshandlung Sprecher - Hörer - Sachverhalt - Sprache:

1. Sprache ermöglicht den Mitgliedern von Gesellschaften, eine Identität auszubilden und sich als solche zu erfahren. In geäußerten Erfahrungen tritt der Mensch sich selbst gegenüber; er ist es, der diese Äußerungen vertreten und sich an ihren Konsequenzen bewähren muß. Weil er für denselben gehalten werden will und muß, hat er auch Verantwortung zu übernehmen. Kontingente Handlungsplanungen und stringente Handlungsabläufe sind ohne diese Verantwortung nicht denkbar.

2. Sprache ermöglicht ein menschliches Zusammenleben: Indem sie subjektive Einzelerfahrungen transzendiert, indem sie sie in einem Allgemeinen (einem Zeichen) erfahrbar macht, können Menschen eine gemeinsame Lebenswelt sowie gemeinsame Formen des Zusammenlebens mit und in dieser Lebenswelt schaffen (Kommunikationssysteme, kulturelle Lebensformen).

3. Sprache ermöglicht die "Konstruktion" der Lebenswelt und der anderen Wirklichkeitsbereiche des Traums, der Phantasie, der Religion und der Wissenschaft: Sie ermöglicht gemeinschaftliche Sinngebung subjektiver Erfahrungen, läßt aber auch sprachliche Erfahrungen an die Stelle originaler Erfahrungen treten. Schließlich läßt sie sogar Erfahrungen negieren, verwandeln und ganz neue erfinden. Die von Schütz sogenannten Symbolwelten sind ohne Sprache nicht denkbar; sie sind ja von Menschen

geschaffen erst aufgrund von Erfahrungen in der Lebenswelt des Alltags, die mehr und mehr von der direkten Erlebbarkeit abstrahiert wurden.
4. Die für Sprecher und Hörer gleichermaßen wahrnehmbare Lautgestalt und die konstanten Leistungen der Inhalte ermöglichen die Erfahrung der Sprache als einer eigenen Realität. Das kommt in der Metakommunikation zum Ausdruck, bei der sprachliche Zeichen und ihre Appräsentationen in Inhalts- und Beziehungsaspekt selbst wieder Gegenstand sprachlicher Zeichen werden. Die so eröffnete Möglichkeit zur Reflexion auf sprachliche Formulierungen ist die Voraussetzung von Wissen - Deutungsmuster - Sprache, die nicht mehr verantwortet werden können.

3. Identität als Ziel der Kommunikativen Kompetenz

Die Verständigungstheorie geht davon aus, daß kommunizierende Menschen aneinander vier Erwartungen richten, die - wenn sie erfüllt werden - ihre Verständigung gelingen lassen: Jeder spreche die Sprache des anderen (Verständlichkeit), eröffne damit einen erkennbaren Ausschnitt gemeinsamer Wirklichkeit (Wahrheit), berücksichtige dabei die erwarteten gesellschaftlichen Normen (Angemessenheit) und identifiziere sich mit Inhalt und Form seiner Äußerung (Wahrhaftigkeit).

Nicht-bewußt unterstellt zwar jeder die Kriterien gelingender Verständigung jedem Kommunikationsprozeß, weil er sie beim Sprechenlernen implizit mitgelernt hat; ein aufgeklärter/emanzipierter Zeitgenosse jedoch, der selbständig und verantwortlich kommuniziert, müßte die Kriterien auch bewußt einhalten können und gelernt haben, die Angemessenheit seiner Äußerungen explizit zu rechtfertigen und für ihre Wahrhaftigkeit in Kenntnis aller möglichen Risiken einzustehen. Er hätte dann eine "kommunikative Ethik" ausgebildet, deren Kern-Maxime lautet: Wenn zur Verständigung alle Beteiligten einander unterstellen, daß sie die vier Kriterien einhalten, dann muß jeder selbst auch den vier Kriterien folgen. Will ich mich also wahrhaftig und angemessen äußern, muß ich wissen, was ich sage, muß also meinen Äußerungen gegenübertreten können. Doch so sehr ich die Äußerungen auch von mir löse, um sie betrachten zu können, immer muß ich sie als meine betrachten, genauer gesagt: Ich muß mich als Sprechenden betrachten. Um zu entscheiden, ob ich zu dem stehen kann, was ich sage, und ob das dem Gegenüber angemessen ist, muß ich mir, dem anderen und meinen Äußerungen gegenübertreten.

Diese Instanz in jedem Menschen, von der aus er alles betrachtet, beurteilt und entscheidet, was er tut, nennt G.H. Mead *Identität*. Wer sein

Leben selbst in die Hand nimmt, lernt, ein "Selbstbewußtsein" aufzubauen, konkret: sich selbst beim Erfahrungmachen und Handeln zuzusehen, diese Tätigkeiten einzuschätzen und zu steuern mit dem Ziel eines "gelingenden Lebenslaufs". Dieter Henrich unterscheidet (1979, S. 135) einen philosophischen Begriff der Identität (Derselbe bleiben und sich dadurch von anderen gleichartigen Personen/Objekten unterscheiden) von einem sozialpsychologischen Begriff der Identität als "... komplexe Eigenschaft, die Personen von einem gewissen Lebensalter erwerben können."

Verknüpft man beide Begriffsdefinitionen, entstehen folgende Konsequenzen:
1. Wenn Identität erst im Laufe eines Prozesses herzustellen ist (Lebenslauf), kann sie nur dadurch erreicht werden, daß ein Mensch während dieses Veränderungsprozesses derselbe bleibt und lernt, sich selbst anzunehmen mit seiner Geschichte, in jedweder Situation und mit seinen Zukunftsaussichten.
2. Identität muß dann immer wieder erzeugt werden aus dem "Material" des bereits gelebten Lebens (Fähigkeiten, Erfahrungen) im Hinblick auf ein zukünftiges Leben, das man als Derselbebleibende aufnehmen will.
3. In der ethisch-politischen Handlungsdimension bedeutet das, die Kriterien gelingender Verständigung, die man immer schon voraussetzte und erwartete, als Mündiger absichtlich und verantwortlich zu Maximen seines Handelns zu erheben.
4. Entsprechend muß man mit seiner eigenen Identität auch die Identitäten seiner sozialen Umgebung akzeptieren.

Identität entsteht also unter der Voraussetzung, sich verändern und dabei derselbe bleiben zu müssen und zu wollen: Ich will es, und die anderen erwarten es von mir. Und wer in verschiedenen Situationen als derselbe wiedererkannt wird, kann seine Identität in der Wahrhaftigkeit seiner Handlungen bewähren.

Wahrhaftigkeit als die "Wahrheit zu mir selbst" liegt in der zeitlich/geschichtlichen Dimension der Verständigung: Sie kann nur erfahren werden in einem sich über mehrere Situationen erstreckenden Leben. Um mich bei meinem Namen rufen lassen zu können, der mich als ich identifiziert, muß ich in meinen Handlungen wiederzuerkennen sein. Um "ich" sagen zu können, muß ich mich in verschiedenen Situationen als derselbe erfahren, in denen vorangegangene Handlungen ihre Konsequenzen fordern und in denen zukünftige Ereignisse ihre Schatten zurückwerfen.

Daß man immer derselbe bleibt, merkt man deshalb, weil man sich verändert. Daß man sich verändert, merkt man deshalb, weil man immer derselbe bleibt. Um diese komplizierte Dialektik, die Identität ausmacht, genauer durchschauen zu können, fragt G.H. Mead (1934), wie es dem Menschen überhaupt möglich wird, sich beim Handeln zuzusehen. Mead erkennt, daß der einzelne dafür so tun muß, als sehe er sich mit den Augen seines Gegenübers, also eines anderen, der aber genauso ist wie er selbst:

> "Um sich nämlich seiner bewußt zu werden, muß er für sich selbst zum Objekt werden oder in seine eigene Erfahrung als Objekt eintreten, und nur durch gesellschaftliche Mittel - indem er die Haltungen der anderen sich selbst gegenüber einnimmt - kann er sich selbst zum Objekt werden" (S. 270).

Dies lernt das Kind, indem es sich zunächst mit den Augen seiner konkreten Bezugspersonen sieht, d.h. sich mit Mutter, Vater, Schwester, Kindergärtnerin ... "identifiziert"; erst später verallgemeinert er die anderen zu "Typen" ("Rollen") und kann sich - unabhängig von konkreten Personen - aus der Sicht gesellschaftlicher Positionen betrachten.

Die entscheidende Voraussetzung für diese Haltung - etwas zu tun und dabei sich gleichzeitig zu beobachten - erlernt der Mensch in der Kommunikation. Nur hier sieht Mead eine menschliche Grundstruktur ausgebildet, die Selbstreflexion ermöglicht: Wer spricht, muß sich selbst zuhören (da man die Ohren nicht verschließen kann); sprachliche Produktion und Rezeption erfolgen gleichzeitig. Und wer spricht, produziert Sprachzeichen, die er mit dem Gegenüber gemeinsam hat; er geht davon aus: "Wenn ich du wäre, würde ich mich verstehen." So kann der Sprecher kontrollieren, was beim anderen ankommt, indem er mithört und aufgrund des Mitgehörten wie der andere weiterdenkt. Im Prozeß des Spracherwerbs lernt der Mensch also zugleich die für die Selbstreflexion grundlegende Denkbewegung.

Indem ich mich beim Sprechen wie mein Gegenüber kontrolliere, weiß ich, wozu ich stehen können muß, was ich gegebenenfalls zu vertreten haben werde. Ich messe das Gesagte an dem, was mir und den anderen gemeinsam ist: die Normsysteme unserer Gesellschaft, die in Gruppen geltenden Vorstellungen vom "richtigen Verhalten". Dabei melden sich aber Stimmen in mir, die die eine Handlungsweise erfreulich, eine andere schlimm finden: Ich reagiere auf die Haltungen, die ich mit anderen gemeinsam habe. Mead nennt den Teil der Identität, der sich durch die Übernahme der Haltungen anderer entwickelt, "Me", - im Gegensatz zum "I", das auf das Me reagiert:

> "Das 'I' ist die Reaktion des Organismus auf die Haltungen anderer; das 'Me' ist die organisierte Gruppe von Haltungen anderer, die man selbst einnimmt. Die Haltungen der anderen bilden das organisierte 'Me', und man reagiert darauf als ein 'I'" (Mead 1968, S. 218).

Identität - oder, wie Mead auch sagt, "das Selbst" - bildet sich in der ständigen Auseinandersetzung des I mit dem Me: Individuum und Gesellschaft müssen in jedem Menschen in jeder Situation eine lebbare Identität aushandeln.

Die gesellschaftlichen Verhaltenserwartungen (Normen), die jeder in seinem "Me" internalisiert hat, können mit der *Rollentheorie* genauer beschrieben werden. Das Funktionieren einer Gesellschaft wird hier so gedacht, daß ihre Mitglieder Positionen einnehmen, aus denen sie generalisierte Erwartungen an andere Positionsinhaber richten; diese Bündel von Normen zwischen Positionen, die das gesellschaftliche Handeln zwischen Interaktionspartnern regeln, werden Rollen genannt.

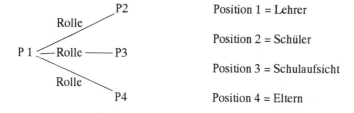

Jemand "spielt eine Rolle", indem er der Verhaltenserwartung einer Bezugsperson entsprechend handelt. Alle Rollen, die jemand spielen kann, machen seine Rollenidentität aus (sein "Me").

Rollennormen sind jedoch nicht strenge eindeutige Vorschriften, vielmehr Rahmen für subjektive Interpretationen; die Interaktionspartner brauchen nur einen ungefähren Konsens über ihre Erwartungen herzustellen. Sie machen zugleich deutlich, daß sie in dieser Rolle nicht aufgehen, und bringen subjektive Bedürfnisse in die Interaktion ein (ihr "I"). Nur so ist auf die Dauer gesellschaftliches Miteinander aushaltbar.

Erfolgreiches Rollenhandeln setzt also zwei produktive geistige Fähigkeiten jedes Beteiligten voraus: Jeder definiert eine Situation aufgrund symbolischer Indikatoren in eingeübter Weise, formuliert damit zugleich seine entsprechende Rolle in Form von Verhaltenserwartungen an sich und die Partner ("role taking"); innerhalb dieser Rahmenbedingungen gestaltet er nun - in Wechselwirkung mit den Beteiligten - seine Handlungsweise unter Einbezug subjektiver Intentionen ("role making").

Indem er dabei erkennen läßt, welche weiteren Positionen er innehat und in seinem Rollenspiel berücksichtigen will, erweist er seine soziale Identität. Indem er dabei erkennen läßt, wie diese Handlungssituation mit früheren und künftigen Situationen seines Lebenslaufs verbunden sein soll, erweist er seine personale Identität.

E. Goffman bestimmt die Identität aus den je situativen Kreuzungspunkten zwischen dem Lebenslauf (personale Identität) und der Menge der spielbaren Rollen (soziale Identität); in der biographischen Dimension reagiert der Mensch auf die Erwartung der anderen, zu sein wie kein anderer, in der sozialen, zu sein wie andere auch. Da sich beide Anforderungen logisch ausschließen, kann das Individuum sich nur so verhalten, als ob es einzigartig und als ob es wie alle anderen wäre. Es muß lernen, zwischen beiden Erwartungen zu balancieren; Ich-Identität wird erworben durch gelungene Identitätsbalance.

Meads und Goffmans Identitätsbegriffe enthalten verschiedene Kriterien; es ist deshalb nicht richtig, "I" mit "personaler Identität" und "Me" mit "sozialer Identität" gleichzusetzen, obwohl hier Ähnliches gemeint ist. "Me" ist das "Self" als Rollenspieler, der Mensch als soziales Wesen, das sich sein Selbstbild schafft aus den Sehweisen der anderen, zuerst der konkreten anderen (Vater, Mutter, Schwester, Freund ...), dann der "verallgemeinerten anderen" (Rollentypen); darauf reagiert das "I" gefühlhaft und moralisch wertend. Wer es schafft, gesellschaftliche Ansprüche und eigene Bedürfnisse und ethische Haltungen miteinander zu vermitteln, erreicht Identität. Diese hat sich (nach Goffman) einerseits zu bewähren im Laufe der Lebensgeschichte, andererseits bei den verschiedenen Rollen, die man zu einem Zeitpunkt nebeneinander spielt.

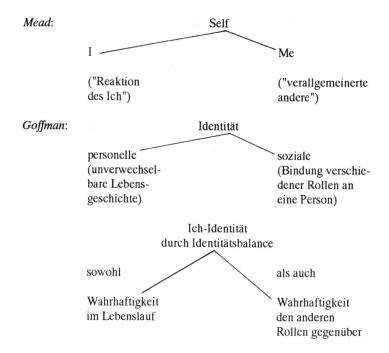

Meads und Goffmans Theorien setzen dreierlei voraus: eine Subjektivität in jedem einzelnen Menschen, geltende Normen und eine Instanz, die beide (I und Me) beobachtet und immer wieder miteinander ins Spiel bringt, für Sinnzusammenhänge sorgt auf eine einheitliche Lebensgeschichte hin.

Normen sind gemeinschaftliche Verhaltenserwartungen; in vertrauten Beziehungsverhältnissen weiß ich, was die anderen von mir erwarten, ich würde an ihrer Stelle dasselbe erwarten. Normen dienen also der Orientierung. Auch wo ich fremd bin, versuche ich, mir eine neue Situation mit wahrscheinlich passenden Mustern vertraut zu machen, damit ich mich auch hier "normal" verhalten kann.

Wem ich auch gegenübertrete, er muß mich zuerst als Typ, als Repräsentant einer Gruppe, als Rollenträger auffassen, damit er sein Verhalten zu mir einrichten kann. Denn mich als einzigartiges Individuum wahrzunehmen, nützt ihm zunächst nichts, denn es sagt ihm nichts über das von ihm erwartete Verhalten. Hat er mir nun eine bestimmte soziale Identität zugeschrieben und ist dadurch von der Aufgabe entlastet, in jeder Phase unserer Interaktion sein Verhalten neu entwerfen zu müssen, dann kann er darauf achten, in welch individueller, unverwechselbar einzigartiger Weise ich den von meiner Rolleninterpretation eröffneten Spielraum ausgestalte. Auch bei den Inhalten, die nun zur Sprache kommen, interessiert ihn zunächst der Erfahrungsmodus, um den es hier und jetzt geben soll: Sprechen wir über Wahrnehmbares in gemeinsamer Reichweite, über Erinnerungen, Träume, Imaginationen ... Erst von einer Wirklichkeitsebene her, zu der er wie ich Zugang hat, kann er meine Äußerungen auf sich beziehen und deren Einzelheiten begreifen.

Normen gelten immer in Gruppen; je nach deren Größe sind Normen nach ihrer Reichweite zu unterscheiden:

- Universale Geltung:	Normen der Kommunikation mit dem Ziel Verständigungshandeln: Verständlichkeit, Wahrhaftigkeit, Angemessenheit, Wahrheit
- Sprachgemeinschaftliche Geltung:	Normen der Sprache mit dem Ziel Verständlichkeit: Aussprache, Schreibweise, grammatische Regeln und Formenbau, Bedeutung sprachlicher Zeichen, syntaktische und Vertextungsregeln
- Gruppenspezifische Geltung:	Normen rollenkonformen Handelns mit dem Ziel soziale Identität: weltanschaulich gegründete Erwartungen einer Gruppe an bestimmte Positionen und Situationen
- Individuelle Geltung:	Normen ethischer Richtlinien (Maximen) mit dem Ziel Verantwortlichkeit: willentliches In-die-Tat-Umsetzen des partnerschaftlichen Prinzips der unbedingten Reziprozität: Weil ich von anderen die Normen des Verständigungshandelns erwarte, halte ich sie auch ein.

Normen sind unverzichtbar; sie schaffen Ordnung in der Vielfalt der Handlungsmöglichkeiten, ermöglichen eine Orientierung in der Welt und ein Miteinanderhandeln, weil sie Verhaltensweisen erwartbar machen.

Alle Normen wurden von Gruppen geschaffen mit bestimmten Zielen. Werden diese Ziele aus dem Auge verloren, verselbständigen sich die Normen und werden sinnleer. (Orientierte man z.b. die Bemühungen um die Rechtschreibreform an dem Kriterium der Verständlichkeit, wäre die Diskussion wahrscheinlich schnell entschieden.) Bei fragloser Anwendung und Tradierung müssen Normen wie Fesseln erscheinen. Normen sind jedoch energetische Prinzipien: In einer Situation unter ganz bestimmten konkreten Bedingungen/Interessen ... entstanden, müssen sie übertragbar sein auf immer wieder neue Situationen. Hier jedoch müssen sie ihre Sinnvollheit wieder erweisen; die Entscheidungen dafür oder dagegen können Menschen von ihren Handlungsinteressen abhängig machen; sämtliche Veränderungen von Normen können jedoch nur gemeinschaftlich durchgeführt werden. Wenn aber schon nach den Normzielen nicht mehr gefragt wird, kommt die Frage nach ihrer Sinnvollheit nicht mehr in den Blick und erst recht nicht die Möglichkeit ihrer Veränderung.

Den verschiedenen Normebenen lassen sich die Alterationen der Identität zuordnen: Als (Mit)Mensch identifiziere ich mich mit Normen der Kommunikation, als Deutscher identifiziere ich mich mit den Normen meiner Sprache, als Niederrheiner/Ostfriese ... mit den Normen eines Dialekts, als Familienmitglied, Parteimitglied ... mit den Normen der dort gültigen Deutungssysteme und Codes, als einzelner identifiziere ich mich mit den ethischen Richtlinien, die ich mir zu Maximen gemacht habe.

Jeder bringt in jeder sprachlichen Äußerung diese Identitäten zum Ausdruck; es werden aber nur die wahrgenommen, die in der Verständigungssituation für die Beteiligten eine Rolle spielen. Darüber allerdings können sie verschiedener Meinung sein.

Normen wirken als Verhaltensrichtlinien, als Formen also, die Miteinanderleben dadurch ermöglichen, daß sie es gestalten. Das tun sie, indem sie sagen: "Tu dies, tu das, und jenes laß!" Dies, das und jenes stehen für inhaltliche Aussagen über angemessenes Verhalten. In dieser Dialektik von forma formata und forma formans existiert jede Norm, sei es die der Verständigung, einer Sprache, eines Codes, eines persönlichen Stils. Wer in die Welt, in eine Gesellschaft, in eine Familie hineinwächst, erlernt mit der Sozialstruktur eine Weltauffassung, erwirbt mit den Verhaltensweisen ein Bild über diese seine Welt.

Weitgehend unbewußt geschieht und funktioniert die Formung des Bewußtseins - und auch des Selbstbewußtseins - über die in den Sozialisationsinstanzen Familie, peer-group, Bildungssystem, Arbeitswelt und Institutionen geltenden Sozialstrukturen und den darin zum Ausdruck kommenden Weltansichten.

In den vier Kriterien gelingender Verständigung ist ein bestimmtes Bild menschlichen Miteinanderlebens vorausgelegt, die deutsche Sprache ermöglicht mit ihren spezifischen Inhalten eine bestimmte Weltansicht; Familien, Spiel- oder Berufsgruppen machen von diesem allgemeinen Normenpotential unterschiedlichen Gebrauch, schließen vieles Mögliche aus und eröffnen in ihren Codes spezifische Wertungen dessen, was sie zugänglich machen.

Damit der einzelne eine Identität ausbilden kann, müssen die gewohnten Normen aufgebrochen, suspekt werden in ihrem selbstverständlichen An-die-Hand-Nehmen, müssen sie den Rollenspieler zu der Frage führen, ob ihr "objektiver Sinn" immer und überall übereinstimmt mit dem "subjektiven Sinn", den er persönlich dem Rollenspiel abgewinnen kann. Spannungen spürt hier schon das Vorschulkind und agiert sie trotzend aus. Die verschiedenen Rollenerwartungen an ihn als Kind, als Sohn, als Schüler, als Spielkamerad usw. kommen nicht aus einem einheitlichen Sinnhorizont; es sind vielmehr heterogene, oft sogar einander widersprechende Verhaltenserwartungen. Hier entstehen für den inhaltlichen Aufbau einer Ich-Identität zwei fundamentale Aufgaben: Das Individuum muß die Integration seiner subjektiven Bedürfnisse in die Rollenerwartungen selbst schaffen, und es muß die Weltbilder der verschiedenen Sozialstrukturen selbst in einem einheitlichen Sinnzusammenhang zu vermitteln suchen; denn das Individuum muß die Heterogenität in einer Person aushalten und handelnd erleben.

L. Krappmann (1972) hat die Fähigkeiten benannt, die dazu notwendig werden: Empathie: sich hineinversetzen in andere als andere; Rollendistanz: den normativen Ansprüchen anderer kritisch gegenübertreten; Ambiguitätstoleranz: widersprüchliche Erwartungen aushalten, zu verstehen suchen und trotzdem sich weiter an der Interaktion beteiligen; kommunikative Kompetenz: eigene Ansprüche und fremde Erwartungen aussprechen, befragen und begründen.

Um mit eigenen Interessen und angetragenen Erwartungen derart reflexiv umgehen zu können, bedarf es sicherlich einer emanzipierenden Einstellung zu sich selbst und zur sozialen Umwelt. Da diese nicht nur vom Willen des einzelnen abhängig ist, werden wir uns im folgenden auch mit den sozialen Bedingungen der Identitätsbildung und im didaktischen Teil mit möglichen unterstützenden Lernprozessen beschäftigen müssen.

Die Auseinandersetzung zwischen der Subjektivität des einzelnen und der Normativität gesellschaftlicher Anforderungen - die dem Subjekt zugleich notwendige Orientierungen sind - spielt sich also ständig in jedem Menschen ab. Viele merken davon schon nichts mehr, weil sie ihr Ich zum Schweigen gebracht haben - außer in Nacht- und Tagträumen - und ihre Wiederholungen fremder "fertiger Sätze" für ihre eigenen ausgeben.

Aber was ist denn das Ich, das im Laufe der Kinder- und Jugendzeit in das Sozialwesen integriert werden soll? Individuelle Regungen, die von innen heraus entstehen, sind Bedürfnisse, Wünsche, Sehnsüchte, Gefühle, Interessen. Sie werden im Sozialisationsprozeß kulturspezifisch geprägt und als (unbewußte und bewußte) *Motive* des Handelns wirksam. Motive sind nicht lediglich formale Triebkräfte, sondern Richtungsweiser mit recht genauen Zielvorstellungen und Wertmarkierungen. Sie enthalten ein bestimmtes Wissen, dazu eine gefühlhafte Einstellung und ein entsprechendes Antriebspotential, also kognitive, emotionale und konative Merkmale. Jedes Merkmal kann allein verändert werden; wie jeder aus Erfahrung weiß, muß neues Wissen oder eine andere gefühlsmäßige Bewertung noch nicht zu neuen Handlungsmotiven führen. Deshalb sind grundsätzliche Einstellungen einzelner Personen zu bestimmten Themen, Objekten oder Problemen sehr schwer zu verändern.

Nach den Erkenntnissen der Sozialisationsforschung halte ich es für wichtig, "sinnlich-vitale" Bedürfnisse (Lebenserhaltung, Nahrung, Wärme u.a.) von "produktiven" Bedürfnissen zu unterscheiden, die "auf Erwerb der Kontrolle über die relevanten Lebensbedingungen gerichtet" sind (vgl. Ute Holzkamp-Osterkamp 1976, S. 23). Einige der "sinnlich-vitalen" Motive der Lebenserhaltung können aus der Selbstregulation des Körpers erklärt werden, lebensnotwendige physiko-chemikalische Bedingungen konstant zu halten (Homöostase): Bedürfnisse nach Nahrung, Flüssigkeit, Wärme, Schmerzvermeidung, Ruhe und Schlaf müssen aber dann durch Tätigkeiten befriedigt werden; andere Gleichgewichtszustände werden vom Körper reflexhaft ohne unser bewußtes Mitwirken geregelt (etwa die Atmung oder der Blutzuckerhaushalt). Vitale Bedürfnisse nach Sexualität, Aktivität und Neuigkeiten können nicht durch Homöostase erklärt werden; zumindest müssen bei ihnen weitere physische Auslöser mitwirken wie etwa Hormone, äußere Reizungen und der Aktivierungsbereich des Zentralnervensystems (die Retikulärformation im Zwischenhirn und Rückenmark).

Die hier im Blick auf eine bestimmte Gesellschaftstheorie so genannten produktiven Bedürfnisse werden auch unter dem Begriff der psychosozialen Bedürfnisse zusammengefaßt. K.H. Delhees (1975) nennt etwa Sicherheit, Zugehörigkeit und Liebe, Selbstschätzung, Selbstverwirklichung, Erkundung und Verständnis der Umwelt, Spiel und Zerstreuung, Altruismus; psychosoziale Motive werden erlernt über soziale Verstärkung oder Gewöhnung.

Dieses Begriffspaar läßt sich gemäß verschiedener sozialpsychologischer Motivationsmodelle ausdifferenzieren. Alle diese Modelle sind Hypothesen, die sich wohl nie empirisch verifizieren lassen; es sind verallgemeinernde Vorstellungen über die Struktur der je einzigartigen Subjektivität eines jeden Menschen. (Als Beispiel für solche Modelle (vgl. E. Todt 1977; Gronemeyer 1988) sei die Hierarchie der Bedürfnisse von Maslow erwähnt: Die Basis bilden die Bedürfnisse, die aus einem Mangel entstehen - in aufsteigender Folge: sinnlich-vitale, Sicherheits-, Zugehörigkeits-, Wertschätzungsbedürfnisse; darauf baut das Streben nach Selbstverwirklichung auf, und zwar über Wissen, Verstehen und Ästhetik.)

Alle Vorstellungen über die psychodynamische Dimension des Menschen unterscheiden zwischen mehr restaurativen und mehr progressiven Antrieben. Das ermöglicht es, Identität im hier gemeinten Sinne bereits im Ansatz als vom Ich angestrebt zu erfassen: Nicht nur das sozialisierte Ich strebt nach Emanzipation durch reflektierten Gebrauch seiner entwickelten Kompetenzen, sondern gleichermaßen strebt das einzigartige Ich nach Selbstverwirklichung in der Kultur einer Gesellschaft. Das Kind wird mit jeder erlernten Fähigkeit unabhängiger und kann damit mehr und mehr eigenverantwortlich motiviert handeln.

Bedürfnisse sind auf etwas gerichtet: einen konkreten Zustand, eine Person, einen Gegenstand, eine Erkenntnis ... In den Lernprozessen erfährt das Kind die Objekte seines Begehrens in ihrer kulturspezifischen Bedeutung: Die Vorstellung vom zu erreichenden Ziel samt dem Weg dorthin ist kulturell geprägt; den Inhalt eines Motivs gibt es für einen Menschen also immer nur in gesellschaftlich gebundener Form.

Motive können durch verschiedene Anregungen aktiviert werden: aus Körpergefühlen wie aus Überlegungen, aufgrund sinnlicher Eindrücke wie aus unbewußten Antrieben. Entscheidend ist jedoch für alle Motive: Sie müssen nicht sofort zu einer Tätigkeit treiben, die das Bedürfnis zu stillen verspricht, sie können vielmehr eine Zeitdimension eröffnen. Die Erfüllung wird aufgeschoben, dabei umgelenkt, variiert, ersetzt. Die Zeitspanne gibt Gelegenheit, das Motiv zu reflektieren oder einen Handlungsplan auszuarbeiten. Man kann lernen, die bei der Motivation blitzartig ablaufenden Orientierungen bewußt durchzuführen, also antizipierend einzuschätzen
- die Situation, ihre Bedingungen und Möglichkeit, auch die verfügbare Zeit;

**Sehr geehrte Leserin,
sehr geehrter Leser,**

diese Karte entnahmen Sie einem

(W) Buch

Als Verlag mit einem internationalen Buch- und Zeitschriftenprogramm informiert Sie der Westdeutsche Verlag gern regelmäßig über wichtige Veröffentlichungen auf den Sie interessierenden Gebieten.

Deshalb bitten wir Sie, uns diese Karte ausgefüllt zurückzusenden.

Wir speichern Ihre Daten und halten das Bundesdatenschutzgesetz ein.

Wenn Sie Anregungen haben, schreiben Sie uns bitte.

Bitte nennen Sie uns hier Ihre Buchhandlung:

Westdeutscher Verlag GmbH
Postfach 5829

D-6200 Wiesbaden 1

Bitte
freimachen!

Herrn / Frau

Bitte füllen Sie den Absender mit der Schreibmaschine oder in Druckschrift aus, da er für unsere Adressenkartei verwendet wird. Danke!

_____
_____
_____

Ich bin:
☐ Dozent/in   ☐ Student/in
☐ Lehrer/in   ☐ Praktiker/in
Sonst.: ....
....

an der:
☐ Uni   ☐ FH   ☐ Gym.
☐ Bibl./Inst.
Sonst.: ....
....

Bitte informieren Sie mich über Ihre Neuerscheinungen auf dem Gebiet:

☐ (40) Soziologie (H1)
☐ (41) Politologie/ Verwaltungswissenschaft (H1)
☐ (42) Geschichtswissenschaft (H1)
☐ (44) Rechtswissenschaft (H1)
☐ (45) VWL/BWL (H1)
☐ (46) Literaturwissenschaft (H3)
☐ (47) Linguistik (H3)
☐ (48) Psychologie (H8)
☐ (49) Kommunikationswissenschaft (H1)

Spezialgebiet: ....

Ich möchte zugleich folgende Bücher bestellen:

Anzahl	Autor und Titel	Ladenpreis

Datum   Unterschrift

- die eigenen Fähigkeiten, auch die beim Handeln erlernbaren;
- jetziges und zukünftiges Anreizpotential einer solchen Situation;
- den "persönlichen Sinn" (Leontjew), den die Verfolgung des Motivs für das Subjekt hat;
- die eigenen Intentionen;
- die eigenen Gefühle - vorher, jetzt, bei der ausführenden Tätigkeit und im angezielten Endzustand.

Tatsächlich leitende Motive zu erkennen muß jeder Mensch im Prozeß des Erwachsenwerdens lernen, ebenso zu unterscheiden zwischen bloß "stimulierenden" Motiven, die mehr oder weniger dumpf und kaum zu begründen als Antriebe wirksam werden, und "sinnbildenden" Motiven, aus denen jemand eigenverantwortlich handelt zur Gestaltung seines persönlichen Lebenslaufs. Man kann den Prozeß der Persönlichkeitsentwicklung daran begreifen, wie jemand seine Hierarchie der leitenden Motive aufbaut und wie er dabei immer komplexere Begründungszusammenhänge für seine moralischen Rechtfertigungen formuliert.

Persönliche Sinnfindung, Abwägen zwischen gesellschaftlichem Anspruch und individuellen Wünschen, Ausbildung einer moralischen Haltung, das Steuern von Motiven - all dies setzt eine Instanz im menschlichen Geist voraus, die dem sozialen und dem personalen Ich sagt, was sie tun sollen. Woher kommen Intentionen, Verhalten, Planungen, Zielsetzungen? Viel ist in der Anthropologie und Philosophie geschrieben worden über diese alles entscheidende und verantwortende Instanz, genannt Seele, Wille, Ego, Selbst ... Der Mensch ist in seiner Materie durchleuchtet bis ins letzte Molekül, bis in die feinste Genstruktur; kein spezifisches Organ für den Willen ist zu finden. Der englische Neurophysiologe John C. Eccles hat eine überzeugende Modellvorstellung erarbeitet: Im menschlichen Bewußtsein kann man die Wahrnehmungs-, Vorstellungs- und Denktätigkeiten materialiter beobachten; alle Vorgänge im Gehirn und im Nervensystem sind aber nicht zu erklären ohne eine "unabhängige" Instanz, die er den "selbstbewußten Geist" nennt. Dieser "übt eine überlegene interpretierende und kontrollierende Rolle auf die neuralen Ereignisse aus. Die Einheit der bewußten Erfahrung [wird] durch den selbstbewußten Geist vermittelt" (S. 436). "Wir vermuten, daß der selbstbewußte Geist in erster Linie entwickelt wird, um diese Einheit des Selbst bei all seinen bewußten Erfahrungen und Handlungen zu gewährleisten... Von Augenblick zu Augenblick selektiert er Modulh (komplex organisierte Neuronenverbände in der Großhirnrinde) gemäß seinem Interesse, dem Phänomen der Aufmerksamkeit, und integriert selbst aus all dieser Vielfalt, um die einheitliche bewußte Erfahrung zu gewähren" (S.

437). Um immer wieder "Sinnkonstanz" (Hörmann) herstellen zu können, muß er die herausgelesenen Erfahrungen auch modifizieren, also für den herzustellenden Sinn zurechtmachen. Diese interpretierende und kontrollierende Tätigkeit wird geleistet im sogenannten Liaison-Hirn. "Der Begriff Liaison-Hirn bezeichnet all diejenigen Abschnitte der Großhirnrinde, die potentiell in der Lage sind, in direkter Liaison mit dem selbstbewußten Geist zu sein" (S. 431).

Wie sehr "Bewußtheit" an Sprache gebunden ist, wird dadurch bewiesen, "daß das Liaison-Hirn einen großen Teil der dominanten (linken) Hemisphäre (des Gehirns) umfaßt, besonders die Sprachfelder" (S. 444). Doch die aktivierten Modul der linken Hemisphäre strahlen ihrerseits über das Corpus callosum in die spezialisierten Modul der rechten Hemisphäre aus und aktivieren sie. Der selbstbewußte Geist schläft nicht, auch im Schlaf tastet er das Hirn nach offenen Modul ab und schafft Träume.

Das Liaison-Hirn sollten wir nicht "als etwas betrachten, das physisch gegeben ist. Wir sollten es eher als so etwas wie ein Ergebnis der Zusammenarbeit und Wechselwirkung zwischen Gehirn und Ich ansehen" (S. 585). Selbstbewußter Geist braucht demnach weder eigenen Raum noch Körper, er "ist" eine bestimmte Prägeform, ein situativer Zustand des Gehirninneren.

Sei es, daß wir Sinneswahrnehmungen aufnehmen, Imaginationen schaffen oder vorhandene Erfahrungen zu neuen Komplexen komponieren, immer muß unser Bewußtsein zwischen Eindruck und Behalten und zwischen Behalten und Ausdruck *transformieren*. Zur Interpretation lassen sich monothetische Schematismen benutzen, polythetische Auslegungen anderer oder aber selbstgemachte, eigenständige Deutungen. Jede Interpretation enthält mehr oder weniger soziale Elemente, geltende Musterstücke; aber jede Interpretation hält der einzelne für etwas von ihm selbst Geschaffenes. Selbst wenn er sich hinter Wörtern wie "man", "wir", "es ist doch völlig selbstverständlich" versteckt, wird man ihn selbst auf seine Äußerungen verpflichten; denn er ist derjenige, der in dieser konkreten Situation bestimmte Erfahrungen aktualisiert - und eben nicht andere, die auch möglich wären! -, der sie in bestimmter Weise kombiniert, formuliert, dabei bestimmte Beziehungen zum Partner und zur besprochenen Wirklichkeit herstellt. Nach welchen Prinzipien er sich erinnert oder Konsequenzen abschätzt, auf welche Erfahrungen er bei welcher Gelegenheit zurückgreift, es sind seine persönlichen Entscheidungen oder Automatismen, und sie werden sich zu einem einmaligen Leben zusammenschließen.

Identität wird immer wieder hergestellt in den Handlungsentwürfen, die auf Vertretbarkeit der Handlung ausgerichtet werden. Der Handlungsentwurf entsteht durch Erinnerung bestimmter Erfahrungen unter dem Einfluß antizipierter Handlungskonsequenzen. Im Bekenntnis zu bestimmten Erfahrungen als für wieder brauchbar gehaltenen und in der Bereitschaft zur Übernahme bestimmter Handlungskonsequenzen gestaltet der einzelne seine Identität. Beide Prozesse werden verknüpft durch das "Worumwillen" einer Interaktion.

Nie war diese Aufgabe so sehr in die Hand des einzelnen gelegt wie heute, denn nie war der vorschreibende Einfluß der Familie so veränderbar. T. Luckmann schreibt (1979, S. 308):

> "Persönliche Identität bildet sich zwar immer noch in gesellschaftlichen Prozessen aus, aber die gesellschaftliche Produktion persönlicher Identität wird von der gesellschaftlichen Ordnung als System weitgehend aufgegeben, da sie für das System belanglos geworden ist. Man kann hingegen wohl kaum erwarten, daß sie auch für das Ich belanglos werden sollte."

Gerade in einer als "pluralistisch" weisgemachten Gesellschaft ist jeder einzelne mehr denn je darauf angewiesen, die Identität seiner Erfahrungen und damit seiner selbst durch eigene Arbeit herzustellen. Da gesellschaftliche Ansprüche so unterschiedlich sind und von sich aus keinen Sinnzusammenhang nahelegen, kann niemand Identität gewinnen durch Anpassung; denn paßt er sich hier an, kann er dort nicht mehr zu seiner Haltung von eben stehen. Und wenn die Massenmedien die Widersprüche zuschmieren und Bilder einer stimmigen Welt einzubleuen versuchen, bieten sie zwar einen Pseudo-Sinnhorizont, an den man sich aber nur unter Verzicht auf die eigene Identität anpassen kann. Verzichtet aber einer auf Selbständigkeit, ist auch Wahrhaftigkeit für ihn kein Kriterium mehr, denn er braucht ja selbst nichts zu vertreten; mithin ist er auch nicht mehr verantwortlich zu machen. Will einer also die heterogenen Forderungen und eigenen Ansprüche von einem selbst hergestellten Sinnhorizont her ordnen, muß er zwangsläufig werten, andere, sich selbst und die Umstände; und das heißt, politisch tätig zu werden durch eine ethische Ausrichtung seines Lebens, durch produktive Erwartungen an die eigene Lebensgeschichte.

II. Die Entfaltung der Kommunikativen Kompetenz

1. Die ersten beiden Lebensjahre

Vor der Sprache

Man wird der Frage, wie ein Kind lernt, sich zu verständigen, nicht gerecht, wenn man der Entwicklung seiner Sprechtätigkeit folgt. Im ersten Lebensjahr kann es noch nicht sprechen, aber sehr wohl schon kommunizieren; später wird seine Sprachentwicklung der anderer geistiger Fähigkeiten vorauslaufen.

Nur im Zusammenwirken aller geistigen und körperlichen Fähigkeiten lernt ein Kind, sich sprachlich zu verständigen. Bis es das erste Wort versteht, erst recht bis es das erste Wort spricht, muß es viele kognitive Fähigkeiten ausgebildet haben; diese wiederum werden sich nur entwickeln durch sein Interagieren in sozialen Beziehungen. Nur wenn das Kind Gelegenheit bekommt, im ersten Lebensjahr einen Komplex von sensorischen, motorischen, vorstellungsmäßigen und sozialen Fähigkeiten zu entwickeln und seine Artikulationsorgane auszubilden, kann es im zweiten Lebensjahr anfangen, auch sprachlich zu kommunizieren (Bruner 1979, S. 11).

Angemessen zur Beschreibung dessen, was ein Kleinkind lernt, erscheint mir der Begriff der *Interaktionsformen* (Lorenzer). Bereits im Mutterleib beginnt es, durch Interaktionen mit der Mutter kulturspezifische Interaktionsformen auszubilden. Lust-Unlust-Ansprüche des Kindes und Reaktionen und Angebote der Mutter schlagen sich als Schemata der befriedigenden Interaktion nieder und werden - wie auch dann nach der Geburt - im Gehirn des Kindes als sensomotorische Engramme fixiert. Das Kind bringt allerdings auch angeborene Verhaltensmuster mit: Reflexschemata wie Saugen, Greifen, den Körper zum Schutz zusammenziehen u.ä. Im Klein- und Zwischenhirn sind solche "angeborenen Erfahrungen" angelegt; sie befähigen uns Menschen allerdings nicht - wie die meisten Tierarten -, als Neugeborene allein zu überleben. Aber der uns verbliebene Instinkt, die "Erbinformationen" steuern und koordinieren die automatischen Körperreaktionen. Auch gefühlsmäßige Bewertungsmaßstäbe für Freude, Angst, Lust oder Schmerz liegen hier bereits fest. Das Großhirn dagegen müssen wir durch Lernprozesse erst ausbilden; in den ersten drei Lebensmonaten bilden sich hier die Nervenzellen und ihr Verknüpfungssystem. Inhaltlich kann dieses Material lebenslang "gefüllt" werden (vgl. F. Vester 1978, S. 13 ff).

Ein "Schema" kann definiert werden als eine kognitive Kapazität, die eine spezifische Klasse von Handlungssequenzen steuert (Flavell 1979, S. 31). Es wird im Gehirn fixiert als "Matrize", als geistige Einheit, die fortdauert, wenn sie von einer Situation zur anderen bewegt wird. Solche Schemata werden beim Säugling zunächst durch *sensomotorisches Lernen* ausgebildet, d.h., der Säugling denkt, indem er greift.

Die Keimzelle jeden Wissens ist der aus Handlung und Wahrnehmung zusammengeschlossene Akt. Indem es dem Kind in den ersten Lebenswochen gelingt, seine Wahrnehmungen und seine Tätigkeiten zu koordinieren, kann es etwas kennenlernen, indem es damit umgeht (Hörmann 1978, S. 345).

Das Schema ist keine Abbildung einer Wahrnehmung; die Erfahrung wird in einem geistigen Konstitutionsprozeß "gemacht", gestaltet. Piaget entdeckte bei der Bildung kognitiver Strukturen zwei einander ergänzende Formungsprozesse: Einerseits werden die äußeren Gegebenheiten an die Schemata assimiliert, also den vorhandenen Kapazitäten angepaßt; andererseits werden gleichzeitig die Schemata den äußeren Gegebenheiten akkommodiert, also verändert auf eine bestimmte Erfahrung hin. Das Kind versucht zunächst immer - wie jeder Erwachsene auch -, seine eigenen Schemata der Welt anzulegen (Assimilation), also etwas als bekannt aufzufassen; trifft es dabei auf Widerstand, muß es das Schema wechseln oder verändern (Akkommodation). Bereits in dieser formalen Beschreibung menschlicher Erkenntnistätigkeit ist deutlich zu sehen, daß niemand die "Welt an sich" kennt; er "weiß seine eigene Tätigkeit auf die Welt hin" (upon the world) (Bates 1976, S. 11). Im normalen, handlungsintegrierten Lernen ist das Verhältnis der beiden Konstitutionsprozesse ausgeglichen, beim Spiel überwiegt die Assimilation (das Kind gestaltet die Umwelt nach seinen Mustern), bei der Imitation überwiegt die Akkommodation (es versucht, sich dem Wahrgenommenen möglichst genau anzugleichen).

Solche Lernprozesse sind auch vielen Tierarten möglich; menschliches Lernen beginnt in dem Augenblick, in dem das Kind anfängt, zwischen Reiz und Reaktion innezuhalten; die Verzögerung zwischen Stimulus und Response ist die fundamentale Bedingung der Möglichkeit menschlichen Geistes; hier liegt auch der entscheidende Punkt für die Ausbildung von Sprache (vgl. Hörmann 1978, S. 340).

Weil es den naturhaften Lauf der Welt unterbrechen, "eine Welle im Strom der Empfindungen anhalten" (Herder) kann, wird es dem Menschenkind möglich, denken zu lernen. Vom 3./4. Monat an kann man beobachten, wie der Säugling sich darin einübt: Er wird aufmerksam auf bestimmte Ereignisse, hält in reflexhafter Bewegung inne, wiederholt Bewegungen; er entdeckt Zusammenhänge zwischen Ursachen und Folgen, beginnt, intentional tätig zu werden, indem er Schreie und Laute äußert, um etwas zu bekommen, mehr und mehr differenziert nach Lautstärke und Tonhöhe. Zwischen kurzen Phasen des Schreiens nach Nahrung macht er Körper- und Saugbewegungen, zwischen die Wahrnehmung des Fläschchens und das Trinken schiebt er ein Lächeln ein. So lernt er erste Interaktionsformen; er "fädelt seine Körperbedürfnisse ein in das Interaktionsspiel mit den Bezugspersonen" (Lorenzer 1973, S. 158); diese ihrerseits bringen ihre subjektiv gebrochenen Formen gesellschaftlich üblicher Praxis ein, und es entsteht interaktiv vermittelter "Sinn" in sensomotorischen Schemata. Diesen in der ersten Lebensgemeinschaft geltenden, also vorausinterpretierten Sinn von Lebensformen muß das Kind zunächst akzeptieren; es erwirbt von Anfang an ein kulturspezifisches, schichtenspezifisches und familienspezifisches Wissen von seiner Umwelt.

Wie das Bewußtsein entsteht auch das Unbewußte zugleich als gesellschaftliches und als individuelles: Gemäß den kulturell geprägten Verhaltensformen der sozialen Umgebung lernt das Kind, bestimmte Bedürfnisse, Wünsche und Affekte zu verdrängen; diese "Wahrnehmungen aus der sozialen Realität ... geraten in das Kraftfeld der Triebrepräsentanzen, können nicht mehr negiert werden, verlieren den Bezug zu Raum und Zeit und sind durch Erfahrung nicht mehr korrigierbar" (Erdheim 1982, S. 210). Sie bilden die Inhalte des Unbewußten und wirken sich fortan als geformter Bedarf unerkannt aus. Das "gesellschaftliche Unbewußte" hat jeder Mensch mit anderen gemeinsam, die unter denselben sozialen Bedingungen sozialisiert wurden; das "individuelle Unbewußte" entsteht auf seiner Folie durch die subjektive Brechung der kulturellen Abwehr- und Anpassungsmechanismen bei Mutter und Kind.

Die verdrängten Inhalte im Unbewußten sind aber nicht nur das Negative, das eine Kultur unterdrücken muß um ihres Gelingens willen, weil es ihre Stabilität bedrohte. Sie sind auch ein Reservoir an Kräften, die die Kreativität des Menschen in bestimmte Richtungen treiben. Die versagten Bedürfnisse mahnen dauernd - etwa in Träumen oder Fehlleistungen - ihre Ansprüche auf Realisierung an. In Kunstwerken treiben sie die

Gesellschaft zum Widerspruch: Zuerst reagiert man schockiert und ablehnend, dann erkennen immer mehr Menschen darin den Ausdruck verschütteter Bedürfnisse und attestieren einen Fortschritt in der kulturellen Entwicklung.

Etwa vom 8. Monat ab wird das Kind die "Lücke" zwischen Reiz und Reaktion weiter ausbauen, indem es auch in kombinierten Schemata tätig wird, vor allem, indem es Mittel einsetzt, die außerhalb der Bahn direkten Zielverfolgens liegen: Es nimmt einen Stock, um einen zu weit entfernten Gegenstand zu bekommen, es zieht an der Tischdecke, um sein Essen heranzuziehen, es stößt meine Hand an, damit ich weiter Musik mache. Auch dieser erste Werkzeuggebrauch ist ein notwendiger Schritt in Richtung Spracherwerb. Einen weiteren wichtigen Schritt in Richtung Verständigung tut es in dieser Phase, indem es lernt, Bewegungen und Handlungen zu imitieren: Schließlich wird es bald eine geltende Sprache erlernen. Um diese dann auf einen Partner hin gebrauchen zu können, muß es lernen, kommende Ereignisse zu antizipieren. Das läßt sich z.B. daran beobachten, daß es anfängt zu weinen, schon wenn die Mutter sich abwendet, weil es glaubt, sie gehe aus dem Zimmer. Imitation und Antizipation sind entscheidende Vorstufen auf dem Weg zur Sprache.

Die *Sprechentwicklung* läuft im ersten Lebensjahr sozusagen neben der kognitiven Entwicklung her, erfährt aber auch wichtige Impulse zum Fortschreiten von der vorangehenden Denkfähigkeit. Was es in dieser Zeit schon kommunizieren kann, wird es erst in einem Jahr auch sprachlich zu tun lernen.

Vom Geburtsschrei an übt das Kind sich in die Artikulationsfähigkeit ein: In den ersten Lebensmonaten lassen sich Schreie des Schmerzes und des Hungers unterscheiden. Von der 4. Woche an sind Gurrlaute des Behagens und Mißbehagens bekannt (Oksaar 1977, S. 158). Im 3. Monat beginnt das Kind, mit seinen Lauten zu spielen: Es lallt, und zwar - wie Roman Jakobson schon 1941 nachwies - mit "allen denkbaren Lauten" (Jakobson 1969, S. 20). In ihrer ersten Lallperiode produzieren alle Kinder dieser Welt dieselben Laute; sie entstehen nicht durch Imitation, sondern aus dem Ausprobieren der Artikulationsorgane. So wie andere Bewegungen setzt es auch das Lallen intentional ein, um seine Befindlichkeit in bestimmten Situationen auszudrücken; man kann das daran erkennen, daß es dieselben Laute und Kombinationen konsequent in wiederkehrenden Situationen produziert.

Das Lallen ist integrierter Bestandteil seines Gesamtverhaltens: Einige seiner sensomotorischen Schemata vollzieht es etwa krabbelnd, andere zeigend, handschwenkend, lachend... und einige eben lallend. Sprache und Handlung sind noch nicht getrennt, das Lautieren ist eine Bewegung unter vielen.

Um die Mitte des ersten Lebensjahres ist seine Verstehensfähigkeit anscheinend voraus: Es reagiert nämlich unterschiedlich auf fremde und bekannte Geräusche, auf angenehme/unangenehme Töne, auf menschliche und Papp-Gesichter. Wort-Verständnis ist vom 5. Monat an belegt: Das Kind, dem einige Tage lang "tick-tack" an der Uhr gesagt worden war, blickte von sich aus zur Wanduhr, als es das Wort hörte (Oksaar 1977, S. 162).

Das mag nicht überall gelingen; bei allen Kindern aber setzt um den 6. Lebensmonat eine entscheidende Phase in der Bewußtseinsentwicklung ein: Die Lallproduktionen werden seltener oder hören ganz auf, das Kind blickt öfter - scheinbar sinnend - auf einen Punkt. Wenn mit etwa acht Monaten eine zweite Lallperiode einsetzt, ist Entscheidendes verändert: Das Kind lallt jetzt nur noch mit Lauten der Muttersprache, die um es herum gesprochen wird, es imitiert die Laute, die es hört. Was ist in der "Latenzphase", die übrigens schon 1903 von Meumann (Jakobson 1969, S. 31) nachgewiesen wurde, geschehen? M.M. Lewis (1970, S. 32) folgert aus seinen Untersuchungen, jetzt fange das Kind an, auf Sprachlaute anderer als besondere Ereignisse zu achten und sie in Beziehung zur Situation zu bringen; da seine geistige Kapazität noch recht gering ist, könne es dabei nicht zugleich lallen.

Wenn das Kind nach dieser Phase konzentrierter Aufmerksamkeit die Sprachlaute seiner sprechenden Umwelt nachahmen kann, muß es in seiner Denkentwicklung soweit sein, daß es aus dem kaum akustisch gegliederten Strom von Lauten die immer wiederkehrenden Einzellaute heraushören und sie als bedeutsam in einer Situation erkennen kann. Dieser Anfang sprachsemantischen Verstehens setzt zwei kognitive Operationen voraus: Das Kind identifiziert bestimmte Laute und definiert sie in ihrem Bezug zur Situation; es selektiert dieselben Laut-Ereignisbeziehungen in wiederkehrenden Situationen. Hans Hörmann faßt diese beiden Operationen im Begriff "Konstantisierung" (1970, S. 300) und betont ihre entscheidende Funktion auf dem Weg zu der Erkenntnis sprachlicher Bedeutungen.

Halten wir kurz inne, um uns die Bedeutsamkeit dieses Schrittes für die Bewußtseinsbildung deutlich vor Augen zu führen: Seit das Kind in den ersten Lebenswochen erste sensomotorische Schemata auszubilden begann, kann es sich "etwas merken": In seinen Interaktionen prägen sich ihm "Wahrnehmungen in Handlungen" als inhaltlich bedeutsame Handlungsmuster ein. Alle Tätigkeiten sind zwar situativ einmalig, ihr Ein-

druck im Bewußtsein (Engrammierung) hat aber ihre Verallgemeinerung zur Folge: Das Bemerkte wird gemerkt. Sobald wir beim Kind beobachten können, daß eine Ausdruckhandlung wiederholbar, übertragbar wird, müssen wir folgende Voraussetzungen annehmen:
- Die Fähigkeit zur Distanzierung von den Umwelteindrücken,
- die Fähigkeit zum Formen der Eindrücke (etwas wird als etwas Bestimmtes gemerkt),
- die Fähigkeit der Transzendierung punktueller Eindrücke zu "wesentlichen" Inhalten,
- die Fähigkeit zum Repräsentieren geistiger Inhalte durch sinnlich wahrnehmbare Anzeichen in Körperbewegungen (Grundprinzip der Appräsentation),
- also die Fähigkeit zum wiedererkennenden Identifizieren.

Daß das gar nicht so einfach ist, zeigt folgende Überlegung: Um einen Gegenstand/Zustand als identisch wiedererkennen zu können, müssen wir davon absehen, daß er mal größer, mal kleiner erscheint (z.B. weil er weiter entfernt ist), daß er morgens, bei Sonne... anders erscheint als abends, bei Regen... Identifizieren impliziert einerseits, daß die potentiell erkennbaren Phänomene reduziert werden, abzusehen von situativen Unterschieden zugunsten der Aspekte, die eine Wahrnehmung als identisch mit einer früheren erscheinen lassen. Dieses Auswählen wiederum ist gelenkt vom umgebenden Handlungsinteresse, aus dem "mehr als vorfindbar" in die Wahrnehmung hineinprojiziert wird. Identifizieren und definieren sind also untrennbare Aspekte desselben Erfahrungsaktes.

Diese kognitiven Akte beginnt das Kind in der Mitte des ersten Lebensjahres auch auf sprachliche Äußerungen in seiner nächsten Umgebung anzuwenden. T.G. Bever entdeckte in der Sprachwahrnehmung des Kindes folgende Strategien, die es fortan simultan anwendet (Bever 1974, S. 1165-1181):

1. Segmentierung von Äußerungen, so daß jedes Segment für sich sinnvoll sein kann;
2. Ermittlung von Beziehungen zwischen diesen Segmenten (Koordination, Subordination);
3. "Etikettieren" der Sequenzen nach der Funktion innerhalb der Äußerung (meist als actor, action, object);
4. Konstruktion einer Gesamtaussage durch Kombination der (erkannten) Segmente in der am meisten plausiblen Weise ("man - eats - cookie").

Zunächst wendet das Kind die Wahrnehmungsstrategien auf solche Äußerungen an, mit denen es selbst ein Handlungsinteresse in der Situation verbinden kann, sie müssen ihm zugewandt sein. Bei einer Diskussion

Erwachsener über die steigenden Preise, wenn auch die der Babynahrung, wird das Kind nicht verstehen oder sprechen lernen; die Anfänge seines sprachlichen Handelns erwirbt es in aktiver Wir-Beziehung - später entscheidet es mehr und mehr selbst, welchen Äußerungen es sich zuwendet.

Zur Beschreibung sprachlicher Fortschritte in der Kommunikativen Kompetenz bedarf es eines linguistischen Systems, das von Anfang an pragmatisch orientiert ist: Es muß die Ausdrucks- und Verstehensakte des Kindes als kommunikative Handlung erfassen, die sich aus sensomotorischen Interaktionsformen entwickeln, kognitiv entfaltet und im Laufe der ersten zwei Lebensjahre auch sprachlich werden.

Systematisch kann man so vorgehen, daß man zunächst Tätigkeiten des Kindes im Tageslauf zu unterscheiden versucht: das Wachwerden, die Kontaktaufnahme, Trinken und Essen, Spielen ... Diese Tätigkeiten können mit Hilfe der Sprechakttheorie in Handlungen ausdifferenziert werden: etwa die Kontaktaufnahme in Herbeirufen, Begrüßen, Ausdruck der Freude ... Jede Handlungskategorie ist daraufhin zu beobachten, mit welchen konkreten Ausdrucksmitteln sie im Laufe der Zeit durchgeführt wird; man erhält dann - ein Ausdrucksparadigma für den Handlungstyp

Begrüßung

der ganze Körper wird bewegt

die Augen werden wacher und richten sich auf den zu Begrüßenden

die Ärmchen werden ihm entgegengestreckt

Bewegungen werden von Lauten begleitet

....

....

"Mama" / "da" / ...

....

....

"Moin!"

....

Schließlich lassen sich die funktionalen Einheiten der Äußerungen mit Hilfe der Kasusgrammatik in ihren syntaktisch-semantischen Beziehungen beschreiben.

Die allmähliche Versprachlichung der kindlichen Handlungsformen

Alle Sprechakte, sprachlichen Strukturen und Operationen werden im 1. Lebensjahr zunächst sensomotorisch organisiert und eingeübt, bevor das Kind lernt, sie auch sprachlich auszuführen. Dieser Prozeß beginnt, wenn wir vom 2./3. Monat ab erste Interaktionen zwischen Kind und Mutter beobachten können: Das Kind reagiert in erwartbaren Verhaltensweisen - etwa durch Mundbewegungen, wenn es sein Fläschchen sieht (Bruner: "antizipierte Erfüllungsantworten"). Die Bewegungen des Kindes werden von der Mutter interpretiert, und zwar stringent und systematisch auf ihre eigenen Deutungsmuster hin. Das Kind lernt die Interaktionsformen, also seine eigene Bewegung in bestimmter Deutung. Es lernt, mit welchen Bewegungen/Tönen es welche Interaktionen durchführen kann. Appellative Funktionen, also instrumentale und regulative Handlungsformen, bildet das Kind zuerst aus. Die Erwachsenen helfen dem Kind dabei, nicht nur lineare Handlungsabläufe, sondern strukturierte Schemata mit inhaltlichen Schwerpunkten (Kategorien) zu erlernen. In der Zuwendung zu seiner Umgebung etwa lernt es zunächst, Personen und Objekte zu unterscheiden (indem es unterschiedlich auf sie reagiert); es bildet Objektschemata und Personenschemata aus. Diese Schemata bestimmen, welche Ziele man in bezug auf etwas/jemanden durch welche Tätigkeit erreichen kann. Die Mutter, die den Tätigkeiten des Kindes kommunikative Absichten unterstellt, bestätigt durch ihre spezifische Reaktion eine bestimmte Verhaltensweise in einem bestimmten Zusammenhang, andere wehrt sie ab. In diese Schemata werden während der Ausführung "Markierungen" gesetzt, Punkte besonderer Aufmerksamkeit, die hervorgehoben werden (z.B. markiert die Mutter das erfolgreiche Ziel der Greifbewegung mit "Da!", das Kind übernimmt die Markierung, indem es in demselben Augenblick einen spannungslösenden Laut von sich gibt). Die Aufgliederung der Schemata wird auch dadurch unterstützt, daß der Erwachsene zu ihrer Segmentierung verhilft, indem er Varianten in bestimmte Stellen gemeinsamer Handlungen einsetzt (Wiederholungen mit Ersatzproben). Dabei lernt das Kind nicht nur, Segmente zu unterscheiden, sondern es lernt auch die Operationen des Ersetzens und Umstellens: Im Spiel führt es verschiedene Tätigkeiten mit demselben Gegenstand aus, macht mit verschiedenen Gegenständen dasselbe und ändert die Reihenfolge der Tätigkeiten (Bruner 1975, S. 9).

So wird es möglich, daß das Kind bereits sprachliche Äußerungen versteht, bevor es sie selbst produzieren kann: Aus dem Handlungszusammenhang erschließt es, was eine Tätigkeit bedeutet, und mit diesem

Verständnis entschlüsselt es die dazu gesagte sprachliche Äußerung. Die Erwachsenen unterstützen diesen Lernprozeß durch ihre spezielle "Babysprache": Sie begleiten Tätigkeiten sprechend, artikulieren langsamer, deutlicher, tonhöher, in kurzen, oft elliptischen Sätzen, mehrmals den Sinn einer Äußerung paraphrasierend. Daß die ersten eigenen Wörter des Kindes Signalcharakter haben, also Imperative sind, wird sicherlich auch dadurch unterstützt, daß sich die Erwachsenen überdurchschnittlich häufig mit Fragen und Aufforderungen an das Kind wenden (Oksaar 1977, S. 122).

Um erklären zu können, wie Kinder später syntaktische Strukturen problemlos erlernen, gehen viele Spracherwerbsforscher davon aus, daß grammatische Regeln zunächst als Handlungsregeln und Schemata der Aufmerksamkeit erworben werden. Sie stellen fest, daß die Strukturen menschlichen Handelns in der Kindheit universal sind und aus "Kasus-Kategorien" bestehen, die in allen Sprachen zu finden sind: Agent, Aktion, Objekt der Handlung, Rezipient, Lokativ usw. Vorsprachlich aufgebaute Konzepte mit Agent-Aktion-, Aktion-Objekt-... Strukturen helfen dem Kind, jetzt zu interagieren, dann die sprachlichen Äußerungen der Erwachsenen zu verstehen, danach die handlungsrelevanten Segmente stellvertretend für den ganzen Satz selbst zu äußern (in den Einwortsätzen) und schließlich seinen Mehrwortäußerungen eine Struktur zu geben, die verstanden werden kann (vgl. Bruner 1975). Die Funktionsklassen der Handlungseinheiten, die nach dieser Theorie pragmatische Universalien sind, werden in verschiedenen Sprachen durch unterschiedliche syntaktische Kategorien ausgedrückt.

Kognitiv ist das Kind also während des ersten Lebensjahres in der Lage, seine Umgebung selektiv wahrzunehmen und Schemata spielerisch einzuüben. Das zweckfreie Handeln, bei dem das Handlungsziel ausgesetzt wird zugunsten eines Vergnügens an der Tätigkeit selbst, ist eine entscheidende Vorstufe zum symbolischen Verstehen. Dazu gehört auch, daß es das Prinzip der *Appräsentation* bereits praktiziert: Es nutzt ein Element aus dem interaktionalen Kontext zum Verstehen bzw. zum Ausdruck eines größeren Zusammenhangs (Bates 1976, S. 37); es schließt von einem Anzeichen auf die folgende Phase der Handlung: Die Mutter dreht sich zur Türe, und das Kind schreit, weil es ihr Weggehen antizipiert (Flavell 1979, S. 48).

Jerome S. Bruner hat eine bemerkenswerte Stufenfolge von Interaktionsmodi im Verlauf des 1. Lebensjahres beobachtet, die genau zum Sprechakt als verständigungsorientierte Handlung hinführt: Im Modus des Verlangens entwickelt das Kind Routinen, mit denen es Helfer herbeiruft;

gelungene Interaktionen werden von einem zufriedenen "Glucksen" begleitet. Beim Modus des Aufforderns werden je nach differenzierten Reaktionen der Bezugspersonen die Schreie intentionaler eingesetzt, kürzere Phasen mit Pausen, unterschiedlich nach Intensität und Tonhöhe. Die Schreie werden mehr und mehr durch andere Körperbewegungen abgelöst. Im Modus des Austausches, den es um den 9. Lebensmonat praktizieren kann, übernimmt es wechselseitig die Positionen des Nehmenden und des Gebenden; im "Gib-und-nimm-Spiel" etwa lernt es dabei den für die Spracherlernung so wichtigen Rollentausch; es ist Rezipient und Agent. Beim Modus der Ergänzung schließlich interagieren zwei mit komplementären, nicht mehr identischen Rollen: Einer hält die Dose fest, in die der andere etwas hineintut. Damit hat das Kind auch eine sensomotorische Vorform der Kommunikation erworben.

Nachdem wir bisher gesehen haben, was ein Kind im vorsprachlichen Stadium auf der Beziehungsebene der Kommunikation schon alles kann, müssen wir uns nun der Inhaltsebene zuwenden. Sinn entsteht dadurch, daß die Bezugspersonen Tätigkeiten innerhalb des gemeinsamen Situationskontextes interpretieren und das Kind die so sinnvoll gemachten Interaktionsformen mitvollzieht. Inhalte der Kommunikation entstehen also aus der gemeinsamen Referenz auf Gemeintes. Über den Augenkontakt, über gleichgerichtete Blicke wird das Grundmuster vorbereitet. In Augenbewegungsmustern kann man sogar frühe Schemata für Thema-Rhema-Strukturen späterer Aussagen erkennen (Bruner 1979, S. 52): Langen aufmerksamen Blicken folgen kurze überprüfende Blicke, mit denen sich das Kind bestimmter Merkmale vergewissert. Auch die ersten Referenzakte gehen aus Interaktionen hervor; aus einer Menge von Dingen oder Tätigkeiten muß das Kind etwas hervorheben, um zu zeigen, was für sein Tun relevant ist. Bates beschreibt die ersten referentiellen Aussagen als Sonderform direktiver Sprechakte; das Kind zeigt nicht "da ist..." oder "es gibt...", sondern etwa "gib mir..." oder "ich spiele mit..." (1976, S. 57). Denn wenn das Kind auf etwas zeigt, meint es nicht das isolierte Objekt - wie wir es gewöhnt sind - , sondern betont eine Stelle in einem motorischen Programm: "das Ding in Funktion für meine Tätigkeit in diesem Zusammenhang". Um einzelne Objekte vom Handlungsschema, also von sich selbst, dem Partner und dem Handlungsverlauf trennen zu können, muß es sprechen gelernt haben; das wird es im 2. Lebensjahr leisten, wenn sein Denken sprachlich wird. Jetzt benutzt es erst verschiedene Bewegungen des Hinweisens, um die Aufmerksamkeit des Partners auf bestimmte Orte zu lenken, die für das Durchführen einer Handlung wichtig sind: Es zeigt mit dem Finger auf ein Objekt aus einer Reihe, das es haben will, oder es krabbelt auf eine geschlossene Schranktür zu, schaut sich zur Mutter um, bleibt davor hocken. Später wird es diese Bewegung durch "Da!" unterstützen. Vorher kann es allerdings auch schon stimmlich differenziert Einzelheiten im Handlungsverlauf markieren: Es plappert bestimmte Laute nur angesichts bestimmter Objekte oder Ereignisse (Bruner 1979, S. 41). Erste semantische Unterscheidungen nimmt es vor, wenn es die funktionalen Unterschiede eines Objekts - je nach Handlungsziel - hervorhebt, ob es also als Rezipient, Agens, Ziel o.ä. fungieren soll. Seine Verstehensfähigkeit ist hier allerdings schon weiter; bevor es sprechen lernt, kann es schon auf Dinge zeigen, die man mit "Wo ist...?" erfragt (Bruner 1979, S. 41). Und wenn es dann mit 10 bis 14 Monaten erste "Wörter" spricht, werden diese in ihrer Bedeutung kontextgebunden sein, "weil es immer noch Objekte und Handlungen in Kategorien der Funktion zusammenfaßt, anstatt nach ihren Eigenschaften" (Bruner 1979, S. 36). Doch bevor wir zum "Ersten Wort" des Kindes kommen, fasse ich noch einmal zusammen, welche kommunikativen Fähigkeiten das Kind schon beherrscht, bevor es anfängt, eine Sprache zu erlernen.

Es hat zu denken gelernt, erst in Tätigkeiten, dann auch in Vorstellungsbildern. Dabei hat es Schemata ausgebildet, die es mehr und mehr strukturiert hat nach Funktionsklassen. Diese Schemata kann es nicht nur in immer wieder neuen Situationen anwenden, sondern auch variieren und kombinieren, es beherrscht die Operationen des Ersetzens, Umstellens, Erweiterns und Verkürzens. Mit Hilfe dieser Proben kann es Schemata und deren Varianten spielerisch einüben. In seinen sensomotorischen Schemata, die in Interaktionen aufgebaut wurden, verfügt es über ein kulturschichten- und familienspezifisches "Wissen-in-Tätigkeiten-auf-die-Welt-hin"; damit weiß es, mit welchen Bewegungen/Tönen es welche Interaktionen durchführen kann. Es hält inne zwischen Reiz und Reaktion. Diese "Lücke", in der Bewußtsein entsteht, baut es besonders in der stummen Latenzphase um den 6. Monat herum aus. Das sind kognitive Voraussetzungen zum Spracherwerb.

Vom ersten Lebenstag an lernt das Kind zu handeln; es erwirbt Interaktionsformen. Zunächst realisiert es expressive und appellative Handlungsstrategien; es lernt Kontakte herzustellen und aufrechtzuerhalten. Sobald es Schemata kombiniert, es also zum Werkzeuggebrauch fähig wird, kann es auch Personen als Mittel zum Zielverfolgen einsetzen, umgekehrt auch Objekte, um die Aufmerksamkeit von Personen auf sich oder etwas zu lenken. Direktive Sprechakte werden vorbereitet in verlangenden und auffordernden Handlungsmustern; im Modus des Austauschs übt es sich in Rollenwechsel ein, der schließlich im Modus der Ergänzung auch mit komplementären Tätigkeiten durchgeführt wird. Hier ist die Handlungsstruktur der Verständigungssituation grundgelegt. Das sind die interaktiven Voraussetzungen zum Spracherwerb.

Die Artikulationsorgane werden in der ersten Lallphase ausgebildet, in der zweiten imitiert das Kind muttersprachlich-spezifische Laute; auch dieses Imitieren ist nicht einfaches Nachplappern, sondern eher ein Re-Produzieren: Das Kind gestaltet selbst seine Laute, variiert sie in eigenen Lautketten. Wie seine anderen Tätigkeiten setzt es dann auch die Laute funktional ein, als Signale für andere und als Symptome für seine eigenen Stimmungen. Es markiert mit den Lauten Schwerpunkte in Handlungssequenzen oder Zeigepunkte im Raum; damit bereitet es die Symbolfunktion sprachlicher Zeichen vor.

Verstehend strukturiert es die beobachteten Handlungsverläufe um sich herum, segmentiert Verhaltenseinheiten, erst nichtsprachliche, dann auch sprachliche. Es ermittelt erprobend die Beziehungen zwischen den Segmenten und ihren Handlungsbezügen, versteht also ihren funktionalen Sinn für die Interaktion. Indem es dabei von den präsentierten Signalen auf das dabei Mitgemeinte zu schließen lernt, begreift es das sprachliche Grundprinzip des Appräsentierens. Produzierend kann es den Kontext der Situation so ausnutzen, daß es etwas zum Ausdruck bringen kann "vor einem Hintergrund geteilter Annahmen" (Bates 1976, S. 96).

Das Erste Wort

Die operative Fähigkeit des Appräsentierens muß ergänzt werden durch die "figurative" (Bates) des Denkens in Vorstellungen, damit das Kind zu sprechen lernen kann.

Die Vorstellungsbilder, die das Kind im 1. Lebensjahr ausbildet, sind wahrscheinlich (s. Bruner u.a. 1971, S. 44) sehr diffus, autistisch, rigide (ohne Möglichkeit zum Perspektivenwechsel), affektiv und handlungsintegriert, durch unbeständige Wahrnehmung gewonnen. Aber das Kind beginnt selbst, an der Präzisierung seiner Vorstellungen zu arbeiten, indem es Gegenstände erforscht und Varianten von Tätigkeiten erprobt; das Ausprobieren wird die zentrale Tätigkeit im 2. Lebensjahr.

"Das Schema des überdauernden Objekts konstituiert sich als eine Repräsentation 'von etwas', und diese Repräsentation wiederum kann als Ansatzpunkt für das Ansetzen der semiotischen Funktion, für das 'matching of words to concepts' dienen" (Hörmann 1978, S. 349); es werden also Wörter für gedankliche Konzepte passend gemacht. Das Kind muß erst "bestimmte vorstellungsmäßige Repräsentationen von regelmäßig wiederkehrenden Erfahrungen ausbilden und dann lernen, welche Wörter diese Vorstellungen per Konvention kodieren" (Bloom; zit. nach Bruner 1979, S. 54).

Das Kind lebt ja in einer sprechenden Umgebung, es kann schon erfolgreich kommunizieren, und wenn es selbst anfängt zu sprechen, geschieht das in "gemeinsamer Aufmerksamkeit und gemeinsamer Aktivität inmitten der Gegenseitigkeit zwischen Mutter und Kind" (Bruner; zit. nach Oksaar 1977, S. 70). Es erwirbt die Sprache als ein Instrument zum Regulieren gemeinschaftlicher Aktivitäten, indem es nun das in Sprache transformiert, was es bereits kann und kennt. Seine Welterfahrung steuert also seine Spracherfahrung (Hörmann 1978, S. 387). Nach dem Innehalten zwischen Reiz und Reaktion wird es den zweiten fundamentalen Schritt zu seiner Bewußtseinsbildung tun: Es wird anfangen, seine Kenntnisse auch sprachlich auszudrücken. Das ist die entscheidende Voraussetzung zu einem reflektierten Umgang mit der Wirklichkeit. Besonders für die sich entwickelnde Ich-Identität ist von Bedeutung, wie die vorsprachliche Welterfahrung in die konkret zu lernende Sprache eingeht. Da diese Sprache - als langue und als parole - codeeigene Deutungssysteme mitbringt, wird diese Transformation nicht bruchlos vor sich gehen. Aus der Sozialpsychologie ist zu erfahren, daß die Verbindung der sensomotorischen Schemata mit den sprachlichen Kategorien viele Widersprüchlichkeiten erzeugt. Bestimmte Verknüpfungen werden zugelassen und gelernt, andere ausgeschlossen; sie müssen verdrängt werden ins Unterbewußte, unterdrückte Erfahrungen werden desymbolisiert (Lorenzer 1975, S. 162). Diese (lebenslangen) Widersprüche sind andererseits Antriebe zu Lernprozessen, führen zu Fragen und Reflexionen; die wirkliche Aufarbeitung desymbolisierter Erfahrungen gelingt jedoch nur in schmerzhaften therapeutischen Prozessen.

Sprachliches Handeln entsteht also als eine konventionalisierte Ausweitung kooperativer Aktivitäten. Seit es auf die sprachlichen Äußerungen seiner Partner achtet, kennt das Kind diese Form, miteinander umzugehen. Und "weil das Kind schon weiß, was der Sprecher meint, kann es, indem es die Relation zwischen Meinung und Äußerung analysiert, lernen, *wie* man das sprachlich äußert, was man meint" (Hörmann 1978, S. 360).

Da das Kind erst mit Hilfe der Sprache lernen wird, komplexe Erfahrungen auszudifferenzieren, bezeichnet das Erste Wort nicht eine Person oder einen Gegenstand, sondern einen ganzen Zustand. "In der Einführungssituation von Sprache wird die zwischen Mutter und Kind eingeübte bestimmte Interaktion mit dem Namen versehen, z.B. mit dem Namen "Mama" (Lorenzer 1973 b, S. 162). Deshalb sagt es "Mama" (o.ä.) in allen Situationen, in denen es diese Interaktionsform erlebt, also auch mit dem Vater und anderen Bezugspersonen. Das erste Wort ist für das Kind genauso Teil der Situation wie die anderen Bewegungen, die die Interaktionsform ausmachen. Das bleibt noch so während des zweiten Lebensjahres. Bates berichtet von einem Mädchen, das immer "dog" sagte, wenn es vom Balkon herunterschaute, auch dann, wenn überhaupt kein Hund zu sehen war (1976, S. 75).

Daß das Kind mit Ein-Wort-Äußerungen anfangen muß, wird klar, wenn wir uns vergegenwärtigen, welche komplizierte geistige Arbeit dahintersteckt: Das Kind erlebt eine Situation, tut etwas; es wendet sensomotorische Schemata, figurative und operative Arten des Denkens an. Wenn es in dieser Situation nun auch noch kommunizieren will, muß es sein Vorhaben in die konventionalisierte Form eines Kommunikationschemas bringen. Es muß einen Teil seines Wissens rekonstruieren, neu für die Kommunikation organisieren, also darauf reflektieren und so vorbereiten für die Ausarbeitung in sprachlichen Lauten. Da diese Akte komplizierter sind als die bisher gewohnten, spricht es bisher nur ein Wort, dann zwei usw. (vgl. Bates 1976, S. 94).

Alfred Lorenzer beschreibt eindrücklich, was das erste Wort für das Kind bedeutet:

> "Worauf gezeigt wird, ... ist nicht der umschriebene Wahrnehmungsgegenstand 'Mutter', sondern ist die Situation, die das Kind in diesem Moment erlebt. Genannt wird das augenblickliche Zusammenspiel, das sich im kindlichen Organismus in vielen Erfahrungen bereits verdichtet hat in bestimmten sensomotorischen Formeln. Wir nannten sie vorstehend 'Interaktionsformen' zur Kennzeichnung des Charakters als 'Niederschlag der Beziehung des kindlichen Organismus zu anderen Organismen'. Bis zur Spracheinführung ist dieser Zusammenhang noch unaufgetrennt, die Situation des Zusammenspiels ist noch einheitlich kontinuierlich. Die Aufspaltung in Selbst und Gegenstand, die Entfaltung der Vielfalt des 'Anderen', das dem Selbst gegenüber steht - diese Auftrennung ist noch durchzuführen. Die Sprache ist das Instrument, sprachlich organisiertes Handeln ist das Medium, den Aufbau der inneren Welt von Selbsterfahrung und Gegenstandserfahrung in schrittweiser Differenzierung zu leisten" (Lorenzer 1975, S. 159 f).

Hier bekommen wir erste Hinweise darauf, wie die Erfahrungsbereiche, die wir mit Hilfe des Verständigungsmodells unterschieden haben, sich

aus der komplexen Erfahrung und Bezeichnung situativer Zustände herausdifferenzieren werden:
- Die Erfahrung seiner selbst als Erfahrender,
- die Erfahrung normativer Bedingungen der "anderen",
- die Erfahrung von Wirklichkeitsausschnitten als "Gegenstände" seiner Lebenswelt,
- die Erfahrung von Erfahrungs- und Ausdrucksformen als Vermittler.

Diese Ausdifferenzierung beginnt - schon im Stadium der Einwortäußerung - über die funktionale Unterscheidung des Worteinsatzes. Wir haben gesehen, daß das Kind bereits über die Kategorien wie Aktor, Aktion, Rezipient usw. in sensomotorischen Schemata verfügt; nun lernt es, an bestimmte Positionen seiner Handlungsmuster auch Sprachelemente einzusetzen. Diese "Holophrasen" können - aus der Sicht der Erwachsenen - alle syntaktischen Funktionen übernehmen (Bruner 1975, S. 7): "Ball" kann heißen, daß da etwas rollt, etwas kugelig ist, daß das Kind ihn hat, ihn haben will, daß er unter dem Tisch ist, daß ein anderer ihn hat, wirft ... Je nach Situation wird das Wort also sozusagen mit verschiedenen Funktionen ausgestattet, und das heißt mit unterschiedlichen "Anschlußstellen" an die Situation (vgl. Hörmann 1978, S. 357).

Die Verständigung mit dem einen Wort wird möglich, weil die Erwachsenen das Mitgemeinte präsupponieren; sie bestätigen oder korrigieren den funktionalen Sinn des Wortes im Handlungszusammenhang, so daß sich vor dem Hintergrund der Situation eine gemeinsame Bedeutung der Äußerung ergibt. Interaktiv lernt das Kind hier die Thema-Rhema-Struktur (topic-comment) seiner späteren Äußerungen. Bates referiert mehrere - auch eigene - Untersuchungen, die erkennen lassen, daß das Kind die Einwortäußerung auf einen gegebenen Rahmen hin bildet ("onto a given frame") und daß die Äußerung den Rahmen präsupponiert. Wenn das nicht zur Verständigung führt, kann es nicht - wie der Erwachsene - die Präsuppositionen explizieren und muß die Kommunikation abbrechen. Die ersten Wörter sind allem Anschein nach "comments" zu räumlich/zeitlich zuhandenen "topics", später auch zu topics in den Äußerungen der Erwachsenen. Von hier aus lernt es dann, topic und comment selbst von der Situation abzuheben (Bates 1976, S. 98 f).

Funktional benutzt das Kind also schon die Wörter zum differenzierten Ausdruck von Gegenstandsbezug, Partnerbezug, Selbstbezug; um diese Bezüge auch explizit differenziert zum Ausdruck zu bringen, muß es im 2. Lebensjahr noch Fortschritte in seiner kognitiven und interaktiven Entwicklung machen, vor allem durch Ausbildung des symbolischen Handelns und Denkens.

Ist es nicht ein besonderes anschauliches Zeichen für den Weg des Kindes dorthin, wenn es onomatopoetische Ausdrücke prägt oder übernimmt, um sprachliche Markierungen in Situationen zu setzen? Das "Bam" beim Umwerfen von Gegenständen, das "Wau" im Umgang mit Tieren, das "Ah" beim Staunen in überraschenden Situationen, solche Signale sind handlungsintegrierte, ja objektintegrierte Ausdrucksmittel, sie sind der "leichteste Weg zum referentiellen Sprechen" (Bates 1976, S. 76).

Roman Jakobson stellte 1941 eine strukturalistische Theorie der Lautentwicklung vor, die einen regelmäßig aufgebauten Erwerb von Vokalen und Konsonanten bei allen Kindern dieser Welt postulierte. Seitdem sind so viele Gegenbeweise veröffentlicht worden (vgl. den Forschungsbericht bei Oksaar 1977, S. 168 ff), daß für die allgemeine Entwicklung nur Aussagen auf einer sehr abstrakten Ebene übrigbleiben. Daß das A und die Lippenlaute P, B und M fast immer die ersten Wörter formen, ist unbestritten; über die weitere Entwicklung aber gehen die Forschungsergebnisse auseinander. Auch der Schluß, daß jedes Kind seine individuelle Lautentwicklung aufbaut, ist so nicht haltbar. Es gibt zwar Regelmäßigkeiten, aber die sind abhängig von der Situation, den Bedeutungen der ersten Wörter und natürlich von den Sprachen bzw. Dialekten. Auch hier erscheint die Erkenntnis Lennebergs von 1972 mehr und mehr bestätigt zu werden, daß nicht einzelne Elemente nacheinander erworben werden, sondern Muster und Strukturen (Oksaar 1977, S. 173). Ebenso gilt allgemein, daß das Kind rezeptiv Laute früher unterscheidet, als es sie selbst produziert. In den verschiedenen Entwicklungsschüben nähert es sich dem Lautsystem seiner sprechenden Umwelt an; das kann bis zum Schulalter dauern.

Inhaltlich sind die ersten Wörter situationsabhängig, sie prädizieren etwas in der Situation; sie sind noch keine handlungsunabhängigen Symbole, sondern Mittel zum Durchführen einer Handlung. Sie werden ausdifferenziert, wie auch die motorischen Ausdrücke verfeinert werden. Erwachsene, die von ihrem Sprachverständnis her die Wörter des Kindes beurteilen, stellen etwa fest, daß es immer, wenn es sich wohlfühlt, "Mama" sagt, "Papa" zu allen Männern; "Wau" zu allen Tieren; daraufhin sprechen sie von Bedeutungserweiterung und, wenn das Kind nun einen differenzierten Wortschatz erwirbt, von Bedeutungsverengung. Ich halte das für unangemessene Bezeichnungen. Semantisch hat das Wort immer denselben Inhalt, der über verschiedene situative Bedeutungen unterschiedliche kommunikative Funktionen ausüben, also verschiedene Markierungen in Handlungsverläufen setzen kann. Dabei bereitet das Kind die symbolische Verwendung der Wörter vor, indem es sie in verschiedenen Situationen anwendet, auch wenn die dort vorhandenen Erscheinungen von der Lernsituation abweichen. Etwa bis zum Alter von 1 1/2 Jahren sprechen Kinder in Einwortsätzen; etwa die Hälfte ihres Wortschatzes, der bereits 50 Wörter umfassen kann, besteht aus Substantiven, weitere 14 Prozent aus namenartigen Ausdrücken, 14 Prozent beziehen sich auf Tätigkeiten; hinzu kommen modifizieren Wörter wie "dreckig", "draußen", einige Funktionalia ("was") und "ja, nein". Der erste Wortschatz ist so konkret wie die Vorstellungen, auf denen er aufbaut. Welche Wörter ein Kind aber aus dem riesigen Angebot seiner sprechenden Umgebung auswählt, ist individuell sehr unterschiedlich, auch kaum - nicht einmal bei Kenntnis der Lebensumstände - vorhersagbar; denn darüber, welche Wörter nützlich für den kindlichen Tagesablauf sind, urteilen Erwachsene anders als Kinder selbst (vgl. Leopold 1956, S. 122).

So souverän jedes Kind auch seinen eigenen Grundwortschatz zusammenstellt, so abhängig ist es in dessen Gebrauch von den sprachlichen Gewohnheiten der Erwachsenen: Es wird die Wirklichkeit, in die es hineinwächst, ebenso kategorisieren wie sie, wird dort Unterschiede machen, wo sie sie machen; die vorhandene Sprache wird ihm übergestülpt, sie wird sein Bewußtsein entscheidend mitprägen. Die Menschen seiner Umgebung wird es nach Babys, Kindern, großen Leuten, Männern, Frauen, Onkels, Tanten, Omas und Omis unterscheiden, weil es im deutschen Sprachraum aufwächst; in anderen Kulturen überlieferte ihm die zu lernende Sprache ganz andere Bilder seiner Verwandtschaft und Bekanntschaft.

Helmut Gipper und seine Mitarbeiter haben nach langjährigen Studien gezeigt, wie sich der Wortschatz des Kleinkindes allmählich ausdifferenziert. Je mehr Wörter das Kind neben dem ersten Wort "Mama" spricht, desto mehr nähert es dem muttersprachlich geltenden Inhalt an: bei uns der "Mutter", im Georgischen dem "Vater", im Italienischen der "Mutterbrust", im Spanischen dem "Säugen", im Japanischen dem "Essen"... (Gipper 1979, S. 169). Im Deutschen wird diese semantische Keimzelle "Mama" nun zum "Nucleus" des Feldes der Verwandtschaftsbezeichnungen (ders., ebd.). "Papa", "Omi", "Tante" kommen hinzu, nicht als Rollenbegriffe, sondern als konkrete Namen wie die abgekürzten Vornamen von Geschwistern und Spielkameraden.

Die instruktive Darstellung, wie ein Kind sich zwischen dem ersten und dritten Geburtstag das Feld der Tiernamen erobert, ist im Prinzip auf alle Spracherwerbsprozesse anwendbar (Gipper 1979, S. 172/73): Zuerst war alles "Wau-Wau"; im Alter von 1 Jahr/1 Monat (1.1) sagt es bei größeren Tieren "Mh", bei kleinen "Wau-Wau"; mit 1.3 kam "Piep-Piep" hinzu, das sich bis zum 2. Geburtstag in "Piep-Piep", "Metterling", Pliege" und "Biene" ausdifferenziert hatte. "Mh" wurde mit 1.7 entweder "Mäh", "Muh" oder "Hotte-Hotte" genannt, "Wau-Wau" mit 1.11 "Hase", "Eichhörnchen", "Maus" und "Miau". Über mehrere Stufen hatte das Kind mit drei Jahren auf diese Weise 46 Wörter zur Bezeichnung von Tieren erworben.

Auf dem Weg zum symbolischen Denken und Handeln

Das Kind der sensomotorischen Phase lernt, auf drei Arten mit seiner Wirklichkeit umzugehen:
- enaktiv: durch Bewegungen, Töne, Tätigkeiten; motorische Aktivitäten repräsentieren die Kenntnisse. (Das ist nicht etwa ein Wissensmodus, der dann überwunden wird; er bleibt lebenslang wirksam und befähigt uns zum Knotenbinden, Radfahren, Schwimmen...)
- ikonisch: durch Vorstellungen; hierbei bestehen die Kenntnisse in selektiven Bildern, eingebunden in Konzepte. Diesen Wissensmodus brauchen wir ebenfalls ein Leben lang; er ist aber auch eine notwendige Vorstufe zum
- symbolischen Denken und Handeln.

Um den 1. Geburtstag greift das Kind nicht mehr automatisch nach allem Angebotenen, sondern zögert, betrachtet es zuvor. Es wendet nicht sofort ein gewohntes Handlungsschema an, vielmehr scheint es erst in Gedanken - also in Vorstellungen - den Umgang mit dem Angebotenen zu erwägen. Es erforscht jetzt Gegenstände gern genauer, untersucht alles, was es kriegen kann, auf Einzelheiten und spielt mit diesen zum Vergnügen. Es distanziert sich von einem Schema und betrachtet es selbst. Bezugsobjekt, repräsentierendes Schema und handelndes Kind werden selbständige Größen der Situation; sie sind nicht mehr eingebunden in einen automatisch funktionierenden Handlungsablauf. Jetzt erst kann das Kind anfangen, mit seinen Gedächtnisinhalten symbolisch umzugehen: Es kann Schemata und deren markierte Segmente unabhängig vom Handlungsverlauf und bei abwesendem Bezugsobjekt vergegenwärtigen und sie intentional einsetzen. Das merkt man besonders deutlich, wenn es Schemata in Situationen anwendet, wo es Erwachsene nicht erwarten - wenn es also mit dem Bauklotz telefoniert.

Symbolisches Denken und Handeln beginnt deutlich zu werden beim 1 1/2jährigen Kind. Da es ja schon Einwortäußerungen sprechen kann, lernt es auch, "Wörter symbolisch zu benützen" (Flavell 1979; S. 56): Der Zustand, den es bezeichnet, die Handlung, die es sprachlich durchführt, braucht nun nicht mehr in derselben Situation präsent zu sein, wenn es das entsprechende Wort äußert. Es kann jetzt auch über Ereignisse sprechen, die nicht mehr oder noch nicht da sind, die es erwartet, herbeiwünscht; es spricht spielerisch: Es ißt Papierschnitzel und andere ungenießbare Dinge und sagt dazu: "Ausgezeichnet!"

M.M. Lewis (1970, S. 105 ff) beschreibt anschaulich, wie das Kind allmählich die Fähigkeit zum symbolischen Denken erwirbt. Es beginnt sicher mit "Mama"-Rufen nach der abwesenden Mutter, oder es vermißt seinen gewohnten Frühstückshonig und sagt "Ha!" Hier bezieht es sich schon sprachlich auf Abwesendes; die Äußerung ist aber noch handlungsintegriert, auch wenn es nach der Frage "Wo ist der Ball?" sich umwendet und auf den Ball zukrabbelt. Nachdem es einige Monate lang mit Handlungen auf symbolische Äußerungen geantwortet hat, beginnt es mit ca. 18 Monaten, selbst sprachlich darauf zu antworten: Die Mutter fragt, was es möchte, und es sagt "Lade!", obwohl keine Schokolade zu sehen ist und noch keiner eine Handlung unternommen hat, sie zu holen. Bald kann man mit dem Kind über Vergangenes und Zukünftiges sprechen, und es denkt sprachlich voraus. Als Kai anderthalb Jahre alt war, sah er zum erstenmal ein Schneegestöber. Er fragte: "Taub (Staub)?" Wir sagten ihm, es sei Schnee; eine Weile hielt er noch an seiner Sinnkonstitution fest und fragte weiter "Taub?" Er mußte sich erst von seiner ersten Deutung mit ihren Konsequenzen lösen; denn als er schließlich selbst "Nee" sagte, ergänzte er kopfschüttelnd: "Mama putze": Wenn es eben nur Schnee war, konnte er seine Mama trösten, die ja nun nicht den Garten putzen mußte.

Jetzt beginnt das Kind, selbst zu fragen, zunächst noch gestisch oder durch besondere Intonation. Nachdem Kai gefragt worden war, wo verschiedene Personen gerade seien, fragte er selbst: "Ga?" (seine Schwester Gesa) und wiederholte die Antwort zufrieden: "Sule". Explizit differenzierte Fragen wird es erst im 3. Lebensjahr formulieren. Aufgrund seiner wachsenden symbolischen Fähigkeiten kann es referentielle Sprechakte, die es bisher nur in nichtsprachlichen Tätigkeiten durchführen konnte, auch mit Wörtern realisieren; vornehmlich im symbolischen Spiel übt es sich darin ein.

Aus seinem bisherigen "komplexen Denken" (Wygotski 1969, S. 124) in sensomotorischen Handlungsschemata kann sich nun begriffliches

Denken mehr und mehr entwickeln. Die komplexen Repräsentanzen im Bewußtsein werden ausdifferenziert zu "Selbstrepräsentanzen (das Selbst in der und der Situation)" und "Objektrepräsentanzen (das Objekt in der und der Situation)" (Lorenzer 1973, S. 224). Sprache - das zentrale diskursive Symbolsystem - wird also als zweites "Registriersystem" (Lorenzer) erworben; aber nur dieses System ist situationsunabhängig und selbständig gegenüber dem Bezeichneten. Durch Sprache wird Verhalten aus Schemata lösbar, reflektierbar, planbar, veränderbar - konkret geübt im Probehandeln. Klischees allerdings, die unbewußten desymbolisierten Erfahrungen, können erst auf psychoanalytischem Wege aufgegliedert werden; ansonsten setzen sie sich - unverzögert - "hinter dem Rücken des Handelnden durch" (Lorenzer 1973, S. 115).

Von entscheidender Bedeutung ist diese Fähigkeit zum symbolischen Gebrauch der Sprache für die Bewußtseinsbildung des Kindes und damit für den Aufbau seiner Identität. Eine kognitive Leistung - die Isolierung der Handlungsfaktoren Ich-Du-Objekt aus einem Handlungsschema - zusammen mit der sprachlichen Leistung - die situationsunabhängige Benennung dieser Faktoren - ermöglichen die Ausbildung eines Ich-Bewußtseins, eines sozialen Bewußtseins und eines Gegenstandsbewußtseins; diese sind letztlich die Voraussetzungen zum intentionalen, verantwortbaren Handeln. Die dafür erforderliche Unabhängigkeit gegenüber Objekten, Beziehungspersonen und eigenen Impulsen kann es sich von nun an mehr und mehr mit Hilfe der Sprache schaffen, praktisch beginnt damit ein jahrelanger Prozeß der Eroberung zunehmend selbständiger Aktionen in Handlungssituationen. Es bedarf vieler Entwicklungsschritte, um die Fähigkeiten eines "Erwachsenen" zu erreichen, an komplexen Handlungssystemen einer Gesellschaft selbständig und verantwortlich mitzuwirken. Diese "Interaktionskompetenz", die auch das moralische Bewußtsein einschließt (Habermas u.a. 1980, S. 20 ff), wird in ihrer Entwicklung beschrieben einerseits im stufenweisen Abbau von Egozentrismus, andererseits in Stadien der Rollenübernahme.

Voraussetzung für diese Entwicklung ist der symbolische Gebrauch eines situationsunabhängig geltenden Zeichensystems - eben der Sprache -, das die kommunikativen Faktoren zu explizieren erlaubt. Damit kann das Kind folgende fundamentale Tätigkeiten durchführen:
"1. ich kann unabhängig vom realen Situationsarrangement Szenen durchspielen, ich kann "probehandeln" - wie bereits Freud das Denken nannte;
2. ich kann unabhängig vom realen Situationsarrangement mir die Gegenstände dieser Szene vor mein inneres Auge stellen, eben weil ich

in den Sprachsymbolen über ein System von bezeichnenden Formeln verfüge;
3. ich kann mich selbst im Gegensatz zu einer entfalteten Welt erkennen" (Lorenzer 1975, S. 160).

Das alles weiß das Kind jetzt noch nicht, es kann dies "nur" tun. Seine beginnende Fähigkeit zum symbolischen Denken erlaubt ihm noch kein bewußtes Abstandnehmen von sich oder der Situation, erlaubt noch keine Orientierung an allgemeinen Normen. Es existiert nur das Besondere: Forderungen sind einzelne Wünsche konkreter Personen, nicht Normen von Rollenträgern. Es reagiert auf konkrete persönliche Verhaltenserwartungen und orientiert sich in seinen Bewertungen an Belohnungen und Strafen, die es nach seinen Erfahrungen von bestimmten Bezugspersonen zu erwarten hat.

Von einer sozialen Entwicklung kann man im Grunde in dieser Phase der frühen Kindheit noch nicht sprechen, da das Kind sich noch nicht in einen anderen hineinversetzen und eine Situation aus einer anderen Perspektive als seiner eigenen sehen kann. Seine Grundhaltung ist egozentrisch: Der eigene Standpunkt ist der einzig mögliche, andere kann es nicht geben; die Relativität der eigenen Perspektive wird nicht begriffen.

Da es aber seit langem interagiert und auch Interaktionsformen gelernt hat, können wir bereits in dieser Phase Vorformen sozialen Verhaltens feststellen:

Fundamentale Basis für diese Entwicklung ist ein Gefühl, eine Haltung des Kindes, die Erikson (1966) als "Urvertrauen" bezeichnet: die andauernde Empfindung des Aufgehobenseins in einer liebevollen Beziehung. Pflege, Zuneigung und Bestätigung, die ein Kind in den ersten Interaktionen erfährt, führen zur Motivation, solche befriedigenden Erfahrungen der Zuwendung nun auch in eigenen Handlungen zu reproduzieren (Keller 1976, S. 101). In dieser Atmosphäre kann es starke emotionale Bindungen an seine nächsten Bezugspersonen aufbauen, und zwar ganz praktisch: Es zeigt sich froh und entspannt bei diesen Personen, sucht ihre Nähe, wehrt Fremde ab (das "Fremdeln" ist besonders deutlich um den 8. Monat) und protestiert, wenn es sich von lieben Menschen trennen soll. Es kann auch Gefühle wie Freude oder Schmerz dieser Bezugspersonen miterleben, allerdings nur solche, die es selbst kennt. Das ist sicher ein Anfang empathischen Verhaltens und auch das Antizipieren von Tätigkeiten anderer, die es nach gewohnten Schemata erwarten kann.

Auch die Entdeckung der Objektkonstanz im 1. Lebensjahr ist entscheidend für soziales Handeln: Wenn das Kind begreift, daß Objekte weiterbestehen, auch wenn sie seinen Handlungen entzogen sind, muß damit verbunden sein die Erfahrung eines von der Objektumwelt unabhängigen Selbst; Monika Keller folgert daraus "die Überwindung des sensomotorischen Egozentrismus" (1976, S. 50). Da daraufhin auch die Bezugspersonen so erfahren werden, daß sie - wenn auch nicht sichtbar - noch da sind, kann es dauerhafte soziale Bindungen aufbauen. Die "Leerstellen" werden dabei durch symbolisch-repräsentative Mittel überbrückt (Flavell 1979, S. 75).

Das Interagieren in warmen dauerhaften Beziehungen motiviert das Kind dazu, die beim anderen wahrgenommenen Tätigkeiten auch selbst durchzuführen; es beginnt, Zuwendungen zu imitieren, es will das können, was die anderen können. Keller referiert Untersuchungen, die zeigen, daß Zuwendung, Kompetenz und Macht die Motive zum Imitations- und Identifikationslernen sind (1976, S. 102).

Das symbolische Denken verhilft dem Kind im 2. Lebensjahr dazu, Handlungen nicht nur sofort, sondern auch zu einer späteren Zeit zu imitieren. Diese aufgeschobene Nachahmung ist eine wichtige Voraussetzung zum Erlernen von Rollenmustern. Es ist die konkretistische Vorform der symbolischen, verallgemeinerungsfähigen Rollenübernahme. Darin übt sich das zweijährige Kind vor allem im Spiel ein. Wenn es etwa mit seinem Teddy Mutter und Kind spielt, übernimmt es - explizit oder implizit - zwei komplementäre Rollen und tritt somit im Spiel sich selbst als ein anderer gegenüber. "Das Kind erwirbt auf der Basis von Gesten und primitiven Symbolen die organisierten Strukturen von Rollenbeziehungen und Kommunikationsprozessen" (Keller 1976, S. 80). Der Begriff Rollenspiel ist in dieser Entwicklungsstufe eigentlich noch nicht angemessen, da das Kind nicht die Rolle der "Mutter schlechthin", "des Autofahrers"..., also eines "verallgemeinerten anderen" spielt, sondern die Verhaltensweisen konkreter Einzelpersonen imitiert. Das allerdings tut es auf eigene, mitschöpferische Weise, umgestaltend, was nicht nur seine kognitive und seine Handlungskompetenz erweitert, sondern auch die Herausbildung seines Ich fördert.

Denn diese Entwicklung ist der komplementäre Strang der Ausbildung einer sozialen Interaktionskompetenz: Es wird nicht nur so werden wie andere auch (soziale Identität), es wird auch so werden wie kein anderer ist (Ich-Identität). Schon im 1. Lebensjahr bestimmt das Kind von sich aus Handlungsabläufe mit, widersetzt sich durch Bewegungen und Gesten, bewertet Tätigkeiten in Körperausdrücken. Selbstverständlich sind auch seine Bewertungsmaßstäbe körperlicher Art: Es billigt/mißbilligt nach Lust/Unlust. Die Formen wertender Äußerungen sind zunächst quasi natürlich (sich abwenden, zuwenden), werden durch Imitation wertender Gesten seiner Bezugspersonen sozialer und können von 1 1/2 Jahren an auch sprachlich ausgedrückt werden (vgl. M.M. Lewis, S. 56 u. 80 ff). Das erste "Nein", später das erste "Ja" gegen Ende des 2. Lebensjahres ist schon eine herausragende Leistung symbolischen Denkens; wieviel Bedeutung fassen nicht diese doch sehr abstrakten Wörter zusammen.

Auch beim Ich-Ausdruck können wir nur von Vorformen sprechen: Das Kind übt sich ein in Formen der Selbstbehauptung, ohne sich damit bewußt von alternativen Standpunkten abzusetzen. Es beurteilt egozentrisch alles aus seiner Perspektive, seine Bewertungen sind noch nicht referentiell (als Vorschlag) gemeint, sondern appellativ: "Stimm mir zu!", andere Sichtweisen stoßen bei ihm auf Unverständnis. Als eine typisch sensomotorische Form des "Ich-Bewußtseins" könnte man die Bewegungen des Alleine-tun-Wollens bezeichnen, gegen Ende des 2. Lebensjahres auch unterstützt durch "leine", "selbst" u.ä.: Das Kind weiß, was es selbst tun kann, worin es nicht mehr von Erwachsenen abhängig ist - es fängt an, sich selbst kennenzulernen.

Mehrwortäußerungen

Die einzelnen Wörter, die das Kind in der ersten Hälfte des zweiten Lebensjahres spricht, können in allen symbolischen Funktionen verstanden werden. In der 2. Hälfte des 2. Lebensjahres reiht das Kind manchmal Einwort-Äußerungen additiv, mit deutlichen Pausen dazwischen ("Mama. Heia"). Solche Reihungen scheinen dem Kind zu helfen, dann auch Zweiwortäußerungen zu produzieren, in die es sich bis etwa zum 2. Geburtstag intensiv einübt ("Da Papi!" "Papa Auto" "Mama gehn"). Hier werden aber die Wörter nicht mehr einfach nacheinander gereiht, sondern in einer Beziehungsstruktur miteinander verknüpft; und das ist ein völlig neues Ausdrucksmittel. Das, worauf sich die syntaktische Struktur bezieht, ist ja nicht genauso wahrnehmbar wie ein Gegenstand oder fühlbar wie ein Zustand, es muß vielmehr in eine beobachtete Situation hineingesehen werden: Die Beziehung der beiden Wörter "Papa Auto" etwa drückt ein Besitz- oder Zugehörigkeitsverhältnis aus oder eine Handlung, die ein Akteur mit einem Objekt durchführt, oder auch eine Intention des Kindes, mit dem Vater im Auto zu fahren. H. Ramge zeigt, daß sein Sohn in seinen Zweiwortäußerungen folgende semantische Funktionsklassen zusammenbrachte (1973, S. 80/81):

Akteur - Aktion	("Papi arbeiten")
Akteur - Objekt	("Mami Schuh")
Aktion - Objekt	("fang Ball")
Objekt - Aktion	("Hazi pflücken")
Ortsangabe - Akteur/Objekt	("Da Papi")

Aus Schlesingers Befunden (in Oksaar 1977, S. 51/52) sind (aus englischsprachigen Zweiwortäußerungen) zu ergänzen:

Akteur - Ortsangabe	("baby highchair")
"modifier" - Akteur/Objekt	("big boat")
Negation - Akteur/Objekt	("no water")

Park fand (nach Oksaar 1977, S. 52) im Deutschen noch die Kombination "auch Mama/Mama auch"; wenn "auch" als "modifier" fungiert, dann aber nicht in bezug auf "Mama" (wie bei "big boat"), sondern in bezug auf deren Tätigkeit bzw. auf die ganze Situation um die Mama.

Wie wird die sprachliche Entfaltung der kindlichen Äußerungen möglich? Zunächst müssen wir wohl die biologische Entwicklung beachten: Die Gehirnkapazität und damit die Gedächtnisspanne erweitert sich, das Kind kann längere Äußerungen planen (Lenneberg; nach Oksaar 1977, S. 189). Qualitativ aber ist die Entfaltung vor allem eine Frucht der sich entwickelnden Fähigkeit zum symbolischen Denken (Hörmann 1970, S. 310): Das, was in der syntaktischen Beziehung ausgedrückt wird, kann nicht durch Gesten, sondern nur durch eine sprachliche Konstruktion ausgedrückt werden. Das Kind muß die syntaktische Beziehung auch denken können, um sie zu sprechen. Gerade der Forschungszugang über die semantischen Funktionsklassen Akteur/Aktion usw. zeigt deutlich, daß das Kind die Satzbaupläne seiner Sprache über die Bedeutung der Wörter in den Sprachsituationen lernt (Bruner 1979, S. 53 f). Weil es schon Einzelwörter in verschiedenen kommunikativen Situationen benutzen kann, kann es nun auch ausprobieren, in welchen syntaktischen Formklassen, in welcher Position, in welcher Reihenfolge diese Funktionsklassen nach den Regeln einer bestimmten Sprache miteinander verknüpft werden. Auch was es zu verknüpfen versucht, ist inhaltlich bestimmt; leitend ist seine Intention, welche Aussage die syntaktische Beziehung zum Ausdruck bringen soll (Zugehörigkeit, Ablehnung, Modifizierung usw.).

Wie die Wörter miteinander verknüpft sind, lernt das Kind allmählich mit Hilfe der Erwachsenen seiner Umgebung. Es gestaltet nämlich aktiv den komplizierten Lernprozeß einer Syntax. Zunächst interessiert es sich für Wortfolgeregeln; über den Luxus der Flexionsmorpheme sieht es großzügig hinweg. Was es besonders hervorheben will, setzt es an den Anfang; das entspricht in den indoeuropäischen Sprachen der "Eindrucksstelle" des Satzes. Die Einwortäußerung war hauptsächlich ein "comment" zu einem in der Situation wahrnehmbarer "topic"; das ist die Zweiwortäußerung auch noch, denn sie bleibt - in der sensomotorischen Schlußphase - eingebunden in die Gesamthandlung. Aber es kann auch ein topic formuliert werden, nach den Beobachtungen E. Bates' (1976, S. 208) meist in der Zweitstellung. Sie vermutet, daß die Comment-Topic-Struktur in dieser Phase universal ist, was sich bis zum 4. Lebensjahr dann muttersprachspezifisch ändert.

J. Weigl (1981, S. 170) berichtet sowohl von einem entfalteten comment: "Leine häng" (während das Kind mit Puppenwäsche hantiert) als auch von einem nachgestellten topic: "Ins Moni", wobei "Bett" wegfallen konnte, weil es die "Moni" gerade ins Bettchen legte. Es reduziert also die gehörten Sätze zu eigenständigen Kurzformen, die merkwürdigerweise stark dem Telegrammstil ähneln (Hörmann 1970, S. 313): Nicht mitformuliert werden die Wörter mit dem für die Handlungssituation geringsten Informationswert.

Auch Zweiwortäußerungen müssen noch mit Hilfe der Situation interpretiert werden. "Anna nich" kann heißen: "Nicht Anna ausziehen, sondern Uwe", "Anna fährt nicht mit dem Wagen", "Diese ist nicht Annas Strumpfhose" (Weigl 1981, S. 171).

Schon im 2. Lebensjahr sprechen manche Kinder auch Drei- und Mehrwortäußerungen (Leopold 1956/57, S. 123): "Mama Hut auf. Lea guck." Bei allen diesen Mehrwortäußerungen läßt sich beobachten, daß die Kinder die Wortfolgen systematisch entfalten und nicht willkürlich; sie üben sich damit in eine regelgeleitete Syntax ein. Die besten Gelegenheiten zum Trainieren der wichtigen Wortfolgen ergeben sich beim Spiel mit Bezugspersonen; wegen seiner Folgelosigkeit ist diese Situation besonders geeignet, die Aufmerksamkeit auf die Struktur der Äußerungen zu konzentrieren (Bruner 1975, S. 10). Das gilt auch für die "Einschlafmonologe", in denen das Kind sich besonders in die syntaktischen Transformationen einübt, und zwar mit Hilfe der Operation des Ersetzens, Umstellens, Entfaltens und Tilgens: "Da Teddy, da Puppa, Puppa da, Auto da, Teddy auch da ..." Diese Proben hat das Kind sensomotorisch gelernt im Umgang mit realen Objekten; nun wendet es sie auf die symbolischen

Elemente seiner Sprache ebenso an (Bates 1976, S. 93). Die so gelernten syntaktischen Basisstrukturen schaffen Leerstellen für neu zu lernende Wörter, so daß - neben der erwachenden Fragehaltung - auch die Ausdehnung der Syntax den Wortschatzerwerb fördert.

Gerade in der zweiten Hälfte des 2. Lebensjahres steigt der Wortschatz sprunghaft an: Nach der grundlegenden Untersuchung von Smith aus dem Jahre 1926 (Oksaar 1977, S. 187) zwischen 1:6 und 1:9 von 22 auf 118, bis zum zweiten Geburtstag auf 272 Wörter. Das Kind kann also jetzt mehr und mehr das Gemeinte durch das Gesagte präzisieren. Mit seinen mehrwortigen Ausdrucksformen kann es nun sämtliche kommunikativen Strategien - also expressive, appellative und referentielle - ausführen. M.A.K. Halliday (1975) hat induktiv herausgefunden, in welcher Reihenfolge es sprachliche Handlungen zu formulieren lernt, in seiner Terminologie, welche Funktionen der Sprache es ausführt:

1. instrumentale Funktion: Sprache als Mittel, um Dinge getan zu bekommen, zur Befriedigung materieller Bedürfnisse;
2. regulative Funktion: Sprache als Mittel, das Verhalten anderer zu steuern;
3. interaktionale Funktion: Sprache als Mittel, mit anderen zu interagieren;
4. personale Funktion: Sprache als Mittel, die eigene Individualität zum Ausdruck zu bringen;
5. heuristische Funktion: Sprache als Mittel, die Wirklichkeit zu untersuchen und kennenzulernen;
6. imaginative Funktion: Sprache als Mittel, eine Welt eigener Gestaltung zu schaffen.

Diese primären Handlungsformen entwickelt das Kind etwa in der Zeit zwischen 6 und 18 Monaten. Erst später, etwa mit 22 bis 24 Monaten, kommt hinzu:

7. die repräsentative (auch informative) Funktion: Sprache als Mittel, etwas darzustellen, mitzuteilen, zu erzählen (vgl. Halliday 1975).

2. Die Kindheit

Die frühe Kindheit

Große Teile seines sensomotorischen Wissens wird das Kind in symbolischer Repräsentation rekonstruieren; diese geistige Arbeit wird es mit Hilfe seiner Sprache leisten. In den nächsten zwei Lebensjahren lernt es mit atemberaubender Geschwindigkeit eine Sprache zu sprechen - manchmal sogar zwei; dieser Spracherwerb wird die Voraussetzungen schaffen, auch seine kognitiven und interaktiven Fähigkeiten weiterzuentwickeln.

Das Weltbild und das Handeln eines zweijährigen Kindes zu beschreiben ist deshalb so schwierig - und führt in der Forschung immer wieder zu Streitigkeiten -, weil wir Erwachsenen allzuleicht unsere eigenen Gewohnheiten zum Maßstab nehmen. Es ist immer wieder zu fragen, aus wessen Sicht eine Aussage gilt: aus der Sicht des beobachteten Kindes oder aus der Sicht des beschreibenden Erwachsenen. Etwa um den Begriff soziales Verhalten haben sich - nicht nur zwischen Piaget und Wygotski - immer wieder Mißverständnisse und Kontroversen ergeben. Das zweijährige Kind spricht mit seinen Eltern, deren Bekannten und anderen Kindern, es übernimmt deren Sprache, spielt und kooperiert mit ihnen ohne große Konflikte, kann also schon sozial handeln. Versteht man aber unter "sozial" die Einstellung auf den anderen als anderen, das Agieren aufgrund geltender Rollennormen, das Koordinieren divergierender Ansprüche und Perspektiven, dann muß man zu dem Ergebnis kommen, das zweijährige Kind kann überhaupt noch nicht sozial handeln. Es lebt in seiner Eigenwelt: seine Tätigkeiten, seine Kenntnisse, seine Kontakte sind die Welt; und seine Entwicklung in den nächsten zehn Jahren kann man "als einen Übergang von der subjektiven Zentrierung in allen Bereichen zu einer zugleich kognitiven, sozialen und moralischen Dezentrierung charakterisieren" (Piaget/Inhelder 1977, S. 95).

Semantisch gesehen sind die Äußerungen des Kindes noch bis zum Schuleintritt zum großen Teil egozentrisch; das Kind scheint zu sich selbst vor anderen zu sprechen, weil es auf die Äußerungen der anderen wenig eingeht. Aber kommunikativ gesehen ist zu berücksichtigen, daß das Kind diese Äußerungen schließlich den anderen gegenüber produziert, angeregt und inhaltlich motiviert durch die Interaktionen mit ihnen. Aus seiner einperspektivischen Weltsicht heraus sind diese Äußerungen sozial; denn, wie Wygotski als erster zeigte, es spricht anders, wenn es tatsächlich mit sich allein ist: in immer mehr verkürzten Formen, bis es auf diese Weise das "innere Sprechen", also das sprachliche Denken ausgebildet hat (Wygotski 1969, S. 93).

Wie bald, wie leicht und vor allem in welcher moralischen Qualität es in den nächsten Jahren sein soziales Handeln entwickeln wird, hängt in der frühen Kindheit besonders von der Wärme und Intensität der Gefühlsbindungen ab, in denen es sich - gerade als Egozentriker - vertrauensvoll aufgehoben spürt. Zu den Personen, die oft bei ihm sind, entwickelt es jetzt starke emotionale Beziehungen und möchte sie ganz für sich "vereinnahmen". Manchen Eltern wird das manchmal zuviel; aber es läßt sich beobachten, und auch strengste Untersuchungen bestätigen es: Auf der Basis täglicher Beziehungswärme entwickeln sich schon früh soziale Fähigkeiten und überdurchschnittliche kognitive Leistungen; vor allem häufiges handlungsintegriertes und handlungsbegleitendes Sprechen fördert alle Lernprozesse (vgl. Keller 1976, S. 151). Die Fähigkeiten zur Rollenübernahme - Forschungsbegriff für soziales Handeln - werden erworben als situationsspezifische und partikularistische Fähigkeiten; das Kind kann etwa der Mutter beim Aufstehen anmerken, ob sie traurig oder fröhlich ist, und sich darauf einstellen. Es kann dieses Verhalten aber weder auf andere Personen noch auf irgendwelche anderen Situation übertragen; erst in der Pubertät wird - mit Hilfe des formal-hypothetischen Denkens - daraus eine universalistische Fähigkeit (Keller 1976, S. 265).

Zum einen ist es für eine angemessene Beschreibung frühkindlichen Sozialverhaltens notwendig, darauf zu achten, was das Kind in bestimmten affektiv-intensiven Situationen tun und sagen kann; zum anderen gilt es, auf die in seinen sprachlichen Äußerungen implizierten sozialen Haltungen aufmerksam zu sein. Damit berücksichtigt man die Erkenntnis, "daß sprachliche Kommunikation das Erlernen *der* Konzepte *vermittelt*, die den sozialen Interaktionen zugrundeliegen, wie Reziprozität, Verpflichtung und Komplementarität" (Keller 1976, S. 151). Mit den sprachlichen Ausdrücken und ihren Verwendungsweisen übernimmt das Kind die sozialen Beziehungen und Verhaltensweisen der Sozialisationsinstanzen, in denen es aufwächst; implizit eignet es sich also über die Sprache auch die in gesellschaftlichen Gruppen geltenden Normen an. Erforscht man von diesen Voraussetzungen her den abnehmenden Egozentrismus des Kindes und seine steigenden Fähigkeiten zur Rollenübernahme, erkennt man: "Die Fähigkeit zur sprachlich-symbolischen Rollenübernahme geht den kognitiven Dezentrierungsprozessen voran und fördert deren Entwicklung" (Ramge 1976, S. 57).

Wenn etwa nach den Untersuchungen von Selman u.a. (vgl. Keller 1976, S. 71) das erste Stadium der Rollenübernahme zwischen dem 4. und 6. Lebensjahr angesetzt wird, heißt das ja noch nicht, daß plötzlich ganz neue - endlich erwachsene "soziale" - Verhaltensweisen auftreten, sondern daß die Beobachtungskriterien - abgeleitet aus Merkmalen (idealer) Erwachsenensozialität - im Kindergartenalter zum ersten Mal greifen, passen. Das heißt aber auch, daß wir jetzt, um dem Zwei- und Dreijährigen gerecht zu werden, nach den altersspezifischen, also konkretistischen Formen der Einübung in gesellschaftlich akzeptiertes Sozialverhalten forschen müssen. Els Oksaar berichtet von Zwillingen im Alter von zweidreiviertel Jahren, die entgegen Piagets Diktum sehr wohl einen Dialog miteinander führen konnten, in dem nur gut sechs Prozent als autistische Äußerungen gewertet werden müssen. Diese Beobachtungen wurden von Untersuchungen mit drei- bis fünfjährigen Kindern bestätigt. Vierjährige wechseln den Code je nachdem, ob sie mit Erwachsenen, Gleichaltrigen oder Jüngeren sprechen (Oksaar 1977, S. 130 ff).

Hans Ramge hat an einer Fülle sprachlicher Äußerungen seines dreijährigen Kindes implizite soziale Handlungsweisen nachgewiesen. Folgende Anzeichen beweisen (nach Ramge 1975), daß das zwei- bis dreijährige Kind sich bereits in seinem Handeln auf den anderen einstellt; alle diese sozialen Handlungen werden gefördert durch eine deutliche Einstellung der Eltern auf das Kind:

a) Das Kind spricht zu einem Gegenüber anders, als wenn es allein ist und vor sich hinspricht, und zwar referentiell klarer spezifiziert, konventioneller; syntaktisch differenzierter, deiktisch expliziter und lautlich präziser (ebd., S. 70/72).

b) In Trainingsmonologen übt das Kind sprachliche Formen, um sich der Übereinstimmung mit den Normen zu vergewissern. (Flugzeuge im Bilderbuch "ham räders, ham räders, ham auch was`die Flugzeuge, ham räder, ham rade, ham räde, ham keine räder, der fluchzeuch nich"; ebd., S. 75).

c) In Rollenspielen übt sich das Kind imitierend in sprachliche Varianten ein (z.B. mehrfache Bezeichnung der Mutter: "Mami, Rosi, Frau X") und wendet die richtige Variante gegenüber der "richtigen Person" an. (Als Peter für den Vater die Mutter sucht, ruft er sie "Rosi".)

d) In Rollenspielen übt sich das Kind in Verhaltensweisen konkreter anderer ein und drückt das auch schon im Sprechen aus (besonders wenn es zu einem jüngeren Geschwisterchen spricht; ebd., S. 96).

e) Im Gespräch mit Erwachsenen wiederholt es Teile von deren Äußerungen (Vater: "Peter trägt die Tasche" - Peter: "Trägt die Tasche"), übernimmt damit die Haltung des anderen und vergewissert sich zugleich, es richtig zu machen (ebd., S. 105).

f) Es korrigiert eigene Versprecher, und zwar auf der phonologischen, syntaktischen, semantischen Ebene zur kommunikativen Explikation (ebd., S. 106-113).

g) In Fragehandlungen, die im Laufe des dritten Lebensjahres gewaltig zunehmen, vergewissert sich das Kind mehr und mehr gemeinsamer Informationen, Beurteilungen und Präsuppositionen mit dem Interaktionspartner ("kommst du mithelfen, Papi?"); es hat fast immer ein aufrichtiges Interesse an der Beantwortung der Frage (Wahrhaftigkeitskriterium), was besonders deutlich wird in Fragesequenzen und variierend wiederholten Fragen (ebd., S. 129-143).

h) Infinitivische Aufforderungshandlungen nehmen radikal ab, direkte Aufforderungen, besonders solche mit pronominaler Anrede ("ich", "du") und solche in Frageform nehmen stark zu (ebd., S. 145-148).
i) Entgegen der Behauptung Piagets kommen im 3. Lebensjahr begründete Äußerungen vor, wenn auch relativ selten. Sie werden allerdings noch kaum mit "weil, denn" eingeleitet, sondern entweder gar nicht explizit ("nich werfen, Papi schimpft") oder mit nachgestellten Partikeln (ja, doch) angezeigt ("ich fall sonst").
k) Es benutzt Partikel ("ja, mal, doch..."), um Äußerungen im Hinblick auf den Partner zu modifizieren (abzumildern, einzuschränken, dringlich zu machen, zu begütigen) (ebd., S. 171-177).
l) Neben diesen "impliziten illokutiven Indikatoren" verwendet das Kind auch schon explizite performative Ausdrücke ("hab ich gesagt, sag ich dir, mein ich, ich hab dich gerufen"). Die Verwendung illokutiver Indikatoren nimmt während des 3. Lebensjahres kontinuierlich zu (ebd., S. 177).

Insgesamt ist der rasante Anstieg sprachlicher Ausdrucksmöglichkeiten gerade im frühen Kindesalter sicherlich selbst ein Anzeichen zunehmender Einstellung auf Interaktionspartner. Warum sonst sollte das Kind differenzierter zu sprechen lernen; warum sollte es eine solche Menge Wörter und grammatische Formen lernen, die für es selbst überflüssig wären, wenn es nicht Ansprüche seiner sozialen Umwelt auf expliziteren Ausdruck verspürte?

Immer ist es der konkrete andere, an dem es sein Handeln orientiert; seine engsten Bezugspersonen sind seine Autoritäten, von denen es Verhaltensregeln übernimmt. Ihnen gegenüber ist es gehorsam - zunächst nur, solange sie anwesend sind. Seine Moral ist also gebunden an die konkrete Präsenz dessen, der eine Anweisung gegeben hat. Mit Hilfe des symbolischen Denkens wird der Gehorsam dann dauerhafter, auch über verschiedene Situationen hinweg (Piaget/Inhelder, S. 92). Es identifiziert sich mehr und mehr mit seinen Eltern; gerade jetzt ist es entscheidend für seine moralische Entwicklung, ob die Eltern mit dem Kind über Begründungen und Rechtfertigungen von Handlungen sprechen. Denn die Urteile des Kindes werden immer häufiger sprachlich ausgedrückt; es formuliert Zustimmung und Ablehnung, zunächst freilich meist Mißfallensäußerungen, denn Ablehnungen sind problematischer, zustimmen kann man leichter ohne zu reden (vgl. Lewis 1970, S. 190).

Komplementär zu der starken Bindung an nächste Bezugspersonen entwickelt es sein *Ich*: Zunächst nennt es sich beim Namen und spricht von seinen Intentionen in der 3. Person ("Kai auch mitgehen"); dann entdeckt es, wen es mit "ich" bezeichnen kann. Selbständigkeit, Unabhängigkeit und Anerkennung durch andere werden jetzt eminent wichtig, und es gerät in die erste "Oppositionskrise" (Piaget/Inhelder, S. 127). Es kritisiert andere, sich selbst aber noch nicht, und das macht diese "Trotzphase" für alle Beteiligten so schwierig.

Das Kind wagt sich mehr und mehr aus dem Raum der Geborgenheit heraus, um sich mit anderen zu messen, seine Fähigkeiten zu erproben. Die Kräfte wachsen am Widerstand der anderen. Das Kind wird sich seiner selbst bewußt am Eindruck, den es auf andere macht. "Dieses erwachende Selbstbewußtsein wird mit dem Verlust der ursprünglichen Unbefangenheit bezahlt" (Inhelder 1956, S. 253).

Weil es die Umwelt so störend empfindet, daß ein so kleines Kind schon selbst etwas wollen will, versucht das Kind, auf verschiedenen Wegen sein erwachendes Ich-Bewußtsein zu behaupten: Es reklamiert seine Sachen als sein Eigentum, entscheidet, wer was davon haben darf; es stellt sich selbst dar in dem Sinn "Seht, hier bin ich, das kann ich schon!"; es urteilt über Personen und Sachen, sagt, wer sein Freund ist und wer nicht; einige Kinder schaffen sich "zur Verstärkung" einen imaginären Spielgefährten (vgl. Lewis 1970, S. 188-208). Es lehnt jetzt nicht nur Anweisungen anderer häufig ab, sondern auch deren Unterstützung; es probiert mehr und mehr aus, was es alles selbst tun kann. Das erzeugt Konflikte mit den Mächtigeren; wie diese in der Familie ausgetragen werden, ist nicht nur entscheidend dafür, wie unangenehm diese Trotzphase wird, sondern vor allem für die Fähigkeit des Kindes, sich selbst in Konfliktlösungsprozesse einbringen zu können.

Das Kind muß erfahren, daß man in Konflikten miteinander redet, normative Erwartungen zu rechtfertigen sind; jetzt werden die Weichen bereits gestellt entweder in Richtung einer Gewöhnung an Konformität und Gehorsam oder in Richtung eines sprachlichen Aushandelns von Geltungsansprüchen. Es ist erwiesen, daß sich das Milieu auf die soziale und moralische Entwicklung stärker auswirkt als auf die kognitive (vgl. Keller 1976, S. 120). Die Frage, wie dieses Stadium angemessen bezeichnet werden kann, ist auch hier abhängig davon, ob ein Entwicklungskonzept auf die höchstmögliche Stufe ausgerichtet ist oder ob jede Phase in ihrem Entwicklungswert "vom Kind aus" werten will. Je ein Beispiel für beide Orientierungen: Jane Loevinger (1980, S. 156) richtet "Stadien der Ich-Entwicklung" auf die Autonomie des Erwachsenen aus; von daher gesehen wechselt das Kind im 3. Lebensjahr von der "vorsozial/ symbiotischen" Stufe zur "impulsabhängigen" Stufe über.

"Das Kind versichert sich der Unabhängigkeit von der Mutter durch Ausübung seines eigenen Willens. Impulskontrolle fehlt oder ist unzuverlässig. Regeln werden nicht als solche zur Kenntnis genommen; Handlungen sind 'schlecht', weil sie bestraft werden. Zwischenmenschliche Beziehungen basieren auf Ausnutzung oder Abhängigkeit, wobei die Abhängigkeit jedoch nicht als solche erkannt wird. Menschen werden als Quellen der Versorgung wahrgenommen. Sexuelle und aggressive Triebe dringen häufig und unrestringiert ins Bewußtsein vor" (ebd., S. 157).

Ein ganz anderes Bild vom Dreijährigen entwirft Erik H. Erikson - aufgrund gleicher Beobachtungen. Nach seinem Entwicklungskonzept möchte jetzt das Kind sein "Urvertrauen", das es bisher zu den Eltern hatte, auf sich selbst ausdehnen; es erobert sich das Stadium der "Autonomie" (1966, S. 79). Diese kleinkindliche Autonomie basiert natürlich noch nicht auf verbalisierbarer, reflektierbarer Selbsterkenntnis, vielmehr auf dem Explorationsdrang, in den täglichen Interaktionen auszuprobieren, was es kann und ob es auch dann sein Vertrauen in die Eltern erhalten kann, wenn es seinen eigenen Willen durchsetzen will. Die häufig zu beobachtenden Regressionen (weiter Bettnässen, Daumenlutschen, Babygehabe) zeigen an, daß viele Kinder in ihrem Autonomiestreben nicht allzu erfolgreich sind.

Bei immer mehr Gelegenheiten versucht das Kind, das Gelenktwerden durch eigene Initiativen abzulösen. Es muß also das regulierende Sprechen der anderen selbst übernehmen, die Anweisungsformeln verinnerlichen, um sie sich selbst sagen zu können. Das wird in der kognitiven Entwicklung ermöglicht durch die Ausbildung des "inneren Sprechens": Das Kind lernt seine Sprache in der Interaktion (soziale Sprache), verwendet sie aber auch in Monologen, wenn es allein ist (egozentrische Sprache), verkürzt sie dabei mehr und mehr und verlagert sie so in sein Denken (inneres Sprechen) mit der Folge: "Die sprachlichen Strukturen, die sich das Kind zu eigen macht, werden zu den Grundstrukturen seines Denkens" (Wygotsky 1969, S. 102).

Bei Drei- und Vierjährigen kann man die Anweisungen, die sich das Kind selbst gibt, noch ausgesprochen hören, etwa von viereinhalb Jahren an werden sie meist nur noch "gedacht" (Flavell 1979, S. 86). So kann das Kind jetzt seine Fähigkeiten zu willentlicher Selbstkontrolle ausbauen, "eines der zentralen und bedeutsamsten Kennzeichen der kognitiven Entwicklung während der Phase der frühen Kindheit" (ebd., S. 86). Das Kind lernt jetzt, Handlungen zu planen, sich etwas vorzunehmen, eigene Intentionen zu realisieren; das merken die Eltern u.a. daran, daß das Kind manchmal bewußt so tut, als könne es noch nichts bewußt tun (etwa wenn es absichtlich aufs Sofa pinkelt, um die Zuwendung der Eltern zurückzuerobern, die sich gerade mit einem anderen Kind beschäftigen). Nach Ramges Beobachtungen produziert das Kind "will" und "kann" als erste Modalverben, und nicht etwa "muß"; er erklärt das so: "Dem Einfluß und den Zwängen der Umwelt (du mußt!", "du sollst (nicht)!", "du darfst (nicht)!") setzt das Kind den Ausdruck seines eigenen Wollens ("ich will (nicht)!" und seines Vertrauens in sein Leistungsvermögen ("ich kann (das)!") entgegen" (Ramge 1973, S. 86).

Am deutlichsten lassen sich die intentionalen Handlungsweisen im sprachlichen Handeln des Dreijährigen erkennen; E. Bates hat die Entwicklung zum reflektierten Sprachhandeln in dieser Periode sehr genau beschrieben (ebd., S. 125 ff): Das Kleinkind lernt zunächst, oft schon vor dem 2. Geburtstag, Sprecher und Hörer mit Namen anzureden; es benutzt Ortsadverbien und Demonstrativpronomen "richtig", d.h. immer vom Sprecher aus gesehen. Im nächsten Schritt bezieht es sich explizit auf gesprochene Sätze, indem es sie mit Konjunktionen, Partikeln und Adverbien verknüpft: "und, ja aber, auch"; Zeitadverbien nutzt es zur Unterscheidung der beiden Kategorien "jetzt" und "nicht jetzt". Es benennt also alle kommunikativen Faktoren und kann sich auf sie beziehen; es lernt jetzt, Sprechakte zu benennen und sich auf sie zu beziehen ("Papa sagt, daß man nicht Scheiße sagt"). Es differenziert sein Wortfeld "sagen" aus: fragen, erzählen, versprechen u.a. kommen hinzu.

Bates gibt metasprachliche Äußerungen eines Mädchens vom Anfang ihres 3. Lebensjahres wieder wie: "Was hast du gesagt? Ich sagte ... Man sagt nicht ... Was habe ich gesagt? Sag mir ..., ... hat es auch gesagt." Sie zitiert wörtlich, nennt jemanden ein "Schnattermaul" und erkennt eine Aussage ihrer Mutter als "Lüge". Sie korrigiert das Sprechen anderer, und zwar in bezug auf Wortwahl und Wortformen. Ihre einzelnen Äußerungen kann sie explizit aneinanderbinden, so daß Texte als "Erzähleinheiten" entstehen. Bates hat die Nacherzählung eines Mädchens in 22 Sätzen aufgenommen; sie endet mit der Frage: "Hast du verstanden?" (1976, S. 148). Kinder können also mit etwa zweieinhalb Jahren den Inhalts- wie den Beziehungsaspekt ihres Sprechens explizit differenziert ausdrücken und damit anfangen, über die pragmatischen Aspekte ihrer Kommunikation nachzudenken.

Fragehandlungen nehmen in der zweiten Hälfte des 3. Lebensjahres sprunghaft zu (Ramge 1975, S. 129) und werden bald auch in allen möglichen Ausdrucksformen formuliert. Ramge beobachtete Variationen der Intonation, der vollständigen oder eliptischen Äußerung, Entscheidungsfragen, Ergänzungsfragen mit den häufigsten Fragepronomen "wer, was, wie wo, welche", auch in der Form des unbeendeten Aussagesatzes ("Mami hat?"). Überwiegt zunächst die Funktion der Vergewisserung beim Fragen, so werden mit zunehmender Kompetenz in "W-Fragen" die echten Informationsfragen häufiger (Ramge 1975, S. 130). Besonders deutlich wird die Intentionalität der Fragehandlung in Fragesequenzen: Fragen nach demselben Gegenstand werden in variierenden Formen geäußert; sie werden dabei expliziter und/oder intensiver ("Was hast-n? Was hast-n da in der Tasche? ..."). Mit anderen Fragesequenzen strukturiert sich das Kind seine Thematik oder versucht, ein Problem zu lösen (Ramge 1975, S. 135 f).

Seit seinen ersten Lebensmonaten fordert das Kind seine Bezugspersonen zu Handlungen auf; dieses erste sensomotorische Tätigkeitsmuster kann nun durch die Intentionalität als explizite Handlungsstrategie formuliert werden. In regelgeleiteten Aufforderungshandlungen wendet sich das Kind bewußt direktiv an andere; es weiß, daß es eine Aufforderungshandlung ausführt und steht zu ihr. Neben dem Wahrhaftigkeitsanspruch erfüllt es auch das Kriterium der Angemessenheit: Befehle an die Eltern kommen kaum vor bzw. werden nach kurzem Hinweis korrigiert; Aufforderungen, Bitten, Befehle, Ablehnungen, Verbote werden im Laufe des 3. Lebensjahres rasch differenzierter ausgedrückt in mannigfachen syntaktischen Formen (Ramge unterscheidet 25; s. ebd., S. 145 ff); die infinitivischen Formen nehmen rapide ab, die Imperative und die mit Modalverben differenzierten Aussagesatzformen nehmen stark zu.

Weitere Ansätze zum sozialen Handeln lassen sich aus den begründenden Äußerungen erschließen, die das Kind mit etwa zweieinhalb Jahren erstmalig in sein referentielles Sprechen aufnimmt. Wenn es mehrere Äußerungen aneinanderreiht, sind unter den Aussagesätzen auch solche, die begründende Funktion haben könnten ("Hose anziehen. Mami zieht die Hose an. Ich bin noch so klein."). Sprachlich explizierte Begründungshandlungen kommen nach H. Ramge im 3. Lebensjahr noch recht selten vor, meist zeigt ein "sonst, ja, nämlich" u.ä. das Begründen an, wenige "weil, damit"; E. Bates weist allerdings in diesem Lebensalter schon mehr begründende Konjunktionen nach (1976, S. 137). Wie dem auch sei, wichtig scheint, daß bereits das Kleinkind durch begründete Explikationen von Feststellungen und Handlungsabsichten "implizit die Basis schafft, die Perspektive des Anderen in seinem sprachlichen Handeln zu berücksichtigen" (Ramge 1975, S. 167). Das Kind reproduziert Begründungshandlungen der Eltern und strukturiert damit Wahrnehmungen; es bindet sie in einen Interaktionszusammenhang ein. Isoliert davon könnte es Begründungen weder verstehen noch geben. Ebenso handlungsintegriert entfaltet das Kind sein Sprechen mit finalen und temporalen Satzanschlüssen (vgl. Bates 1976, S. 141 ff).

Das Kind kann jetzt alle Sprechakte formulieren, alle kommunikativen Strategien einschließlich der metakommunikativen zum Ausdruck bringen. Darin kommt sein Wissen zum Ausdruck, wie soziale Ereignisse in seiner Umwelt ablaufen. Dieses Wissen kann es natürlich nicht beschreiben, es besteht im Können: Das Kind kann sich auf Konzepte angemessener Ereignisfolgen ("Skripts") beziehen, um Situationsverläufe zu antizipieren, zu erinnern oder um "richtiges Verhalten" zu begründen bzw. einzuklagen. - Besonders gut kann man die rasch wachsenden sozialen Fähigkeiten der Kinder in soziodramatischen Rollenspielen beobachten. Kinder planen - integriert ins Spiel - Verhaltensweisen und Spielzüge, kontrollieren sie und handeln miteinander die Möglichkeiten zur Definition und Entfaltung einer Situation aus (vgl. Auwärter/Kirsch 1984).

Die Sprachentwicklung des Kindes ist mit vier Jahren weit den anderen geistigen Fähigkeiten voraus. Es nutzt zwar z.B. alle Satzbaupläne, einschließlich der häufigsten hypotaktischen Gefüge; die Ordnung aber, die es damit in die Erscheinungen der Welt legt, kann es weder bewußt nachvollziehen noch diese Strukturen bewußt zu Organisationen seiner Erfahrungen einsetzen. "Das Kind erwirbt die Syntax der Sprache früher als die Syntax des Denkens" (Wygotski 1969, S. 94). Wie weit sich die Kinder bereits der Erwachsenensprache - auch in der Aussprache - angenähert haben, ist sicher im einzelnen unterschiedlich; generell gibt es immer noch die Aussage Clara und William Sterns von 1907, daß die Entwicklung der Sprechsprache mit vier Jahren so weit abgeschlossen ist, daß grundsätzlich nichts Neues an Sprachmitteln mehr gelernt zu werden braucht. Schon Dreijährige verfügen im Durchschnitt über ca. 3000 Wörter und Wortformen (Gipper 1982, S. 235); in den nächsten Jahren wird dieser Grundwortschatz je nach Milieu sehr unterschiedlich ausgebaut, so daß Durchschnittszahlen nichts mehr aussagen.

Auch die Flexion der Wörter im Satz in Konjugation, Deklination und Komparation erlernen die Kinder schnell und relativ problemlos (je nach normativer Einstellung der Eltern). Interessant ist dabei, daß das Kind nicht fertige Formen lernt, sondern Regeln des Flektierens aus der Erwachsenensprache extrahiert und erprobend anwendet: Im zweiten Lebensjahr war die Wortstellung nahezu das einzige grammatische Aussagemittel; im dritten Jahr achtet es mehr und mehr auch auf die Formen, mit denen ihm bekannte Wörter verändert werden. Wenn es nun durch

Analogiebildung erprobt, an welche Wörter es diese Formen selbst affizieren kann, macht es selbstverständlich viele Fehler - sagen die Erwachsenen. Ein Kind, das nach "Wau-waus" und "Tuck-tucks" jedoch auch "Sweins" sagt - oder nach "Hunde" und "Schweine" auch "Huhne" -, macht keinen Fehler, sondern dokumentiert das Erlernen einer Regel: Im Deutschen wird der Plural unter anderem durch Anhängen von -s oder -e gebildet. Wenn es zum ersten Mal selbst "denkte" sagt - ohne es vorher gehört zu haben-, hat es die Regel "normaler" Bildung des Präteritums begriffen. Da aber die Flexionen nicht logisch oder stringent systematisch gebildet werden, muß es sich in die übliche Anwendbarkeit der Regel noch einüben; auch dabei wird es feststellen, daß darüber einzelne und Gruppen von Menschen unterschiedlicher Meinung sein können.

Sprachpsychologen untersuchen gerade an "Fehlern", welche Flexionsregeln die Kinder schon kennen; oder sie konstruieren Testgeschichten mit Kunstwörtern, bei denen sie sicher sein können, daß das Kind nicht schon Gehörtes imitiert. "Das ist ein Wug. Jetzt sind es zwei ..." So kann man etwa als Entwicklungsprinzip feststellen: "Unbekannte Wörter werden von Kindern nach jenen Regeln behandelt, welche am häufigsten vorkommen und welche die wenigsten Ausnahmen aufweisen" (Hörmann 1970, S. 312).

Der Erfahrungsraum Familie

Eine solche verallgemeinernde Beschreibung der Anfänge einer Kommunikativen Kompetenz macht noch zu wenig deutlich, wie stark das Gelingen dieser ersten Schritte abhängig ist von der spezifischen Umgebung des Kindes. In der Sozialisationsforschung gibt es eine umfangreiche Literatur zum Einfluß der Lebensgemeinschaften Familie, peer-group, Schule, Arbeitswelt usw. auf die Entwicklung der Heranwachsenden (zusammengefaßt z.B. in Neuman 1981; Fend 1988); ich kann mich hier an einigen Wendepunkten der Genese der Kommunikativen Kompetenz mit wenigen Hinweisen begnügen.

In der ersten Interaktionseinheit - der "Mutter-Kind-Dyade" - erwirbt es vorsprachliche Interaktionsformen, die das Kind bereits kulturell prägen, da die Mutter diese Beziehung dominiert. Die Tätigkeiten des Säuglings werden von der Mutter gedeutet und damit eingefädelt in kulturspezifische Interaktionsmuster: Schreien, Herbeieilen, sprechend oder singend Besänftigen, Aufnehmen, Stillen, Herumtragen ... Genauso entscheidend wie die Schemahaftigkeit der Interaktion für die Sozialisation des Kindes ist der persönliche Stil der Mutter für seine Individuation. Beim Waschen, beim Spielen ... prägt die Mutter durch Zulassen, Betonen, Wiederholen das Bewußtsein, zugleich durch Abwehren und Nicht-Äußern das Unbewußte des Kindes. Weitere Personen können nur in dieses Beziehungsverhältnis "einsteigen" - wie Lorenzer sagt (1984, S. 152). Die zweite Interaktionseinheit, die Familie, entsteht also unter der Voraussetzung, daß die Mutter die Erweiterung des sozialen Beziehungsfeldes ermöglicht, indem sie vielfältige Interaktionsformen vermittelt und andere Beziehungen zuläßt bzw. fördert. Im Verhalten des Vaters erfährt das Kind erstmals eine andere soziale Rolle; die Exklusivität der Mutterbeziehung wird aufgebrochen und relativiert. Das bedeutet für das Kind kognitiv einen ersten Schritt der Befreiung: Es erfährt Alternativen und kann Erlerntes experimentell auf andere Partner übertragen.

Fast zehn Prozent der Kleinkinder wachsen heute bei Alleinerziehenden auf; ihnen fehlt dieses Erlebnis eines frühen "Widerparts", dessen Rolle traditionell der Vater innehatte. Spätestens seit der "vaterlosen Generation" (Mitscherlich) der in aufstiegsorientierten Wohlstandsfamilien Aufgewachsenen haben wir Erfahrung damit: diese Kinder suchen sich ihre "Väter" anderswo, in der Nachbarschaft, im Bildungssystem, in der peer-group oder der Medienszene.

Unser heutiger Stand der Einsicht in die Fähigkeiten des Kleinkindes, bereits im 1. Lebensjahr differenzierte Bindungen zu Mutter und Vater, auch zu Geschwistern und Großeltern aufzunehmen, lassen das Bild von der Exklusivität der Mutter-Kind-Dyade doch weniger exklusiv gelten. Das Bild eines sozialen Netzwerks ist wohl familialen Verhältnissen angemessener, in denen fast die Hälfte der Mütter berufstätig ist, in denen die Aktivität der väterlichen Beziehungen zu ihren Kindern erheblich zugenommen hat und in denen fast ein Drittel der Kinder täglichen Kontakt mit der Großmutter hat (Schmidt-Denter 1988, S. 53 ff). Das Erlebnis (mindestens) zweier verschiedener Partner in enger Beziehung zueinander begründet den spezifisch familialen Erfahrungsraum, der für die soziale wie für die Ich-Entwicklung grundlegend ist.

Allerdings nicht in jedem Fall auch entscheidend für die ganze Lebensgeschichte, wie es als psychoanalytisches Basiswissen noch vor einigen Jahren festzustehen schien (z.B. Ziehe 1975). Am dauerhaftesten - weil affektiv - wird jeder Heranwachsende durch die Art und Weise geprägt, wie er mit den beiden Triebschüben fertig wird, die umgangssprachlich als erste und zweite Trotzphase bekannt sind. Das normale Ergebnis der ersten Auseinandersetzung ist die Einpassung des Kindes in die Gesellschaft, repräsentiert durch die Familie. Das ist notwendig für die Ausbildung der Sozialfähigkeit. Damit hat die Gesellschaft zwar ihr primäres Ziel erreicht, nicht aber der einzelne. Für ihn ist die Anpassungsphase seiner Enkulturation ein Durchgangsstadium; in der Pubertät wird der Jugendliche das Gelernte nutzen, im Aufbau einer eigenen Persönlichkeit den familialen Raum sprengen. "Betrachtet man Lernprozesse als die Grundlage der Kulturentwicklung, so können wir nun annehmen, daß es die während der Adoleszenz eingeleiteten Lernprozesse sind, die die Einstellung des Individuums zur Kultur bestimmen werden. Die Verflüssigung der in der Familie angeeigneten psychischen Strukturen ermöglicht es dem Menschen, neue Anpassungs- und Kulturformen zu entwickeln, die nicht auf die Familie zurückführbar sind" (Erdheim 1982, S. 277).

Später wird der Jugendliche sich Liebesbeziehungen und Erfahrungsräume selbst suchen müssen, die dem Kleinkind vorgegeben sind. Die bei uns vorherrschende Form der Kleinfamilie prägt - selbst wenn sie zu einer Wohngemeinschaft erweitert wird - die primäre Sozialisation inhaltlich, und zwar auch die außerfamilialen Erfahrungen. Über das Identifikationslernen erwirbt das Kind hier die fundamentalen Handlungsfähigkeiten und Freiheitsspielräume.

Spezifische Merkmale der Familie als Sozialisationsinstanz werden in der soziologischen Familienforschung je nach wissenschaftstheoretischer Ausrichtung unterschiedlich ermittelt und interpretiert. Bis in die 60er Jahre ging es vor allem um allgemeine Merkmale der Lebensgemeinschaft Familie: Es ist die erste konstante Umwelt des Kindes, das in den Tageslauf der Mutter integriert wird. Der routinierte Tagesablauf wird von außen (Arbeitswelt, Geschäfte) und von innen (Mahlzeiten, Fernsehprogramm) gesteuert. Das Kind lernt Geschlechts- und Generationsrollen, deren Spielräume verhältnismäßig groß sind, weil sich Familienmitglieder weit mehr als in anderen Sozialisationsinstanzen an partikularen Merkmalen ihrer Partner orientieren. Sie erleben miteinander eine Vielzahl unterschiedlicher Situationen, in denen prinzipiell alle Erfahrungsmodi und Themen möglich sind; sie beurteilen sich nach einer Vielfalt von Gesichtspunkten, die in den anderen Instanzen institutionell weit stärker festgelegt sind. So kann sich jeder in seiner Individualität darstellen; die Besonderheiten der Kinder sind hier positive Werte, und sie können von den Erwachsenen viel Aufmerksamkeit und Interesse für ihre persönlichen Eigenarten erwarten. Die geschützte Intimsphäre schafft intensive emotionale Beziehungen; hier kann man sich "fallenlassen", auch "gehenlassen". Dadurch entsteht der spezifische Spannungsraum der Familie, der, je nachdem, ob er langweilig, brisant oder erschlagend wirkt, das Anregungspotential dieser kleinen Lebensgemeinschaft ausmacht, in dem sich das Kind entfalten muß. Wie entscheidend eine intensive emotionale Einbindung der Kinder ins Elternhaus ist, zeigt sich z.b. daran, daß sich Gleichgültigkeit der Eltern weit negativer auf das Selbstwertgefühl des Kindes und seine soziale Einstellung auswirkt als Hilfen oder Strafen (vgl. Wurzbacher 1968, S. 51).

Wie stark die Erfahrungsprägung durch die Familie ist, zeigt sich besonders gegenüber den Einflüssen der Massenmedien und anderer Sozialisationsinstanzen. Hier ergaben Untersuchungen deutlich, daß alle außerfamilialen Einflüsse durch die Familienkommunikation gefiltert und entsprechend der Familienideologie verändert werden (vgl. Neidhardt 1968; Wurzbacher 1968, S. 47)

Gründe für die starke Prägung liegen einerseits in den natürlichen Bindungen, die durch Liebe und Geburt geschaffen werden; andererseits sorgt jede Familie durch ihre alltägliche Interaktion dafür, daß die starken Bindungsstrukturen sich auch inhaltlich darstellen, ja erlebbar werden können.

Diese allgemeinen Merkmale familialer Sozialisation wurden in den 70er Jahren schichtenspezifisch ausdifferenziert. Man versuchte, Familien mit Kriterien wie Schulbildung, Einkommen, Arbeitsplatz, Wohnregion, Religion, Sprach- und Erziehungsverhalten nach ihrem sozialen Stand zu unterscheiden. Grundsätzlich verschiedene Sozialisationsmodi wurden dann jedoch mehr und mehr zwei Grundtypen zugeordnet (wahrscheinlich nach dem Vorbild der damals dominierenden Bernsteinschen Leitbegriffe "restringierter" und "elaborierter Code"; vgl. Gottschalch u.a. 1971; Caesar 1972, Habermas 1973; Bernstein 1973).

Die *statusorientierte* Familie wurde charakterisiert durch ihre Grundorientierung an innerer Stabilität, unbedingter Solidarität, Anpassung eines jeden an die unbefragbar geltenden kollektiven Verhaltensmuster, an das einheitliche Weltbild und Wertsystem. Individuelle Besonderheiten werden in ritualisierter Form zugelassen ("Das ist nun mal Papas Masche!"). Die Erziehung ist entsprechend auf Gehorsam, Disziplin und gute Manieren ausgerichtet; die soziale Kontrolle wird über Befehle und Appelle ausgeübt, Strafen richten sich auf die Konsequenzen von Handlungen, nicht auf Intentionen. Maßnahmen werden nicht für das Kind einsehbar begründet, Normen bleiben ihm fremd, das ideale Kind ist "artig".

Dagegen zielt die *personorientierte* Familie auf selbständige, möglichst originelle Leistungen der einzelnen Mitglieder. Selbstbeherrschung ist für die Erwachsenen selbstverständlich, die Kinder werden von Anfang an mit leistungsbezogenen Erwartungen zur Ausbildung ihrer Persönlichkeit angehalten. Erziehung und Interaktionen sind chancengleich, demokratisch, tolerant; Maßnahmen werden begründet, Einsicht ist zu erreichen, Überzeugung. Die Kinder erfahren, daß Normen Spielräume eröffnen und auch immer neuer Sinnverständigung bedürfen. Entsprechend ist die Wertschätzung der Sprache, der verbalen Auseinandersetzung sehr hoch.

Wenn auch durch viele Untersuchungen nachgewiesen wurde, daß statusorientierte Familien überwiegend in der Arbeiter- oder gesellschaftlichen Unterschicht vorkommen, kann damit weder diese Schicht insgesamt charakterisiert werden, noch ist auszuschließen, daß in der Mittel- und Oberschicht statusorientierte Familien angetroffen werden können. Entscheidend wirkt sich jedoch - neben der Schullaufbahn - die Berufsrolle der Eltern auf ihr familiales Verhalten aus: Die Erfahrung einer Arbeit unter starken Vorgaben und Kontrollen, mit undurchschaubaren Zusammenhängen, Abhängigkeit von technologisch-konjunkturellen Zwängen absorbiert einerseits die Kräfte für Veränderungen und konstruktives Handeln in der Familie und verlängert die dort geltenden autoritären Verhaltensweisen, weil sie die am leichtesten erträglichen zu sein scheinen. Die intensive Analyse konkreter Familien zeigte jedoch, daß es in keiner Schicht eine solche statistisch eindeutige Familie gibt. Vielmehr überwiegen hier statusorientierte, dort personorientierte Tendenzen. Ebenso wird deutlich, daß die Wirkungen der Familienorientierung auf die Kinder nicht zwangsläufig vorhersagbar sind; auch aus statusorientierten Familien können Jugendliche mit einer starken Ich-Identität erwachsen, allerdings über eine besondere Form der Adoleszenzkrise.

In den 80er Jahren gelten solche Forschungsergebnisse als allzu klassenkämpferisch und viel zu undifferenziert. *Systemtheoretische* Ansätze versuchen, der Eigenart jeder einzelnen Familie gerecht zu werden. Aus dem Miteinander der verschiedenen Subsysteme einer Gesellschaft muß jedes bestimmte Leistungen erbringen, um das eigene soziale System abzugrenzen und eine spezifische Eigenwelt zu konstituieren, durch die man sich behaupten kann (vgl. Tyrell 1982). Um solche Leistungen differenziert erkennen zu können, wurden Kriterien erarbeitet, die jede Familie individuell zu beschreiben erlauben: ihre spezifische Weise der Umweltkontrolle, der Medienbeziehungen, der Problemlösung, des Konsumverhaltens, der Nutzung von Rollenspielräumen und kultureller Kontakte u.a.m. Auch ihre Leistungen für andere Systeme spielen eine Rolle, etwa Schuleinpassung, Frustverarbeitung und Reaktionen auf Arbeitslosigkeit. Nach Beschreibungen vieler Familien in unserer Gesellschaft mit diesen

Kriterien kann man im Überblick natürlich auch wieder "Typen" erkennen, etwa solche, die stark umwelt- und medienabhängig sind, oder solche, die sehr selbstbewußt auf Anforderungen reagieren. Und natürlich kann man diese Leistungsgruppen auch wieder sozialen Schichten zuordnen, wenn man nach ihren Auswirkungen auf den Kinderalltag fragt:

> "Die zuvor formulierte These über eine statusbedingte Umweltabhängigkeit elterlicher Erziehungsleistungen wird durch die zuletzt kommentierten Ergebnisse weiter bekräftigt. Es sind vor allem die mittleren Statusgruppen, die sich in ihrem Erziehungshandeln von den Bedingungen ihrer unmittelbaren Alltagsumwelten stark abhängig zeigen. Für sie ist es tatsächlich wichtig, womit sie tagtäglich konfrontiert werden, während für Familien der unteren Unterschicht eher ihre allgemein eingeschränkten Handlungskompetenzen und ihre prinzipiell benachteiligte Lebenssituation dazu führen, daß Zuwendung und Autonomieerfahrungen für Vorschulkinder eine geringere Rolle spielen als in anderen sozialen Schichten" (Engelbert 1982, S. 225).

Aus historischer Perspektive ist zu ergänzen, daß sich das Verhalten von Eltern zu Kindern in den letzten 30 Jahren generell erstaunlich schnell stark verändert hat. Quer durch alle Schichten - natürlich in den oberen Schichten am meisten - hat der Anteil der Familien zugenommen, in denen die traditionelle Rollenverteilung aufgehoben ist: alleinerziehende Väter, Paare mit Rollenteilung oder Rollentausch. In diesen "nichttraditionellen Familien" erfährt das Kind etwa gleich intensive Zuwendung der Bezugspersonen sowohl bei der Pflege als auch beim Spiel (Schmidt-Denter 1988, S. 56). Aber auch Familien mit traditioneller Rollenverteilung sind weniger autoritär geworden, die Freiräume für Nicht-Routinemäßiges sind gewachsen. Man ist nachsichtiger geworden gegenüber den spontanen Wünschen der Kinder, drückt liebevolle Zuneigung freier aus; man vertraut häufiger auf indirekte Erziehungsweisen (wie vernünftiges Zureden oder Appelle an das Schuldgefühl) statt auf direkte Methoden (wie körperliche Züchtigung, Drohen oder Schimpfen); väterliche oder mütterliche Verhaltensstile werden ähnlicher, gleichen sich einander an; Eltern thematisierten nie so häufig Erziehungsfragen wie heute, was von Buchverlagen und Massenmedien unterstützt wird. 40 Prozent der Gesprächsthemen von Müttern, die außerhalb der Familie mit Bekannten sprechen, handeln von Problemen der Kindererziehung, doppelt so viel wie vom Kochen als zweitwichtigstem Thema, achtmal so oft wie von kulturellen Dingen, zehnmal so oft wie von Politik. Wiederum verglichen mit anderen Sozialisationsinstanzen sind die Themen in der Familie vielfältiger, auch im Vergleich zu früher, wozu natürlich auch die Massenmedien beitragen. Gespräche der Familienmitglieder, die nicht unmittelbar vom Haushalt angeregt werden, entzünden sich am "Besonderen" des Fremden aus der "Kulturindustrie". Doch was Medienkritiker als ausgewogenen Einheitsbrei bewerten, wirkt nicht einheitlich in die Familien; die Rezeption von Programmen läßt sich nicht einheitlich vorhersagen. Jede Familienideologie filtert Informationen auf je spezifische Weise, weil jede "Familienwelt" real Erlebtes und medial Vermitteltes zu einer eigenen Familienmentalität mischt. Kinder erleben eine Fernsehsendung zusammen mit den Kommentaren der Älteren und steuern ihr Verständnis entsprechend deren geäußerter Einstellung (vgl. Greenfield 1987, S. 53). Sie sehen vor dem Fernseher zum großen Teil ein anderes Programm als das ablaufende. "Dieses von ihnen selbstgemachte Programm fesselt sie, aber es ist nicht ihr eigenes" (Negt 1979, S. 193). Die kindliche Verarbeitung der Medienerfahrungen hängt vom familialen Medienumgang ab. Ob das Kind lernt, Diskrepanzen aufzuarbeiten, Verstehensdefizite auszugleichen oder aktiv fernzusehen, welche Genres es bevorzugt und wie es damit umgeht, all das ist gebunden an die Vorbilder der Erwachsenen (Greenfield 1987, S. 178).

Jedenfalls sind die immer wieder vorgebrachten Befürchtungen nicht wahr geworden, daß die Medien die Kinder verstummen und verdummen lassen. Sie haben noch nie so viel Gelegenheit zur Horizonterweiterung und geistigen Auseinandersetzung gehabt, und jedes Medium bietet für ein Thema eine eigene Sichtweise an. Den Furchtsamen zum Trost: In den 80er Jahren ist die durchschnittliche Fernsehdauer zurückgegangen: bei den drei- bis siebenjährigen von 50 auf 45 Min./Tag, bei den 8- bis 13jährigen davon 88 auf 81 Min./Tag (ebd., S. 179).

Das Kindergartenkind

Bis zum 4. Lebensjahr hat das rasche Sprechenlernen dem Kind geholfen, in den meisten Lebenssituationen seiner Reichweite kommunikativ mitzuwirken. Eingeschränkt wird diese Reichweite vor allem durch seine geringe Sachkompetenz und durch mangelnde Fähigkeiten zum Durchschauen normativer Geltungen; ihm fehlt noch die Kompetenz zum selbständigen und verantwortlichen Entscheiden. In diesen Richtungen wird es in den nächsten Lebensjahren große Fortschritte machen.

Die wichtigste Voraussetzung dazu hat es mit Hilfe der mannigfach entfalteten Sprache geschaffen: *Symbolisches Denken* ist zur Grundlage seiner Bewußtseinstätigkeiten geworden. Das Kind behält nicht mehr die wahrgenommenen Eindrücke oder die ausgeführten Handlungsschemata, sondern deren verallgemeinerte Bedeutungen; und in Situationen ist es nicht mehr von dem, was es sieht, abhängig, denn es kann nun selbst Bedeutungen in eine Situation "hineinsehen", also sie handelnd konstituieren. Wygotski (1980, S. 445 ff) stellt diese Veränderung des Bewußtseins dar, indem er vom Auseinandertreten des "Gesichts- und des Bedeutungsfeldes" spricht. Das Kind reagiert auf eine Situation je nachdem, welche Bedeutung es ihr zuschreiben will: Es sieht einen Stuhl und fängt an, mit ihm Auto zu fahren oder übers Meer zu segeln.

Jetzt entwickelt und entfaltet das Kind "Phantasie". Die Lebensform dafür ist das Spiel, nach Wygotski die "führende (nicht die dominierende) Entwicklungslinie im Vorschulalter" (ebd., S. 441).

"Die Phantasie ist eben jene Neubildung, die es im Bewußtsein des Kleinkindes noch nicht und beim Tier überhaupt nicht gibt. Sie ist eine spezifisch menschliche Form der Bewußtseinstätigkeit. Wie alle Bewußtseinsfunktionen entsteht sie ursprünglich in der Handlung. Man kann die alte Formel, das Spiel des Kindes ist Phantasie in der Handlung, umkehren und sagen, die Phantasie des Schülers und im frühen Jugendalter ist Spiel ohne Handlung" (ebd., S. 443).

Die Inhalte der Phantasien entstehen - und das sind ihre Triebkräfte - aus den nichtrealisierten Wünschen der Kinder. Wygotski betont ausdrücklich, daß nicht konkrete Wünsche unmittelbar ausagiert werden, sondern verallgemeinerte affektive Tendenzen, die sich das Kind im Spiel phantasierend erfüllt, z.B. die Wunschvorstellung, groß und stark zu sein wie die Erwachsenen. Diese seine Motive begreift es noch nicht und wird es bis zum Jugendalter auch nicht kennenlernen.

Einerseits verhilft das symbolische Denken zur Phantasietätigkeit, in der Wünsche verallgemeinert und aufgeschoben werden können; andererseits sind diese Bewußtseinstätigkeiten noch zu körpernah, noch so stark sensomotorisch empfunden, daß das Kind eine Aktionsform für die nach Erfüllung drängenden Wünsche braucht: Im Spiel deutet es Personen und Objekte phantasierend um und schafft eingebildete Situationen mit ihm selbst "am Steuer". Das freie Rollenspiel bedeutet für die kognitive Entwicklung formal eine wichtige Station: Das Kind tritt aus der Gebundenheit an die Situation heraus; es lernt hier, Denkprozesse unabhängig von gleichzeitigen Wahrnehmungen und Handlungen durchzuführen. Im Spiel wird dem Kind eine notwendige Übergangsform in seiner geistigen Entwicklung zur "Phase der konkreten Operationen" geboten: Die im Spiel "verzauberten" Gegenstände und Personen sind ihm eine Zeitlang Stützen für sein Denken im Bedeutungsfeld der Situation, das nicht dem Gesichtsfeld entspricht. Es führt im Spiel zwar noch Handlungen durch, aber nicht um des (gewohnten) Handlungsziels willen, sondern um der Bedeutung willen, die sie im Spiel repräsentieren sollen. Der entscheidende Fortschritt besteht also darin, "daß sich in der Spielhandlung der Gedanke vom Gegenstand löst und die Handlung beim Gedanken ihren Anfang nimmt, nicht beim Gegenstand" (Wygotski 1980, S. 453). Sein egozentrisches Sprechen beim Hantieren, das beim Vierjährigen noch etwa ein Drittel seiner gesamten Sprechtätigkeit ausmacht, nimmt in den nächsten zwei bis drei Jahren stark ab; nur bei sehr schwierigen Aufgaben muß es noch oft laut denken (Kohlberg 1974, S. 305/321).

Andererseits macht es dabei auch inhaltlich entscheidende Fortschritte in seiner kognitiven Entwicklung: Indem das Kind gern Spielsituationen erfindet und diese auch gemeinsam mit anderen Kindern durchführen kann und will, lernt es eine Fülle sozialer Situationen mit verschiedenen Rollen kennen. Hier stellen sich echte Probleme, die die Kinder selbst lösen müssen, und die sie nicht - wie in den "Ernstsituationen" des Alltags - von den Erwachsenen lösen lassen wollen. Durch diese kooperativen Problemlösungen wird das begriffliche Denken erweitert und das soziale Bewußtsein geformt (vgl. Lewis 1970, S. 168).

Für seine Ich-Entwicklung und für die seiner sozialen Bewußtheit steckt in der Spieltätigkeit ein weiterer Impuls: Bisher hat es Regeln befolgt, die ihm von außen "eingegeben" wurden, es hat Direktiven und Verbote der anderen internalisiert. In den selbst erfundenen und gestalteten Spielhandlungen gibt es sich selbst Regeln oder wirkt an der Setzung von gemeinsamen Regeln mit. Das ist besonders wirksam - weil dort besonders gefordert - in den ersten peer-groups, in den Freundschaften, Spielgemeinschaften und "Banden". Hier kann nur jemand mitmachen und ernstgenommen werden, der "selbständig" wirkt und bereit ist zu kooperieren (vgl. Keller 1976, S. 157). Selbst- und mitformulierte Regeln verhelfen dem Kind zu einer neuen Selbsteinschätzung: Es kann sich beschränken, sich selbst bestimmen, andere mitbestimmen; und sie verhelfen ihm zu einer ganz neuen sozialen Erfahrung: Nicht alle Beziehungsverhältnisse sind für alle Zeiten festgelegt, einige kann man verändern und mitgestalten. Es lernt jetzt, die Perspektiven der anderen zur Kenntnis zu nehmen, versteht sie aber noch gemäß den eigenen Erfahrungen und

Gefühlen; es interpretiert sie noch nicht aus dem Horizont des anderen ("egozentrische Rollenübernahme"; Selman, in: Habermas 1980, S. 110).

Ist es verwunderlich, wenn das Kind diese neuen Fähigkeiten zunächst kräftig zu seinem eigenen Vorteil ausnutzt, soviel wie möglich bestimmen und mitbestimmen und so viel wie möglich davon haben will? J. Loevinger nennt dieses Stadium der Ich-Entwicklung das "opportunistische": Das Kind trachtet danach, so oft wie möglich Unabhängigkeit zu dokumentieren, alles selbst zu tun; freiwillig folgt es solchen Regeln, die es selbst mitbestimmt hat, so daß sie ihm Vorteile bringen. "Das moralische Bewußtsein orientiert sich mithin ausschließlich an Nutzenmaximierung. Es ist schlecht, erwischt zu werden. Zwischenmenschliche Beziehungen werden von Manipulation und Ausnutzung beherrscht... Das Bewußtsein wird beherrscht von Themen wie Kontrolle, Vorteil, Überlegenheit, Betrug, Besser-weg-kommen usw." (Loevinger 1980, S. 157/58). Es ist bemerkenswert, welche Begriffe eine amerikanische Psychologin braucht, um die ersten selbständigen Gehversuche eines fünfjährigen Kindes in unseren sozialen Feldern zu beschreiben. Erikson faßt dieses Stadium unter den Begriff der "Initiative": etwas machen, aus sich etwas machen, Leistung und Unabhängigkeit, das sind die Ziele der Kinder dieses Alters.

> "Das Kind weiß jetzt sicher, daß es ein Ich ist; nun muß es herausfinden, was für eine Art von Person es werden will. Und dabei greift es gleich nach den Sternen: es will so werden wie Vater und Mutter, die ihm sehr mächtig und sehr schön, obwohl ganz unvernünftig gefährlich erscheinen. Es identifiziert sich mit den Eltern, d.h. es spielt mit der Idee, wie es sein würde, wenn es Vater oder Mutter wäre" (Erikson 1966, S. 87).

Durch solche Rollenspiele übt es sich in das Rollenhandeln ein; zunächst erlernt es Generations-, Geschlechts- und familiale Rollen. Es entwickelt "Vorstellungen der Gemeinsamkeit, die den sozialen Identitäten des Geschlechts, des Alters und der Verwandtschaft zugeschrieben werden" (Kohlberg 1974, S. 226).

Dabei unterscheiden die Kinder zunächst Vater und Mutter und deren Rolleneigenschaften nicht nach dem Geschlecht; vielmehr sind Größe und Körperstärke ihr Hauptkriterium der Rollenzuschreibung. Kohlberg erklärt das so: Die Kinder dieses Alters denken konkret, deshalb definieren sie soziale Verhaltensweisen mit konkreten körperlichen Merkmalen; zudem differenzieren Kinder Menschen zuerst nach Alter/Körpergröße

(Babys, Kinder, Erwachsene), noch bevor sie nach Geschlechtern unterscheiden. So wird die Größe eines Menschen ein fundamentales Kriterium, dem die nächsten assimiliert werden; so wird Größe für das Kind zum Zeichen für Macht, Stärke, Wissen, Klugheit.

Kinder in aller Welt halten Männer für aktiver, mächtiger und aggressiver als Frauen; ihnen ist es selbstverständlich, daß die Männer auch draußen in der Welt die "bedeutsameren" Rollen innehaben. Das sagen auch Kinder, die vaterlos aufwachsen. Frauen dagegen sind fürsorglicher und haben innerhäusliche Funktionen; das sagen auch Kinder, deren Mütter einem Beruf nachgehen.

Überhaupt stellt sich heraus, daß die Kinder ihre ersten Rollen-Stereotype primär weder durch Erfahrung noch durch die Gespräche mit den Eltern lernen. Vielmehr scheinen sie ihre Vorstellungen selbst zu machen, indem sie sie aus ihren zentralen Kriterien Größe - Kraft - Aggressivität - soziale Macht herleiten. Sie halten Männer für stärker und unverletzlicher als Frauen; und sie meinen, daß nur Männer draußen Rollen spielen, die mit Gewalt und Gefahr verbunden sind. Die genitalen Unterschiede der Geschlechter sind den Kindern hierbei ziemlich unwichtig. Sie entwickeln zwar Lust im Umgang mit den eigenen Genitalien und interessieren sich für die der anderen; jedoch scheinen sie diese Kenntnisse mit ihren Mann-Frau- und ihren Vater-Mutter-Konzepten noch wenig in Zusammenhang zu bringen. Über die Hälfte vier- bis fünfjähriger Kinder - egal, ob "aufgeklärt" oder nicht - hatten Schwierigkeiten, Erwachsenenfiguren die richtigen Geschlechtsteile zuzuordnen. Seiner Identität als Junge oder Mädchen ist das Kind dieser Altersstufe noch nicht sicher; zwischen dem 2. und 7. Lebensjahr etwa stabilisiert sich seine Überzeugung, welchen Geschlechts es ist und bleiben wird. Und da es alles als gut bewertet, was mit ihm selbst zu tun hat, hält es auch sein eigenes Geschlecht für besser als das andere, ebenso wie Objekte und Aktivitäten, die seine Geschlechtsidentität repräsentieren; diese Tendenz nimmt bei Mädchen im Grundschulalter ab (Kohlberg 1974, S. 380/393).

Kohlberg kam nach intensiver Auseinandersetzung mit verschiedenen Forschungsergebnissen und nach eigenen Untersuchungen zu der Ansicht, daß die Geschlechtsrollen nicht gelernt, nicht "internalisiert", sondern von den Kindern selbst gemacht werden, und zwar aus ihrem primären Bedürfnis nach Selbstachtung, Kontrolle der Umwelt und erfolgreicher Leistung. Deshalb streben Jungen nach männlichen Eigenschaften wie Furchtlosigkeit, Stärke, instrumentelle Kompetenz u.ä., Mädchen aus dem gleichen Motiv nach Attraktivität, Güte und sozialem Beifall. Beide wissen, daß damit den Jungen "bösere" Eigenschaften zugeschrieben werden, deshalb halten sie ja Mädchen für "netter" (ebd., S. 397).

Jungen dieses Alters bevorzugen und imitieren also männliche Vorbilder, weil sie sie für "ich-ähnlicher" halten und ihnen mehr Kompetenz zuschreiben; deshalb identifizieren sie sich meistens mit dem Vater. Das Vaterbild wird aber nicht aus Erfahrungen mit dem eigenen Vater, sondern aus den Erwartungen an typisch männliche Verhaltensweisen geformt. Kohlberg (ebd., S. 417) erzählt von einem Fünfjährigen, der mit seinem Vater ein späteres gemeinsames Leben als Waldläufer und Wildpferdfänger plant, obwohl er ihn täglich nur am Schreibtisch erlebt. Jungen versuchen, ihrem Vater dadurch ähnlich zu sein, daß sie "ein guter Junge" sind und seinen - ihm unterstellten - Erwartungen entsprechen (ebd., S. 426). Auch Mädchen definieren ihre Weiblichkeit im Hinblick auf männliche Anerkennung und Billigung (ebd., S. 458).

Soweit Kohlberg. Ob seine Erkenntnisse die Weltbilder "der Kinder" dieser Altersstufe darstellen oder eher die Deutungssysteme der Forscher, ist schwer zu sagen. In jedem Fall bestätigen sie, daß der Sozialisationsprozeß als Interaktion gesehen werden muß - Bedürfnisse und wachsende Fähigkeiten des Kindes in Auseinandersetzung mit den kanalisierenden Angeboten der erwachsenen Umwelt: Kann da etwas grundsätzlich anderes entstehen als das, was täglich gelebt wird?

Festzuhalten ist jedoch, daß etwa vom 2. Lebensjahr an Geschlechtsunterschiede im Verhalten zu beobachten sind, vor allem
- in den Spielgruppen: Jungen toben und prügeln mehr, sie wollen klare Dominanzhierarchien aufbauen; das ist in Mädchengruppen seltener;
- in den Beziehungen zu Erwachsenen: Mädchen haben engere, unproblematischere Beziehungen, können aber die Erwachsenen auch sehr gut für eigene Zwecke einsetzen; Jungen sind aufsässiger, sie versuchen, auch die Erwachsenen zu dominieren, ihre Beziehungen sind deshalb konfliktreicher;
- im Pflegeverhalten: Mädchen tendieren eher zu fürsorglichem Verhalten gegenüber Kleineren als Jungen.

Die Verhaltensunterschiede bemerken auch die Kinder; beim Handeln, also in Interaktionen werden sie auf "typisch männliche" und "typisch weibliche" Geschlechtsrollenattribute aufmerksam, und zwar beim Lernen von Verhaltensweisen zum Zusammenleben mit dem anderen Geschlecht. Diese Regeln des Alltagshandelns kann es sich auch reflektierend bewußt machen, also etwa darüber sprechen. Diese reflexive Aneigung seiner geschlechtlichen Identität ist entscheidend zur Überwindung der egozentrischen Weltsicht.

Auf seine *kognitive Entwicklung* wirkt sich die - vor allem im Spiel - erweiterte Handlungsfähigkeit darin aus, daß das Kind die sogenannten metakognitiven Fähigkeiten auszubilden beginnt, also geistige Prozesse wie Sprechen und Denken selbst zum Gegenstand des Sprechens und Denkens zu machen. Praktisch wird das daran erkennbar, daß das Kind sich nun Erinnerungen schafft und sich ihnen gezielt zuwendet. Es kann seine Handlungen reflexiv kontrollieren und planen, ist sich ihrer bewußt. Es bezieht sich sprachlich explizit auf Sprechakte (Bates 1976, S. 213); es kann Höflichkeitsformen unterscheiden und die Wörter identifizieren, die eine Aussage höflicher klingen lassen (ebd., S. 233).

Man kann mit dem Vorschulkind über *Sprachliches sprechen* wie mit jedem (unausgebildeten) Erwachsenen (Oksaar 1977, S. 103). Seit Anfang des 4. Lebensjahres ist ihm Metakommunikation eine geläufige Verhaltensweise: Es fragt nach den Bedeutungen der Wörter, spricht mit den Eltern über das, was sie und andere gesagt haben, kritisieren und korrigieren es; Semantik und Pragmatik sind die wichtigsten Bereiche ihrer Metakommunikation, Morphologie, Syntax oder Phonetik so gut wie gar nicht. Mit sechs Jahren sprechen sie auch über metaphorische Ausdrücke (Augst 1978, S. 332 ff).

Vor der Einschulung sind die kommunikativen Fähigkeiten der Kinder schon sehr unterschiedlich. Anlage und Sozialisation in der Familie, peer-group und Kindergarten führten zu formal und inhaltlich so differierenden Kompetenzen, daß es immer unangemessener wird, etwas Allgemeines über die weitere Entwicklung auszusagen. Wir werden also hauptsächlich zu fragen haben, von welchem Alter an neue Entwicklungslinien erkennbar werden. Jedoch wird gerade bei den Sechsjährigen eine allgemeine Fragestellung interessant - weil die Kinder jetzt eingeschult werden -, nämlich die nach ihrem Wortschatz.

G. Augst (1984) hat in mühsamer Arbeit die Wörter gesammelt, die zehn Kinder in je 200 Aufnahmestunden sprachen. Er ordnet die Wörter nach dem Muster des "Deutschen Wortschatzes" von Wehrle/Eggers (Frankfurt 1968) und vergleicht sie so mit dem "Wortschatz der deutschen Sprachgemeinschaft": Augst erhält 16000 verschiedene Wörter, das ist etwa ein Viertel des "Wehrle/Eggers". Jedes einzelne der zehn Kinder verfügt über zwischen 3200 und 5300 Wörter, der Durchschnitt beträgt 3900. Reduziert man diesen Wortschatz auf Grundformen, aus denen Ableitungen und Komposita gebildet werden, erhält man etwa aus 5253 Wörtern 2348 Lexeme (von 9290, die es im Deutschen insgesamt gibt); auch das ist etwa ein Viertel. Das macht deutlich - wie zu erwarten -, daß dem Kind noch viele Inhaltsbereiche unerschlossen sind. Wenn man aber berücksichtigt, daß über zehn Prozent des kindlichen Wortschatzes aus selbstgebildeten Wörtern besteht, die es nie gehört hat und die in keinem Wörterbuch stehen - wohl aber verständlich sind -, so wird deutlich, daß sich das Kind in den vertrauten Inhaltsbereichen seiner Lebenswelt sehr genau auskennt und sich differenzierter ausdrückt als manche Erwachsene.

Der Bezug der Untersuchung des kindlichen Wortschatzes auf den "Wehrle/Eggers" bei Augst erscheint mir höchst problematisch: Schon die (logische?) Einteilung in sechs "Hauptfelder" und 1000 Sachfelder ist willkürlich, erst recht die Zuordnung der Wörter zu ihnen. Deshalb kann man leider aus Augsts' "Kinderwort: der aktive Kinderwortschatz (kurz vor der Einschulung)" nicht auf das Weltbild der Sechsjährigen schließen, obwohl das verführerisch ist. Einige interessante Beispiele:

Um "Kleinheit" zu bezeichnen, benutzen die Sechsjährigen 91 verschiedene Wörter (gegenüber 119 Belegen im "Deutschen Wortschatz" von Wehrle/Eggers), für "Größe" sind es nur halb so viel; in der Kategorie "Störung der Ordnung" erreichen sie fast die Menge des Erwachsenenwortschatzes (34 von 38), in der Kategorie "Herstellung der Ordnung" nur 41 von 100. Sehr hoch ist ihr Wortschatz in den Sachfeldern "junger Mensch", "Behältnisse", "Bekleidung", "Ernährung" (683 von 944), "Werkzeug" (210 von 247); um "Außenseiter", "Bewegung" oder "Erheiterung" zu bezeichnen, haben die Kinder sogar einen größeren Wortschatz als die "ganze Sprachgemeinschaft". Die meisten Neologismen finden sich als Schimpfwörter im Feld "Mißbilligung" (150 von 194), "Billigung" dagegen scheinen sie kaum aussprechen zu wollen (7 von 99). Viele Kategorien sind bei ihnen überhaupt nicht besetzt, z.B. die mit Bewertungen von Kommunikation ("Sprachrichtigkeit", "Stil", "Selbstgespräch" u.a.), obwohl hier "den Erwachsenen" jeweils zwischen 40 und 60 Wörter zur Verfügung stehen. Wie wenig verallgemeinerbar solche Befunde sind, ja wie individuell der Wortschatz eines Sechsjährigen ist, wird aus der Tatsache erkennbar, daß nur ca. 15 Prozent der hier aufgelisteten Wörter von sechs bis zehn Kindern gesprochen wurden; ca. 30 Prozent hörten die Forscher von zwei bis fünf Kindern, aber 55 Prozent nur von einem Kind. Und von den nur einmal belegten Wörtern sind fast 20 Prozent Neologismen. Wie persönlich, wie erfindungsreich nutzen Kinder (noch) ihre Sprache: Sie entdecken Sachverhalte, für die bisher keiner ein Wort geschaffen hat ("Kopfloch" für die obere Öffnung am Pullover); sie wissen sich zu helfen, wenn sie das geltende Wort noch nicht kennen - und eröffnen dabei oft neue Sichtweisen ("Fensterfeger" für Scheibenwischer); oder sie haben einfach Freude am Sprachspiel (aus "kinderleicht" machen sie "babyleicht" oder "omaleicht").

Wer aus einem Wortschatz auf die Weltkenntnis schließen will, kann dies (in diesem Alter) höchstens auf individueller Ebene tun. Da wird man feststellen können, über welche Themen mit diesem Kind gesprochen wurde, welche Lebensbereiche ihm in welcher Sichtweise und wie differenziert zugänglich gemacht wurden. Aufgrund des ihm eröffneten Umgangs mit der Welt kennt eben das eine Kind schon mit zwei bis drei Jahren den roten Milan und den Bussard (Gipper 1979, S. 173), das andere weiß mit fünf Jahren, daß der Papi immer an "Linguistik" arbeitet. Was das Kind wirklich jeweils unter einem Wort versteht, werden Erwachsene wohl kaum erfahren können. Das Kind macht seine Erfahrung mit den Sachverhalten und lernt dabei, diese Erfahrungen mit Wörtern einer geltenden Sprache zu benennen, sie also zunehmend nicht mehr aus der Sicht seiner eigenen Erfahrungen, sondern aus der Sicht der Erwachsenen zu sehen. Besonders Wygotski (1969) machte darauf aufmerksam, daß die "Gegenstandsbedeutung", die ein Sachverhalt für ein Kind hat, nicht in der "Wortbedeutung" aufgeht. Da das Kind die Bedeutungen der Erwachsenen nicht im vollen Umfang begreifen kann, muß es die "Erwachsenensprache" für seine Ausdruckshandlungen uminterpretieren. Bei der Aneignung eines sprachlichen Ausdrucks helfen dem Kind sowohl der Sachzusammenhang (es bezieht das Wort auf ein Konzept, einen Wissensbereich) als auch die zu diesem Wirklichkeitsausschnitt bereits vorhandenen Wörter (es bezieht das Wort auf ein "Feld" sinnverwandter Wörter und auf kontextlich ausschließbare Ausdrücke). So determiniert das vorhandene Wissen des Kindes die Wortbedeutung; verwendet es nun das Wort in neuen Situationen, bekommt es von den Erwachsenen nur bestimmte Anwendungsweisen bestätigt. Indem derart in der Kommunikation die Bedeutungen des Kindes sozialisiert werden, kann es immer weniger ausdrücken, was es wirklich erfahren hat, und muß sich von anderen sagen lassen, was es "eigentlich" meint.

Eine autoritäre oder vereinnahmende Erziehung wird diese Tatsache begrüßen und fordern, daß das Kind so schnell wie möglich die Bedeutungen der Erwachsenen übernimmt, ohne nach Alternativen zu fragen; wer "richtig" spricht, hat auch das "richtige Weltbild" und das "richtige Wertsystem". Das Kind muß seine nicht verbalisierte Erfahrung mit dem Sachverhalt verdrängen und legt sich im Unbewußten ein "neurotisches Potential" an. Eine offene Erziehung wird die Widersprüche zwischen Erfahrung und Sprache, vor allem die zwischen emotionaler Erfahrung und rationalisierender Sprache bewußt halten, thematisieren; sie wird auf die

Aspekthaftigkeit aller Sprachelemente hinweisen und die Fragen offenhalten: Wie kann man diesen Sachverhalt auch (noch) sehen? Welche Sichtweise steckt in diesem und jenem Wort? Vor allem wird hier der Erwachsene davon ausgehen, daß die allgemeine Sprache ein höchst unzureichendes Instrumentarium ist, kindliche Erfahrungen zu begreifen.

Erfahrungsraum peer-group I

Da in der Vorschulzeit die Freundeskreise der Gleichaltrigen für das Kind immer wichtiger geworden sind, müssen wir nun auch nach den spezifischen Sozialisationsbedingungen der "peer-group" fragen.

Peers sind Gleichrangige; in peer-groups solidarisieren sich Menschen der gleichen Altersgruppe und agieren gemäß bestimmter Vorlieben einige Stunden am Tag zusammen; ihre Beziehungen sind prinzipiell partnerschaftlich. Es gibt zwar Hierarchien, aber deren Positionen können mit wechselnden Mitgliedern besetzt werden, und zwar nach universalistischen Kriterien wie Leistungen für die Gruppe, Stärke, Gewandtheit, Organisationstalent u.a. Es sind gestiftete Gemeinschaften, denen man sich freiwillig anschließt, nicht "natürlich" wie die Familie, nie so stark institutionalisiert wie die anderen Sozialisationsinstanzen. Es ist die Bezugsgruppe für die Freizeit, ja Kinder deklarieren oft nur die Zeit als freie Zeit, die sie hier verbringen können.

Die Position der peer-group in der Gesamtgesellschaft ist höchst ambivalent: Die extremsten, radikalsten Gruppen sind peers, und doch bieten sie in Verhaltensweisen, Normen und Werten ein getreues Spiegelbild der Gesamtgesellschaft, natürlich auf ihre Art, oft überdeutlich und lautstark, sie treiben alles auf die Spitze. Auch in peer-groups hat man Erfolg durch Wettbewerb, Egoismus und Anhäufung materieller Werte, nur eben sehr viel radikaler und umwegloser. Keine Instanz verlangt rigoroser Konformismus und Gruppengehorsam; keine ermöglicht aber auch eher Individualität und Kreativität. Mögen die Ziele einer peer-group nach außen hin noch so asozial sein, nach innen gelten die allenthalben anerkannten Persönlichkeitsmerkmale:
- Wille zur Zusammenarbeit, Hilfsbereitschaft, Selbstlosigkeit, Rücksicht, Selbstbeherrschung,
- Gelassenheit, Initiative und Zuverlässigkeit.

Das Kleinkind wird von den Eltern in Peer-group-Beziehungen gesetzt: es soll mit anderen Kindern spielen, agiert aber zunächst neben den anderen. Die Kontaktformen sind noch nicht seine eigenen, es guckt sie den Erwachsenen ab: Es findet "Babies" süß, nimmt Gleichaltrigen Spielzeug weg, gibt ihnen Anweisungen und drückt ihnen was zum Spielen in die Hand; zu älteren Kindern verhält es sich wie zu Erwachsenen. Vom 3./4. Lebensjahr an beginnt es jedoch sein Verhalten zu differenzieren: Es streitet mit Gleichaltrigen anders als mit den Eltern um ein Spiel oder Spielzeug, nimmt von sich aus Kontakte auf und hält Situationen trotz oft starker Auseinandersetzungen immer länger durch (wenn Eltern das nicht aus "Mitleid" verhindern). Und doch bleibt es noch einige Zeit - bei manchen Kindern in der ganzen Vorschulzeit - beim Nebeneinander: Die Kinder nehmen explizit nicht aufeinander Bezug, sie scheinen sich selbst vorzuführen, und doch liegt ihnen daran, mit anderen Kindern zusammenzusein.

Stone/Church nennen die typische Kommunikationsform des Vorschulkindes "dualistischer Monolog" (1978, S. 13). Das Kind scheint anschaulich machen zu wollen, daß es sich in Peer-group-Beziehungen so wohl fühlt, weil es hier unabhängig, individuell frei und selbständig sein kann, daß es hier selbst bestimmt; damit dokumentiert es beharrlich, daß es sich selbst als einzig und unverwechselbar entdeckt hat.

> Tanja: Ich hab' so viel Spielsachen.
> Sascha: Was?
> Tanja: Ein Flugzeug und eine Puppe und ein' Puppenwagen.
> Sascha: Da hat meine Mutter zu mir gesagt: Du sollst jetzt schlafen.
> Tanja: Und dann hab' ich auch noch einen kleinen Puppenwagen.
> Sascha: Und da soll ich schlafen, aber ich war doch noch nicht müde.
> Tanja: Und da hab ich zu meiner Mama gesagt: Kaufst du mir eine Puppe?
> Sascha: Da hat mir meine Mama Bücher gegeben und da hab ich geschlafen.
> (Biere 1980, S. 220)

Diese ersten Erfahrungen des Sich-selbst-behaupten-Könnens, die ersten Entdeckungen "Ich bin ja selbst wer!" machen es verständlich, daß man erste Hinwendungen zu den mitspielenden Kindern meist in kurzen Phasen streitähnlicher Auseinandersetzungen beobachten kann. Jeder scheint seine neuen Erfahrungen verteidigen zu wollen so weit wie möglich. Verhältnismäßig selten zerbricht eine Interaktion und eine Spielgemeinschaft daran; es ist die Regel, daß solche Streite schnell definitiv entschieden werden durch den dominanten Partner. Der ist oft nur deshalb dominant, weil er einige Monate älter ist als die anderen oder seinen "besten Freund" neben sich, seinen Vater in der Nähe oder sich in der eigenen

Wohnung weiß. Entschieden werden solche Konflikte auch mal im Interesse des Schwächeren. Spielen drei oder mehr Kinder zusammen, bilden sich Untergruppen.

In Vorschulkindergruppen herrschen häufig Spannungen, die Erwachsene lindern oder vermeiden wollen; sie werten sie von ihren eigenen Verhaltensweisen in Gruppen her, und da wirken die kindlichen Umgangsformen sehr rauh. Sie sind direkter, ungeschminkter, hier wird das ausgesprochen und getan, was Erwachsene in ähnlichen Situationen auch denken, aber sich "verkneifen". Solche Beziehungsspannungen erscheinen den Kindern sehr viel selbstverständlicher, sie sind nur einen Moment lang schlimm, dann ist man darüber hinweg. Wichtig scheint nur die Auseinandersetzung selbst zu sein; dabei sein, mitmischen, sich selbst einbringen, andere auf seine Seite ziehen. Wenn ihnen diese Kämpfe "erspart" werden, können sie in der ersten Selbstwerdungskrise nicht die notwendigen Erfahrungen machen, auch ohne Hilfe Erwachsener sich durchsetzen zu können, für Schwächere etwas tun zu können, also selbst ein Ich und ein Du zu sein.

Auf der Beziehungsebene emanzipieren sich die Kinder in den Spielgruppen stark von den Eltern, üben sich in Unabhängigkeit und Selbstbehauptung ein, entwickeln Sensibilität für die Gruppe und tragen zum Aufrechterhalten der Interaktion bei, was unverzichtbar ist für die Ausbildung ihrer Ich-Identität und die Erweiterung der sozialen Identität. Auf der Inhaltsebene jedoch reproduzieren sie die Weltbilder der Erwachsenen, deren Meinungen und Vorurteile; einseitige und falsche Ansichten verschiedener Erwachsener prägt sich das Kind unkritisch ein, es behält sie nebeneinander, auch wenn sie logisch einander ausschließen.

Besonders deutlich wird dieses Spannungsverhältnis zwischen konservativer und rebellischer Orientierung im Spiel, der wichtigsten Lebensform des Vorschulkindes: Die in die Peer-Group-Interaktion eingebrachten Inhalte sind Versatzstücke, die die Kinder aufgeschnappt und kritiklos angeeignet haben; die Weise ihrer Nutzung im Freundeskreis aber ist spontan, unvorhersehbar, sehr sinnlich und verfremdend. Zuhörende Erwachsene schwanken, ob sie einen Klischeesalat oder kreative Collagen miterleben. Die Spiele haben ihren Wert im Prozeß des Spielens, sie erbringen keine Erkenntnisse oder Folgen im Verhalten. Der Begriff der ästhetischen Erfahrung ist deshalb kaum anwendbar; schöpferische Tätigkeit ist in Kindergruppen selten. Höchstens in freundschaftlichen Zweierbeziehungen gibt es aufbauende und gemeinsam erspielte Ideen und Entdeckungen, phantasierte Geschichten mit Spielfiguren. Beim gemeinsamen Fernsehen oder Zuhören ist ihnen der Ausdruck der Zusammengehörigkeit wichtiger als originelles Reagieren auf die Inhalte.

Die oft langen Phasen der Vorbereitung und Nachbereitung der gemeinsamen Spiele könnte man als Vorübungen zur Theorie bezeichnen: In ihren Äußerungen planen die Kinder Entwürfe von möglichen Spielabläufen, die immer wieder verworfen und modifiziert werden; sie kommentieren ihre gleichzeitigen Tätigkeiten und die vorgeschlagenen Spielzüge; ab und zu explizieren sie den Entwurfscharakter ihrer Intentionen auch mit dem Konjunktiv.

Deutlicher werden theoretische Erfahrungen, wenn ein Kind reflektierend Differenzierungen ins Gespräch bringt, allgemeine Einsichten formuliert und Wirkungen seiner Handlungen auf andere vorhersagt:

(I) Sebastian (5;4): "das war kein echter Zauberer/ich hab den Zauberer gespielt/ha hahah/aber ich kann schon zaubern/...

(II) "ja/ich kann nämlich immer spielen wann ich will/und/was herzaubern, wenn ich zaubern kann werd ich ein Zauberer/ ..."

(III) "das kann ich nich//aber höchstens was anderes/da wirst du mal überrascht sein was ich zauber/hokus pokus fidibus dreimal schwarzer Kater/bumm ehäm ahm/ein Hubschrauber/haha/mit einem Tricks kann ich das machen" (Biere 1980; S. 256).

Diese in den Spielablauf integrierten Äußerungen zeigen an, daß der Junge jeweils innehält, den Handlungsablauf unterbricht und auf Merkmale der Situation reflektiert: Eine sprachliche Differenzierung erscheint ihm thematisierenswert (I), eine allgemeine Erläuterung zu seiner Person (II) sowie eine vorweggenommene Wirkung auf den Partner und eine Erläuterung der Tätigkeit als Trick (III).

Unter dem Einfluß mitspielender älterer Kinder wird das sonst recht sprunghafte Spielverhalten konzentrierter und intensiver in manchen Phasen, was sicherlich der Entwicklung der Reflexionsfähigkeit förderlich ist. Ebenfalls ist zu beobachten, daß unter diesem Einfluß das Spiel der Kleinen fantasiereicher wird; auch hier wirkt ein anspruchsvolles Publikum, das für relevant gehalten wird, anspornend. Hingegen hat das Dabeisein von Erwachsenen gegenteilige Wirkungen.

Die ethisch-politische Einstellung der Kindergruppen schließlich ist keine eigenständige, sondern die der umgebenden Erwachsenengruppen; deren Maximen wendet das Kind wechselnd an, je nachdem, durch welche Kindergruppe eine Maxime gerade favorisiert wird. So kommt es, daß das Kind auf unterschiedlichen Niveaus argumentiert: Je rigider die Gruppenstrukturen, desto mehr zwingt der Loyalitätsdruck die einzelnen, insbesondere die labilen Mitglieder zu vorkonventionellen Entscheidungen. Offene Beziehungen jedoch wie etwa Zweierfreundschaften können über die Familienniveaus hinausführen: Gemeinsam werden Vorbilder entdeckt, man verabredet gegenseitige Verpflichtungen und schafft sich in Form von Satzungen Rechtsordnungen auf prinzipieller Grundlage, deren Anwendungsbereich allerdings sehr personenbezogen definiert wird, etwa: "Wir wollen allen Menschen Gutes tun, nur nicht dem blöden Heinz B."

Das Grundschulkind

Die Forschungen J. Piagets und seiner Schule zur geistigen Entwicklung der fünf- bis elfjährigen Kinder lassen sich so zusammenfassen:
1. Das Kind lernt, im Geiste aus sich heraus und sich selbst aus anderen Perspektiven gegenüberzutreten ("Perspektivenübernahme", "Rollenübernahme"; "Dezentrierung").
2. Es lernt, aufgrund der Beobachtung von Gegenständen auf vorgestellte konkrete Gegenstände bzw. Abläufe zu schließen, die selbst nicht wahrnehmbar sind, zu deren gedanklichen Erzeugung muß es verschiedene geistige Operationen koordinieren und verschiedene Wissenselemente kombinieren ("konkret-operationales Denken").
3. Es lernt schließlich, daß es nicht nur selbst Perspektiven einnehmen und wechseln kann, sondern daß der Partner das auch kann; der andere kann somit auch die eigene Perspektive einnehmen. ("Reversibilität").

Es kann sich also Wirkungen von Ereignissen vorstellen, Entstehung und Herkunft von Gegenständen, Beziehungen zwischen Wahrnehmbarem und Denkbarem; so entstehen Weltbilder, gedeutete Beziehungen zwischen den Elementen der Welt, Erklärungssysteme. Dabei haben die Wahrnehmungsdaten zunächst noch einen Primat gegenüber den Vorstellungsdaten.

1926 veröffentlichte Piaget erstmals seine Untersuchungen zum "Weltbild des Kindes" (Piaget 1980). Die Methode bestand meist darin, Kindern zwischen fünf und elf Jahren in Gesprächen Fragen zu stellen, um zu erfahren, aufgrund welcher Deutungsmuster die Kinder Wahrnehmungen erklären. Dabei erkannte er: Das Kind dieser Altersstufe weiß, daß es Denken, Sprache und Träume gibt, es ist sich seiner Denkinhalte ebenso bewußt wie die meisten Erwachsenen; es weiß nur nicht, wie es an seine Kenntnisse gekommen ist, es deutet "intuitiv" (ebd., S. 108). Sein Egozentrismus läßt es die Subjektivität seines Standpunktes übersehen, es betrachtet sich zunächst noch selbst als Zentrum der Welt (ebd., S. 110): Das Universum bildet eine Gemeinschaft mit dem Ich; es gehorcht dem Ich oder ist dazu da, ihm zu dienen (ebd., S. 141). Beweise für sein Denken braucht das Kind nicht, denn alle anderen denken selbstverständlich auch so; es hat kein Bedürfnis, andere zu überzeugen. Was wir als Erwachsene als in uns stattfindend wissen (Denken, Sprache, Träume, Bewußtsein), verlegt das Kind in die Gegenstände, an die es gerade denkt. "Das Kind ist Realist, denn es setzt voraus, daß das Denken mit seinem Objekt, die Namen mit den bezeichneten Gegenständen verbunden und die Träume äußerlich sind." (ebd., S. 107).

Zuerst - bis etwa sieben bis acht Jahre - begreift das Kind das Problem gar nicht, zwischen Wort und bezeichnetem Gegenstand zu unterscheiden: "Hat ein Wort Kraft? - Nein ... Ja. - Nenne mir ein Wort, das Kraft hat. - Papa, weil es Papa ist, und dann ist es stark." (ebd., S. 57). Dann (bis etwa elf Jahre) beginnen die Kinder, den Unterschied zu spüren, können das Problem aber noch nicht systematisch lösen: "Hat das Wort Kraft? - Nein. Und das Wort "Stoff", weshalb hat es keine Kraft? - Weil es leicht zerreißt. - Ist es das Wort, das zerreißt? - (Er lacht.) Nein, der Stoff. - Hat das Wort "Auto" Kraft? - Das Wort hat keine Kraft, das Auto hat Kraft. - Sehr gut. Jetzt hast du es herausgefunden. Sag mir ein anderes Wort, das keine Kraft hat. - Das Spinnennetz, denn man darf nur ganz leichte Dinge drauflegen, sonst zerreißt es ..." (ebd., S. 59). Schließlich können sie ihre Entdeckung, daß Gedanken und Wörter von den Dingen, an die man denkt, verschieden sind, konsequent durchhalten: "Die Wörter, haben die Kraft? - Das Wort 'Boxen' ... Aha! Nein, sie haben keine Kraft (er lacht). - Warum hast du gemeint, sie hätten Kraft? - Ich habe mich getäuscht, ich habe gemeint, es sei das Wort, das zuschlage!" (ebd., S. 59).

Beim Vorschulkind ist der Gegenstandsbezug eines Wortes entscheidend für die Bedeutung. Das konkret-operationale Denken führt nun zur fortschreitenden Differenzierung von Wortbedeutung und bezeichnetem Sachverhalt, und zwar "in dem Maße, wie sich die Verallgemeinerung entwickelt" (Wygotski 1969, S. 310). Abstrakte Begriffe entstehen induktiv: Von konkreten Erfahrungen mit Gegenständen und Personen werden Merkmale, die für das Kind relevant sind - also nicht die in einer Sprachgemeinschaft geltenden Begriffskomponenten -, abstrahiert. Wygotski spricht deshalb von "Pseudobegriffen" und beschreibt sie als Komplexe konkreter Bedeutungsmerkmale (ebd., S. 149 f). Nur aufgrund des situativ auszumachenden Gegenstandsbezug könnten sich Kinder in Pseudobegriffen mit Erwachsenen verständigen, sagt Wygotski, denn diese verfügten über "echte" oder "wissenschaftliche Begriffe", das sind abstrakt kennengelernte, allgemein definierte und deduktiv angewendete Wörter. Ich stimme eher seinem Bedenken zu, daß die meisten Menschen über das Niveau der "Pseudobegriffe" nicht hinauskommen (ebd., S. 158). Hinauskommen sollten sie hingegen unbedingt über das Stadium der realistischen Einstellung zu ihrer Sprache.

Im ersten Stadium, dem des "absoluten Realismus", ist das Kind überzeugt, daß man die Namen von den Dingen selbst erfährt: Gott gibt es, weil er einen Namen hat (ebd., S. 65). In der Mitte der Grundschulzeit erklären die Kinder, die Namen seien den Dingen von Gott gegeben, wahrscheinlich unter dem Einfluß der biblischen Aufklärung. Sobald es die Relativität der Bezeichnung einsieht, kann es erkennen, daß Sprache von einer Generation an die nächste weitergegeben wird; jetzt hält es auch die Bezeichnungen für austauschbar (ebd., S. 76).

Das realistische Weltbild hat Folgen im Umgang mit der Welt, es wird in seinen Handlungskonsequenzen für uns erst erkennbar. Wenn Ich - Sprache/Denken - Welt in einem Zusammenhang bestehen, dann müssen auch alle Elemente dieses Universums (mit Ich im Zentrum) aufeinander einwirken (ebd., S. 115 ff): Man führt bestimmte Handlungen oder gedankliche Operationen durch und nimmt so Einfluß auf ein gewünschtes oder befürchtetes Ereignis (ein Kind vernichtet sein Holzpferd, um die Mutter zu heilen; einer hält den Atem an und zählt bis 30, dann wird er Erfolg haben). - Jeder Erwachsene weiß, daß Spuren dieser magischen Haltung ein Leben lang bleiben, besonders in der Angst und beim Wünschen.

Eine andere Folge der kindlichen Vorstellung des Einsseins von Welt und Ich ist, daß es den Dingen dieselben sensorischen und geistigen Fähigkeiten zuspricht wie sich selbst. Die Wolken spüren den Wind, weil der sie vorantreibt; eine Holzbank spürt das Feuer, weil sie beim Verbrennen kleiner wird; ein Fahrrad weiß in seinen Pedalen, daß es nicht mehr rollt, wenn diese stillstehen; ein Tisch ist böse, weil es sich an ihm gestoßen hat. Aus dem totalen Animismus tritt es bis zur Pubertät in folgenden Stadien heraus: Zunächst spricht es Bewußtsein nur noch bewegten Körpern zu, dann nur Körpern mit Eigenbewegung (Gestirne, Wind) und schließlich lediglich den Tieren (ebd., S. 147). Diese Stadien stimmen überein mit der Entwicklung des kindlichen Begriffs von Leben, Lebendigsein; drei Viertel der elf bis zwölfjährigen Kinder erkennen, daß nur Menschen, Tiere und Pflanzen leben; vorher ist für sie Leben gleich Bewegung/Aktivität (ebd., S. 169).

Was lebt, kann auch etwas wollen; aber die Dinge, die Pflanzen und Tiere haben keine eigenen Intentionen, sondern "ihr Wille ist einem moralischen Gesetz" verpflichtet, dessen Prinzip man mit "alles für das höhere Wohl des Menschen" umschreiben könnte (ebd., S. 183). Die Sonne kann nicht still stehen wollen, weil sie lange scheinen muß, um uns Wärme zu geben; der Fluß muß weiter fließen wollen, weil wir Wasser brauchen. Was wir auf Naturgesetze zurückführen, erklärt das Kind dieser Altersstufe durch moralische Regeln. Die ganze Welt ist eine Gesellschaft von Lebewesen, die wohlgeordneten Regeln folgen. Alles, was es gibt, ist angefertigt worden für uns, damit es uns gutgehe oder damit wir gutsein sollen. Piaget erklärt dieses Deutungsmuster mit dem Urvertrauen in die Allmacht, das Allwissen, die Allgültigkeit und Allgegenwart der Eltern (ebd., S. 298). "An dem Tag, da es sich bewußt wird, daß seine Eltern nicht allwissend sind, entdeckt es gleichzeitig seine Subjektivität" (ebd., S. 112).

Gestützt wird die magische Einstellung besonders durch die geltende Sprache, in der viele Ausdrücke noch von einem animistischen Weltbild zeugen: Die Sonne geht auf, vertreibt den Nebel; der Wind bläst; es regnet u.v.a.m. In unserer Welterkenntnis und im Denken haben wir diese Sichtweise längst überwunden; beim Sprechen fordert unsere Syntax auf, bei allen Sachverhalten nach einem "Täter" (Subjekt) zu suchen, der eine Tätigkeit durchführt (Prädikat) und dabei "Mitspieler" einbezieht (Ort, Zeit, Instrumente...) und auf "Objekte" einwirkt. Könnte man etwa folgende Tatsache im Deutschen nicht-animistisch ausdrücken: "In der Sprache der Erwachsenen finden sich (!) viele Elemente, die den kindlichen Animismus fördern" (ebd., S. 202)?

Gegen die hier referierten Interpretationen Piagets wäre einzuwenden, daß ein Kind keineswegs dauernd nach diesem "realistischen" und "animistischen" Weltbild lebt: es hofft zwar, daß es Ereignisse und Gegenstände durch Gedanken und Wörter in seinem Sinne beeinflussen könnte; aber in seinen alltäglichen Handlungen weiß es durchaus, daß es selbst etwas tun muß, um seine Ziele zu erreichen. Es spricht zwar mit nicht-menschlichen Partnern, wäre jedoch sicherlich erstaunt, wenn es tatsächlich eine Antwort bekäme. Der Animismus wird als Erklärungsmodell dann vom Kind herangezogen, wenn es sonst keine Möglichkeit, keinen Ansatzpunkt findet, Ereignisse oder Zusammenhänge zu erklären (ebd., S. 157 f). Dieses Weltbild ist also ein Deutungsschema für die theoretische Einstellung des Grundschulkindes und wirkt sich weniger auf sein Alltagshandeln als auf seine ästhetische und seine ethisch-politische Einstellung aus. Alltäglich fallen ihm die animistischen Ausdrücke ebensowenig auf wie den Erwachsenen; nur wenn es idiomatische Wendungen zum ersten Mal hört, wird es aufmerksam und kann diese Sichtweise durchaus rational durchleuchten ("Der Tisch hat noch keine Beine, der kann doch nicht laufen"). In Geschichten und Bildern hält es sich gerne im animistischen Weltbild auf, denn die handeln ja von "Zeiten, in denen das Wünschen noch geholfen hat." Und wer möchte da nicht leben?

Diese kognitiven Fortschritte sind zu ergänzen durch Veränderungen der interaktiven Fähigkeiten; denn abhängig von diesen beiden Entwicklungsdimensionen entfalten sich die kommunikativen Fähigkeiten. Das Grundschulkind macht vielfältige neue soziale Erfahrungen in den Lebensbereichen Familie, Schule und peer-group; M. Lewis spricht davon, daß das Grundschulkind in mehreren "Sprachgemeinschaften" (1970, S. 223) lebt. Es übernimmt leicht neue Rollen, identifiziert sich schnell mit ihnen und wechselt das jeweils geforderte Verhalten im Nu.

Die Schüler korrigieren in der Klasse gegenseitig ihre Hausaufgaben. Einer wendet sich an den Lehrer: "Man hätte in dem Aufsatz besser etwas von den Auswirkungen schreiben sollen." Der Lehrer bittet ihn, das dem Mitschüler selbst zu sagen. Daraufhin formuliert derselbe Sprecher: "Du haschd geschrieb, wie der Mann das gemach hat un dann hert's so schnell bei dir uff. Ich denk, was du geschrieb hschd, wär besser aankumm, wenn du noch ebbes von den Folge, die das gehatt hat, geschrieb hättschd" (Augst 1978, S. 24).

Über welche interaktiven Fähigkeiten verfügt ein Kind, das solchen Code-Wechsel beherrscht? Neben den hier wiedergegebenen Unterschieden der Formulierung kommen solche im Tonfall, in Körperhaltung und Gesichtsausdruck hinzu.

a) Zum Ausdruck kommt ein bestimmtes Bild von sich selbst, ein Überzeugtsein von eigenen Einsichten und Intentionen. Dieses Ich kann sich verschiedenen Partnern gegenüber unterschiedlich darstellen, indem es sich verschiedene Verhaltensweisen und Rollenattribute anlegt und damit das Beziehungsverhältnis aus seiner Motivation mitbestimmt.

b) Der Sprecher zeigt an, daß er sein Verhalten aus der Sicht des anderen sehen und entsprechend dessen Erwartungen steuern kann. In seiner Reaktion darauf zeigt er dem jeweils anderen - durch die Wahl verschiedener Sprachakte, Code-Ebenen und Formulierungen -, wie er ihn einschätzt, welche Handlungsspielräume er läßt und beansprucht, also welche Normen und Werte hier und jetzt relevant sein sollen.

c) Entsprechend der Beziehungsdefinition kann der Sprecher den Sachverhalt, über den er spricht, modifizieren sowohl nach Umfang als auch nach Intimität; er kann ihn allgemein/abstrakt oder aber persönlich/konkret darstellen.

Das Kind formuliert in dieser Beispielsituation stringent zwei auf allen Ausdrucksebenen verschiedene Handlungsweisen, angeregt von den verschiedenen Partnerbeziehungen. Indem es - in kulturell "normaler" Weise - darauf eingeht, definiert es auch von sich aus, was ihm selbst jeweils "angemessen" erscheint und zu welcher Handlungsweise es "wahrhaftig" stehen will. In den sprachlichen Formulierungen dokumentiert es sein neues - jetzt reversibles Verständnis von der Interaktion.

Sich immer besser in andere hineinversetzen zu können, bedeutet für das Grundschulkind auch einen fundamentalen Wandel in der Sicht der eigenen Identität: Die meisten Vorschulkinder differenzieren noch nicht zwischen den physischen Erscheinungen einer Person, die sie wahrnehmen, und deren psychischen Eigenschaften; Wer lacht, ist fröhlich; absichtliches Sich-Verstellen gibt es nicht. In diesem ersten Stadium einer "natürlichen Identität" ist das ausschlaggebende Kriterium für das Selbstkonzept des Kindes seine Körpergestalt: Das Kind definiert sich selbst als Person damit, daß es eine physisch wahrnehmbare Gestalt hat, die sich durch Größe und Stärke auszeichnet ("leibgebundene Identität"). Wenn es allmählich aufmerksamer wird auf Unterschiede zwischen dem, was einer tut, und dem, was einer dazu denkt und fühlt (besonders in Rollenspielen), wird die innere Person zunehmend wichtig, und es definiert sich selbst auch durch Fähigkeiten: Ich bin jemand, der etwas tun kann, und der etwas wollen kann. Das Kind erwirbt ein Selbstkonzept als intentionales Subjekt (vgl. Selman 1984, S. 147 f).

Für sein Sozialverhalten bedeutet das, daß es zunächst zwar verschiedene (räumliche) Perspektiven unterscheidet, sich aber nicht vorstellen kann, daß daraus andere Interpretationen einer Situation resultieren können. Und wenn es mehr und mehr die äußere Erscheinung vom Denken, Meinen und Fühlen einer Person unterscheidet, kann es doch die verschiedenen Perspektiven noch nicht koordinieren; es sieht Beziehungen einseitig aus der eigenen oder anderen Perspektive (von der "egozentrischen" zur "subjektiven" Perspektivenübernahme; vgl. Selmann 1984, S. 50 f). Es beurteilt Handlungen nicht mehr nur nach dem Ergebnis, sondern nach Absichten: War es bisher noch "schlimmer", daß ein

Kind 10 Tassen zerbrach, auch wenn das zufällig geschah, so beurteilt es nun das Zerbrechen einer Tasse als schlimmer, wenn das Kind das aus böser Absicht getan hat.

Im Gegensatz zu diesen egozentrischen, irreversiblen Haltungen lernt das Kind im konkret-operationalen Denken, Situationen als Interaktionen zu erkennen, in denen Personen mit verschiedenen Ansichten, Intentionen und Gefühlen ihr Verhalten durch wechselseitige Perspektivenübernahme steuern. Das Kind sieht jetzt nicht nur sich selbst, sondern versetzt sich auch an die Stelle des anderen und rechnet damit, daß der andere dasselbe tut.

Dieser "reziproken Perspektivenübernahme" (Selman 1984, S. 51 f) im Sozialverhalten entspricht im Selbstbild eine "duale Konzeption des Subjekts mit einem inneren und einem äußeren Selbst" (Selmann 1984, S. 149). Dem Kind wird bewußt, daß es derselben Situation gegenüber verschieden reagieren, sie traurig oder freudig erleben kann und daß in ihm widerstreitende Gedanken, Gefühle und Motive in Konflikt geraten und geordnet werden müssen. Seiner eigenen Innenwelt kann es nun distanzierend gegenübertreten, indem es sie aus der Sicht einer konkreten anderen Person sieht. 50 bis 60 Prozent der Grundschulkinder haben nach Selmans Untersuchungen dieses Niveau sozialen Handelns erreicht (1984, S. 57).

Realisiert es diese Fähigkeiten im sprachlichen Handeln, so versprachlicht es einerseits einen Sachverhalt für sich selbst, zum anderen für den vermuteten Verstehensprozeß des Hörers; unterscheiden sich diese beiden Formulierungen, liegt dazwischen eine beabsichtigte/eingeübte Umformung für eine gezielte Einwirkung auf den Partner. J. Flavell hat versucht, solche Umformulierungen operational nachzuweisen (als Auslassung, Ersetzung, Ergänzung). Das Ergebnis zeigt, wie lange die Kinder dazu brauchen, sich nicht nur auf einen Partner einzustellen, sondern auch daraufhin eine Tatsache neu zu formulieren: ein größerer Entwicklungsfortschritt erfolgte erst zwischen dem 8. und 12. Lebensjahr (Flavell 1975, S. 169). Ein differenzierteres, zum Teil davon abweichendes Ergebnis weisen Untersuchungen von U. Weber aus: Bei der Übermittlung einer Instruktion zum Töpfern wurden der Informationsgehalt ("kognitiv-verbaler Aspekt") und die explizite Zuwendung zum Hörer ("kommunikativ-verbaler Aspekt") in Altersgruppen von 4- bis 16jährigen gemessen. Beide Leistungen steigern sich nicht kontinuierlich parallel, sondern in wechselnden Phasen: eine erste deutliche Hörerzuwendung ist bei den Sechsjährigen festzustellen, die Sieben- und Achtjährigen konzentrieren sich auf die Elaboration des Informationsgehalts, erst vom 9. Lebensjahr an explizierten die Kinder auch die Hörerbeziehung; um das 12. Lebensjahr dominiert wieder die genaue und ausführliche Beschreibung des Sachverhalts. "Offenbar sind Sprecher im Alter von 16 Jahren erstmals in der Lage, sowohl hohe kognitive als auch hohe kommunikative Leistungen zu erbringen" (Weber 1975, S. 124). Von jetzt an ist damit zu rechnen, daß das Kind mit den Griceschen Konversationspostulaten zu denken beginnt, denn es rechnet mit der Umkehrbarkeit von Denkprozeduren: Es unterstellt dem Hörer dieselben Verständigungskriterien, die es selbst erwartet, projiziert aber nicht mehr seine eigene Perspektive auf den Hörer, sondern berücksichtigt dessen eigenen Standpunkt: es gibt ihm die Informationen, die er braucht, nicht mehr, nicht weniger; es signalisiert, auf welcher Wirklichkeitsebene die Äußerung wahr ist; es bemüht sich um Eindeutigkeit. Das Kind kann also mit etwa sechs Jahren verständigungsorientiert kommunizieren.

Kann heißt hier, es gibt Sechsjährige, die das schon können. Auf alle Kinder bezogen müssen wir sagen: Die Entwicklung zum nicht-egozentrischen Sprechen beginnt hier, die Kinder machen mehr und mehr einen Unterschied zwischen dem Versprachlichen eines Sachverhalts für sich selbst und dem Formulieren auf einen bestimmten Hörer hin. Die Fähigkeit, in reversiblen Operationen zu denken, läßt das Kind diesen entscheidenden Fortschritt vollziehen: Indem es gleichzeitig seinen eigenen Standpunkt und den seines Hörers einnehmen kann, hat es eine "Zwei-Wege-Kontrolle" über seine Sprechvorhaben: Es kann seine Mitteilung sowohl enkodieren als auch vom Standpunkt des Hörers her dekodieren, bevor es sie äußert. Von daher kann es vorhersagen, welche Ausdrücke wahrscheinlich "Fehlzünder" werden, weil sie etwa falsche Präsuppositionen nahelegen; daraufhin kann es einem möglichen Irrtum vorbeugen, indem es seine Aussage modifiziert (vgl. Bates 1976, S. 39). Es kontrolliert nicht nur seine eigenen Sprechstrategien, sondern auch die Interpretationen des Hörers. Damit kann es bewußt indirekte Sprechakte äußern und dabei entscheiden, ob der Hörer sie durchschauen soll oder nicht. Diesen Entscheidungen gehen etwa folgende Überlegungen voraus: "Ich weiß, ich meine X; der Hörer wird Y hören; aber aufgrund anderer Informationen wird er X verstehen: "Es ist schon sieben Uhr!" - "Ja, wir gehen ja jetzt!" (Bates 1976, S 213).

Schon vor Schuleintritt wissen die meisten Kinder um verschiedene Perspektiven und haben auch - eingeschränkte - Fähigkeiten zur Vorhersage von Rollenmerkmalen. In der Grundschulzeit steigt vor allem die Sensibilität für die Notwendigkeit, die Perspektive des anderen zu berücksichtigen, stark an. Und wenn nun auch alle sozial-kognitiven Voraussetzungen sich rasch ausbilden, so wird doch die Fähigkeit zum situationsspezifischen Ausformulieren nicht bei allen Kindern "automatisch" folgen, vor allem wenn sie in der Schule nicht intensiv gefördert wird. Gerade diese Entwicklung ist sehr schichtspezifisch. Die Unterschiede sind dabei nicht inhaltlich oder qualitativ; vielmehr hinken die Kinder aus anregungsarmen Milieus den angeregteren um etwa zwei Jahre in der Performanzentwicklung hinterher (Selman 1984, S. 201 f).

Zu Beginn der Grundschulzeit können die Kinder ihr eigenes Innenleben und das der anderen beobachten, schließen aber noch aus äußeren Anzeichen mittelbar auf innere Zustände. Erst die Fähigkeit zur Perspektivenübernahme eröffnet den Blick für die Möglichkeit der Verstellung, für eine Diskrepanz zwischen Innen und Außen. Gegenüber diesem Problem gewinnt das Kind die Überzeugung, daß die innere Realität die wahre, die richtige ist, weil man ja die äußere manipulieren kann (Selman 1984, S. 106). Anderen kann man leicht etwas vormachen, sich selbst nur schwer: Man muß sich schon sehr anstrengen, etwas Unangenehmes zu "vergessen" oder es sich auszureden. Die Entdeckung einer unabhängigen Innenwelt wirkt sich auf das Selbstbewußtsein des Kindes stark aus, gibt vor allem der Entwicklung der moralischen Kompetenz entscheidende Anstöße.

Vor der entwickelten Fähigkeit zur Perspektivenübernahme konnte das Kind nur seine eigenen Interessen und Bedürfnisse wahrnehmen. Konkurrierende Orientierungen, auf die es allenthalben stößt, sind lediglich Hindernisse auf dem eigenen Weg; es sieht die soziale Umwelt verdinglicht wie die Objektwelt; Stärkere können sich durchsetzen und Lob und Strafe austeilen, das ist nun mal so. Von moralischen Entscheidungen kann man noch nicht sprechen, weil deren Problematik, zwischen differierenden Absichten zu vermitteln, nicht gesehen wird. Sein "moralisches Urteil" übernimmt es von vertrauten Erwachsenen; sein Gewissen wird gesteuert vom Gehorsam dem Vorbild gegenüber. Erst durch den Blick aus der Perspektive des Gegenübers nimmt das Kind konkurrierende Orientierungen wahr. Da aber auch jetzt noch das Eigeninteresse im Kind die Oberhand behält, löst es entstehende Konflikte strategisch und nutzt die Absichten seiner Partner, die ihm selbst Vorteile versprechen; andere nimmt es nicht ernst. Dabei erfährt das Kind natürlich häufig, daß dieses konsequente Verfolgen eigener Interessen in die soziale Isolation führt. Deshalb ist es bald mehr und mehr zum Opfer seiner eigenen Absichten bereit, vor allem, wenn es als Entschädigung soziale Anerkennung gewinnt. Damit wird ein Wechsel von der strategischen zur kommunikativen Perspektive angebahnt.

Erfahrungsraum peer-group II

Diese Entwicklung wird vor allem in den Freundeskreisen gefördert, wo das Kind nicht mit den übermächtigen "Großen" zu tun hat, sondern mit Gleichrangigen. Hier kann sich ein Gemeinschaftsgefühl ausbilden, das dem Kind die Chance eröffnet, sich allmählich aus der Bindung der Eltern zu lösen und sein Selbstwertgefühl zu entfalten. Es ist zwar immer noch stark abhängig von Erwachsenen; aber seine Position ihnen gegenüber wird dadurch gestärkt, daß es sich auf die Gruppen "Gleichaltriger" berufen kann: "Das dürfen die anderen auch!" oder "Wir haben uns geeinigt, daß ..." Mit Regeln, die gemeinschaftlich ausgedacht oder verändert werden, identifiziert es sich stärker; sie fordern eher dazu auf, gerecht und fair eingehalten zu werden. In der peer-group kann es Solidarität erfahren und seine Bereitschaft dazu ausbilden, vor allem strategisch den Erwachsenen gegenüber. Ein Neunjähriger sagte: "Würde man sich unter Kameraden anlügen, so wüßte niemand mehr recht, woran sich halten. Kinder anlügen ist ganz häßlich - den Erwachsenen gegenüber, da ist man manchmal einfach zu schwindeln gezwungen, sonst kommt man nicht durch" (Inhelder 1956, S. 259). Ein ausgeprägtes Gespür für Wahrhaftigkeit, das ein wesentliches Kriterium der peer-groups Jugendlicher sein wird, ist hier schon erkennbar. Den Gleichrangigen gegenüber muß man aufrichtig sein, sonst kann die Gruppe nicht funktionieren - und das ist eminent wichtig. Für Abweichler und Untreue gibt es schlimme Schimpfwörter: für die, die sich dem Gruppenzwang nicht anpassen; für die, die den Erwachsenen nachlaufen, die petzen; für die, die sich besser dünken. Und doch ermöglicht gerade die Gruppenkonformität in steigendem Maße die Ausbildung einer Individualität: Erst wenn das Kind sich mit Gleichen vergleichen kann, werden seine spezifischen Eigenheiten besonders deutlich. Auf der Basis gemeinsamer Verhaltensweisen, strikt eingehaltener Gruppennormen und vor allem der Gruppensprache, bei der man schon sehr "in" sein muß, um die aktuellen Veränderungen immer mitzubekommen - auf dieser gemeinsamen Basis können sich Individuen bilden, die entweder die Norm-Spielräume in eigener Weise nutzen oder Sonderrollen innerhalb der Gruppe spielen. Einzelne erhalten Spitznamen, mit denen positive oder negative Merkmale hervorgehoben werden; jeder in der Gruppe gilt als jemand mit bestimmten individuellen Eigenschaften. Wenn diese benannt werden, ist damit die Aufmerksamkeit auf Besonderes gelenkt, auf Abweichungen vom Normalen. Diese "Epitheta" (Lewis 1970), S. 298 ff) tragen zur Ausbildung eines Selbstbildes erheblich bei, besonders wenn sie sich auf soziale Merkmale beziehen, die in der Gruppe anerkannt sind.

Wichtig für die Gruppenmitglieder ist es dabeizusein, mitmachen zu können; die Solidarität ist lose, zufällig, wechselnd, ein Neuer kann schnell aufgenommen werden. Ihre Anpassungsbereitschaft an die Gruppe ist groß; man braucht anstelle der gewohnten Familienbindung einen starken Ersatz. Da das Schulkind in mehreren Gruppen Mitglied sein kann, kommt es in ihm zu Konflikten, die es aber meist mit sich selbst ausmachen muß; dabei kann und soll ihm keiner helfen, erst recht kein Erwachsener.

Daß die Gruppenbindungen sich nicht allzu sehr verfestigen, dafür sorgen vor allem die Gegenbewegungen der Familie und der Schule. Das Kind ist ja auch keine einheitliche Persönlichkeit, die souverän die heterogenen Beziehungen in ein lebbares Miteinander bringen könnte; es fällt vielmehr von einer engen Bindung in die andere: Abends braucht es noch unbedingt Vater oder Mutter vor dem Einschlafen, auf dem Schulweg am nächsten Morgen schimpft es wie aus einem Munde mit seinem besten Freund auf die viel zu besorgten Eltern oder auf die Lehrer mit den Ansichten aus der Steinzeit, in der Schule begeistert es sich bei einem bestimmten Thema für einen Lehrer und beschließt, künftig viel für das Fach zu arbeiten; nachmittags in der Bande ist das alles vergessen, und es entwirft mit den anderen radikale Maßnahmen gegen alle über 20 oder gegen alle, die nicht im Zoo-Viertel wohnen; abends ... Das Schulkind probiert Rollen wie Kleider; und seine Freizeitgemeinschaften ermöglichen ihm Themen, Beziehungen, Tätigkeiten, die sonst nur den Erwachsenen vorbehalten sind.

Ausdrucksform seiner jeweiligen Rollenidentität ist seine Sprechweise. Es wechselt mühelos und völlig unstrategisch von der familialen Umgangssprache über mehrere Gruppenjargons zur Schulsprache. Bei neuen Kontakten lernt es sehr schnell die dort geltende Ausdrucksweise. Daß unser Sohn einen neuen Freund oder eine neue Bande hatte, merkten wir sofort daran, daß er beim Nachhausekommen in einem Jargon sprach, den wir noch nicht kannten: Konglomerate aus Familien- und Kinderideolekten, aus selbstgemachten oder aus Gruppen übernommenen Neuwörtern.

Die schematisierte Sprechweise der Kindergruppenmitglieder ist ein Ritual wie die anderen Handlungsformen der Gruppe auch. Ihre Interaktionen sind bestimmt durch eine verhältnismäßig kleine, spezifische Auswahl aus Spielen und Außenkontakten. Wie ein Zusammensein abläuft, weiß jedes Mitglied vorher; es weiß, was wer wann tun oder sagen darf.

Es lernt schnell die obligaten Sprüche, Spiele und Lieder, Kunststücke und Geheimzeichen. Jede Gruppe hat ihre eigene Alltagswelt aufgebaut, beschränkter und rigider in der Ideologie und ihrer Wirksamkeit als in den anderen Sozialisationsinstanzen. Diese Kinderkultur ist überregional, stabil und dauerhaft; Psychologen geben ihr denselben Stellenwert für die Entwicklung unserer Kinder, den die Magie für Naturvölker hat. Außer durch magische Gewalt können Kinder die Realität noch nicht beherrschen:

> "Diese bemerkenswerte Dauerhaftigkeit der Kultur ist zum großen Teil der kindlichen Vorliebe für das Ritual an sich zu danken und auch dem meist unausgesprochenen Gefühl des Kindes, daß der wörtlichen Wiederholung ritueller Formeln, Beschwörungen und Sprüche eine Zauberkraft innewohnt".(Stone/Church 1978).

Das sich allmählich von der umsorgenden Familie freimachende und sich in wechselnden Rollenidentitäten erprobende Ich des Kindes muß die Konflikte der wachsenden Freiheit kompensieren durch "intrapsychische und interaktionales Abwehrverhalten" (vgl. Mentzos 1976): Automatisch-stereotype Abwehrmechanismen verdrängen Angst, Unlust, Schuld- und Schamgefühle, halten sie vom Bewußtsein fern (das ist nötig, weil das Kind die Affekte noch nicht selbstreflexiv verarbeiten kann), gewähren aber oft schon eine indirekte Entladung und Befriedigung. Rituale, Mythen und institutionalisierte Verhaltensmuster sind dem Kind willkommene Angebote interaktionalen Abwehrverhaltens: Die Stärke und Kraft der Gruppe, die gemeinsamen erfolgreichen Aktionen und die nach außen wirkenden Eigenschaften ihrer besten Repräsentanten kann jeder einzelne als seine Kraft, als seinen Erfolg ausgeben und sich selbst so als wichtig darstellen.

Es wird von Eltern und auch von der Schule immer unterschätzt, wie stark kognitive und moralische Fähigkeiten positiv gefördert werden durch Gelegenheiten, entsprechende Probleme mit Gleichaltrigen zu besprechen: Diskussionen in peer-groups ermutigen zur Übernahme höherer Stufen moralischen Urteilens (Damon 1984, S. 83), Stufen, wie sie Lawrence Kohlberg in die psychosoziale Forschung einführte: Er untersuchte die Entwicklung der Fähigkeiten zum moralischen Urteil, und zwar in Abhängigkeit von der kognitiven Entwicklung. Moralität bestimmt er als "Gleichgewicht" oder Reziprozität zwischen den Handlungen des Ich und den auf das Ich bezogenen Handlungen des anderen (1974, S. 10). Das Prinzip Gegenseitigkeit liegt allen moralischen Urteilen zugrunde; eine

Entscheidung erhält ihre moralische oder ethische Qualität durch die spezifische Form des Gegenseitigkeitsprinzips: Auf der ersten Stufe der vorkonventionellen Orientierung geht das Kind von der Vorstellung aus, daß die "Großen" die Macht haben und es selbst gehorchen muß, um Strafen zu vermeiden. Wenn das Kind dann fremde Interessen wahrzunehmen beginnt, löst es entstehende Konflikte auf eine hedonistische Art von Gegenseitigkeit "Eine Hand wäscht die andere": Handlungen sind gut, wenn sie eigene und gelegentlich auch Interessen befreundeter Personen befriedigen.

Diese egozentrische Interessenorientierung überwindet das Grundschulkind in Gemeinschaften, in denen es Gelegenheit zur Mitbestimmung bekommt. Die Gruppe (Familie, Clique ...) und ihre Solidarität wird zunehmend wichtig; also bestimmen ihre Erwartungen das moralische Urteil: Wer sich konform zur sozialen Ordnung verhält, ist ein guter Mensch, dem gibt die Gruppe dann auch die nötige Anerkennung. Das ist eine erste konventionelle Form von Gegenseitigkeit (Stufe 3). Was hier noch auf interpersonelle Harmonie hinausläuft, zielt auf der Stufe 4 auf eine allgemeine Pflichterfüllung in gesetzlich geregelten Systemen: Eine Gesellschaft kann nur funktionieren, wenn alle sich gegenseitig achten und dieselben Pflichten erfüllen; dann haben auch alle dieselben Rechte.

Etwa Dreiviertel aller Siebenjährigen urteilen in Kohlbergs Untersuchungen auf der Stufe 1, ein Viertel auf der Stufe 2. Vorkonventionelle Urteile herrschen bei Grundschulkindern insgesamt vor, doch viele Kinder lernen - vor allem in peer-groups - auch auf den konventionellen Niveaus zu urteilen. Bei den Zehnjährigen sind es nur noch etwas mehr als 30 Prozent, die nur auf der 1. Stufe urteilen können, etwas mehr als 25 Prozent auf der 2. Stufe, aber auch über 20 Prozent auf der 3. und ca. 15 Prozent auf der 4. Stufe (vgl. Wieczerkowski 1982, S. 73).

Entscheidend für das Fortschreiten ist, welche Anregungen das Kind zum Argumentieren über moralische Urteile erfährt und wie es ihm aufgrund kognitiver Fähigkeiten gelingt, die sozialen Erfahrungen zu einer stringenten Leitlinie zu organisieren. Günstig wirken sich aus
- die "moralische Atmosphäre" einer Sozialisationsinstanz, in der moralische Konflikte ernstgenommen werden,
- demokratische Verfassung der Institution,
- die intellektuelle Auseinandersetzung über diese Konflikte in offenen Diskussionen,
- eine leichte Überforderung des Kindes in den moralischen Entscheidungen der Gruppe,
- Verständnis und Bedürfnisbefriedigung durch die Interaktionspartner,

- die Gelegenheit, Verantwortung für sich und andere zu übernehmen (vgl. Lempert 1982, S. 114/115).

Ob die Kinder entsprechend ihrer Urteilsfähigkeit auch handeln, läßt sich nicht klar feststellen; das scheint davon abzuhängen, in welchem Lebensbereich (Familie, Schule, peer-group) die moralische Entscheidung zu treffen ist und wohin der Einfluß Erwachsener in der konkreten Situation lenkt (vgl. Lempert 1982, S. 122/123). Generell scheint die Handlungsmoral der Urteilsfähigkeit hinterherzulaufen; das bedeutet aber auch, daß sich eine Förderung der Urteilsfähigkeit positiv auf die moralische Handlungsbereitschaft auswirkt. Kohlberg selbst führt das darauf zurück, daß die Fähigkeit, auf komplexeren Stufen zu denken, zumindest zu einer stärkeren Rationalisierung der oft gefühlsgeladenen Entscheidungssituation führt: "Die kausale Rolle des moralischen Urteils ist anscheinend durch ihren Beitrag zu einer "kognitiven" Definition der Situation und nicht dadurch bedingt, daß starke einstellungsmäßige oder affektive Äußerungen moralischer Wertungen das Verhalten aktivieren" (1974, S. 98).

Es leuchtet ein, daß es nicht die immer komplementären Beziehungen zu den Eltern (oder zu den Lehrern) sind, die dem Kind die entscheidenden Impulse auf dem Weg zur Konsensfähigkeit geben. Es müssen Beziehungen sein, die auf gleichrangiger Reziprozität aufgebaut und die so risikohaft, vom Zerbrechen bedroht sind, daß das Kind sich motiviert fühlt, etwas für das Weiterbestehen der Beziehung zu tun. Es ist deshalb nicht überraschend, daß sich in gründlichen Untersuchungen bestätigt hat, daß Kinderfreundschaften beste Voraussetzungen bieten, Konsens- und Diskursfähigkeit zu entwickeln - also die Praxisformen postkonventioneller Moral (vgl. Youniss 1984). Freunde leben Gegenseitigkeit: Sie entscheiden "abwechselnd", geben gegenseitig nach, helfen einander, besprechen alles miteinander, sprechen sich gegenseitig aus; so kann einer den anderen auch darin weiterbringen, sich selbst zu verstehen (ebd., S. 50 ff). Jeder kann sich zu seinen Stärken und Schwächen ehrlich bekennen, entdeckt sich selbst dabei vielfältig neu.

Wie die Interaktionskompetenz insgesamt muß sich die Fähigkeit zur Freundschaft natürlich entwickeln. Selmann unterscheidet Niveaustufen dieser Fähigkeit nach der Art und Weise, wie die Partner jeweils miteinander "verhandeln" (1984b, S. 120 ff).

Niveau 0: In der momentanen Spielkameradschaft versucht jeder, seine Interessen durchzusetzen, schnell mit physischer Gewalt.

Niveau 1: In der von Anfang an einseitigen Beziehung zwischen einem Überlegenen und einem Abhängigen dirigiert der Dominante das Verhältnis durch Befehle.

Niveau 2: In der "Schön-Wetter-Kooperation" versucht jeder, strategisch seine eigenen Ziele durchzusetzen, indem er sich der Bedürfnisse des anderen bedient, sie beeinflußt, schmeichelt usw. oder indem er sich opportunistisch anpaßt.

Die meisten Grundschulkinder kommen über diese Niveaus nicht hinaus; in einigen engen und langdauernden Freundschaften kann man aber schon bei neun- bis zehnjährigen Kindern Ansätze zu echt "kollaborativem" Verhandeln beobachten: Jeder antizipiert bei seinen Vorschlägen die möglichen Reaktionen des anderen und geht beim Abwägen von einer prinzipiellen Gleichgewichtigkeit aus. Dieses "Niveau 3" bedarf der Fähigkeit der Beteiligten, ihre Beziehung aus der Perspektive eines Dritten zu sehen; diese entwickelt sich zwischen dem 10. und 15. Lebensjahr (Selman 1984 a, S. 53) und ist abhängig von der kognitiven Entwicklung zur formal-hypothetischen Denkfähigkeit.

Neue Impulse für die Sprachentwicklung

Ob sich die Sprache jetzt entsprechend den enormen Veränderungen der kognitiven, interaktiven und identitätsbildenden Fähigkeiten entwickelt, läßt sich nur auf recht allgemeiner Ebene für alle Grundschulkinder beschreiben. Zwar unterscheiden sich die Schulanfänger kaum in den quantitativen Aspekten des Sprachverhaltens, aber sehr stark - je nach Herkunftsmilieu - qualitativ, nämlich darin, ob sie über die in der Schule gut brauchbaren Sprachelemente und -strategien verfügen oder welche Teilrepertoirs im Wortschatz, Aspekte von Wortbedeutungen sie kennen und wo sie in Erzählungen die inhaltlichen Schwerpunkte setzen (Neuland 1984, S. 73 f). Fast die Hälfte des Wortschatzes eines Unterschichtkindes ist anders als der eines Mittelschichtkindes; und welcher von beiden in der Schule gebraucht wird, ist wohl klar. Arbeiterkinder verfügen über reich differenzierte Wortfelder in den Bereichen Arbeit und intimes Familienleben; ihnen fehlen Begriffe der "bürgerlichen Kultur". Das wirkt sich ziemlich schnell auf ihr Leistungsvermögen in der Schule aus: Schon im 2. Schuljahr sind ihr Wortschatz und ihr Satzbau auch quantitativ gegenüber dem der Mittelschichtkinder rückständig (Neuland 1984, S. 75). Aber die Schule ist nicht alles.

Das Schulkind lebt in drei Sozialisationsinstanzen: Die meiste Zeit verbringt es immer noch in der Familie, und durch sie wird es auch immer noch am stärksten geprägt. Aber die peer-groups werden zunehmend wichtiger; schließlich gibt auch die Schule, obwohl ihre Wirkung weit überschätzt wird, neue Impulse, vor allem für die kognitive Entwicklung und die Ausweitung der Kenntnis von Sachverhalten. So bestehen die entscheidenden Fortschritte in der Sprachentwicklung des Grundschulkindes darin, daß es die Sprache, die es schon kann, zu verschiedenen Codes entfaltet, daß es seine Sprache und ihre Verwendungsweisen kennenlernt und auch bewußt mit ihr umgehen kann.

Zur Familiensprache und den Soziolekten der peer-groups, die beide häufig Dialekte sind, lernt das Schulkind jetzt die "Schulsprache". Das ist einerseits eine der "Hochsprache" sich mehr oder weniger nähernde Form des Ausdrucks, vor allem in geschriebenen und gedruckten Texten, zum anderen eine spezifische Verwendungsweise der gewohnten Sprechsprache, deren wichtigste Merkmale nicht syntaktischer, sondern eher semantischer und pragmatischer Art sind: Schüleräußerungen sollen zwar ausformuliert werden, tatsächlich ist ein hoher Prozentsatz syntaktisch unvollständig oder Einwortsätze; Schüler sollen etwas lernen, doch Schülerfragen im Unterricht sind selten; es gibt kaum Schüleräußerungen, die nicht vom Lehrer ausgelöst wurden; Gesprächsbeiträge sind sporadisch, kurz, lehrerbezogen und lehrerkontrolliert (vgl. Spanhel 1973, S. 162). Schülersprache ist reaktives Sprechen; es ist institutionell ritualisiertes Sprechen, das neben dem herläuft, was man wirklich denkt und möchte (vgl. Rumpf 1976, S. 10 f). "Ich" und "Wir" stehen zu Übungszwecken und zur Etablierung einer standardisierten Weltsicht in den Schulsätzen, sie bezeichnen nicht die Sprecher selbst. "Die schöne Schulsprache scheint etwas zu sein, was über die Wirklichkeit gelegt wird, um sie der Wahrnehmung zu entziehen" (Rumpf 1976, S. 16). Sie lernen in einer entfremdeten Schulwelt, Sprache so zu verwenden, daß sie keinen Bezug zu sich selbst und zu ihren Erfahrungen hat, nur bestimmten Normen gehorchen soll.

Die Schule wird die Kluft im Kind zwischen sinnlich-unmittelbarer Erfahrung und sprachlich organisiertem Handeln, im Grunde also zwischen dem "I" und dem "Me" des kindlichen "Selbst" vergrößern. Die einen werden darauf mit Aggressionen reagieren, weil ihre eingeübten kleinkindlichen Verhaltensmuster an die schulischen Sprachmuster nicht angeknüpft werden können. Die anderen - die Erfolgreichen - werden gut funktionieren und dabei in ihren Ich-Anteilen mehr und mehr verarmen; sie sind in der Familie schon auf die Schule gut vorbereitet worden, indem ihnen alle sinnlichen Erfahrungs- und Handlungsmöglichkeiten ausgetrieben wurden. Die Einpassung ins schulische Normensystem wird sprachlich geleistet; das gerät dann zur Unterdrückung des einzelnen Kindes, wenn die Schulsprache nicht immer primärer Gegenstand unterrichtlicher Metakommunikation bleibt.

Wie intensiv die spezifisch schulische Interaktion auf die normative Einstellung der Schüler einwirkt, hat T. van der Geest in der Entwicklung eines 1. Schuljahres festgestellt (1978, S. 52-64, S. 152 ff): Zu Anfang sind Unterschiede in der kommunikativen Kompetenz der Kinder nicht eindeutig auf Geschlecht oder Schichtzugehörigkeit zurückzuführen. Die mittlere Äußerungslänge sinkt bei allen Kindern zunächst. Jungen und Oberschichtkinder sprechen häufiger; die Lehrerin spricht aber alle gleich häufig an, nur formuliert sie bei den Jungen und den Oberschichtkindern qualitativ besser. Alle Kinder lernen die schulischen Gesprächsregeln, Jungen durchbrechen sie mit mehr Initiative. Unterschichtkinder, insbesondere die Jungen, sprechen im Werkunterricht am kompetentesten, die Oberschichtjungen in den "abstrakteren" Fächern; Mädchen finden sich am besten bei individuellen Gesprächen mit der Lehrerin zurecht. Unterschichtkinder brauchen mehr Zeit zum Lernen, mehr konkrete Beispiele, mehr persönliche Ansprache. Jedoch zeigt sich am Ende des 1. Schuljahres, daß die Mädchen und die Unterschichtkinder bedeutend weniger von der Lehrerin angesprochen werden und daß sie das Unterrichtsgespräch hauptsächlich mit den sich immer vordrängelnden intelligenten Jungen führt. Nach einem Jahr lassen sich Unterschiede in der Kommunikativen Kompetenz eindeutig auf Geschlecht und Schichtzugehörigkeit zurückführen.

Gefördert wird diese normative Entwicklung besonders durch den Umgang mit schriftlichen Texten, deren Produktions- und Rezeptionsvorschriften häufig wie Sachzwänge, wie Naturgesetze verordnet werden. Anders als in Gesprächen äußert man sich in schriftlichen Texten in größeren Zusammenhängen, folgt dabei einem formalen Aufbau, einer hierarchischen Struktur (vgl. Cicourel 1979). Solche Textsortenmerkmale werden in der Schule zumeist normativ - statt regulativ - gelehrt. S. und I. Haunig haben untersucht, wie sich der Leseunterricht auf das Erzählen bei den Erstkläßlern auswirkt:

> "Wenige Wochen nach Schuleintritt erzählt Florian (6;3) nach einer vorgelegten Bildgeschichte einem seiner Klassenkameraden: Da war'n Mann, der hat'n Hund. Und da war noch'n Bild gekommen, auf dem - ich glaub, da hat die Zeitung gebrannt. Da hat der Mann, weil der Hund gebellt hat - dann hat er das Feuer mit

dem Schuh ausgemacht und dann hat der Hund 'ne Wurst gekriegt. Drei Monate später erzählt Florian (6;6) unter vergleichbaren Bedingungen dieselbe Geschichte; es hört sich so an: Da hat er gelesen. Da hat er geschlafen. Und da hat die Zeitung gebrannt und da ist er aufgewacht und da hat er 'ne Bierflasche oder 'ne Weinflasche und da hat er's ausgemacht. Da hat er den Hund genommen und da hat der Hund ein Würstchen gekriegt" (1974, S. 100).

Syntaktisch vollständiger, mit "treffenderen" Ausdrücken, geordneter, aber auch schematischer: gereihte Kurzsätze derselben Struktur. Die abwechslungsreiche und sprachlich lebendige Erzählweise ist den Schemasätzen und Schematexten der Fibel zum Opfer gefallen. Die individuellen Ausdrucksweisen werden klassenweise vereinheitlicht, besonders stark und nachhaltig bei Kindern aus anregungsarmem Elternhaus.

Schon diese Erkenntnisse zeigen deutlich, daß das Kind die Schriftsprache nicht dadurch lernt, die gewohnten Lautzeichen in geschriebenen Zeichen niederzulegen. Es lernt vielmehr eine neue Ausdruckstätigkeit, wobei es primär an seine reflexiven Fähigkeiten anknüpft, erst in zweiter Linie an seine Sprechfähigkeiten (Maas 1985, S. 12).

Schreiben ist eine "Symbolisierung zweiter Ordnung", sie fordert vom Kind eine zweifache Abstraktionsleistung: Es ist eine "Sprache ohne Gesprächspartner" und verlangt eine unabhängigere, willentlichere und freiere Einstellung zur Situation (Wygotski 1969, S. 224). Die geschriebene Sprache "ist die schwierigste und komplizierteste Form der absichtlichen und bewußten Sprachtätigkeit" (ebd., S. 228). Während das Kind (wie auch der Erwachsene) beim Sprechen auf die Produktion der einzelnen Laute überhaupt nicht und auf die Abfolge der Wörter im Satz sowie der Sätze in der Rede kaum bewußt achtet, ist es beim Schreiben - und besonders beim Schreiblernprozeß - gezwungen, sich die graphematische und morphematische Struktur der Sprachzeichen ebenso bewußt zu machen wie den syntaktischen Aufbau seiner Schreibe. Was das Kind schriftlich äußert, wird festgehalten (im Gegensatz zum flüchtigen Lautklang), es kann aufbewahrt, betrachtet und weitergegeben, veröffentlicht werden. Die Aneignung eines neuen Handlungsinstruments im Prozeß des Schreibenlernens hat wichtige Konsequenzen im Verhältnis des Kindes zu seiner Sprache, zu gesellschaftlichen Normen, zur Wirklichkeit und zu sich selbst: Dem Kind wird seine Sprache gegenständlich erfahrbar; die Äußerungssituation muß erst im Schreibprozeß geschaffen und bewußt gehalten werden. Dadurch kann es zu einem reflektierteren Verhältnis zu seiner Sprache, den Bedingungen und Möglichkeiten ihres Gebrauchs übergehen. Aus größerer Distanz zur Sprache kann es sie erfahren als etwas, das man planen und entwerfen kann, das man verschieden intensiv ausformulieren, dabei korrigieren und revidieren kann. Da das Kind dafür eine entwickelte "innere Sprache" braucht, kommt es entscheidend auf einen Schreibunterricht an, der dem Kind Gelegenheit gibt, beim Schreibenlernen vor sich hin und mit anderen zu sprechen, damit es das sprachliche Reflektieren allmählich verinnerlichen kann. Hier werden sprachliche Elemente und Strukturen zwangsläufig zum Gegenstand der Aufmerksamkeit, metasprachliche Tätigkeiten kommen stärker zum Zuge. Damit werden Voraussetzungen geschaffen für ein systematisches Kennenlernen seiner Sprachkompetenz im Grammatikunterricht. Wie erheblich sich die Beschäftigung mit Schriftsprache auf den theoretischen Umgang mit Sprache auswirkt, zeigen Untersuchungen, die nachweisen, daß die formalsprachlichen Fähigkeiten (wie Verstehen grammatischer Strukturen, Satz- und Formenbildung u.ä.) zwischen dem 4. und 9. Lebensjahr von durchschnittlich 20 Prozent bis auf 80 Prozent gelöster Aufgaben ansteigt (Grimm 1978, S. 68). Für eine steigende Aufmerksamkeit auf innersprachliche Probleme spricht auch, daß Vorschulkinder zu gegebenen Wörtern meist sachliche Assoziationen äußern ("Geld - kann man was für kaufen"), schon Siebenjährige aber mehr zu Wortfeldverbindungen tendieren ("Geld - Münzen, Scheine, Knete"; vgl. Neuland 1984, S. 66).

Um innerhalb relativ kurzer Zeit an Hand des schulischen Übungsmaterials zu lernen, alles in Schriftzeichen niederzulegen, was es in seinem Leben schriftlich formulieren und rezipieren will, muß es möglichst schnell die Regeln finden, nach denen diese Schriftsprache funktioniert. Eine durchgehende phonemisch-graphemische Korrespondenz gibt es nicht; doch gerade davon scheinen die Kinder in den ersten Schulmonaten auszugehen, wenn sie ihre eigenen Regeln aufstellen und damit "schon alles schreiben können" - für sich selbst. "Die Auseinandersetzung der Kinder mit der orthographischen Norm ist regelgeleitet, aber die Inhalte, auf die sich diese Regelbildung bezieht, sind - zumindest in der Phase des Erwerbs - sehr verschieden von den kodifizierten Regeln der Orthographie" (Dehn 1985, S. 50). Was Lehrer seit 1901, gestützt auf die Entscheidungen der Duden-Redaktion, mühsam tradieren, nämlich die willkürlich angewendeten "Prinzipien der deutschen Rechtschreibung", wird die eigenen Regelfindungsversuche der Kinder in den nächsten Schuljahren roh abbrechen und sie dank erkennbarer Irrationalität frustrieren. Schreibweisen werden begründet mit der Lauttreuhheit, mit ihren historischen Bedingungen, mit ethymologischer Ableitung, mit ästhetischen Argumenten, mit semantischen (zur Kennzeichnung von Bedeutungsunterschieden) oder mit dem Analogieprinzip. Manche "Fälle" wie die Großschreibung der Substantive, Satzanfänge und Anreden werden von verschiedenen Leuten mit verschiedenen "Prinzipien" begründet; die Irrationalität der Orthographie entsteht eben dadurch, daß es kein Prinzip gibt, das sagt, wann welches Prinzip gerade angewendet werden muß. Und doch ist Rechtschreibung lernbar.

Solche Erfahrungen fördern die Erkenntnis, daß Schriftsprache etwas anderes ist als die gesprochene; sie wird kaum jemandem so selbstverständlich wie die Möglichkeiten zum Sprechen. Auch daß man schreibend ausformulieren muß, revidieren kann, strenger beim Wort genommen wird und Öffentlichkeit herstellen und vor allem Literatur schaffen kann, fördert die Einstellung der Menschen zur Schrift - als einer "Hochsprache". Dabei meinte der Begriff ursprünglich das Hoch- oder Oberdeutsche, das (im Gegensatz zum Niederdeutschen) in den besseren Kreisen Obersachsens gesprochen und zur preußischen Amtssprache gemacht wurde (vgl. Maas 1985, S. 19).

So verändert das Schreibenlernen auch das Verhältnis des Kindes zum Du und zu gesellschaftlichen Normen. Es erfährt strengere Forderungen seiner (potentiellen) Leser an die Form seiner Äußerung als es bisher gewöhnt war; es muß institutionelle und situative Normensysteme berücksichtigen, Schreibvorschriften, die seine Äußerung vom kleinsten Komma bis zur Textsorte reglementieren. Dadurch gewinnt es aber auch völlig neue Handlungsmöglichkeiten im privaten Bereich und besonders in der zu erobernden Öffentlichkeit. Es kann die Bindungen an Raum und Zeit überwinden und auch die an seine eigenen Gewohnheiten, denn schriftlich kann man so manchem manches sagen, was man mündlich nicht sagen will/kann/mag.

Das Kind lernt, soziale Situationen bewußt auf ihre Bedingungen und Möglichkeiten zu durchschauen und so die soziale Lage seiner Gesellschaft - oft erstmalig - kennen. Sein Verhältnis zu Regeln und deren Rigidität bzw. Durchbrechbarkeit wird bewußter. Seine Interaktionskompetenz wird quantitativ und qualitativ erheblich vergrößert.

Von den Schreibsituationen sind auch die Themen abhängig, die man jeweils behandeln kann; das fördert eine genauere Reflexion der schriftlich zu äußernden Sachverhalte. Auch der Zwang zum Ausformulieren, zum Versprachlichen all der Situationsmerkmale, die beim Sprechen mit wahrgenommen werden können, führt zum genaueren Hinsehen, zum intensiveren Durchdringen von Gegebenem oder Möglichem. Dabei kann sich der Schreiber selbst über Sachverhalte in allen Wirklichkeitsbereichen klarer werden. Wortinhalt und Sache treten gegenständlich einander gegenüber, so daß die Frage problematisch werden kann, zu welcher Tatsache ich einen Sachverhalt machen will/soll.

Viele Entscheidungen müssen also im Schreibprozeß bewußt getroffen werden, denn den Schreiber wird man beim Wort nehmen, weil er im Augenblick der Lektüre seines Textes selbst nicht da ist; der Leser hat seinen Kommunikationspartner nur in den Sprachzeichen des Textes vor sich. Diese stärkere Verantwortlichkeit für das Geschriebene wirkt auf das Verhältnis zum Ich zurück: Was kann/soll ich in der und der Situation? Warum? Wer bin ich, daß ich diesen Erwartungen entspreche oder nicht? Was weiß ich, was muß ich noch lernen, was will ich wem warum mitteilen? Welchen Inhalt, welche Form werde ich vertreten können? Das Kind lernt schreibend, sich selbst besser kennenzulernen, sich seine Kenntnisse der Welt und seiner Gesellschaft bewußt zu machen. Das Schreiben eröffnet ihm bisher unzugängliche Ausdrucksmöglichkeiten und kann ihm helfen, sich - gerade in der Überflutung durch die Medien - seine Selbständigkeit zu bewahren oder zu erobern. Vielleicht gelingt es ihm sogar, im poetischen Schreiben in sich selbst bisher unbekannte - weil verdrängte und unterdrückte - Wünsche, Sehnsüchte, Vorstellungen zu entdecken.

Ähnlich neue Fähigkeiten lassen sich aus dem Erlernen des *Lesens* ableiten: Das Kind kann selbständig an einer reichhaltigen Kulturform teilnehmen, deren Schätze ihm bisher andere übermitteln mußten. Ihm werden zahllose neue Kommunikationspartner zugänglich, zahllose neue Informationsmöglichkeiten; sein Wissen um das, was wirklich und was möglich ist, wird rasant erweitert. Dabei lernt es sich im Medium fremder Texte von neuen Seiten her kennen.

Weil die gedruckte und geschriebene Sprache in den nächsten Lebensjahren das zentrale Medium für seine geistige Entwicklung sein wird, ist es für das Kind entscheidend, ob es in der Grundschule die Erfahrung macht, daß es in diesem Medium etwas kann. Denn es will sich jetzt nicht mehr nur in der Welt des Spiels entfalten, sondern auch in der Welt der Arbeit. Es kann sich Aufgaben stetig und ausdauernd widmen, es möchte gern etwas gut machen, das auch nützlich ist, und so in einer von Erwachsenen bestimmten Welt eine mitwirkende Rolle spielen. Die für das Grundschulkind typische Haltung des "Werksinns" (Erikson) wissen viele Eltern klug zu lenken, indem sie ihm Arbeiten im Dienst der Familie auszuführen geben oder es anleiten, für etwas Sorge zu tragen. In allen Kulturen wird diese Phase genutzt für systematische Lehrprozesse; natürlich kann man den Werksinn auch ausbeuten, indem man das Kind zum Arbeiter macht, der für seinen Unterhalt und den seiner Familie wie ein Erwachsener schuften muß.

Für den Kampf um seine Identität, den der Heranwachsende in der Phase der Pubertät führen wird, werden jetzt entscheidende Voraussetzungen geprägt: Wer kann ich sein? Wer soll ich sein? Was kann ich tun? Was bin ich wert? Antworten auf diese Fragen erhält das Kind implizit in allen sozialen Erfahrungen; sie werden ihm jetzt kaum bewußt. Sie werden aber in das Selbstbild zu integrieren sein, das der Jugendliche schmerzhaft entwerfen wird.

3. Das Jugendalter

Nie mehr in seinem Leben kommt der Mensch aus einer Entwicklungsphase so verändert heraus wie aus dieser. Schon äußerlich hat er/sie sich stark gewandelt: Körperbau und Gesicht verlieren das Kindliche, werden zunächst grober, dann erwachsener; die Entfaltung der Geschlechtsreife ist jetzt für die körperlich-seelische Entwicklung entscheidend (vgl. die Zusammenstellung der Veränderungen in Wieczerkowski/ z. Oeveste 1982, S. 107). Auch die geistige Entwicklung unterliegt grundlegenden Veränderungen: Das Grundschulkind hat gelernt, als Rollenspieler in einer Vielzahl von Situationen mitzuwirken, es hat Teil-Identitäten ausgebildet. Es weiß, daß es so oder so sein kann; das brachte Distanz zu den eigenen Verhaltensweisen. Es hat gelernt, sein Verhalten nicht nur aus seiner eigenen, sondern auch aus der Perspektive des Gegenübers zu betrachten und zu beurteilen. Durch diese soziale Praxis vorbereitet, kann es seine Gedanken mehr und mehr aus der Bindung an konkrete Vorstellungen lösen, Inhalt und Form auseinanderhalten und folgerichtig nicht mehr nur über Sachverhalte, sondern über Aussagen über Sachverhalte nachdenken. Es entwickelt jetzt die Fähigkeit, mit Hypothesen gedanklich umzugehen, Ideen oder Aussagen über die erfahrbare Wirklichkeit hinaus miteinander zu kombinieren und eigenständige Gedankengebäude auszubauen. Piaget nannte diese höchste Phase der kognitiven Entwicklung die des "hypothetisch-deduktiven oder formalen Denkens". Der Heranwachsende lernt jetzt, in theoretischen Systemen zu denken, aus ihnen Anwendungsfälle abzuleiten, also zwischen einem Bereich des Möglichen und des Wirklichen reziprok zu vermitteln. Das stellt insofern eine Weiterentwicklung und Integration der vorangegangenen Phase dar, als der Jugendliche die Operationen, die er vorher mit anschaulichen Gegenständen durchführen konnte, nun auch auf theoretische, nur gedachte Gegenstände anwendet. Seine Gedankengänge gehen mehr und mehr vom Allgemeinen zum Besonderen, vom Möglichen zum Wirklichen; er entwickelt theoretische Interessen mit dem Ziel, seine Erfahrungen systematisch zu rekonstruieren. Dabei hilft ihm die sich entfaltende Fähigkeit, verfügbare Informationen planvoller, wirksamer und strategisch besser organisieren und flexibel kombinieren zu können als in der Kindheit. Er findet Regeln und Gesetze heraus, bringt so seine Umwelt "in Ordnung" (Wieczerkowski/z.Oeveste 1982, S. 128). Dabei weiß er zwischen Hypothesen und Fakten wohl zu unterscheiden und prüft kritisch die Grade der Wahrscheinlichkeit von Ideen.

Auch hier ist zu berücksichtigen, daß diese kognitiven Leistungen während der Pubertätszeit erbracht werden *können*; sie stabilisieren sich in "normaler Entwicklung" etwa im 15. Lebensjahr. Untersuchungen belegen jedoch, daß längst nicht alle Jugendliche das Stadium des formalen Denkens erreichen. Wieviele es sind, ist in der Forschung sehr umstritten: Wieczerkowski/z.Oeveste (1982, S. 129) z.B. geben an, daß 40 bis 75 Prozent der Sekundarstufen II-Schüler - also der 16- bis 19jährigen - das Stadium der formalen Operationen noch nicht erreicht haben. Bei Olbrich/Todt (1984, S. 25) dagegen heißt es, daß Jugendliche "in ihrer Mehrzahl das Stadium der formalen Denkoperationen erreichen", aber dann auch nicht generell, sondern nur in bestimmten Inhaltsbereichen. "Formale Denksysteme werden in engumgrenzten Bereichen inhaltlicher und formaler Art entwickelt. Die individuelle Lerngeschichte des Einzelnen und die spezifischen Einflüsse seiner sozialen Umwelt bestimmen diese Bereiche. Die so entstandenen formalen Denksysteme generalisieren nicht automatisch über diese Bereiche hinaus" (Seiler 1973, S. 264). Jemand, der imstande ist, ein physikalisches Problem formal-deduktiv zu lösen, muß damit noch lange nicht fähig sein, aus einer moralischen Norm für sich mögliche Verhaltensweisen abzuleiten.

Das ist umso erschreckender, als das formale Denken eine unverzichtbare Voraussetzung für selbständiges und verantwortliches Verständigungshandeln ist. Überhaupt kann Kommunikative Kompetenz im Jugendalter nicht mehr an der Entwicklung sprachlicher Fähigkeiten beschrieben werden, sondern angemessener an den Fähigkeiten zur Problemlösung. Konflikte entstehen zwischen eigenen Interessen, normativen Anforderungen und der objektiven Realität; um solche Konflikte verständigungsorientiert zu bewältigen, braucht man
- das Vertrauen auf die eigenen Fähigkeiten bzw. auf die Möglichkeit, fehlende zu erlernen;

- soziale Fähigkeiten der Ambiguitätstoleranz und der produktiven Anpassung (Coping);
- die Fähigkeit zur Thematisierung der Konflikte und ihrer diskursiven Bearbeitung.

Kommunikative Kompetenz ist hier also gleichbedeutend mit Identität. Deshalb wird in diesem Abschnitt über das Jugendalter die Ausbildung einer Kommunikativen Kompetenz als Aufbau einer Ich-Identität beschrieben.

Der bisherige Aufbau einer Identität zwischen subjektiven und sozialen Ansprüchen

"Schon zu Beginn des Lebens ist Sozialisation zugleich der Ansatz der Individuation im Aufbau einer 'individuellen' Triebstruktur, die in jeder Ontogenese hergestellt wird" (Lorenzer 1984, S. 94). Zunächst bilden sich unbewußte Interaktionsformen aus dem Wechselspiel zwischen dem Embryo, Fötus, Säugling und der Mutter. Ihre Interaktionen schlagen sich nieder als Interaktionsformen. Das physische, dann gestische Zusammenspiel erzeugt sinnlich-organismische Verhaltensformen, die als sensomotorische Erfahrungsmuster gespeichert werden und sich als Erwartungsmodelle auswirken.

Was eine Mutter dem Kind vermittelt, sind soziale Inhalte des Erlebens; kultur-, gesellschaftsspezifische Verhaltensweisen. Der kindliche (triebhafte) Bedarf wird so zum gesellschaftstypischen Bedürfnis geformt. Die Interaktionen zwischen Mutter und Kind sind sowohl sozial bestimmt als auch individuell in ihrer einmaligen Eigenart. Alles, was das Kind danach erfährt, über andere Menschen erfährt, muß sich diesem ersten Gefüge von Interaktionsformen anvermitteln.

In der Einführungssituation von Sprache ("Mama") wird der erste Gestaltkreis der unbewußten sensomotorischen Erfahrungen verknüpft mit dem zweiten Gestaltkreis einer geltenden Sprache; organismisch-gestischer Reaktionskomplex und akustisch-lautmotorischer Reaktionskomplex überlagern sich, zur Interaktionsform kommt die Sprachfigur hinzu, sie bilden zusammen die "symbolische Interaktionsform".

> "Im geglückten Fall verbindet und entfaltet sich die sensomotorische Welterfahrung des Kindes mit der in Sprache eingelagerten überindividuellen Welterfahrung des Kollektivs" (Lorenzer 1984, S. 91).

Deshalb ist das Operieren mit Sprachelementen keine Spielerei, sondern Probehandeln. Es ermöglicht, sich nicht zuhandene Situationen vorzustellen, zu erinnern, zu entwerfen.

In jedem Fall muß das Kind seine individuellen sensomotorischen Erfahrungen den sprachlich übermittelten geltenden Normensystemen unterwerfen. Dabei entsteht ein "Rest" nicht zu versprachlichender Interaktionsformen wie auch ein Überhang noch inhaltlich einzuholender Sprache. Eine "Eins-zu-eins-Verknüpfung" ist unmöglich. Aber das Kind gewinnt nur über die Sprache die unverzichtbaren Voraussetzungen für die Verfügung über seine Welt.

Die Nichtübereinstimmung von Interaktionsformen und Sprachfigur führt zu Konflikten. Lassen sich beide (handlungsanweisenden) Systeme nicht unterdrücken, bleibt nur die Auflösung der Verbindung zwischen Erlebnisfigur und Sprache: Desymbolisierung:
1. Die Interaktionsformen werden sprachlos, die Triebwünsche in das Reiz-Reaktions-Schema zurückverwiesen; die Sprachfiguren werden dem subjektiven Erleben entfremdet. Hier entstehen sowohl Tätigkeiten und Vorstellungen, über die wir nicht sprechen können, als auch Wortschablonen, mit denen wir keine eigenen Erfahrungen verknüpfen können.
2. In einer Anforderungssituation jedoch kehrt das Verdrängte wieder, muß ein zweites Mal sozialisiert werden, und zwar zum schlechten Kompromiß im Symptom. Der Trieb setzt sich durch; da er aber im Kompromiß verstümmelt wird, gebiert der Wunsch eine Ersatzbefriedigung in Formen, die zwar sozial zugelassen sind, aber - weil Ersatz - mit einem "falschen Namen" belegt sind. So heißt etwa für viele Kinder der Wunsch nach Zärtlichkeit erst "Schnuller", "Gummibärchen" oder "Lutscher", später "Zigarette" oder "Eisbein und Bier".

Statt Interaktionsformen und Sprachfigur (bei geglückter Sozialisation) vereinigen sich Symptom und Sprachschablone. Da bei angepaßten Menschen der faule Kompromiß nicht mehr auffällt, bildet sich auf diese Weise ein funktionierendes Ersatz-Ich.

Alle weiteren Erfahrungen im Laufe des Lebens, ob in der Familie, der peer-group oder der Schule, müssen ansetzen entweder an entwickelten "symbolischen Interaktionsformen" oder an Symptomen. Im ersten Fall bleibt Irritation, Reflexion, Metakommunikation möglich, Probleme werden - wenn auch nicht immer lösbar - formulierbar in ihrem wahren Kern. Symptome jedoch wird das Alltagsbewußtsein zu einem undurchschaubaren, aber beruhigten Brei verrühren.

In der ersten Erlebniseinheit der Mutter-Kind-Dyade spielt die Mutter eine dominante Rolle; zu einem glückenden Entwicklungsprozeß muß die Mutter
- sich bedürfnisgerecht verhalten,
- widerspruchsfreie Impulse geben,
- ihren Platz in der Dyade für andere freigeben.

Der Vater und andere Personen haben nur dann eine Chance, den Horizont des Kindes zu entfalten.

Entscheidend wird, daß das Kind hier erste Ansätze zur Identität ausbildet, weil es sich in der Beziehung zu mehreren anderen als derselbe erfahren kann. Die Dominanz der Mutter wird relativiert, und das Kind kann eigenständig werden. Diese Eigenständigkeit wird vor allem im Spiel mit Gegenständen ausgebaut und gefestigt. Ihnen gegenüber kann das Kind selbst aktiv und dominant sein, anpassen muß es sich seiner Sachstruktur und seiner sozialen Rolle. "Der Gegenstand ist geronnene menschliche Praxis" (Lorenzer 1984, S. 156), im Umgang mit ihm werden dem Kind erstmals gesellschaftliche Normen unmittelbar handgreiflich. Nach den Eltern erfährt es hiermit ein überfamiliales Erfahrungsfeld, das einen ersten Kontakt der Persönlichkeitsbildung mit dem Feld kollektiver Bedeutungen erbringt.

Gegenstände haben soziale festgelegte "Bedeutungen" (ihr Nutzen), einige aber sind zweckfrei als Bedeutungsträger: präsentative Symbole, Kunst. Sie stehen für Unsagbares, nicht Konsensfähiges, Emotionales, sind also dem Unbewußten näher als die Sprachfiguren. Mit ihnen bildet das Kind erste sinnlich-symbolische Interaktionsformen (Protosymbole). So symbolisierte ein anderthalbjähriges Kind seinen Wunsch, die Mutter jederzeit herbeizuholen, im "Garnrollenspiel": Es warf die an einer Schnur befestigte Rolle immer wieder über den Rand seines verhängten Bettchens, so daß sie darin verschwand, sagte dazu "o-o-o" (fort), zog dann die Rolle wieder heraus und begrüßte sie mit einem freudigen "Da!" (S. Freud erzählt diese Geschichte in: Jenseits des Lustprinzips, Ges. Werke XIII, S. 11 f).

"Sinnlich-symbolische Interaktionsformen sind die erste Ich-Struktur, in der die Interaktionsformen organisiert werden zum Zwecke der Selbstverfügung der Individuen" (Lorenzer 1984, S. 162). Sie sind die Basisschicht der Subjektivität, die Grundlage von Identität und Autonomie und insofern die Schaltstelle der Persönlichkeitsbildung überhaupt" (ebd., S. 163). Sinnlich-symbolische Interaktionsformen können entstehen an:
- Gegenständen (Gebrauchs-, Kunst),
- Texten (Bedeutungen szenisch entfalten),

- Personen (Schauspiel, Tanz).

Doch auch sie sind in der Gefahr der (z.B. konsumistischen) Verkürzung; durch das Warenangebot, die Wohnumwelt etc. können für die Kinder ganze Erlebnisbereiche ausfallen; durch die Werbung werden ihnen Erlebnisformen vorgeschrieben.

Am Anfang dieses Kapitels wurde gezeigt, wie das Kleinkind die Keimzelle allen menschlichen Lernens, die Verzögerung zwischen Eindruck und Ausdruck, entfaltet und seine Körperbedürfnisse in die Interaktionen einbringt. Die beiden Wege dazu sind: vorsprachlich über selbstkreierte Spiele und künstlerische Medien; sprachlich, indem es die erlernten Sprachfiguren mit seinen subjektiven Erfahrungen verknüpft. Für die kognitive Entwicklung ist nun das Auseinandertreten von Objekt- und Selbstrepräsentanzen mit Hilfe der Sprache entscheidend. Die weiteren Schritte der Ich-Entwicklung sind umgestaltendes Nachspielen konkreter Verhaltensweisen, bewertender Körperausdruck, sich widersetzen, zustimmen, das erste "Nein", das erste "Ja", das Alleine-tun-Wollen, sich beim Namen nennen, das Wunder des "Ich", der eigene Besitz, die eigenen Beziehungen werden reklamiert, die erste Oppositionskrise, die eigenen Initiativen, mitformulierte Regeln, die ersten Identifikationen mit anderen, mit den Eltern: "Wie wäre ich, wenn ich Papa oder Mama wäre?" Es formt seine ersten Rollenvorstellungen (Generationen-, Geschlechts- und Familienrollen) aus eigenen Bedürfnissen selbst mit und eignet sie sich reflexiv an; schließlich lernt es, Sachverhalte für sich selbst anders zu versprachlichen als für andere, diese Unterschiede zu reflektieren und sie seinem moralischen Urteil zu unterwerfen. Die peer-groups haben dem Kind sehr geholfen beim Selbständigwerden, bei der Kultivierung des "I"; die Schule wird nun das "Me" pflegen und die kognitive Entwicklung forcieren; die Kluft zwischen personalem und sozialem Ich wird größer werden, Brückenbauten schwieriger. Wieviel hilft dabei die neue Fähigkeit des Buchstabierens?

Zu Beginn des Jugendalters begreift das Kind erstmals das Problem der Identität. In den ersten sechs bis acht Jahren seines Lebens schreiben ihm Wissenschaftler eine "natürliche" oder "leibgebundene" Identität zu; d.h. ihm ist es völlig selbstverständlich, daß es ein Ich ist: Es verweist auf seinen Körper und sagt: "Guck, da bin ich doch!" Dann merkt es, daß es mehrere Ich, mehrere Rollen ist, aber mit der Koordination der Rollen hat es noch keine Probleme. J. Loevinger (1980) stellte eine differenziertere Stufenfolge ("Meilensteine") der Ich-Entwicklung auf: Das Kleinkind begann mit einer "symbiotischen" Identität: Es fühlt sich eins mit der Mutter, tritt dann mit Hilfe der Sprache ins "impulsabhängige" Stadium über, in dem es seinen eigenen Willen entdeckt, ihn aber noch nicht sozial kontrollieren kann. Im "opportunistischen" Stadium erkennt es Regeln, Rollen und Normen, folgt ihnen aber nur nach Maßgabe unmittelbarer Vorteile. Erst im "konformistischen" Stadium folgt es Regeln um ihrer selbst bzw. der Gruppenkonformität willen. Die damit stabilisierte Rollenidentität erfährt der Jugendliche in der Pubertät mehr und mehr als Problem; er wird lernen, sich in Beziehung zu anderen aus einer dritten Perspektive zu sehen und von da aus alles neu beurteilen zu müssen.

Das Ziel - die balancierte Ich-Identität - sei hier nochmal umschrieben: Das autonome Ich kann zwischen Ich-Interessen, normativen Erwartungen und objektiver Realität kommunikativ vermitteln; es erkennt die inner- und die interpersonalen sowie die institutionellen Konflikte als ethische Aufgaben, trägt deren Widersprüche bewußt aus und respektiert Entscheidungen anderer. Zwischenmenschliche Beziehungen werden intensiv gelebt und nach dem Prinzip der unbedingten Gegenseitigkeit geregelt; Konflikte werden konsensuell zu lösen versucht (vgl. Loevinger 1980, S. 159).

Nach dem hier verfolgten evolutiven Entwicklungsmodell könnte der Leitsatz eines autonomen Ich so lauten, wie ihn Döbert/Habermas/Nunner-Winkler (1980, S. 11) formulieren: "Die Ich-Identität des Erwachsenen bewährt sich in der Fähigkeit, neue Identitäten aufzubauen und zugleich mit den überwundenen zu integrieren, um sich und seine Interaktionen in einer unverwechselbaren Lebensgeschichte zu organisieren."

Die kognitive und motivationale Entwicklung zur Ich-Identität

Die entscheidend wichtige Veränderung zum formal-hypothetischen Denken kündigt sich deutlich an in der gewandelten Einstellung der Jugendlichen zu Sprache und Kommunikation. Anne Sinclair (1981) hat acht- bis elfjährige Kinder gefragt, was sie glauben, wie, warum, wozu Menschen sich verständigen. Die auffälligsten Besonderheiten in den Antworten der Elfjährigen waren:

1. Sie differenzieren Faktoren der Kommunikationssituation; die Äußerung wird unterschieden von ihrem Sprecher, von der Situation, von den bezeichneten Sachverhalten und von der Sprache, die die Bedeutung überträgt; sie wissen, daß die Gesprächsteilnehmer etwas gemeinsam haben müssen, und gemeinsam etwas tun. Sie diskutieren erstmals das Pro-

blem der Bedeutung: Eine Mitteilung muß in Sprache so übersetzt werden, daß ein Hörer sie verstehen und auf sie reagieren kann (ebd., S. 51).

2. Sie entwickeln eine Konzeption über den Prozeß des Sprechenlernens ("Leute reden miteinander, das Baby lernt dabei die Wörter ... es hört immer wieder dasselbe") und deuten aus diesem Konzept Einzelszenen, die sie sehen (ebd., S. 53).

3. Sie unterscheiden klar zwischen Wort und bezeichnetem Sachverhalt (ebd.).

4. Ihnen ist bewußt, daß sie Sprache gebrauchen, um andere über die eigenen inneren Vorgänge wie Denken, Wissen, Fühlen zu informieren.

5. Sie wissen, daß sie sprechend das Verhalten des Hörers beeinflussen (ebd., S. 57).

Natürlich gilt auch hier noch, daß der Heranwachsende mehr sprachlich kann, als er darüber weiß, was er kann. Besonders interessant wäre es zu erfahren, ob sich der Grammatikunterricht auf sein Wissen über Sprache auswirkt. Ich halte das für unwahrscheinlich: Ein operationaler Grammatikunterricht kann zwar die kommunikative Flexibilität schulen; die übliche Belehrung über grammatische Termini wird jedoch kaum Aufklärung über seine Sprache bringen, da dabei das formale Denken in theoretischen Systemen und deduktive Ableitungen vorauszusetzen wären, wozu der Schüler aber erst in der Sekundarstufe I fähig wird.

Die neuen kognitiven Fähigkeiten ermöglichen den Prozeß der Dezentrierung: Der Jugendliche lernt, der Situation, in der er handelt, gegenüberzutreten und sie sozusagen von einer überlegenen Warte aus zu beurteilen. So wird er fähig, verschiedene Standpunkte und Intentionen nicht nur wahrzunehmen (wie bisher schon), sondern auch zu koordinieren und deren Aufeinanderwirken abzuwägen. Das schafft eine eminente Erweiterung des geistigen Horizonts: Er kann Handlungssituationen angemessener, Handlungsmotive differenzierter wahrnehmen, also an neuen Situationen teilnehmen, sich selbst darin authentischer reflektieren, verschiedene Lebensbereiche - auch in größeren Zeiträumen - aufeinander beziehen und so zu einem überlegenerem Urteil gelangen (Piaget/Inhelder 1977, S. 95). Diese Denkweise ermöglicht reflexive Fragen neuer Art: Nicht nur: Was will/kann/darf ich in dieser Situation? Was will/erwartet der andere? Sondern auch darüber hinaus: Wie wirken wir beide aufeinander ein? Wie lassen sich unsere Vorstellungen koordinieren? Der Heranwachsende kann eine beobachtende Position außerhalb der Interaktionsbeziehung einnehmen und diese auf allgemeiner Ebene reflektieren (Selman 1984a, S. 53).

Dadurch werden Fragen nahegelegt wie: Wer bin ich eigentlich, der ich in vielen Situationen so ganz verschieden bin? Bleibe ich derselbe, auch wenn ich unterschiedliche Verhaltensweisen an den Tag lege, wenn ich mich mal Normen anpasse, mal sie mißachte oder verändere? Wie bin ich so geworden? Wie werde ich mal werden?

Die Pubertät ist die für die Identität entscheidende Krisenzeit; "konkrete Einstellungen, die das Handeln in den gesellschaftlichen Lebensbereichen ... anleiten, werden überhaupt erst in der Adoleszensphase strukturiert" (Döbert/Nunner-Winkler 1975, S. 74). Zwischen dem 11. und 15. Lebensjahr erlangen etwa Dreiviertel aller Heranwachsenden (Selman 1984, S. 199) eine Form des Selbstbewußtseins, bei dem sie das Selbst gleichzeitig als Beobachter und Beobachtetes, als Subjekt und als Objekt sehen können: Ihr Geist (Mead: "mind") ist Beobachter und Kontrollinstanz eines selbstbewußten Selbst; ihr Wille kann dieses Bewußtsein beeinflussen; Gedanken und Gefühle können auch gegen den Widerstand des Bewußtseins entstehen. Das entscheidend Neue an dem Selbstkonzept in der frühen Jugend ist, daß das selbstbewußte Selbst aktiv handeln kann; der Heranwachsende entdeckt, daß er mit seinem Willen äußere und innere Vorgänge steuern kann. Zwischen den Eindrücken (Erfahrungen und ausgelöste Gefühle) und dem Handeln vermittelt sein selbstbewußtes Selbst. Später - aber das ist nicht mehr altersspezifisch festzumachen (Selman 1984a, S. 199) - entdeckt der Erwachsene, daß es in ihm den Bereich des Unbewußten gibt: Gedanken, Gefühle, die der willentlichen Introspektion widerstehen (vgl. Selman 1984a, S. 115). Dann erst wird er auch die einzelne Persönlichkeit als heterogenes, komplexes System erkennen können, in dem sich verschiedene Eigenschaften unterschiedlich verändern können.

Die neue Fähigkeit, sich in seinen Beziehungen "von außen" sehen zu können, eröffnet dem Heranwachsenden völlig neue Konflitlösungsmöglichkeiten: Bis zum 7. Lebensjahr etwa hat das Kind einfach die Konfliktbedingungen so zurechtinterpretiert, daß sie seinem momentanen Interessen entsprachen. Dann lernte es, zwischen subjektiver Perspektive und Normen zu unterscheiden, und löste seine Konflikte nach formalen Regeln. Erst von der Vorpubertät an erkennt es Normenprobleme als seine eigenen. Er/sie selbst steht vor der Aufgabe, eigene Intentionen und Gefühle, sachliche Erfordernisse und normative Erwartungen miteinander zu vermitteln. Die Jugendlichen fangen an, strategische und kommunikative Handlungsformen zu erproben. Einige werden in den nächsten Jahren lernen, ihre Entscheidungen selbstverantwortlich zu legitimieren.

An seine Freundeskreise stellt der Jugendliche strenge Ansprüche; sie sollen unbedingte Gemeinschaften sein mit gemeinsamen Interessen und Überzeugungen, in denen ein Konsens über Konventionen und generalisierte Erwartungen besteht (Selman 1984, S. 166). Erst später wird der junge Erwachsene die Gruppe auch als pluralistische Gemeinschaft sehen, in der die individuelle Mannigfaltigkeit über gemeinsam auszuhandelnde Ziele nicht nur integriert, sondern jeweils weitergeführt werden kann. Dann sind die Gruppennormen nicht mehr ein für allemal fest, sondern werden in vertraglichen Übereinkünften situativ angemessen ausgehandelt (Selman 1984, S. 167). Schichtspezifische Unterschiede in diesen Entwicklungen fand Selman in seinen Interview-Untersuchungen nur insofern, als Arbeiterkinder zwar inhaltlich dieselben Konzepte äußern wie Mittelschichtkinder, allerdings in unterschiedlichen Altersstufen; dabei "scheinen die Arbeiterkinder eher ihre Altersgenossen aus der Mittelschicht einzuholen als (daß) umgekehrt die Mittelschichtkinder auf das Niveau der Arbeiterkinder zurückfallen" (Selman 1984, S. 201).

Für den Jugendlichen ist es typisch, daß er hauptsächlich in peer-groups lebt; die Erwachsenen in Elternhaus und Schule verlieren an Einfluß, aber auch die peer-group beeinflußt den Jugendlichen nur vorübergehend; sie ermöglicht es durch ihr Charakteristikum als Experimentierfeld für kulturelle Normen und Werte, als Übungsfeld für Selbständigkeit, daß der Jugendliche über die Gruppenkonformität zur Individualität gelangen kann. Schon die äußerlich sichtbaren Veränderungen von peer-groups im Jugendalter dokumentieren diesen Prozeß: Bei den Jüngeren gibt es nur gleichgeschlechtliche Gruppierungen; wandeln sie sich (bei den 16- bis 18jährigen) zu gemischtgeschlechtlichen, bereiten diese schon ihre Auflösung zu Zweier-Gemeinschaften vor. Andrea P. (16) beschreibt diese entscheidende Phase der Individuierung im Rahmen einer Erzählung (Tina geht mit ihrer Clique in die Disco; dabei gibt es das übliche Geplänkel darüber, wer gerade mit wem geht; Tina gefällt das schon lange nicht mehr):

> "Als ich dann so tanzte, kam plötzlich ein etwa 18jähriger Junge auf mich zu. Er sah nicht schlecht aus und irgendwie unterschied er sich von den anderen. So wie er vor mir stand, fing er an zu lächeln und fragte: 'Trinkst du mit mir 'ne Cola?' Ich folgte ihm, und nun saßen wir alleine am Tisch und tranken Cola. Keiner wußte zuerst, was er sagen sollte, und plötzlich fragte er mich: 'Ich heiße Michael, und du?' 'Ich bin die Tina, obwohl ich Martina heiße. Wofür interessierst du dich?' fragte ich ihn. 'Ich bin politisch sehr engagiert. Das Leben der Menschen ist eine interessante Sache. Verstehst du was davon?' 'Äh ... eigentlich nicht.'

Plötzlich fing er an, über das Handeln und Denken der Menschen zu sprechen. Er sagte mir, wie er die Menschen studiere, wie sie leben. Ich blühte immer mehr auf, und er weckte dadurch mein Interesse dafür. Irgendwas passierte mit mir, das merkte ich. Doch was war es?

Als ich dann auf die Uhr sah, war es schon 22 Uhr. Das würde zuhause Ärger geben, und auch die anderen suchten mich schon. Michael und ich verabredeten uns für den nächsten Tag, und ich freute mich jetzt schon darauf.

Ich lief zu den anderen, da fauchte Beate sofort: 'Wo warst du? Wir haben dich die ganze Zeit gesucht. Kannst du nicht bei uns bleiben?' 'Erstens: das geht euch einen Scheißdreck an, und zweitens bin ich nicht euer Hündchen', antwortete ich ihr wütend. Sie verzog sich ganz schnell, und wir gingen nach Hause. Auf dem Weg dorthin erzählte ich ihnen dennoch, was ich erlebt, doch keiner interessierte sich dafür. Es war das erste Mal, daß ich mich in der Clique nicht wohlfühlte. Ich war froh, als ich zu Hause anlangte. Doch schon sprang die Tür auf, und meine Eltern standen wütend, aber dennoch glücklich darüber, daß mir nichts passiert war, in der Tür. Mein Vater schimpfte mit mir, doch diesmal hörte ich zu. Es war etwas mit mir geschehen, das wußte ich.

Am nächsten Tag traf ich mich mit Michael und erzählte ihm, was am Vorabend danach passiert war. Er nickte und sagte: 'Das ist mir auch passiert, und von dem Tag an hatte ich weniger Probleme mit Eltern, Lehrern und Freunden. Ich war ich und versuchte, mich nicht den anderen anzupassen. Das Reden über Dinge wie Sex, Liebe, Politik, Freundschaft usw. fiel mir nicht mehr schwer. Meine Hemmungen verloren sich. Ich lernte mich in der Umwelt zu bewegen und wußte, was ich wollte.'

Dieses Gespräch hatte mich beeindruckt und ich fing an, darüber nachzudenken."

Wir wirken sich diese neuen Fähigkeiten konkret auf das "Selbst" aus, auf die Beziehung von Ich- und sozialer Identität? Unmittelbar vor der Pubertät sind die meisten Kinder so egozentrisch ausgerichtet wie später nie mehr; sie wollen, daß ihre Welt sich nur um sie dreht, und deshalb glauben sie, daß alle Welt etwas von ihnen will. Sich selbst sehen sie meist recht negativ. Diese Unzufriedenheit mit sich und anderen ist für die weitere Entwicklung ein wichtiges Durchgangsstadium, weil hier die Motive entstehen, eine eigene Persönlichkeit aufzubauen. Und tatsächlich nimmt die negative Selbsteinschätzung vom 13. bis zum 18. Lebensjahr deutlich ab (Wieczerkowski/z.Oeveste 1982, S. 120)

Ob es jetzt zu Generationskonflikten mit Eltern und anderen Erwachsenen kommt, hängt nicht nur von deren Verhalten ab, sondern ebenso stark davon, wie die Jugendlichen deren Verhalten und sich selbst wahrnehmen. Äußern sie sich allgemein über "die Erwachsenen", entsteht ein schlechtes Bild; doch das täuscht. Fragt man konkreter nach ihren Beziehungen zu Vater und Mutter, zu einzelnen Lehrern oder Bekannten, entstehen meist recht positive Einzelbilder. Die emotionalen Bindungen an die Eltern sind ihnen sehr wichtig. Sie beschreiben differenziert ihre positiven und negativen Eigenschaften, wobei sie sehr stark werten. Erst später erklären sie deren kritisierte Verhaltensweisen mit Verständnis, indem sie auch deren Schwierigkeiten hervorheben.

Im allgemeinen hat sich das Verhältnis der Jugendlichen zu ihren Eltern in den letzten Jahrzehnten in Richtung Verständigung gewandelt; die Familie ist nicht mehr generell die Negativinstanz, die es zu fliehen gilt. Eltern-Kind-Beziehungen sind partnerschaftlicher, diskussionsoffener und transparenter geworden, die emotional warme Atmosphäre hält länger vor, und jede Generation lernt von der anderen (vgl. Fend 1988, S. 126 ff). Jungen und besonders Mädchen wehren sich eher gegen ungerechtfertigte Zumutungen, die Konflikte werden intensiver ausgetragen als früher. Mehr Eltern als je zuvor wollen die Selbständigkeit ihrer Kinder und kümmern sich engagiert darum; allerdings sind auch die Probleme schwieriger weil komplexer geworden (z.B. Suchtgefahren, Arbeitsmarkt und Studiensituation, verantwortungsarme sexuelle Beziehungen). Wenn auch immer noch viel zu viele Familien aus eigener Ohnmacht die Jugendlichen in diesen Konflikten allein lassen, so läßt sich doch nach den Ergebnissen der letzten Shell-Jugendstudie von 1985 sagen, daß der Anteil der Familien, die für die Heranwachsenden einen Schutz-, Verhandlungs-, Entscheidungs- und Übungsraum bieten, größer geworden ist.

Doch die Eltern sind nur für existentielle, langfristige Probleme zuständig, aktuelle Fragen lassen sich eher in der peer-group besprechen. Hier kann man sich in einer Form auf das Erwachsensein vorbereiten, die potentiell qualitativ anders ist als zuhause: Hier sind viele Entwicklungsrichtungen möglich, Probeleben, das Risiko des Ausprobierens in der Gnade, noch nicht für alles den Kopf hinhalten zu müssen. Michaela W. (16) schreibt:

> "Dann aber wieder stellt man fest, wenn man mit den Eltern zusammensitzt, und sie erzählen von ihrer Jugend, daß dort auch nicht immer eitel Sonnenschein war. Unsere lieben Väter als Halbstarke! Ich glaube, daß es zu der Zeit noch mehr Konflikte gab, da es ja die erste Jugend war, die sich (so stark) gegen die Erwachsenenwelt auflehnte. Da war Stärke angesagt, und Weichlinge blieben auf der Strecke. Oft glaube ich, daß mein Vater Angst hat, weil er glaubt, daß mir so Ty-

pen, wie er es früher war, begegnen könnten. Die Tatsache, daß vielleicht ein Junge mal wichtiger wird als er, erfüllt viele Väter mit Angst."

Interessant ist, daß Jugendliche und Erwachsene sich darüber täuschen, wie die jeweils andere Generation sie bewertet. Jede Gruppe sieht die andere positiver als sich selbst und glaubt, daß die andere Gruppe sie selbst negativer einschätzt (Olbrich/Todt 1984, S. 43).

Entscheidend für das Selbständigerwerden des Jugendlichen ist die Art und Weise, wie er sich von den Bindungen an Vater und Mutter sowie an die Familie als ganzer löst. Die Verschiedenheit von Ablöseprozessen kann man gut überblicken mit Hilfe eines Modells von Stierlin/Levi/Savard (1973): In der Mitte einer Skala setzen sie den "idealen Ablösungsmodus" an und an beiden Enden den "zentripetalen" und den "zentrifugalen Modus". Zwischen diesen Extremen können die tatsächlichen Ablösungsprozesse festgemacht werden.

Beim *zentripetalen* Modus üben die Eltern eine ungewöhnliche Anziehung auf den Jugendlichen aus, so daß sie seine Ablösungsbemühungen verzögern oder verkümmern lassen. Sie knüpfen ein Netz von Erwartungen und Sanktionen, wirken täglich so auf ihn ein, daß er außerhalb der Familiengrenzen nichts mehr wahrnimmt; die Außenwelt erscheint finster und bedrohlich, er selbst hält sich für unfähig, ohne seine Eltern - meist ohne Mutter oder Vater - etwas zu tun. Nur in seiner privaten Nische, in einer Phantasiewelt kann er allein sein; da er dort häufig erfolgreich ist, unterstützen seine Eltern dieses "brave" häusliche Verhalten, so daß auch darin der Jugendliche zu ihnen sich nicht distanzieren kann.

In folgendem Aufsatzausschnitt von Liane B. (16) ist zwischen den Zeilen deutlich zu spüren, wie sie sich (als Reaktion auf die nicht erreichbare Wunsch-Lehrstelle mit eigener Wohnung) einspinnt in ihre Familie und deren Handlungsmuster:

"Ansonsten muß ich sagen, daß alles bei mir in Ordnung ist; zu Hause gibt es zwar ab und zu kleine Meinungsverschiedenheiten zwischen mir und meinen Eltern, aber die sind nicht so groß, daß die ganze Welt für mich untergeht. Ich glaube, daß ich sagen kann, daß ich so bin oder zumindest fast so bin, wie ich sein sollte, von meinen Eltern aus gesehen, auch wenn es ab und zu mal heißt: 'Wie läufst du denn heute wieder rum' oder 'Was bist du faul, könntest mir ruhig mal helfen, statt faul rumzusitzen', so weiß ich doch, daß das alles nicht so eng gesehen wird und daß meine Eltern mit mir zufrieden sind. Vor drei, vier Jahren allerdings glaubte ich, daß meine Eltern gegen mich waren, da plötzlich viele Verbote aufkamen, und ich glaubte, daß ich ganz anders sein sollte, als ich war, doch jetzt weiß ich, daß meine Eltern es nur gut mit mir meinten, ich habe gelernt, sie zu verstehen ...

Ich muß sagen, daß ich eigentlich froh bin, daß ich von zu Hause noch unterstützt werde. Es gibt bestimmt einige unter euch, die schon ganz allein auf sich gestellt sind und die es nicht so gut haben wie ich, welche, die auf der Straße sitzen, weil ihr Elternhaus nicht gerade das beste war. Deshalb möchte ich so werden, daß wenn ich überhaupt Kinder kriege, sie jederzeit zu mir kommen können und über alle Probleme mit mir reden können. Ihnen soll es später genauso gut gehen wie mir und sie sollen wissen, daß ich jederzeit für sie da bin und daß sie immer ein Zuhause haben werden."

Beim *zentrifugalen* Ablösungsmodus fehlen die Kräfte in der Familie, die ihren Zusammenhang festigen. Es kann viel Streit herrschen, Gleichgültigkeit gegenüber den Kindern; es können hier aber auch alle rigiden Familienbande fehlen oder die Überzeugung vermittelt werden, außerhalb der Familie wären Probleme besser zu lösen, Interessen besser zu befriedigen. Der Jugendliche mißt hier den peer-groups oder anderen Erwachsenen eine übersteigerte Bedeutung bei. Auf Konflikte in der Familie reagiert er gleich durch Flucht in die Clique oder zu idealisierten Erwachsenen.

Mehr Reifungschancen, mehr Lernmöglichkeiten und neue Identifikationsmodelle sehen die Autoren auf der Seite des zentrifugalen Ablösungsmodus; man darf aber nicht übersehen, daß hierbei Jugendliche einfach von der Fesselung an die Familie in die (oft noch rigidere) Fesselung an peer-groups wechseln. Weil die inhaltlichen Probleme der Beziehung zu den Eltern nicht wirklich aufgearbeitet werden, bringen sie in die peer-groups dieselben Merkmale hinein, denen sie entfliehen wollten. Das führt dazu, daß die meisten peer-groups in ihrer Sozialstruktur und im Wertesystem ebenso konventionell sind wie die als "spießig" oder "bürgerlich" abgelehnten Familien. Anderseits ist die Ablösung vom Elternhaus die wichtigste Voraussetzung zum Selbständigwerden, und die peer-group übernimmt hier dieselbe stützende Funktion, wie die Mutter sie bei der ersten Entwicklungskrise "Trotzphase" gab.

Als Zwischenstation ist am besten die peer-group geeignet, weil sie eine soziologische Mischform zwischen Familie und gesamtgesellschaftlichem System darstellt (vgl. Döbert/Nunner-Winkler 1975, S. 16). Sie bietet den idealen sozialen Rahmen zu erproben, wie man die emotionale

Sicherheit von der Familie auf die eigene Person verlagern kann, um frei zu werden für neue Bindungen.

Die sozialisierenden Leistungen der peer-group

Die Jugendlichen haben sich weniger spontan als in der Kindheit zu Gruppen zusammengeschlossen, haben genauer geprüft; das Auf-jeden-Fall-dabei-sein-Wollen ist nicht mehr ausschlaggebend. Und doch finden weitaus die meisten mindestens eine Gruppe, Einzelgänger sind unter den Zwölf-bis Fünfzehnjährigen selten. Sie versuchen, in verschiedenen Gruppen mitzumachen, in institutionalisierten und freien. Das wichtigste an der Clique ist für den Jugendlichen die emotionale Atmosphäre; hier werden Erfahrungen mit sich selbst und anderen möglich, ohne externe Ziele verfolgen zu müssen; alle Handlungsmotivationen erscheinen bedürfnisnah. Das ist der geeignete soziale Ort, um persönliche Werte und Ziele zu suchen. Sport, Geselligkeit, Konsum, Reisen, Spiel und Theater, Massenmedien, Musik, Intimität bilden die thematischen Rahmen, um die Widersprüche zwischen individuellen Ansprüchen und sozialen Chancen zu diskutieren.

Widersprüchlich wie ihre Intentionen, Ziele und Themen sind die Handlungsformen der Gruppen. Baacke (1972) führt sie auf die beiden Grundrichtungen "Gammeln" und "action" zurück: Einerseits stellen die Jugendgruppen ihr Lebensgefühl in einer provokativen Form ungewissen, unbestimmten, folgenlosen Irgendwastuns dar; sie demonstrieren den leistungsorientierten Erwachsenen in Familie, Schule und Arbeitswelt ihre Verweigerung der herrschenden Ideologie. Bei genauem Hinsehen entpuppt sich das Gammeln jedoch als oberflächliche Abwehr; sie wird in der Gruppe selbst ausgehöhlt durch unterschwellig wirksame Leistungsorientierung: Wer am besten gammelt, wer ausflippt, wer vollkommene neue Formen oder Abwechslung kreiert, wer gegen geltende Rituale verstößt, wird gefeiert oder bestraft nach Erwachsenenmaßstäben. Vergammelte Tage sind gut, aber sie sind nichts; die Jugendlichen brauchen "action", die gesteigertes Lebensgefühl bringt. Action konzentriert Entscheidung, Handlung und Ergebnis in einem Brennpunkt. Doch was action ist und was nicht, entscheidet jeder Jugendliche für sich.

Sie sprechen in ihren Cliquen einen anderen Code als zu Hause. In den 80er Jahren haben die Jugendsoziolekte die Umgangssprache bereichert; die neuen Ausdrücke breiten sich schnell aus von den Großstädten in die Provinz. Die Sprache der Scene klingt erst richtig in dialektaler

Färbung. Nur die sprachlichen Prinzipien, nach denen Jugendcodes generiert werden, sind über Zeiten und Ideologien gleich (vgl. Schleunig 1980; auch Bättig u.a. 1980). Linguistische Puristen werfen dieser Sprechweise schnell Plattheit vor; sie sei undifferenziert, schematisch, reduziere die Erfahrung, schaffe ein enges Weltbild und lasse kein systematisches Planen zu (Zur Abwertung des Jugend-Soziolekts vgl. etwa Bopp 1979 und Stubenrauch 1978). Dabei wird nicht bedacht, daß diese Sprache hauptsächlich von solchen Jugendlichen gesprochen wird, die eine längere Schulausbildung haben, alternativ denken und leben und häufig über politische Ereignisse diskutieren. Sie beherrschen neben diesem Soziolekt auch die konventionellen Sprechweisen; sie haben sich aber ihre eigene geschaffen, um die Besonderheit der in ihren Kreisen relevanten Erfahrungen und Bewertungssysteme auszudrücken, um damit unter sich zu sein, einander zu erkennen und - sicherlich nicht zuletzt - aus Freude an ästhetischer Tätigkeit auch in der Sprache.

In diesem Soziolekt werden alte Wörter wiederbelebt oder aus Dialekten übernommen, andere nach üblichen Wortbildungsverfahren gebildet oder aus dem Englischen abgeleitet. Die Metaphorik ist nicht derber als die an altdeutschen Honoratioren-Stammtischen ("tote Hose" - hier ist nichts los), sie ist nur manchmal undurchschaubar ("schnallen" - begreifen). Diese Jugendsprache ist der Dichtung näher als der Standardsprache; sie schafft Inseln in einer bedrohten und subjektiv abgelehnten Welt und übertreibt maßlos, um die stark erregbaren Gefühle zu überdecken. Sie lebt so kurz, wie ihre Sprecher jung sind.

Vieles wäre zu den Besonderheiten von Jugend und peer-group noch zu sagen (zur Ergänzung verweise ich vor allem auf das 4. Kap. in Tillmann 1989). Ich muß mich hier konzentrieren auf die fördernden und hemmenden Einflüsse der Jugendgruppen auf die Identitätsbildung, konkret: auf die Fähigkeiten zur Kommunikativen Kompetenz. Deshalb stelle ich kurz ihre sozialisierenden Leistungen für die erweiterte Erfahrung der Verständigungsfaktoren zusammen: Ich, Du, Wirklichkeit und Sprache.

■ Zur Erfahrung des eigenen Ich
Die Emanzipation vom Elternhaus und den Institutionen ist - besonders in der psychisch labilen Phase der Pubertät - risikoreich; in peer-groups erfährt der Jugendliche neue Stabilisierung und erste Möglichkeiten zur Autonomie. Im Erlebnis, daß die peers dieselben Ich-Findungsprobleme haben, verhelfen sich die Jugendlichen gegenseitig zu einer neuen Identität; im Spannungsfeld von Abgrenzung und Intimität, von Rivalität und Solidarität kann die Ich-Identität ausgebildet werden. Die Situationsrollen

in den peer-groups (im Gegensatz zu den natürlichen und institutionalisierten Rollen in Familie und Schule) lassen Selbsterfahrung, Selbsterprobung, Glück, Abenteuer, Risiko, die Durchmusterung abweichender Verhaltensweisen, Kreativität und Genuß eher zu. Es entstehen Gelegenheiten für die Erprobung der eigenen Attraktivität; der einzelne kann sich hier auch so darstellen, wie er gern sein möchte. Und zum Aufbau der Ich-Stärke ist es wichtig, sich auch in einer Hierarchie eine Position zu erobern.

■ Soziale Erfahrungen
Die Gruppe gibt Solidarität und emotionale Wärme wie die Familie, aber die Rollenspielräume sind größer und flexibler. Man kann Beziehungen leichter wechseln und lösen, Rollenzumutungen ablehnen. Durch ein erprobendes Übertragen gewohnten familialen Rollenverhaltens auf neue Bezugsgruppen kann man es "universalisieren", was für eine emanzipierte soziale Identität notwendig wird. Schließlich erfahren sich die Jugendlichen hier auch in ihrer Geschlechtlichkeit, und zwar zusammen mit ersten Normen für homo- und heterosexuelle Annäherung und Interaktionsformen.

■ Erfahrung der Wirklichkeit
In den peer-groups stehen solche Themen und Interessen im Vordergrund, die zu Hause nur am Rande mitzuerleben waren. Zudem wird eine Fülle von bisher tabuisierten und den Eltern unbekannten Informationen vermittelt, insbesondere über den Freizeitbereich; dadurch wird eine mehr und mehr selbständige Orientierung über regionale und überregionale Inhalte und Ziele von Arbeits- und Freizeitaktivitäten ermöglicht. Kenntnisse über die Pop-Szene sowie über Inhalte und Ziele von Subkulturen werden intensiv und mit viel Detailwissen diskutiert. Bisher für selbstverständlich Gehaltenes wird der Reflexion zugänglich; man lernt, die Erwachsenenwelt begründend und wahrhaftig zu kritisieren.

■ Erfahrung von Sprache und Verständigung
Die Jugendlichen erweitern hier ihre Fähigkeiten, sich in symmetrischen und anerkannt komplementären Beziehungen zu verständigen. Die Identifikation mit der Gruppensprechweise läßt die Erfahrung wahrhaftiger Verständigung existentiell werden. Sie erlernen auch mehrere Gruppensprachen; dadurch wird ein persönliches Verhältnis zur Sprache gefördert - ein notwendiges Gegengewicht zum entfremdenden Sprachunterricht der Schule. Über favorisierte Gruppenthemen lernen sie differenziert und nuancenreich zu sprechen. Sie erfahren, daß Fachsprachen die Verständigung erleichtern, aber auch Uneingeweihte ausschließen. Um "neue

Leute" kennenzulernen, braucht man neue Kommunikationsformen der Kontaktaufnahme und des Kontaktaufrechterhaltens, des Erzählens, des Diskutierens, des Regelns gemeinsamer Handlungen. Wie in eine reichhaltige Stilistik zum originellen Ausformulieren dieser Formen kann man sich einüben in nonverbale Ausdrucksweisen; Gesten, Gesichtsausdrücke, bildliche Zeichen und Körpersprache sind für sie gleichwertige Ausdrucksmittel. Sprache selbst wird kaum thematisiert, wohl aber die Prinzipien der Verständigung, da häufig Kommunikationskonflikte zu lösen sind; Diskurse jedoch, die die Gruppenidentität in Frage stellen würden, werden schroff abgelehnt.

Die Erfahrungsmodi

Sucht man in Gesprächen und Tagesläufen Jugendlicher systematisch neben alltagspraktischen Orientierungen nach theoretischen, ästhetischen und ethisch-politischen Formen des Umgangs mit Erfahrungen, dann scheinen sich diese Kriterien zunächst als unbrauchbar zu erweisen. Natürlich dominieren alltagspraktische Einstellungen; sie werden aber immer wieder von Gedankenblitzen, Witzen, Sprachspielen, Verballhornungen, ernsthaft und unernst daherkommenden Sprüchen, fertigen und kuriosen allgemeinen Sätzen unterbrochen. Auch Hypothesenbildungen, Vorschläge zu abstrakteren Einsichten und Urteilen kommen vor, die sich dann aber schnell als Alltagstheorien herausstellen, als Allgemeinplätze, denen die anderen leicht zustimmen können. Möglicherweise wird man mit der Suche nach reinen Formen der Erfahrungsmodi jugendlichem Peer-group-Verhalten nicht gerecht; vielleicht ist es besser, die vier Kriterien prototypisch zu verstehen und nach der besonderen Weise des Umgangs mit Erfahrungsmodi in Jugendgruppen zu fragen.

Gelegenheit zum formalen Denken erhält der Jugendliche zwar in den Gruppen seiner sozialen Umwelt, aber erst durch thematische Stimulation. Die entscheidenden Anstöße zur Ausbildung theoretischen Denkens sind inhaltlicher Art: Bestimmte Themenbereiche, die der Jugendliche als bedeutsam für sich erlebt, werden ihn herausfordern, sich in ihnen auf die unbequeme und anstrengende theoretische Tätigkeit einzulassen. Einige Untersuchungen zeigen, daß Jugendliche in bestimmten Themenbereichen durchaus hypothetisch denken, diese Fähigkeiten aber nicht automatisch auf andere Themen übertragen; so erfolgt ihre kognitive Entwicklung für die Bearbeitung verschiedener Probleme verschieden schnell (vgl. Hornstein u.a. 1975, S. 291). Entsprechend zeigen Intelligenztests, die an der kognitiven Entwicklungslogik orientiert sind, unterschiedlich hohe Intelligenzleistungen je nach Interessengebieten der Jugendlichen.

Bei der traditionellen Aufgabenteilung der gesellschaftlichen Institutionen gehen die Impulse zum Theoretisieren hauptsächlich von der Schule aus; deshalb haben diejenigen Jugendlichen die größte Chance, diese Phase ihrer kognitiven Entwicklung zu erreichen, die in der Altersstufe um das 15. Lebensjahr nicht bereits ins Arbeitsleben entlassen werden, wo auf hypothetisches Denken am wenigsten Wert gelegt wird. Doch auch der Hauptschule wird in der öffentlichen Meinung die Notwendigkeit abgesprochen, die Schüler in theoretische Denkweisen einzuführen. Auf diese Weise werden beim Übergang der Grundschulkinder in die "weiterführenden Schulen" frühzeitig Lebensläufe programmiert: Nur einem Teil der nächsten Generation wird die Möglichkeit geboten, theoriefähig zu werden. Das hat zur Folge, daß nur diese Jugendlichen studieren und eine gesellschaftlich anerkannte Position erreichen; vor allem werden nur sie ein reflektiertes Verhältnis zu sich und zur Umwelt, also eine ausbalancierte Identität gewinnen können.

Peer-groups können schon wegen ihrer strengen Sozialstruktur, ihrem Zwang zur Konformität und ihrer rigiden Kontrolle der zugelassenen Deutungssysteme nicht förderlich sein für die Initiierung theoretischer Lernprozesse. Sie versammeln Jugendliche, die unterschiedliche Familien- und Schulerfahrungen haben, also auch in ihrer kognitiven Entwicklung verschieden weit gefördert worden sind. Zudem kommen in den lässig geführten Unterhaltungen verschiedene Themen zur Sprache, die nicht von allen Mitgliedern mit demselben Interesse und Engagement besetzt werden. Schließlich werden gewisse Themen, vor allem aus dem Bereich des Privaten, wegen der Abwehrfunktion der peer-groups am liebsten ausgeschlossen. Hierbei muß allerdings nach Gesellungsformen differenziert werden: In den institutionalisierten Gruppen kommt Theorie marginal in Feiertagsreden vor oder eben als Fachgespräch wie am Arbeitsplatz. In den frei initiierten Gruppen ist Theorie integrierter und dichter an die ästhetische Erfahrungsweise gebunden. Wichtiger erscheint mir eine Unterscheidung von Reflexionsformen nach Gesellschaftsschichten, und zwar wegen der schulischen Voraussetzungen.

Arbeiter-Jugendliche haben zu wenig Gelegenheit und Anleitung, sich ins diskursive Denken einzuüben. Ihre verallgemeinerbaren Einsichten bleiben auf konkrete Fälle bezogen und sind sinnlich verankert. Ihren Reflexionsgrad erkennt man erst, wenn man die Formulierungen auf allen Ausdrucksebenen wahrnimmt: Erst zusammen mit einem lautmalerischen Unterton, einer Geste oder einer bildlichen Darstellung ist die Aussage für den Außenstehenden zu verstehen; den Code dazu beherrschen meist nur die Gruppenmitglieder. Helmut Hartwig (1980, S. 127 f) zeigt an mehreren Beispielen, wie Jugendliche die Sprache der Medien aufgreifen, sie auf ihre Erfahrungen beziehen, ironisieren und dabei inhaltlich sprengen. Allerdings ist es schwer, an Zeugnisse solcher Denkweise heranzukommen; folgenden Ausschnitt aus einem Hörspiel einer Arbeitsgruppe in einer 9. Hauptschulklasse halte ich indes für typisch (mitgeteilt bei Hartwig, ebd.):

Kojak:	Leutnant Kojak, Manhattan Süd.
Reporterin:	Großartig, ich rufe von dem roten Telefon aus Europa an. Sagen Sie, Leutnant, was halten Sie von der Jugendarbeitslosigkeit? Was sollte man Ihrer Meinung nach dagegen tun?
Kojak:	Das könnte ruhig so bleiben wie es ist. Dann habe ich wenigstens was zu tun. Hauptsache, die Lolly-Fabriken laufen auf Hochtouren.

In Gruppen der Mittel- und Oberschicht kommen solche sinnlich-geistigen Reflexionsformen natürlich auch vor; sie werden hier aber ergänzt durch diskursive Auseinandersetzungen. Durch ihre gründlichere schulische Vorbereitung sind diese Jugendlichen in der Lage, Erfahrungen zu problematisieren und theoretisch durchzuarbeiten. Ob sich das förderlich auf ihre Identitätsbildung auswirkt, wird fraglich, wenn man beobachtet, wie sie in imitierten akademischen Diskussionen die Probleme verfremden und von ihrer Betroffenheit abrücken. Wichtiger werden auch hier die ästhetisch-theoretischen Mischformen sein, inhaltlich und formal mitgestaltet von Vorbildern aus den Künsten und Wissenschaften. Folgende Ausschnitte aus einem nachmittäglichen Cliquentreffen sollen das veranschaulichen; vier Jungen und ein Mädchen (16/17 Jahre) bereiten ein "Karriere-Spiel" vor:

M.	Ich habe hier ein Spiel zur Auswahl.
C:	Wozu haste denn die Zettel mitgebracht?
M:	Zeig mal, was heißtn das? Das sind keine Zettel, das isn Block. Also - wir ham entweder -
K:	Socken wech! -
M:	- Karriere - oder das Börsenspiel. Wer kenntn das? (...)

P: Was am leichtesten is.
C: Mach'n - mach'n wa Karriere, das is lustig.
P: Oh.
M: Würden Sie bitte die Ihnen angestammten - ja beziehungsw - nicht angestammten - die Ihnen zustehenden - nein, günstig erscheinenden Sitzplätze einnehmen? Die Sie dann auch behalten für das Spiel. Nein, ich hab' nich gesagt, die angestammten, sondern die günstig erscheinenden.
A: Ja, die erscheinen vielleicht günstig so.
K: Tu mal die Bierflaschen da runter.
(Lachen)
A: M, mach ma' 'n Reißverschluß auf!
(Lachen)
P: Nimm doch mal deinen dämlichen Fuß da runter.
(Lachen)
M: Wir können ja auch nach dem Rollsystem spielen.
K: Wat is denn 'n Rollsystem?
M: Alle fünf Minuten wechseln wir die Plätze.
(Pause)
A: Ich hab' mir jetzt überlegt, ich werd' jetzt in 'n Che-Guevara-Club eintreten.
M: In den Che-Guevara?
A: Hm.
C: Schikuvara! (lacht)
A: Che-Guevara-Club. Che Guevara macht am meisten Karriere.
M: Tu mal die Bücher da weg.
A: So. Ich hab' mein Fenstertuch um.
(...)

Nach dem Spiel und kurzer Flapserei entspinnt sich spontan zwischen zwei Jungen ein etwa 15minütiges Rollenspiel, das ich hier leider nur stark gekürzt wiedergeben kann.

M: Bäh -
K: - wie was, bäh? Können wa doch mal runtergehen und kucken ob da unten - irgendetwas gebacken is. Wenn wa dat wegräumen, dann is et - dann könn' wa ne Runde Tischtennis spieln.
M: Das muß erst bewiesen werden, und im liberalen Sinne heißt liberal nicht nur liberal -

K:	- Herr Abgeordneter P., wenn ich das so an Ihrer Ausführung anlehnen dürfte.
M:	- Kollege Müller, Kollege Müller, das ist vollkommen fehl am Platze - Sie halten am besten das Maul.
K:	Es sollte ethische Intention sein - ööö -
M:	- das Agrarprodukt - nein, nein, nein, den Usus an ethi - an präpubertären Infantilitätsprotuperanzen permant zu reduzieren.
M:	Können Sie mir das mal erläutern, bitte - etwas?
K:	Ä - auf einen Nenner gebracht heißt das, daß -
M:	- da bin ich ganz Ihrer Meinung (Lachen), daß präzise erklärt -
K:	nein, nein, nein - nein nein nein, die Expansion mehrerer Agrarprodukte
M:	Ja, ich bin Ihnen dankbar -
K:	steht in permanent reziproker Relation zum geistigen Fassungsvermögen ihres Erzeugers -
M:	- man könnte auch "Intellekt" sagen. Aber ich bin Ihnen dankbar, Sie haben da wieder einen entscheidenden Beitrag geleistet zur Verständigung zwischen Bürger
K:	wenn wenn wenn wenn -
M:	und Politiker. Das muß ja mal so sein, daß sie wieder Deutsch mit uns reden.
K:	Wenn ich den Abgeordneten Hölzenbein mal so äh - rezitieren dürfte, äh, ein wichtier Ausspruch von ihm war einmal: Der Ball ist rund. Und da -
M:	- heut wieder ganz in Leder -

Jede peer-group müßte eigentlich ideale Voraussetzungen für ästhetische Tätigkeiten und Erfahrungen bieten: Hier gibt es Freiraum, Zeit für Spiel, für das Leben als Spiel; Sinnlichkeit wird gesucht und in vielerlei Kontaktformen gefunden; Erlebnis und Genuß herrschen vor, Phantasie blitzt auf - aber die beruht auf dem Netz der Rituale. Diese Rituale, die den Zusammenhalt und die emotionale Geborgenheit sichern, pressen Spiel und Sinnlichkeit in schematische Bahnen. Die ästhetischen Innovationen kommen von einzelnen, die ihre Kreativität nicht von Gruppenzwängen nivellieren lassen. Erreichen diese Blitze die Gruppe auf gerade noch faßbarem Niveau, dann werden sie akzeptiert, und der Kreative erhält die Rolle dessen, der sich "so etwas" erlauben kann ("Clown", "Profes-sor", "unser Spinner"); oder man hält sich einen Profi-Kritiker und macht Kritik an der eigenen Gruppe so ungefährlich.

Wir müssen schon die Sichtweise ändern, um hinter die Rituale schauen zu können; mit den Kategorien des offiziellen Kulturbetriebes kommen wir hier nicht weiter; denn was sagt es schon aus über die ästhetischen Erfahrungsmöglichkeiten, daß 31 Prozent der Jugendlichen ein Instrument spielen oder 90 Prozent aller Schallplatten von Jugendlichen unter 25 Jahren gekauft werden?

Die riesige Spannung zwischen Möglichkeit und Wirklichkeit ästhetischer Erfahrung erleben die Jugendlichen auf ihre eigene Weise. Helmut Hartwig (1980) zeigt im Bereich bildnerischer Tätigkeiten einige Richtungen jugend- und peer-group-spezifischer Ästhetik. Da es für den Bereich sprachlich artikulierter ästhetischer Erfahrungen so gut wie keine Untersuchungen gibt, kann ich nur einige Richtungen skizzieren, in denen Forschungen durchzuführen wären:

1. Kollektives Probehandeln
Wir sind allzu sehr gewöhnt, immer dann ästhetische Tätigkeiten anzunehmen, wenn originelle Produkte eigenständig hervorgebracht werden unter Mißachtung konventioneller Erwartungen, wenn neue Dimensionen des Schöpferischen erschlossen werden. Doch widerspricht eine solche normative Festlegung nicht der Besonderheit ästhetischer Erfahrung? Wo und wann etwa kann man sonst eine solche Freude am Experimentieren mit vorgegebenen Elementen finden, wo anders als in jugendlichen peer-groups gibt es so viel (und so konstitutiv für die Gruppe!) gemeinsamen Spaß am Jonglieren mit gängigen Schablonen? Könnte das Erproben um des Erprobens willen nicht ästhetische Tätigkeit par excellence sein?

"Es geht dabei [...] weniger um das Vorantreiben von Erkenntnissen als um die experimentelle Erprobung von eben erworbenen ... Schöpferische Produktion ist gerade in diesem Lebensabschnitt kein einsamer Akt, sondern bedarf des Klimas und der Maßstäbe geeigneter altershetero- und homogener sozialer Beziehungen; sie lebt aus der Übernahme von Elementen und Modifikationen von Vorbildern" (Hornstein u.a. 1975, S. 287 f; Beispiele in: Hartwig 1980 und P. Rühmkorf 1969).

2. Ästhetische Atmosphäre
Die Peer-Beziehungen schaffen eine diffuse Atmosphäre, in der sich Vorbewußtes leichter aktivieren läßt für Phantasietätigkeit. Sicher bleibt diese meist in Gedanken, in Träumen, angeregt und unterstützt von Musik, dem Duft von Räucherkerzen und auch Drogen; sicher fördert diese diffuse, aber inhaltlich anregungsarme Atmosphäre eher ästhetisches Verhalten (etwa Musikhören) als ästhetische Tätigkeit (etwa Musikmachen). Aber man höre doch mal genauer hinein in die begleitende Kommunikation,

"die nicht auf Metakommunikation orientiert ist, sondern Phantasien, Erinnerungen, Vermutungen, Assoziationen hervorbringen und veröffentlichen soll" (Hartwig 1980, S. 246).

3. Die einzelnen in der Gruppe
Besonders im Rahmen von Cliquen ergeben sich manchmal Gelegenheiten zu ästhetischer Tätigkeit, wenn sich zwischen zwei gleichgestimmten kreativen Einzelnen ein Spiel entzündet, das nicht mehr von den Gruppenkonventionen, sondern von ihrer Phantasie bewegt wird. Vielleicht sind die anderen noch nicht da oder schon weg, vielleicht sehen die beiden die anderen auch nur nicht, - jedenfalls fühlen sie sich allein und improvisieren aus Spaß (und nicht zum Vorführen) ein sinnliches Spiel. Verkleidung, Masken oder Spielgegenstände werden spontan aus den Sachen "gemacht", die gerade greifbar sind; Musik, Farben, Gerüche wirken anregend und werden einbezogen.

4. Gegen-Kultur
In politisch engagierten Protestbewegungen wie bei konservativen Disco- oder Fußballfans, in Jugendreligionen oder bei Punkern - überall kann man auf Gruppen stoßen, die sich selbst der "Subkultur" zurechnen. Dieser Leitbegriff der 60er und 70er Jahre ist in seiner wissenschaftlichen Brauchbarkeit umstritten (vgl. Greverus 1978, S. 216ff, Schmidt-Denter 1988, S. 133ff), wurde und wird jedoch von peer-groups, die Gegen-Kulturen zur herrschenden Meinung aufbauen wollen, gern auf sich bezogen. "Sub" zeigt nicht nur an, daß diese Kulturen "unterhalb" des herrschenden Kulturbetriebs stattfinden, sondern auch, daß sie als "niedriger" als die bürgerliche, subventionierte Kultur verstanden werden soll, näher an der Basis des Volkes, als Kultur der minderbemittelten Schichten. Es ist eine ästhetisch-politische Gegenbewegung - durchaus im Schillerschen Sinn des "Erhabenen" - zur öffentlichen Meinung, historisch zum "abgesunkenen Kulturgut", das seit dem 19. Jahrhundert aus dem offiziellen Kulturbetrieb ausgeschlossen ist und von der Volkskunde betreut wird. Rolf Schwendter (1978) hat aus eigener intimer Kenntnis das Milieu der Gegen-Kulturen beschrieben und analysiert:

Gemeinsames Ziel ist, verschüttete und deformierte Bedürfnisse so zu befriedigen, daß Zustände der Knechtschaft endgültig aufgehoben werden. Neben den vitalen Bedürfnisbereichen Nahrung, Kleidung, Wohnung, Sexualität, Fortbewegung und Erhalten der Gesundheit sollen neue Bedürfnisse nach Selbstaktualisierung, Solidarisierung und Sensibilisie-

rung geweckt werden. Ansprüche sind hier hoffnungsvoll als Programme formuliert und verkündet; die Subkultur will endlich ernst machen mit der Verwirklichung der humanen Vorstellungen, die die bürgerliche Gesellschaft seit der Romantik vor sich herschiebt:
1. Verknüpfung von Information und Unterhaltung
2. Kunst als Denkanstoß, Aha-Erlebnis, Provokation von Emotionen, Re-Inforcement-Effekt
3. Agitation, Gegeninformation
4. Propaganda (im Sinne Peter Schneiders, d.i., persönliche Wünsche freizulegen und nach dem Prinzip Hoffnung zu leben), Antizipation
5. Verbesserung der Kommunikation, Ritual, Solidarisierung
6. Gegensozialisationshilfe, Bewußtwerden des Prozessualen
7. Sensibilisierung
8. Selbstverwirklichung, Aufhebung der Kunst in Spiele, Feste, herrschaftsfreie Kommunikation
9. Aufhebung der Kunst in Aktionen. (Schwendter, S. 241)

Beispiele für Versuche, sich der Verwirklichung solcher Programme zu nähern, gibt es in jedem Stadtteil; sie alle bilden eine unorganisierte Bewegung, die in den letzten zwei Jahrzehnten auch gesamtkulturell wirksam war.

Subkulturen, getragen von jugendlichen peer-groups, haben es immerhin geschafft, mit ihren alternativen Inhalten und Zielen das Getto "Jugend - Moratorium" zu überwinden und eine echte Alternative zum etablierten Angebot zu entwickeln mit unbestreitbaren Folgen für die Gesamtgesellschaft. Dieter Baacke nennt folgende Beiträge zu "Evolutionsstrategien" in hochindustriellen Gesellschaften: "etwa Internationalismus, Mobilität, Abbau der Aggressivität, Dezimierung wirtschaftlicher Verflechtungen, Bedürfnisreduktion und -steuerung, Diskussion, situationelle und nicht institutionelle Lernbereitschaft, Akzeptierung, ja Bevorzugung gerade der Unterdrückten und 'disadvantaged', Öffnung des Privaten zum Öffentlichen und umgekehrt, das Prinzip von Nachbarschaft und kommunaler Solidarität, die die abgekapselte und nur für sich ehrgeizige Kleinfamilie ersetzen soll" (ders., S. 145). Wichtiger aber noch ist, daß ästhetische Prozesse überhaupt irgendwo stattfinden, wo sie prinzipiell jedermann zugänglich sind, daß davon berichtet wird und daß das Bewußtsein möglicher ästhetischer Tätigkeiten wachgehalten wird.

Die Wirkungen subkultureller ästhetischer Erfahrungen werden erst dann fruchtbar werden, wenn sie auf dieser gemeinsamen Erfahrungsgrundlage auch zu einer neuen *ethisch-politischen* Einstellung gelangen.

Doch das Werten ist ihnen ein schmerzendes, immer wieder verdrängtes Problem.

Dabei strotzen peer-group-Gespräche von wertenden Äußerungen; aus der Distanz erkennt man diese Bewertungen zum allergrößten Teil als fertige Sätze, im anerkannten Jargon der Gruppe formuliert; sie dienen der Bestätigung der Gruppenideologie und des eigenen In-seins. Sachverhalte außerhalb der Gruppeninteressen werden fast ausschließlich negativ bewertet; aus den Kurzformeln werden die Kriterien nicht deutlich. Begründungen sind überflüssig, die weiß hier eh jeder.

Soziologische Untersuchungen stimmen darin überein, daß die konkreten Werte und Ziele in peer-groups sehr verschieden sind, und daß man keinen Befund verallgemeinern kann. Die Normen jedoch, die die Handlungsweisen zur Darstellung der Werte regeln, sind in peer-groups konventionell wie in den anderen Sozialisationsinstanzen. Gemessen an den Prozeßnormen der Kommunikativen Ethik zeigt sich aber in jugendlichen peer-groups eine Besonderheit:

Jugendlichen ist das Einhalten von Wertsetzungen ungeheuer wichtig. Sie überprüfen ständig die Zusammenhänge zwischen geäußerten und verhaltenssteuernden Werten und empören sich über Diskrepanzen zwischen dem, was einer sagt, und dem, was einer tut. In Befragungen lehnten sie zu über 90 Prozent am stärksten die Heuchelei ab (Kreutz 1976, S. 161). Der oberste Wert scheint für sie in der Identität von Denken und Handeln zu liegen.

Behauptet und gefordert wird Wahrhaftigkeit jedenfalls; aber wie wird sie selbst gelebt? Unter strengen Normen muß die Fülle neuer Erkenntnisse im Jugendalter zunächst nach Schwarz-weiß-Kategorien geordnet werden. Radikale Standpunkte sind die Folge; die extremen Kontraste sind nur schwer diskutierbar. Werturteile werden spontan gefällt, Werte werden rigide gefordert ohne Spielräume, die sie zu ihrer dauerhaften Geltung brauchen. Das gilt besonders für scheinbare Werte, die die Jugendlichen über die Massenmedien erfahren haben; sie übertragen dann (ohne eigene Betroffenheit) die verbindlichen Handlungen von den gefilmten oder beschriebenen Situationen und Personen auf eigene Lebenssituationen, diskutieren aber die Problematik der Wertsetzung unter ihren eigenen Bedingungen nicht. So geraten sie selbst in die Diskrepanz zwischen Anspruch und Wirklichkeit, die sie doch gerade zu bekämpfen vorgeben: Sie stellen Heuchelei bzw. Identität von Denken und Handeln fest, ohne mit den Beurteilten über die Motive, Ziele und situativen Umstände gesprochen zu haben.

Soll die Gruppe funktionsfähig gehalten werden, sind diese Widersprüche nicht aufzuheben. Erst dann, wenn Einzelne oder Paare sich aus den Gruppenbildungen lösen, können sie wirklich die Stufen konventioneller Moral überschreiten. Solche Emanzipationsbewegungen bedürfen aber der Einzelinitiative, Banden verhindern sie, Cliquen lassen sie zu. Jugendgruppen sind halt soziale Orte zum Erproben und nicht zum Fertigwerden; und so werden die Jugendlichen und Erwachsenen auch weiterhin ihrem Feldzug gegen die Heuchelei hinterherlaufen.

Identitätsentwicklung zwischen Voranstürmen und Rückfall

Im Blick auf den einzelnen Jugendlichen sind die Stimmungsschwankungen bemerkenswert; kindisches Verhalten wechselt unvorhersehbar mit (aufgesetztem) Erwachsenengehabe, und die Erwachsenen können nicht erkennen, was er eigentlich für "natürlich" oder "normal" hält. "Die unergründlichste und einzigartigste Eigenschaft der Adoleszenz liegt in ihrer Fähigkeit, sich zwischen regressiven und progressiven Bewußtseinszuständen mit einer Leichtigkeit hin und her zu bewegen, die in keiner anderen Periode des menschlichen Lebens ihresgleichen hat. Dies könnte der Grund für die beachtlichen schöpferischen Leistungen gerade in diesem Lebensalter sein" (Blos 1980, S. 191 f).

Psychoanalytisch gesehen macht dieses Vor-Zurück die Grundstruktur der gesamten Bemühungen aus, zwischen Ich-Wünschen und gesellschaftlichen Zumutungen zu balancieren. Es läßt sich auch an dem moralischen Urteilsniveau nachweisen, in dem der Jugendliche in dieser Lebensphase die ihm angemessene ethische Haltung sieht:

Das formale Denken gibt dem Heranwachsenden die Möglichkeit, die Stufen der konventionellen Moral (3 und 4) in Richtung auf prinzipiengeleitetes Urteilen zu überschreiten; etwa 25 Prozent der über 16jährigen können auf der Stufe 5 argumentieren, etwa acht Prozent auf der Stufe 6 (Kohlberg 1980, S. 234). Hypothetisch denken zu können ist zwar eine notwendige, aber keine hinreichende Voraussetzung für prinzipiengeleitetes Urteilen; es stellt sich nicht mit der formalen Denkfähigkeit automatisch ein, sondern muß mühsam errungen werden, bis es sich im Erwachsenenalter stabilisieren kann. Kohlberg und seine Mitarbeiter stellten nämlich bei den 16- bis 20jährigen eine merkwürdige Regression fest: "Jedoch um das College-Alter herum scheinen die Individuen oft nicht die höchste für sie mögliche Moralstufe zu benutzen; statt dessen verwenden sie praekonventionelles Denken, das sie vorher längst überwunden hatten" (ebd., S. 236). Die Studenten argumentierten dabei zwar auf der Basis von "Recht und Ordnung", der Notwendigkeit staatlicher Gesetze und Autorität, stellten diese aber dann von ihren persönlichen Interessen her in Frage; sie werteten ein Gesetz oder auch ein Prinzip nur dann als "gut", wenn es dem Eigeninteresse des Handelnden entspricht. Diese eigenartige Mischung von Urteilen auf Stufe 4 und 2 interpretierten Kohlberg und seine Mitarbeiter - nach einer gründlichen Revision erster Auswertungen - als "ein Denkmuster, das während des Übergangs vom konventionellen zum prinzipiengeleiteten Argumentieren benutzt wurde. Das Denken der Übergangs-Relativisten in unserer Stichprobe könnte am besten als Stufe 4 ½ charakterisiert werden, d.h. als eine Denkweise, in der Moral überhaupt mit der Denkweise der Stufe 4 gleichgesetzt und dann die Gültigkeit einer solchen Moral in Frage gestellt wird" (ebd., S. 238).

Der Jugendliche hat einerseits schmerzhaft erfahren, daß er sich durch konsequentes Verfolgen von Eigeninteressen sozial isoliert; andererseits erkennt er jede in Gruppen geltende Norm als von Menschen gemacht, also relativ zu den Gruppeninteressen und nur mit Gewalt verallgemeinerbar. Drittens entdeckt er universale Prinzipien gerechten Lebens, nach denen sich zwar jeder zu sehnen scheint, die aber anscheinend nicht praktizierbar sind. Diese Erkenntnisse versucht der Jugendliche so miteinander zu verknüpfen, daß daraus wahrhaftiges Handeln entsteht: Er will die entdeckten Ideale nicht aufgeben, aber auch nicht so tun, als könne er dauernd danach leben; er will die eigenen Interessen aufrichtig in die normierten Handlungsmuster einbringen, muß also deren Freiheitsspielräume austasten. Das bedeutet praktisch: Er muß eigene Lebensziele zu definieren versuchen und diese in soziale Möglichkeiten einbetten, eine Berufs- und eine Staatsbürgerrolle finden, schließlich ein einheitliches Deutungssystem aufbauen, was in einer "pluralistischen" Gesellschaft, wo eine einheitliche verbindliche Ideologie oder Religion fehlt, eine selbständige Leistung darstellt. Von diesem Deutungssystem her muß er die verschiedenen gesellschaftlichen und die eigenen Ich-Ansprüche zu einer Identität verbinden.

Insofern muß er seine Rollen in einer Werthierarchie einordnen; als dominante wird ihm traditionell die Berufsrolle empfohlen. Der junge Erwachsene erkennt, daß in dieser seiner Gesellschaft weniger der prinzipiengeleitet Urteilende und Handelnde erwartet wird, nicht der um gelingende Verständigung Bemühte, sondern daß er möglichst auf der Stufe der konventionellen Moral haltmachen soll. Erwartet wird "die um die Berufsrolle zentrierte Rollenidentität des hochleistungsmotivierten, utilitaristisch kalkulierenden, vereinzelten Individuums" (Döbert/Nunner-

Winkler 1975, S. 46). Noch 1975 konnten die Autoren angesichts der sich stürmisch entwickelnden Alternativszene schlußfolgern, daß ein glattes Vereinnahmen der jungen Generation immer weniger gelingt und systemkritische Verläufe von Adoleszenskrisen wahrscheinlicher werden (ebd., S. 61). Heute würde diese Prognose sicher schon anders lauten. Aber erst auf einer solchen Folie des politischen Hintergrunds einer Epoche wird erkennbar, was es für den einzelnen Jugendlichen tatsächlich bedeutet, sich zur postkonventionellen Moral zu entscheiden, so zu handeln, wie es Norma Haan als höchste Stufe interpersoneller Moral beschreibt: "... wenn moralische Entscheidungen nach übergeordneten Grundsätzen wie Freiheit, Gleichheit und Gerechtigkeit getroffen werden, die es erlauben, sowohl kompatible als auch konfligierende Orientierungen differenziert zu berücksichtigen, zu problematisieren, zu transformieren und deren situationsspezifisch variable Gewichtung zu legitimieren" (Lempert 1982, S. 120).

Mitte der 80er Jahre gingen ca. 90 Prozent der 15jährigen zur Schule, von den 17jährigen aber nur noch 36 Prozent (Tillmann 1989, S. 191). Diese Zahlen zeigen zwar einen enormen Anstieg der Schüleranteile in wenigen Jahrzehnten (1960: 38 Prozent der 15jährigen, 18 Prozent der 17jährigen); sie zeigen aber auch, daß in den entscheidenden Jahren der kognitiven und der moralischen Entwicklung zwei Drittel der bundesdeutschen Jugendlichen ins Arbeitsleben (oder in die Arbeitslosigkeit) eintreten und damit in ihrer Identitätsentwicklung einen Bruch erleben, den nur die Wenigsten je überwinden werden. Wer jetzt weder Gelegenheit, Anregung noch Anleitung erhält, sich in eine formal-hypothetische Hermeneutik der lebenspraktischen Probleme und Umstände einzuüben, wird es autodidaktisch nur schwer schaffen. "Entwickeln" wird sich eine postkonventionelle Identität nur, wenn einer die Probleme aktiv bewältigt, d.h. die Aufgaben seines Lebens und seiner Mitwelt erkennt, sie selbständig interpretiert, sich ihnen stellt und sie - zusammen mit anderen - zu lösen versucht.

Aber auch der Besuch der gymnasialen Oberstufe oder ein Studium garantieren den Erfolg nicht. Von den Abiturienten kann man nach den Untersuchungen von Döbert/Nunner-Winckler (1975, S. 139) annehmen, daß über die Hälfte keine oder eine schwache Identitätskrise durchlaufen, also relativ bruchlos in die Erwachsenengesellschaft integriert werden. Die anderen machen eine intensive Identitätskrise durch: Sie ringen stark um Sinnprobleme, eine Lebensperspektive, ein Selbstbild, um Einstellungsänderungen zu wahrhaftigen Haltungen, um die Darstellung ihrer Einzigartigkeit; sie geraten häufig in Konflikt mit Autoritäten, empfinden einen Bruch in ihrer Biographie; die Auseinandersetzung führen sie entweder stark reflexiv oder in einem intensiven "acting-out-Verhalten" (ebd., S. 87 f).

Bei Kriegsdienstverweigerern und Berufssoldaten wurde untersucht, wie sich der Verlauf der Adoleszenzkrise auf Wertorientierungen auswirkt (ebd., S. 75): Eine Kommunikative Kompetenz im ethischen Sinne, also die postkonventionellen Stufen des moralischen Urteils, hatten 66 Prozent der Verweigerer und 40 Prozent der Freiwilligen erreicht. Die Forscher fanden, daß eine heftige Adoleszenzkrise keine notwendige, aber eine hinreichende Voraussetzung für postkonventionelle Moral ist; es gibt auch eine relativ krisenfreie Entwicklung dorthin. Allerdings urteilte keiner der jungen Erwachsenen mit heftiger Identitätskrise konventionell auf den Stufen 3 und 4 (ebd., S. 139-142). In der Wertorientierung hielten zwar alle ihre Eltern für traditionalistischer als sich selbst; nur die postkonventionell Urteilenden waren jedoch bereit, in ihren Lebenszielen auch posttraditionelle Werte zu setzen wie: Gesellschaft verändern, solidarisch zusammenleben, sich selbst kennenlernen u.ä. (ebd., S. 156). Diese Gruppe war auch eher kontemplativ-ästhetisch orientiert und problematisierte in weit höherem Maße Sinnfragen als die konventionell Urteilenden.

Der jugendspezifische Wechsel zwischen Voranstürmen und Rückfall in die Kindheit, der sich beim moralischen Urteil in der Stufe 4 ½ manifestiert, läßt sich am besten beobachten in den ästhetischen Tätigkeiten der Jugendlichen, die ihm helfen, die Ich-Bedürfnisse gegen die Ansprüche der Sozialisation zu behaupten. Dabei zeigen sich jetzt Parallelen zu den sinnlich-symbolischen Interaktionsformen der Kleinkindzeit: Damals schaffte sich das Kind bildliche, komplexe Symbole zum individuellen Ausdruck sinnlicher Bedürfnisse. Es erspielte sich Szenen, erst an Gegenständen und Personen, später an Texten, und befriedigte damit phantasierend eigene Wünsche. Diese sinnlich-symbolischen Interaktionsformen stehen bewußtseinsmäßig zwischen unbewußten Erfahrungen und Sprachsymbolen: Sie können zwar zum Ausdruck gebracht werden, sind aber nicht direkt verstehbar, sondern nur über Interpretationen. Der Begriff "Übergangsobjekte" sagt anschaulich, welche Funktionen die sinnlich-symbolischen Interaktionsformen für den Aufbau der Ich-Identität haben: Sie sind sinnlich erfahrbare Stellvertreter eines Bedürfnisses, das zwar "nur" phantasierend befriedigt wird, aber immerhin in eigener Verfügbarkeit. Sie verhelfen zur Erkenntnis subjektiver Wünsche und Vorstellungen und damit zur Bewußtmachung unbewußter Erfahrungen. Auch bei Jugendlichen spielen Übergangsobjekte eine große Rolle, sei es das total verschmuddelte Plüschtier, alte Turnschuhe oder das erste Fahrrad an der Wand des eigenen Zimmers. Dieselbe Funktion haben die in peergroups beliebten szenischen Spiele mit Gegenständen, Figuren und Typen. Das Eintauchen in Musik, die unkontrollierte Bewegung, maßloses Ausleben des Körperlichen, Fetischisierung von Idolen und Objekten sind Ausdrucksformen für das Nichtaussprechbare. "Zustände der Verschmelzung werden häufig erlebt, z.B. gegenüber abstrakten Begriffen wie Wahrheit, Natur und Schönheit, oder in der Hingabe an Ideen oder politische Ideale philosophischer, ästhetischer oder religiöser Natur. Solche Ich-Zustände einer Quasi-Auflösung im Bereich symbolischer Vorstellungen werden als zeitweilige Ruhepausen gesucht und dienen der Absicherung gegen totale Verschmelzung mit den infantilen, internalisierten Objekten" (Blos 1980, S. 188f).

H. Hartwig zeigt, daß das sprachlose Ausagieren nur eine Seite der Rückkehr in die Kindheit ist; gerade Jugendliche praktizieren eine Fülle ästhetischer Tätigkeiten, in denen sie in verschiedenen symbolischen Darstellungen Übergangsformen zur sprachlichen Formulierung der Ich-Ansprüche schaffen ("protosymbolische Prozesse"; Lorenzer). Weil diese ästhetischen Tätigkeiten symbolische Handlungsformen sind, kann der Jugendliche auf diese Weise phantasierend zwischen Ich-Ansprüchen und gesellschaftlichen Zumutungen vermitteln und so diskursives Bearbeiten der Konflikte vorbereiten (Hartwig 1980, S. 233). Die Jugendkultur, vor allem die "Subkulturen" sind so gesehen die Inhalte jugendspezifischer Lebensform. Daß es den Jugendlichen nicht immer gelingt, sie wirklich in ihrer "Brückenfunktion" für das Versprachlichen und Kommunizieren verdrängter Ich-Anteile zu nutzen, liegt nicht zuletzt an der Vermarktung der Jugendkultur und daran, daß sie dafür keine Kommunikationspartner finden.

Fuchs und Zinnecker (1985) haben in ihrer "Jugendstudie '84" die heutigen Jugendlichen mit denen der Nachkriegszeit verglichen. Sie können nachweisen, daß mit den 50er Jahren die "klassische Epoche von Jugend" zu Ende geht: Bis dahin hatte nur eine privilegierte Minderheit - zumeist männliche Bürgerkinder - Zugang zu jugendspezifischen Tätigkeiten, wie sie gleichwohl in der pädagogischen Literatur als (anzustrebendes) Allgemeingut beschrieben wurden. Weitaus die meisten 14- bis 18jährigen kannten kein psychosoziales Moratorium für ihre Identitätsfindung. Sie erlebten dieses Alter als Anhängsel an die Kindheit, das möglichst schnell überwunden werden mußte, oder als Einstiegsphase ins Erwachsensein. Mit den 60er und 70er Jahren änderte sich hier Entscheidendes. "Jugend" entwickelte eigene Moden, die "trendsetter" auch für Erwachsene wurden; der Arbeitsprozeß wurde für immer mehr Jugendliche hinausgeschoben, viele konnten länger zur Schule gehen; sie bildeten in nie gekanntem Maße eigene Gruppierungen verschiedenster Art aus, gründeten Institutionen oder traten ihnen bei; sie nutzen vielfältige Möglichkeiten des Geldverdienens ohne dauerhaft verpflichtende Arbeit; Jugendliche aus Arbeiterfamilien und Mädchen konnten erstmals gleicherweise an dieser "Jugendbewegung" teilnehmen; Jugendlichkeit wurde zum eigenen gesellschaftlich anerkannten Status, Jugendliche wurden Initiatoren und Mitträger sozialer und politischer Bewegungen.

Wer seit den 80er Jahren jugendlich ist, hat zu seinem Lebensalter zumeist eine sehr aktive und produktive Einstellung. Er und sie sind bereit, die Chancen gesteigerter Sinn- und Ich-Suche zu nutzen, sich selbst in Frage zu stellen und immer wieder versuchsweise neu zu definieren. Aber auch die Erwachsenen werden in die Turbulenzen des soziokulturellen Wandels einbezogen. Viele der über 40jährigen sind aufgeschlossener, informierter, toleranter als in ihrer Jugendzeit. "Alt", resümieren Fuchs und Zinnecker (1985, S. 26), "im heutigen Sinn wirken die Jugendlichen der 50er Jahre. Die Erwachsenen der 80er Jahre sind in unserer Untersuchung der heutigen Jugendgeneration viel näher als ihrer eigenen Jugendzeit."

Das Jugendalter und die Jugend einer Kultur

Wenn man als den wichtigsten Beitrag der Familie zur Sozialisation des Kindes ihre Hilfe wertet, gesellschaftsfähig zu werden, so ist das eine primär konventionelle, personal und kulturell bewahrende Aufgabe: Die traditionellen Denkweisen und Wertmaßstäbe sollen dem Heranwachsenden eine Stütze sein, in der Gesellschaft Halt zu finden. Und wenn er die Familie verlassen muß, so ist es für ihn am sichersten, möglichst leicht in seine neuzugründende Familie überzuwechseln. - Solche Vorstellungen waren bis in die 60er Jahre die Regel. Auch das Zulassen eines "Moratoriums", einer Zeitspanne, in der sich die Jugendlichen noch einmal austoben durften, bestätigte diese Familienauffassung (vgl. Wylie 1978).

Im Interesse einer gut funktionierenden Gesellschaft ist das sicherlich angemessen gedacht, nicht jedoch im Hinblick auf den einzelnen, der selbständig werden will, und auch nicht im Hinblick auf die Kultur, die sich nur weiter- und zu Höchstformen entwickelt im Risiko der Veränderungen.

Als Freud 1930 in "Das Unbehagen in der Kultur" die These von der antagonistischen Haltung der Familie zur Kultur darlegte, hatte sie in den nächsten Jahrzehnten verständlicherweise keine Chance, ernstgenommen zu werden. Es bedurfte schon des Paradigmawechsels sowohl in den sozialen Vorstellungen dieser Gesellschaft als auch in den sozialwissenschaftlichen Leitvorstellungen, um die Notwendigkeit einer eigenen psychodynamischen Entwicklungsphase im Jugendalter anzuerkennen, weil weder die Ich-Entwicklung noch eine Weiter- und Höherentwicklung der Kultur zu erklären sind mit einer determinierenden Position der Familie, aus der der einzelne kommt und in die er - nach kurzem "Freigang" - wieder hineingeht.

Seit etwa zwei Jahrzehnten gehört es mehr und mehr zum familialen Alltagswissen, daß Jugendliche sich aus Eltern- und Verwandtenbindungen lösen müssen, und viele Familienmitglieder unterstützen sie dabei. Mario Erdheim zeigt (1983, S. 281 ff), daß das Leitbild von der sozialen Dominanz der Familie auch die psychoanalytischen Wissenschaften beherrscht, was zur Folge hatte, daß psychische Schäden primär auf die frühkindliche Familiensozialisation zurückgeführt wurden und deshalb die Familie als die veränderungsbedürftigste Institution galt.

> "Diese Psychoanalytiker vermieden es, nach der Möglichkeit zu fragen, ob der 'Determinismus der Kindheit' nicht so sehr ein naturgegebenes als ein gesellschaftliches Faktum sein könnte ... Zwar würde der Verlauf der frühen Kindheit darüber entscheiden, ob z.B. die Adoleszenz erreicht wird und welche Konflikte dabei vordringlich bewältigt werden müssen, aber während der Adoleszenz und gleichsam aus der Retrospektive käme, unter dem Einfluß der nichtfamiliären Umwelt, die Auslese derjenigen Kindheitserfahrungen zustande, die auch im Erwachsenenalter bestimmend bleiben werden" (ebd., S. 281/282).

In der Jugendzeit sind es nicht mehr dieselben Wünsche wie in der frühen Kindheit, die zur Realisierung drängen, die das Suchen und Ausprobieren bestimmen. Individuelles und gesellschaftliches Unbewußtes sind kulturell geprägt, persönlich gebrochen in einer einzigartigen Lebensgeschichte. Und was der Jugendliche jetzt aus seinen Erfahrungen macht, welchen Trieben er nachgibt, welche Wünsche er zu Leitvorstellungen ausbaut, muß er entscheiden in der Auseinandersetzung zwischen dem Potential (darin auch Prägung) und eigenen Entwürfen; hier beginnt seine eigene Verantwortlichkeit für sein Leben.

Sozialisation als Selbstwerdung ist so nicht mehr zu sehen als lebenslanger Kampf gegen das in der Familie bestimmte Lebensschicksal; jede Lebensphase wird vielmehr nach ihren spezifischen Beiträgen zur

Form des Lebenslaufs untersucht. Der Mensch rückt dadurch mehr in die Position des Produzenten seiner eigenen Entwicklung; verantwortlich ist er jedoch nicht mehr nur für die Entfaltung seiner Fähigkeiten, sondern auch für die Mitgestaltung der Bedingungen und Möglichkeiten seiner Entwicklung und damit zugleich für die Verallgemeinerbarkeit emanzipatorischer Prozesse.

Die familienzentrierte Sichtweise unterstützte die Einschätzung kultureller Tätigkeiten als bloße Kompensation, die an den Verhältnissen sowieso nichts zu ändern vermag. Die Anerkennung jugendlicher Tätigkeiten als eigenständige Leistungen läßt auch Kultur begreifen als ständige Erprobung neuer Lebensformen - in persönlichem Risiko, aber unter sozialem Schutzdach. Für das Verständnis der Ich-Entwicklung bedeutet das: Daß sich im Pubertierenden das individuelle Ich wieder meldet, das in der Zeit der Rollenidentität geschwiegen hat, ist unverzichtbar und begrüßenswert. In eine "Krise" führt das höchstens die Mitmenschen, denen ein unangepaßter, suchender, erprobender, ungewöhnlicher Mensch unheimlich ist. Und ist der Drang, eine Kultur nicht nur anzueignen und zu tradieren, sondern sie auch zu verändern, aus geschichtlicher Perspektive nicht ebenso notwendig und begrüßenswert? Nur eine Kultur mit dem Grundzug der dauernden Wandlung gibt dem Jugendlichen Gelegenheit, seine Kreativität experimentierend zu entwickeln.

Für solche Aufbrüche bietet die soziale Struktur der peer-group den geeigneten Rahmen; aus ihrer gesellschaftlichen Randposition stellt sie den Jugendlichen quasi eine Plattform, von der sie distanziert, mit viel Zeit die Bedingungen und Möglichkeiten anderer Handlungsfelder für ihr weiteres Leben reflektierend, phantasierend und probehandelnd einschätzen können: andere Familien, verschiedene Bildungs- und Ausbildungseinrichtungen, Arbeitsplätze und Freizeitmärkte, die organisierte Politik samt Militär. Sie bleiben dabei nicht auf der Plattform sitzen, sondern tragen ihre peer-group Erfahrungen in die gesellschaftlichen Institutionen hinein und verändern deren Status als Sozialisationsagenturen. Wie die jüngste Jugendstudie (Fischer/Fuchs/Zinnecker 1985) zeigt, werden Ausbildungsorte wie Schulen und Lehrbetriebe für die Jugendlichen vor allem zu Erfahrungsräumen, in denen sie mit ihresgleichen zusammen sind; die fachlich-unterrichtlichen Einwirkungen, auch die Personen der Lehrer und Ausbilder werden von ihnen viel weniger wichtig genommen.

Die moralische Entwicklung

Ein altes und weitverbreitetes Vorurteil meint, daß die Jugend ihre Bewertungen immer nur auf dem Lust-Unlust-Niveau äußert. Wer ihren Argumenten länger und genauer zuhört, kann feststellen, daß Jugendliche jeder Schattierung - von Yuppies bis zu Punks, von Angepaßten bis zu politisch Engagierten - mit Kriterien aller Ebenen moralischer Argumentation bewerten und legitimieren: aus Angst vor Strafe, um einer geliebten Person etwas Gutes zu tun, aus Freude über anerkannte Loyalität, aber auch um eines hartnäckig verfolgten kommunikativen Ziels willen. Über Prinzipienreiter jedoch können sie nur den Kopf schütteln, die sie in ihren Entscheidungen immer auf das intellektuell erreichte Niveau verpflichten; ihre von Gefühlen umhüllten persönlichen Motive spielen für sie eine große Rolle. Natürlich müssen sie auch die eigenen Motive zu durchschauen lernen, und es wird ein Zeichen gelungener Identitätsentwicklung sein, ihre persönliche Hierarchie der leitenden Motive zu erkennen, sie gemäß den ethischen Maximen zu verändern und sie so zu vertreten, wie sie in der Handlungspraxis anderen erscheinen.

Gerade bei Kindern und Jugendlichen ist gut zu beobachten, daß sie in der Hierarchie ihrer Bedürfnisse "nach oben" streben: Kein Kind verharrt bei der Sicherung seiner vitalen Bedürfnisse der Lebenserhaltung; sobald die Grundbedürfnisse annähernd gestillt sind, wendet es sich neugierig der unbekannten Welt zu, will sie spielend erfahren und seine Fähigkeiten erproben. Und wenn er emotionale Sicherheit und Wertschätzung auch nur einigermaßen erlebt, wird sich jeder Jugendliche auf seine Weise Zielen zuwenden, die Erwachsene vielleicht als "Selbstverwirklichung" zusammenfassen. Das ist nicht leicht zu erkennen, weil sich unter der Oberfläche des alltäglichen "Gammelns" vielfältige individuelle Suchbewegungen verbergen.

Die modernen Persönlichkeitstheorien stimmen darin überein, daß die Persönlichkeitsentwicklung ein selbstinitiierter und selbstgesteuerter Prozeß ist, zwar an soziales Handeln gebunden und damit auch an institutionelle Bedingungen; aber dieser Prozeß wird betrieben von einem "produktiv realitätsverarbeitenden Subjekt", d.h. von jedem selbst immer wieder auf Lebbarkeit interpretiert und mit Bedeutung versehen, abgestimmt mit den eigenen und den antizipierten Handlungsplänen der Interaktionspartner.

Die produktiven Bedürfnisse nach selbständiger Mitwirkung an Interaktionen in allen Lebensbereichen treiben den Ausbau der Kompetenzen voran und prägen ihn inhaltlich und emotional - nach Themenbereichen verschieden. Sie werden zu Strategien der Eroberung, Erschließung von Wissensbereichen und Fähigkeiten, aber auch der Abstimmung zwischen inneren Vorstellungen und äußeren Erwartungen sowie zwischen dem als möglich Eingeschätzten und den handelnd zu realisierenden Tätigkeiten.

Einem solchen Selbstverständnis Jugendlicher ist eine Jugendforschung angemessen, die statt von "Krisen" und "Störungen" in der Entwicklung zum Erwachsenen davon ausgeht, daß das wesentliche Charakteristikum dieser eigenen Lebensphase in der produktiven Bewältigung von Entwicklungsaufgaben besteht. Eine solche Forschungsrichtung entwickelte sich in den 60er Jahren in den USA, als Psychologen wie Lazarus, Blos und Norma Haan begannen, die charakteristischen Verhaltensweisen Jugendlicher unter den Leitbegriffen "coping" und "defence" zu erfassen (vgl. Olbrich/Todt 1984, S. 14 ff). *Coping*, die Bemühung um produktive Auseinandersetzung mit einer fordernden Situation, aktive Problembewältigung, gibt es natürlich in jeder Lebensphase; es erfährt aber in der Jugendzeit eine entscheidende Dynamisierung, weil hier die motivierenden Voraussetzungen besonders günstig sind: Der Jugendliche wird dauernd durch neue Entwicklungsaufgaben herausgefordert, er muß neue und reifere Beziehungen zu Gleichaltrigen beiderlei Geschlechts aufnehmen, sich selbst akzeptieren, emotional unabhängig werden, Überzeugungen, Werte, ein ethisches System ausbilden, sozial verantwortlich handeln lernen; niemand sonst steht so oft und so existentiell vor der Aufgabe, sich und seine Lebenssituation ständig neu zu entwerfen und Lösungen für bisher unbekannte Probleme zu finden. Der Jugendliche spürt die Diskrepanzen zwischen dem Ich, den Normen und der Wirklichkeit besonders stark; er muß noch daran arbeiten, die Entscheidungen zu Akkomodation oder Assimilation auszubalancieren: Er weiß, daß er diese Entscheidungen letztlich selbst zu vertreten hat.

Sieht man die Jugendzeit vom Begriff des "Coping" her, so ergibt sich etwa folgendes Bild: Den meisten Jugendlichen "gelingt" ihr Leben; in der Mehrzahl bewältigen sie ihre alterstypischen Probleme, und zwar mit aktiven Maßnahmen, Abwehr ist entschieden weniger festzustellen; sie verfügen über verschiedene Bewältigungsstrategien und wissen auch Interaktionspartner dabei einzubeziehen (Olbrich/Todt 1984, S. 45 f). Selbst die durch ungünstiges Milieu stärker belasteten Jugendlichen gehen ihre Aufgaben meist produktiv an, wenn sie sich auch stärker auf sich selbst zurückziehen, grüblerischer sind, Spannungen häufiger affektiv austoben müssen, ein instabileres Selbstbild und mehr Schwierigkeiten mit Erwachsenen haben.

Etwa einem Fünftel der Jugendlichen gelingt die produktive Lebensbewältigung nicht so, und zwar hauptsächlich deshalb, weil sie überbeansprucht und überfordert sind und keine Hilfen finden. Sie sind anfällig für regressive Tendenzen, leben in einem engen Lebensraum, verfügen kaum über Handlungsalternativen; sie wehren Probleme ab und blockieren sich so selbst in ihrer Kompetenzentwicklung.

Die Forscher, die nach dem Coping-Konzept vorgingen, sich auf die Bewältigung von Problemsituationen konzentrierten und ihre Ergebnisse durch Befragungen gewannen (in den USA zu Beginn der 80er Jahre), erhielten ein recht positives Bild der Jugend, das manchen Erfahrungen widersprechen mag:

> "Die normalen Jugendlichen sind voller Hoffnung, wenn sie an ihre Zukunft denken, und glauben, aktiv handelnd auf ihren Erfolg Einfluß nehmen zu können. Sie scheinen die Fähigkeiten und das Selbstvertrauen zu haben, sich auch dementsprechend zu verhalten. Sie sind optimistisch und lieben Herausforderungen; sie versuchen, sich durch Lernen im voraus auf neue Situationen einzustellen" (Olbrich/Todt 1984, S. 121).

Ältere Jugendliche, die ich nach ihrer Einschätzung solch optimistischer Beschreibungen fragte, bestätigten, daß wahrscheinlich die meisten sich so fühlten; aber sie sagten auch, daß diese Scheinoptimisten sich wohl täuschen. Eigene Beobachtungen 16- bis 20jähriger in Schule und Freizeit ließen erkennen, daß der größte Teil ihres Alltagslebens in fertigen Verhaltensmustern abläuft und daß sie Herausforderungen nicht gerade lieben. Forschungen, die Kompetenz- und Performanzniveaus vergleichen (etwa Selman 1980; Döbert/Nunner-Winkler 1978) zeigen, daß das Alltagsleben auf recht niedrigem Niveau sozialen Handelns und moralischen Urteilens bestritten wird - eben dem der "fertigen Sätze"; höhere Kompetenzen führten im Alltag selten zu entsprechenden Taten; soziale Kompetenzen garantieren kein soziales Verhalten in konkreten Situationen.

Für ein realistischeres Bild von der heutigen Jugend ist es deshalb notwendig, genauer nachzufragen, worin denn das "Bewältigen" von Lebensaufgaben konkret besteht. Döbert/Nunner-Winkler (1984) schlagen folgende Unterscheidung vor: Problemsituationen können einerseits funktionalistisch bewältigt werden dadurch, daß momentane Ich-Interessen befriedigt oder angetragene Normen erfüllt werden. Andererseits kann das Bewältigen problematischer Situationen auf die - selbstgewollte oder angeregte - Kompetenzentfaltung ausgerichtet werden. Beim funktionalistischen Bewältigen muß die Situationsdefinition abgewehrt oder verzerrt werden, um aus dem Dilemma herauszukommen. Kompetenzentfaltung hingegen verlangt ein Interesse am Aufrechterhalten interaktiver Verständigung, an der sprachlichen Vermittlung von Ich-Ansprüchen, normativen Erwartungen und der anstehenden Thematik. Das bedeutet, daß die Situation "wahr" definiert wird, also nicht automatisch, stereotyp, rigide und umdeutend, sondern realitätsgerecht und erklärungskräftig. Die dabei sichtbar werdenden Widersprüche müssen dann metakommunikativ bearbeitet werden, was einen überlegenen Standpunkt, eine Orientierung an postkonventioneller Ethik erfordert. Funktionalistisches Problemlösen dagegen wird vom Lustprinzip bzw. konventioneller Moral gerechtfertigt. Wer an seiner Kompetenzentfaltung interesssiert ist, berücksichtigt, daß es auf lange Sicht nicht ausreicht, Situationen glatt oder befriedigt zu überstehen, sondern daß er später seine Handlungen vertreten können muß. Er ist nicht nur gegenwartsoffen, sondern auch zukunftsorientiert; er weiß, daß Verdrängen, Abwehren, Umdeuten, Überspielen ihn künftig belasten werden, weil er zu solchen Verhaltensmustern nicht wahrhaftig stehen wird.

Produktive Situationsbewältigung (und nur dafür sollte der Begriff "Coping" benutzt werden) erfordert also eine möglichst wahre Vergegenwärtigung der anstehenden Problematik; daraufhin hat man sich der erkannten moralischen Entscheidung zu stellen und sich am dominanten Kriterium der Wahrhaftigkeit zu orientieren; denn von dort her ist zu entscheiden, wofür das folgende Handeln "effizient" sein soll: für die Befriedigung subjektiver Interessen, zur Erfüllung zugemuteter Normen oder für die Aufrechterhaltung der Interaktion, also für das Wirksamwerden des Verständigungsprinzips.

Sicherlich kann sich jemand in eine so anstrengende und mutige Haltung nur einüben, der seinen Alltag größtenteils funktionalistisch, abgesichert in akzeptierten Beziehungsverhältnissen durchlebt und der auch kurzfristig Abwehrmechanismen nutzt; doch wenn diese zum Habitus werden, blockieren sie die Kompetenzentwicklung. In einer Langzeituntersuchung stellte Norma Haan fest (nach Olbrich/Todt 1984, S. 20), daß Erwachsene, die ihre Probleme häufiger produktiv als durch Abwehr lösen, in ihrer Jugend intellektuell, sozial und psychisch intensiv gelebt haben, nach Unabhängigkeit, Initiative und geistiger Auseinandersetzung strebten; sie waren nicht eilig gewesen, "fertig" zu werden, hatten vielmehr die Zeit genutzt, sich aus den Vorstellungen der sie umgebenden Erwachsenen zu emanzipieren und eine eigene Lebenslinie zu erarbeiten.

Erfahrungsraum Arbeitswelt

Wo sollen die jungen Erwachsenen die Möglichkeiten ihrer Identitätsentwicklung durchsetzen? Die Wege kennen wir recht gut, die zu den höchsten Stufen einer selbstverantwortlichen Ich-Identität führen können; wir müssen aber auch zugeben, daß wir kaum Methoden und politische Strategien haben, alle Menschen die Wege gehen zu lassen, auf die sie ein Recht haben. Die Rolle der Sozialisationsinstanzen ist gewichtig: Sie sollen von der Sorge um die Grundbedürfnisse entlasten, Hilfe zur Selbsthilfe leisten, sich allmählich überflüssig machen und reflektierte Verhältnisse zu ihnen ermöglichen. Doch ihre Forderungen an den einzelnen wirken ebenso mächtig, und die Auseinandersetzung darum, ob es primär um den einzelnen oder die Gruppe geht, muß täglich neu geführt werden.

Es ist längst nicht mehr selbstverständlich, daß junge Erwachsene früh eine Familie gründen, um auf ihrer sozialen Basis ihr Leben aufzubauen. In den Großstädten sind über 40 Prozent der Wohnungen Einpersonenhaushalte, und die Demographen sehen diese Tendenz steigend. Neuere Formen des Wohnens von Gemeinschaften sind im Gespräch und in der Erprobung - man schätzte schon 1980 die Zahl der Wohngemeinschaften in der BRD auf 30000 (Berger u.a. 1985, S. 23) -; die Familie wird sicherlich nur eine Lebensform unter anderen darstellen. Dem einzelnen wird mehr Selbstbewußtsein, Initiative und Empathie abverlangt werden, wenn er sich auf wechselnde Lebensgemeinschaften einstellen muß. Auch die Peer-group-Formen werden vielfältiger. Häufig wechselnde Freundeskreise und unterschiedliche lockere Bindungen setzen ebenfalls eher eine stabile Sozialidentität voraus, als daß sie sie fördern. - Umso wichtiger wird die Sozialisationsleistung der Arbeitswelt für die Lebensmitte werden; ihre unverzichtbare Mitwirkung bei der Einbindung des jungen Erwachsenen in die soziale Realität wurde schon zu Zeiten fester Familienbeziehungen und stärker organisierter peer-groups von Psychologen und Soziologen betont (vgl. Leithäuser/Volmerg 1988, S. 61 ff).

So weit die Jugendlichen ihre Eingliederung in den Arbeitsprozeß auch hinausschieben möchten, sie wissen doch, daß erst die kontinuierliche Arbeit sie ökonomisch unabhängig machen wird, was sie schließlich seit langem ersehnen. Vor allem haben sie immer wieder erfahren, daß sie in eine Gesellschaft hineinwachsen, in der die Menschen ihren Lebenssinn aus der Arbeit beziehen.

Prinzipiell können wir unter "Arbeit" die körperliche und geistige Auseinandersetzung des Menschen mit der äußeren Natur zu ihrer Kultivierung verstehen, also ihre Assimilation an die Bedürfnisse und Wünsche des Menschen. Da diese Arbeit kooperativ erfolgen muß, ist sie gesellschaftlich zu organisieren. Dabei sind bisher in allen Gesellschaften schnell die Profitinteressen zutage getreten und haben den Sinn der Organisation in den Hintergrund gedrängt. Selbstverständlich spricht man immer wieder von der "Humanisierung der Arbeitswelt"; doch jedem Alltagsbewußtsein ist es selbstverständlich, daß Unternehmer "Maßnahmen zur Humanisierung der Arbeit nur insoweit (realisieren), als es ihrem Profitinteresse nicht abträglich erscheint" (Kern/Schumann 1974, S. 279). Das Dilemma liegt doch wohl darin, daß man etwas "humanisieren" muß, was um der Humanisierung willen betrieben wird.

Gesellschaftlich anerkannte Arbeit ist zweckmäßige Tätigkeit gegen Entgelt im Rahmen eines organisierten Arbeitsfeldes. Menschen erfüllen mit ihrer Arbeit Aufgaben, zu denen sie durch Anlagen und allgemeine Lernprozesse, vor allem durch fachspezifische Ausbildung qualifiziert sind. Etwa 90 Prozent der arbeitenden Bevölkerung der BRD sind lohnabhängig und können sich ihre Arbeitsaufgaben nicht selbst stellen; diese ergeben sich vielmehr aus ihrer Position im Organisationsraum eines Arbeitsfeldes: ihrer Firma, Verwaltung usw. Die Erfahrungen am Arbeitsplatz bestimmen natürlich zunächst einmal das Verhältnis zur Arbeitstätigkeit, zu ihren Bedingungen und Resultaten; entscheidend aber ist, daß diese Erfahrungen sich auf das Bewußtsein vom gesamten Lebenszusammenhang eines jeden Menschen auswirken. Damit ist ein Grundproblem der beruflichen Sozialisationsforschung angesprochen: Objektiv kann man die Bedingungen, den Ablauf einer Arbeit erkennen; es hat sich jedoch immer wieder als kurzschlüssig erwiesen, von da her summarisch auf bestimmte subjektive Wirkungen zu schließen. Erfahrungen in der Arbeitswelt werden von Menschen gemacht, die in ihrer Entwicklung relativ "fertig" sind; sie bringen aus den anderen Sozialisationsinstanzen eine Fülle von Vorerfahrungen mit, haben stark unterschiedliche Biographien. Andererseits können sie bereits mit Selbständigkeit und Verantwortlichkeit auf die Bedingungen und Möglichkeiten der Arbeitswelt reagieren.

Aussagen über "die" Arbeitswelt als Erfahrungsraum können deshalb nur auf einer sehr allgemeinen Ebene gemacht werden; schließlich schätzt man die Zahl verschiedener Arbeitsplätze auf 40000. Diese allgemeinen Möglichkeiten und Bedingungen für Erfahrungen eines jeden Arbeitenden sind zu ergänzen durch konkrete Arbeitsplatzbeschreibungen, für die hier nur Methoden angeboten werden (zwölf vorbildliche Berufsfeldbeschreibungen bieten Daheim u.a. 1978).

Die spezifischen Sozialisationserfahrungen der Arbeitswelt werden bestimmt durch die Position des Menschen, der hier nicht als Person, sondern als Arbeitskraft Bedeutung hat. Nach den Erfordernissen der rationalen Produktionsplanung unter dem Druck der Konkurrenzfähigkeit werden bestimmte auswertbare Eigenschaften und Fähigkeiten eines Menschen gebraucht; die Folgen aber trägt der ganze Mensch. Der Manager eines führenden Unternehmens sagte im Rahmen einer Klausurtagung in seiner Rede u.a. das Folgende; eine Gewerkschaftszeitung veröffentlichte sie trotzdem:

"Der Mensch steht keinesfalls etwa - wie Neoromantiker der Sozialpolitik es so gern sähen - im Mittelpunkt des Betriebes. Dort steht etwas ganz anderes. Dort steht die Produktion, der sachliche, der wirtschaftliche Erfolg. Denn um ihretwillen ist der Betrieb da.

Um ihretwillen ist der Betrieb das, was er ist, und so, wie er ist: ein technisches Gebilde mit einer sachbezogenen, d.h. auf ein sachliches Ziel gerichteten Organisation. Der Betrieb ist keine Heimat und keine evangelische Akademie: kein Arbeiterwerk, kein Einsatz von Industriepfarrern wird ihn dazu machen. Sein alleiniger Zweck ist die Produktion von Gütern, von Waren, die andere brauchen. Alle seine Mittel sind darauf ausgerichtet und miteinander dahingehend abgestimmt, dieses Ziel bestmöglich zu erreichen, das heißt so billig wie möglich und so gut wie möglich so viel Güter zu produzieren und abzusetzen wie möglich. Damit dies erreicht wird, muß der Betrieb funktionieren. Zu den Mitteln, die er hat und deren er sich bedient und bedienen muß, damit das Ziel erreicht wird, gehören auch die Menschen. Da alle Mittel funktionieren müssen, müssen auch die Menschen funktionieren. Was funktioniert, ist Funktion. Der Betrieb braucht die Menschen nicht als Menschen, die Gott bei ihrem Namen gerufen hat, sondern als Funktionen. Er braucht nicht den Franz S., nicht den Ernst K., nicht den Heinz B., sondern er braucht einen Schlosser, einen Kraftfahrer, einen Buchhalter. Franz S. ist der Schlosser, Ernst K. der Kraftfahrer und Heinz B. der Buchhalter. Der Betrieb verwendet sie in diesen Funktionen, er braucht sie in diesen Funktionen, in keinen anderen. Braucht er keinen Buchhalter mehr, weil dessen Arbeit von einer Rechenmaschine übernommen wird, so muß er sich von Heinz B. trennen, so wertvoll dieser auch als Mensch sein mag. Denn im Betrieb nützt der wertvollste Mensch nichts, sondern ihm nützte bisher der Buchhalter. Wird Ernst K. so nervös, daß er den Straßenverkehr nicht mehr bewältigen kann, so muß der Betrieb sich von Ernst K. trennen. Es kann ihm nicht auf den Menschen, sondern nur auf den Kraftfahrer Ernst K. ankommen. Da K. nicht mehr Kraftfahrer sein kann, muß er gehen, und der Betrieb muß einen neuen Kraftfahrer einstellen, denn den braucht er.

Das klingt unmenschlich und ist auch unmenschlich. Aber es ist nicht im moralischen Sinne unmenschlich, sondern in einem ganz nüchtern sachlichen. Der Mensch ist vom Betrieb nicht als Mensch, sondern als Funktion gefragt. Der Mensch als solcher ist für den Betrieb nichts, die Funktion, die er ausüben kann, alles. Ganze Berufe fallen weg, und die Menschen, die sie ausübten, werden überflüssig, wenn sie nicht anders nutzbar sind: umgeschult oder umgelernt" (aus: "Leitfaden der gewerkschaftlichen Jugendbildungsarbeit. Stufe 1", hrsg. v. DGB-Bundesvorstand, Abt. Jugend, Düsseldorf 1974).

Gerade der junge Mensch sollte sich klarmachen, daß in der Arbeitswelt seine Subjektivität negiert und seine Arbeitskraft ausgebeutet wird; auf der anderen Seite braucht er die identitätssichernden Erfahrungen dieses Lebensraums. M. Jahoda beschreibt aus einer Analyse der Arbeit als Institution ihre sozialisatorischen Wirkungen (1983, S. 99 f).

"... die Auferlegung einer festen Zeitstruktur, die Ausweitung der Bandbreite sozialer Erfahrungen in Bereiche hinein, die weniger stark emotional besetzt sind als das Familienleben, die Teilnahme an kollektiven Zielsetzungen oder Anstrengungen, die Zuweisung von Status und Identität durch die Erwerbstätigkeit und die verlangte regelmäßige Tätigkeit ... Natürlich gibt es noch andere gesellschaftliche Institutionen, die ihren Angehörigen eine oder mehrere dieser Kategorien aufzwingen; aber keine von ihnen verbindet sie alle durch einen so zwingenden Grund wie die Notwendigkeit, seinen Lebensunterhalt zu verdienen."

Diese objektiven Werte der Arbeit bemerkt der einzelne meist nur, wenn sie ihm fehlen und er sie in alternativen Formen suchen muß. Subjektiv empfindet er ihre Wirkungen einerseits im Gefühl der "Zufriedenheit mit seinem Arbeitsplatz"; dazu tragen verschiedene Faktoren bei, die Braun und Fuhrmann in folgende Wirkungsstufen strukturieren (1970, S. 9):

Die berufliche Stellung des Arbeitenden wird durch die Tätigkeiten am Arbeitsplatz, die zu bewältigenden Aufgaben, die dazu nötigen Qualifikationen, die Arbeitsmittel und die Kooperationen bestimmt, der soziale Status vom Wert der Arbeit in ihrem wirtschaftlichen Rahmen und ihrer Bewertung im Lohn; die gesellschaftliche Lage von Individuen und Gruppen resultiert aus ihrer Position in den Herrschaftsverhältnissen der Gesellschaft und ihrer Institutionen. Dementsprechend prägt die *beruflich-fachliche* Erfahrung das Bild des Arbeitenden vom gesellschaftlichen Wert seiner Aufgabe(n) und Fähigkeiten und damit auch die Handlungsplanung für berufliche Solidaritäten; in der *sozial-kulturellen* Dimension wird seine Lebensweise bestimmt durch erarbeitbare und verfügbare Besitzwerte (Kapital, Titel, Privilegien); in der *politisch-herrschaftlichen* Dimension wird dadurch wiederum - je nach Identifikation mit dem (staatlich sanktionierten) Wirtschaftssystem - die Einschätzung der eigenen politischen Wirksamkeit (Macht) geprägt.

Die Erfahrungen in diesen drei Dimensionen können sich sehr wohl widersprechen: Einer übt seinen Beruf gern aus, leidet aber unter seiner fehlenden gesellschaftlichen Anerkennung; ein anderer verfügt über Macht, obwohl ihm jede fachliche Qualifikation fehlt.

Zu Bewußtsein kommen jedoch hauptsächlich die betrieblichen Auseinandersetzungen; sie macht der Arbeitende verantwortlich für seine Erfahrungen und Entscheidungen. Ob er seine Arbeit als selbstbestimmt empfindet, bemißt er an den konkreten Spielräumen, die er tagtäglich nutzen kann, an gelungenen Initiativen und durchgesetzten Aktionen, an informellen Beziehungen zu Kollegen in einem konfliktarmen Klima, an Motiven/Erlebnissen und überspielten Routinen, an der Einsicht in den Sinn seiner Tätigkeiten im Zusammenhang und an seiner Mitverantwortlichkeit. Wenn solche Erfahrungen fehlen, kann der junge Erwachsene der Arbeitswelt ihre positiven Leistungen für seine Identitätsentwicklung kaum noch abnehmen.

Das gilt hauptsächlich für Industriearbeiten, mehr und mehr aber auch für große Handwerksbetriebe und Büros. Entscheidend ist die Tendenz: Zwischen den Gegenstand der Arbeit und den Arbeitenden schieben sich Maschinen, vor 150 Jahren die mechanischen Webstühle, dann die Fließbänder, heute die Terminals der Computer. Der Arbeitsgegenstand wird anonymer, die Möglichkeiten zur Identifikation mit der Arbeit geringer; die technische Entwicklung macht zunehmend Angst, denn sie gefährdet mit dem Arbeitsplatz die eigene Existenz. Die so erfahrene "Entwertung menschlichen Arbeitsvermögens ... führt zu einer objektiv gegebenen Gleichgültigkeit des Lohnarbeiters gegenüber den Inhalten seiner Tätigkeit" (Heinz 1976, S. 503). "Die Mehrheit der Arbeiter ist weniger an der Tätigkeit, sondern an den Bedingungen des Verkaufs ihrer Arbeitskraft 'interessiert', d.h. ihre Überlegungen kreisen um die Lohnhöhe, die Sicherheit des Arbeitsplatzes und die Arbeitsbelastungen" (Heinz 1976, S. 93). Diese indifferente Einstellung zur Arbeitstätigkeit wird auf die eigenen Kinder übertragen mit der Folge, daß bei denen von Anfang an keine intrinsische Motivation möglich ist.

Die Arbeitsgruppe um Thomas Leithäuser untersuchte die Spielräume am Arbeitsplatz mit Hilfe des Begriffs "Dispositionschancen":

Je höher sich ein Facharbeiter qualifizieren konnte, je kleiner der Betrieb ist und je mehr die Arbeit handwerklicher Tätigkeit nahekommt, desto geringer ist der Grad der Entfremdung vom Arbeitsgegenstand.

Die Angestellten setzen sich deutlich von den Einstellungen der Arbeiter ab; sie sagen, ihnen käme es mindestens ebensosehr auf eine interessante und befriedigende Arbeit wie auf den Lohn an, und die Arbeitsaufgaben beschäftigten sie auch außerhalb der Arbeitszeit (Braun/Fuhrmann 1970, S. 291). Tatsächlich spielt für 50 Prozent der Angestellten der Inhalt ihrer Tätigkeit eine ausschlaggebende Rolle für die Arbeitszufriedenheit/-unzufriedenheit; die andere Hälfte der Angestellten gibt betriebs-, status- oder positionsgerichtete Gründe an (ebd., S. 167). Angestellte kennen die Vermittlungsfunktion ihrer Arbeit recht genau: Gegenüber der Tätigkeit der Arbeiter ist sie relativ selbständig; ist Ergebnis persönlicher Auseinandersetzung mit einem betrieblichen Problem aufgrund ihres Sachverstandes und bestimmt den Betriebsablauf inhaltlich mit; gegenüber dem Management aber stellt sie nur ein Instrument zur Erfüllung betrieblicher Funktionen dar (ebd., S. 301). Auch hier steigt die Identifikation des Angestellten mit dem Inhalt seiner Tätigkeit entsprechend der Hierarchie von den verwaltenden/registrierenden über die vorbereitend/kontrollierenden bis zu den planenden/leitenden Arbeitszwecken.

Ob eine Arbeit die Identitätsbildung fördert oder hemmt, kann auch untersucht werden mit der Frage nach den Chancen theoretischer und ästhetischer Erfahrung. Reflexionen und Phantasien am und um den Arbeitsplatz sind nur im Rahmen der dort tonangebenden Deutungssysteme angemessen zu begreifen. Gleichgültigkeit, Ersatzhandlungen, Gegenkultur oder gewerkschaftliches Engagement sind Richtungen, in die theoretische und/oder ästhetische Tätigkeit in der Arbeitswelt führen können.

Die Betriebe fördern theoretische Tätigkeiten der Arbeitenden nicht; gewerkschaftliche Reflexionen der zu ändernden Arbeitsbedingungen sind meist kurzfristig und pragmatisch orientiert. Selbst in den Ausbildungsphasen gewähren viele Betriebe nicht die nötigen theoretischen Erfahrungen. Gutachten für den Deutschen Bildungsrat zeigen, "daß man bei mehr als der Hälfte der Betriebe kaum von einer Planmäßigkeit und Systematik in der Ausbildung sprechen kann" (Hornstein u.a. 1975, S. 230). Eine Hamburger Lehrlingsuntersuchung ergab, daß 52 Prozent der Lehrlinge keinen theoretischen Unterricht im Betrieb erhalten, eine saarländische Untersuchung nennt sogar 72 Prozent. Diese Zahlen schwanken natürlich zwischen Großbetrieben (20 Prozent kein theoretischer Unterricht) und Kleinbetrieben (74 Prozent; ebd., S. 232). Immer wieder verdrängt wird theoretische Reflexion über den Arbeitsplatz von den Abwehrmechanismen des Alltagsbewußtseins, die die täglichen Arbeitsbelastungen aushaltbarer machen. Monotonie und das Gefühl, an einen strengen Arbeitsablauf ausgeliefert zu sein, können Apathie oder aggressive Abwehren erzeugen. Der Arbeitende schaltet total ab; in ihm werden archaische Phantasien belebt. "Die Suche nach Sicherheit und Geborgenheit angesichts einer das Selbst bedrohenden Lage führt zur halluzinatorischen Wiederherstellung jener Objektvorstellungen, in denen das Objekt noch das allmächtige und alles umfassende, tragende und versorgende Element war" (Vollmerg 1976a, S. 139).

Eine bereits produktive Form der Abwehr ist der Tagtraum. Lebensgeschichtliche Erfahrungen werden in Phantasien neu durchgespielt und verändert. Während er die Arbeit mit einem Minimum an Aufmerksamkeit weitermacht, stellt sich der Arbeitende in anderen Räumen und Zeiten vor. Die produktive Leistung der Phantasie für die Wahrung der Identität besteht darin, daß sie lebensgeschichtliche Kontinuität herstellt (Vollmerg 1976b, S. 121). Ersatzhandlungen am Arbeitsplatz sind vielfältig ausgebildet, z.T. werden sie wegen ihrer produktionssteigernden Wirkung vom Betrieb gefördert: "Wenn muntre Reden sie begleiten", dann fließt auch heute noch die Arbeit besser fort als in stummer Dumpfheit. Japanische Wirtschaftsmanager haben auch die integrierten Körperertüchtigungen zur schnellen Restauration der Arbeitskraft perfekt organisiert. Aber auch die Arbeiter lassen sich immer wieder Variationen des Arbeitsablaufs einfallen.

„Hör bloß auf mit dem ewigen: Hallo, da kommt schon wieder so'n Ding."

Z.B. wird der monotone Zeitablauf hier und da absichtlich unterbrochen, das Arbeitspensum wird in Stücke zerlegt: Zeit wird wieder greifbar. Günter Wallraff erzählt von einem Akkordarbeiter, der immer an die gleiche Stelle ein Loch zu bohren hat; gab ihm das Band nicht die Zeit für eine Zigarette, bohrte er das Band an, so daß es stehenblieb.

Als Gegenkultur beschreibt Paul Willis Formen kollektiven Widerstands durch ästhetische Tätigkeit am Arbeitsplatz. Informelle Gruppen haben sich Deutungssysteme geschaffen, die die Arbeitssituation positiv sehen und sie so aushalten lassen: Sie bieten zwar immer noch ihre Arbeitskraft feil, ironisieren diesen Vorgang aber zugleich, indem sie zeigen, daß sie darüberstehen und die Arbeit mit der linken Hand machen; ihre Arbeitskraft kann mehr produzieren als sie kostet. Sie verlagern den Schwerpunkt ihrer Sinnsetzung auf den Kontext der Arbeit, auf die soziale Umgebung ihres Arbeitsplatzes, und schaffen eine kulturelle Durchdringung ihrer realen Existenzbedingungen in die Arbeitswelt, indem sie Peer-group-Verhaltensweisen einschleusen. Für die Betriebsleitung und auch für die bürgerliche Denkweise der Angestellten sind das natürlich störende Albereien, die in Zeiten der Hochkonjunktur geduldet werden müssen, sonst aber oft zur Entlassung solcher Gruppen führen.

Eine andere Strategie der Gegenkultur ist das Ergebnis theoretischer Interpretation der Arbeitsverhältnisse, doch mit demselben Ziel, eine Identifikation mit sich als Arbeiter zu erreichen: Man trennt rigoros zwischen männlicher/weiblicher und zwischen manueller/geistiger Tätigkeit. Die gesamtgesellschaftlich geltenden Werte der Dominanz des Mannes und des höheren Rangs geistiger Arbeit werden übernommen, aber uminterpretiert: "Die Polarisierung der Strukturen geschieht über Kreuz. Manuelle Arbeit wird mit der sozialen Überlegenheit des Männlichen assoziiert und geistige Arbeit mit der sozialen Unterlegenheit des Weiblichen" (Willis 1970, S. 221). So kann man die Brutalität der Arbeitssituation partiell uminterpretieren zur heroischen Konfrontation mit einer Aufgabe: "Ein Mann will seine Arbeit, die er anfängt, auch beenden." Das Geld ist der Maßstab der geleisteten Arbeit; der Mann kann eine Familie ernähren, Frauen arbeiten höchstens für die Extras. Die "white collars" sind weibisch, sie sind ebenso wenig ernstzunehmen wie die Frauen.

"Berufliches Arbeitshandeln vollzieht sich in gesellschaftlich definierten, vertraglich normierten, organisatorisch kontrollierten Rollenstrukturen, die technisches, strategisches und kommunikatives Handeln in unterschiedlichem Mischungsverhältnis verlangen, denen individuell ausgebildete Handlungspotentiale gegenüberstehen" (Heinz 1976, S. 510). Dieses Zitat steckt recht klar den Rahmen für *ethisch-politische Erfahrungen* in der Arbeitswelt ab. Der Mensch als ökonomischer Faktor kann nicht bis zur Stufe der Konsensbildung vorstoßen, schon vertraglich ausgehandelte Maximen (Stufe 5 der Kohlberg-Skala) werden selten handlungsleitend sein; die Regel werden Pflichterfüllung und Konformität mit betrieblichen Erwartungen sein, wenn nicht sogar schlicht Gehorsam dem Mächtigen gegenüber und Lust/Unlust als leitende Prinzipien.

Wie stark die Arbeit das moralische Urteil beeinflußt, zeigt sich schon daran, daß Arbeiter Lust/Unlust als Kriterium nur in bezug auf die eigene Arbeit nennen, während sie in anderen politischen Fragen auf höheren Stufen argumentieren. Politik - und damit ethisch relevante Entscheidungen - findet für sie eben hauptsächlich bei "denen da oben" statt, ihre Haltung zur Arbeit können sie nicht als politische Äußerung sehen. Anscheinend sind für sie die gesellschaftlichen Widersprüche unüberbrückbar:

Im Rahmen gesamtgesellschaftlichen Lebens wird von ihnen auf der einen Seite hemmungsloses Konsumieren, auf der anderen Seite diszipliniertes Produzieren erwartet. In einer funktionalen Umwelt sollen sie ein Selbstwertgefühl und politisches Engagement entwickeln: "Der begreifenden und politisch bewußten Einsicht in die Verhältnisse steht jedoch der fortgesetzte Zwang zur Erfüllung betrieblicher Leistungsanforderungen entgegen, wodurch die Arbeitenden 'vielfach auf niedrige Stufen der kognitiven und moralischen Entwicklung festgelegt' (Lempert/Franzke) werden" (Heinz 1976, S. 509).

Solange der Mensch in der Arbeitswelt funktional für die Arbeit zurechtgebogen und nicht die Arbeitswelt für die und mit den betroffenen Menschen eingerichtet wird, werden hier keine demokratischen Lebensbedingungen herrschen; weder die Arbeitenden selbst noch ihr soziales Umfeld können unter wirtschaftlich orientierten Bedingungen demokratiefähig werden.

Nicht die mächtigen Konzerne, die den Erwerbsarbeitsmarkt bestimmen, sondern die Alternativwerkstätten können die Synthese von individueller Suche nach Identität und kollektiven Vorstellungen von sinnvoller Arbeit gelingen lassen. Doch es werden Minderheiten bleiben, die ihre Coping-Bemühungen auf ihre Identitätsentwicklung ausrichten und möglichst wenig funktionieren wollen.

Immerhin ist die alternative Arbeitswelt im Wachsen begriffen (vgl. Teichert 1988, S. 12). Zum Bereich "informeller und alternativer Ökonomie" zählen Volkswirtschaftler Menschen, die den Begriff "Arbeit" neu definiert haben als sinnvolle und nützliche Tätigkeit für sich und andere in einer mitbestimmten Organisationsform, unabhängig von Entlohnung und gesellschaftlichem Ansehen. Haushaltswirtschaft, Selbstversorgungswirtschaft und Selbsthilfeökonomie sind hier zu unterscheiden. Der Zeitaufwand für diese informelle Wirtschaft ist bereits größer als für die formelle Erwerbstätigkeit (Teichert 1988, S. 8).

Insbesondere die Selbsthilfegruppen tragen zur Veränderung eines allgemeinen Verständnisses von "Arbeit" wesentlich bei. Es sind z.B. Bürgerinitiativen - von denen es nach vorsichtigen Schätzungen ca. 13000 in der Bundesrepublik geben soll! -, Jugend- und Kommunikationszentren, Stadtteilzeitungen, Mieterkollektive, Therapie- und Erfahrungsgruppen, Einkaufskooperative, Musik-, Theater-, Videogruppen. Einerseits gleichen sie strukturell und organisatorisch den bekannten Dienstleistungsbetrieben, andererseits stoßen sie jedermann auf die Frage, warum ihre Tätigkeit nicht bezahlt wird, da sie doch dringend notwendig zu sein scheint.

Dazu kommen alternative Betriebe, in denen jeder Beteiligte authentische, mitgestaltende Arbeit leisten kann; es wird ganzheitliches Arbeiten angestrebt, die Produktion am Gebrauchswert orientiert und der Betrieb demokratisch selbstverwaltet, ca. 60 Prozent sogar nach dem Konsensprinzip (Teichert 1988, S. 56). Es sind Landkommunen, Handwerkskollektive, Läden, Kneipen, Transportunternehmen, Szenekulturgruppen und Erziehungsprojekte. Ihre Gesamtzahl ist aus regionalen Untersuchungen schwer hochzurechnen; die Schätzungen bewegen sich um einen Durchschnitt von 15000 Betrieben und Projekten, ca. 3500 davon sind voll professionalisiert und können ihren Mitarbeitern befriedigenden Lebensunterhalt zahlen. Sie besetzen damit nahezu ein Prozent der Arbeitsplätze (vgl. Berger u.a. 1985).

Andere Zellen zur Veränderung der Arbeitswelt treten volkswirtschaftlich zwar nicht in Erscheinung, leisten aber ebensolche praktische Kritik am offiziellen Arbeitsmarkt und schaffen ebenso Gegenmodelle zur "Krise der Arbeitsgesellschaft":

Gewerkschaftliche Initiativen zur alternativen Produktion (etwa Entschließung der IG Metall v. 12.3.85 mit den Zielen der Produktumstellung - etwa in der Rüstungsindustrie -, weiterer Demokratisierung usw.).

Betriebsübernahmen durch Belegschaften mit allmählicher Umstrukturierung zu selbstverwalteten, nicht profitorientierten Betrieben bzw. in Genossenschaften.

Arbeitskreise in vielen größeren Betrieben, die sich ständig um Maßnahmen alternativen Wirtschaftens und Organisierens kümmern (vgl. K. Mertens (Hg.), Alternative Produktion, Köln 1985).

Die Chancen stehen günstig, daß deren Anteil steigt: Die Arbeitslosigkeit wird noch lange hoch bleiben; die zunehmende Technisierung wird immer mehr Menschen sinnvolle Tätigkeit zu fordern veranlassen; der höhere Bildungsgrad vieler Menschen wird eigenständige Reflexionen und Handlungen ermöglichen; das öffentliche Interesse an vorbildlichen

Alternativprojekten ist hoch, weil dort allgemein bedrängende Probleme angepackt werden; nicht nur materielle, sondern eine von ausgreifender Bildung fundierte Lebensqualität wollen immer mehr junge Erwachsene realisieren, für ihre "Lebensweise" sind sie mehr denn je bereit, sich politisch zu engagieren.

III. Vermittlungsinstanz:
der Erfahrungsraum Schule

Die Einflüsse der Sozialisationsinstanz Schule wurden bei der Darstellung der Kompetenzentwicklung bisher nur angedeutet. Umfassende und gründliche Beschreibungen des schulischen Erfahrungsraums gibt es mehrere (z.B. Dreeben 1980; Hurrelmann/Ulich 1980; Fend 1980 und 1988; Neumann 1981; Tillmann 1989). Da die hier vorgelegte Konzeption darauf zielt, Hilfe bei der Entfaltung der Kommunikativen Kompetenz durch Unterricht in der Bildungsinstitution Schule zu geben, ist vor allem zu untersuchen, wie sie auf die Erfahrung der Verständigungsfaktoren Ich, Sprache, Sachverhalte und soziale Beziehungen einwirkt. Und weil diese Erfahrung von den kommunikativen Einstellungen und Umgangsformen abhängt, ist diese Untersuchung nach den vier Erfahrungsmodi gegliedert.

Wer als Lehrer in der Schule oder als Magister für die Schule tätig ist, sollte die Bedingungen und Möglichkeiten dieses Handlungsfeldes natürlich gründlich studieren. An seiner Oberfläche sind zur Zeit zwei bemerkenswerte Gegenbewegungen zu beobachten: Die institutionelle "Aufsicht" regt in Richtlinien und Lehrplänen erstmals an, die Schule als "Lebens- und Erfahrungsraum" ernstzunehmen; der Kultusminister von NRW gab sogar 1988 zusätzlich ein inhaltliches "Rahmenkonzept Gestaltung des Schullebens und Öffnung von Schule" heraus. Die Beaufsichtigten hingegen scheinen die Schule als Erfahrungsraum immer weniger ernst zu nehmen. Nach der letzten Jugendstudie von 1985 berühren Lehrer, Fächer, Noten oder Unterricht die Schüler immer weniger; in Berichten über Erfahrungen in der Schule stellen sie diese vielmehr als zusätzlichen Ort für Peer-Group-Erfahrungen dar. Das bedeutet jedoch keine "innere Emigration" wie bei uns Schülern der 50er Jahre, sondern eine produktive Neudefinition im Sinne jugendlicher Coping-Aktivitäten. Und doch wird der Sozialisationsforscher aus solchen Erscheinungen den Schluß ziehen müssen, sich den "heimlichen Lehrplan" dieser Institution und seine unbemerkten Wirkungen genauer anzusehen. Radikal kann man diese Situation auch als eine letzte Legitimationskrise des staatlich institutionalisierten Bildungssystems interpretieren und - wie es etwa der Berliner Pädagoge Konrad Wünsche tut - die Notwendigkeit dieser Schule überhaupt in Frage stellen.

1. Leistung als Leitbegriff

In keiner anderen Sozialisationsinstanz ist die Diskrepanz zwischen Anspruch und Wirklichkeit so groß wie in schulischen Institutionen. Ein Verein, über den seine aktiven und passiven Mitglieder dauernd so negativ sprächen wie über die Schule, wäre längst aufgelöst. Ein Wirtschaftsunternehmen, in dem die tägliche Praxis derart unbeeinflußt bliebe von Verbesserungsvorschlägen ihrer begleitenden und ausbildenden theoretischen Abteilung, hätte längst pleite gemacht. Wo sonst noch hängen idealistische Festreden so hoch oben in der Luft wie im Bildungssystem, beklatscht und unwidersprochen von den Betroffenen, die es doch besser wissen? Welche Institution kann es sich sonst leisten, einer solchen Fülle privater Kritik (in Familien und peer-groups) gegenüber sich resistent zu verhalten? Welch eine persönliche und gesellschaftliche Bedeutung muß Schule haben!

Demgegenüber muß Helmut Fend aufgrund empirischer Untersuchungen feststellen, "daß im Einflußdreieck von Altersgruppe, Familie und Schule letztere von geringster, die Familie aber von größter Bedeutung ist" (1980, S. 265). Das zeigt sich etwa daran, daß der Anteil der Familie an der Bewußtseinsbildung - etwa politisch aktiv werden zu wollen - viermal höher ist als in der Schule. Direkte und verallgemeinerbare Wirkungen des Schulunterrichts sind wissenschaftlich schwer nachzuweisen.

Unser Bildungssystem tritt in Erscheinung in Form verschiedener Institutionen, in denen junge Menschen, geschieden nach Alter und Befähigung, in systematischen Lernprozessen unterrichtet und erzogen werden. Den Kern dieser Institutionen unterhält und organisiert der Staat in Gestalt der Länderregierungen; Kindergärten (mehr und mehr) und Einrichtungen für Schwerbehinderte werden auch von den Kirchen getragen; die berufliche Aus-, Fort- und Weiterbildung betreiben Betriebe, ihre Standesorganisationen und die Gewerkschaften. Im folgenden werde ich mich auf die Schulen konzentrieren.

In ihren Funktionen der Gesellschaft gegenüber lassen sich zunächst die *Selektion* (der Verteilung von Staatsbürgern auf Schichten, Gruppen, Berufssparten), der *Integration* (der zukünftigen Staatsbürger in das bestehende System) und der *Qualifikation* unterscheiden. Offiziell (etwa nach den Richtlinienpräambeln) hat sie jedoch (nur) die Aufgabe, durch Unterricht zu erziehen.

Schon auf dieser allgemeinen Beschreibungsebene wird die Diskrepanz zwischen Anspruch und Wirklichkeit deutlich: In seiner Studie, die traurige Berühmtheit erlangt hat, stellte Christopher Jencks 1973 fest, daß die Schule primär "Selektions- und Zeugnisagentur, erst in zweiter Linie Sozialisationsinstanz" ist (S. 169). Lothar Krappmann kommt aufgrund seiner Untersuchungen in Deutschland ebenfalls zu dem Ergebnis, daß die Schule eine "kaum verändernde Institution" ist, die noch nicht begonnen hat, als Sozialisationsinstanz zu wirken (1973, S. 26). Schule bestimmt Lebensläufe, und zwar auf eine ungeheuer formale, unpersönliche Art (vgl. zum folgenden Fürstenau 1972): Menschen treten sich in Lehrer- und Schülerrollen gegenüber; der Lehrer muß das Verhalten der Schüler auf ein institutionskonformes formales Unterrichtsverhalten einschränken. Beide gehen ihr Verhältnis gezwungenermaßen ein und bewegen sich in der zweckrationalen Organisation mit Spielräumen für persönliche Ermessensentscheidungen. Gegen die Nicht-Schul-Welt ist dieses System abgeschlossen durch eine eigene Art des Umgangs mit Menschen und Sachen; alles, was auf die Beteiligten einwirken kann, ist für die schultypischen Umgangsformen zurechtgemacht. Die Kinder werden nach Alter und nach Leistung auf Klassen aufgeteilt, in denen uniforme Bedingungen der Trieb- und Interessenbefriedigung herrschen. Bedürfnisse werden per Jahrgangssystem, per Stundenplan und per eingeführtem Lehrbuch gesteuert; dabei werden Wissen und Fertigkeiten vermittelt sowie Handlungsformen kultiviert. Dabei soll die Sozialität der Kinder im Sinne einer Verfassungskonformität ausgebildet werden, Individualität im Sinne des Starkwerdens, damit der Heranwachsende sich mehr und mehr selbständig behaupten kann. Wer den angetragenen fachlichen Erwartungen nicht entspricht, wird umverteilt. Der Leitbegriff für alle drei Funktionen ist der der *Leistung*.

Die Leistungsideologie ist sicherlich für das Leiden an der Schule verantwortlich; man wird jedoch der Schule gerechter, wenn man auch die positiven Merkmale dieses Leitbegriffs hervorhebt. Schule findet um der Erziehung und des Unterrichts von Kindern willen statt, und die Leistungen, zu denen diese Kinder hier befähigt werden, sollen sie für sich selbst (und für ihre Mitschüler und Lehrer) erbringen und nicht um einer profitablen wirtschaftlichen Nutzung willen. Ohne Rücksicht auf ihre Herkunft werden Kinder in Lernprozessen gefördert, die von Fachleuten nur um dieser Lernprozesse willen durchgeführt werden, wobei die Lehrenden den Kindern fremd sind und auch die Wirkungen und Erfolge ihrer jahrelangen Bemühungen nicht einmal erfahren.

Von der Idee her ist Schule so angelegt, daß wegen der erziehenden und bildenden Lernprozesse bestimmte institutionelle Maßnahmen getroffen werden müssen, um die Schüler von störenden Einflüssen abzuschirmen; so müßte die Schulorganisation den Lernprozessen untergeordnet sein und diese fördern. Das ist in der Praxis meist umgekehrt (vgl. Schulz 1975, S. 34). Schüler erfahren täglich, daß es viel wichtiger ist, daß die Schule funktioniert, als daß ihre Bildungsansprüche erfüllt werden. Die "Welt der bürokratischen Organisation" dominiert die "Welt der geistigen Studien", dabei "ist der einzige Erfolg nicht selten der, daß die Schüler am Ende der Schulzeit gelernt haben, so zu tun, als ob sie beide Welten in ihr Leben integriert haben" (Jackson 1975, S. 33). Das sagt der amerikanische Pädagoge Philip W. Jackson nach langjährigen Unterrichtsbeobachtungen, sie brachten ihn auch dazu, neben dem amtlichen, offiziellen Lehrplan einen "heimlichen Lehrplan" anzunehmen. Das ist das fiktive Gesetzbuch der ungeschriebenen Gesetze der Schule, ein Grundkurs in den sozialen Regeln, Regelungen und Routinen. "Diesen Grundkurs haben sich Schüler wie Lehrer anzueignen, wenn sie, ohne größeren Schaden zu nehmen, ihren Weg durch die Institution, die da Schule heißt, machen wollen" (ebd., S. 29).

Die Grundschule spielt die Hauptrolle beim Hineinsozialisieren der Kinder in die Schule; sie muß aus Kindern erst mal Schüler machen, die zugelassenen Orientierungs- und Lernmuster einschleifen, in bestimmte Formen der Aufgabenerfüllung eingewöhnen: nach vorgeschriebener Aufgabenstellung, zu einem bestimmten Zeitpunkt in einem bestimmten Zeitraum, ohne nach ihrem Sinn zu fragen.

Die Schüler lernen u.a., sich an Fremdbestimmung ihrer Arbeit zu gewöhnen; aus sich eine Schulfigur zu machen, die für einige Stunden täglich vieles tut und denkt, was sie sonst niemals tun oder für wichtig halten würde; sich öffentlich ohne Verteidigungsmöglichkeit be- und verurteilen zu lassen und danach den Wert ihrer selbst abzuleiten ... (vgl. die Liste der ungeschriebenen Gesetze in: Zinnecker 1975, S. 197 f). Dies lernen die Schüler "heimlich", d.h., sie sollten es eigentlich nicht lernen, müssen es aber doch.

Der heimliche Lehrplan determiniert implizit und "nebenbei" die schulischen Erfahrungen und Erfahrungsweisen; explizit und offiziell werden sie bestimmt von der Struktur des Unterrichts, von der Art und Weise, wie die typisch schulischen Lehrinhalte für Lernprozesse aufbereitet, zu Sequenzen kombiniert und an die Schüler herangetragen werden. Hierbei unterscheide ich mit Basil Bernstein zwei grundsätzlich verschiedene Typen des Curriculums (Bernstein 1977, S. 118 ff):

Sammlungstyp

Wissen und Fertigkeiten sind auf klar abgegrenzte Fächer verteilt; sie ergänzen einander nicht, sondern behaupten isoliert voneinander ihre Eigenständigkeit ("structure of disciplin").

Der Schwerpunkt liegt auf den Fakten; "Wissenschaftlichkeit" bedeutet: die Fachwissenschaften liefern die Lerninhalte, die dann auf Schwachstrom transformiert werden (nach Gusto des Lehrers).

Jeder Lehrer arbeitet für sich; fremdbestimmtes Lernen

Die Ordnung beim Lernprozeß entsteht aus der Autoritätshierarchie, der systematischen Anordnung der Inhalte und aus dem Prüfungssystem.

Die fachspezifischen Themen können nur in theoretischer Einstellung eingeführt werden; das Kind kann keine Brücken zu seiner Alltagserfahrung schlagen; die Folgen: "Die Schule mißachtet die Erfahrung des Kindes, was zur Folge hat, daß das Kind die Erfahrung der Schule mißachtet" (Bernstein 1977, S. 262).

Integrationstyp

Verschiedene Wissensbereiche werden aufgrund leitender Ideen/Konzepte in Unterrichtseinheiten aufeinander bezogen; jedes Fach leistet seinen spezifischen Beitrag zur Lösung relevanter Probleme.

Der Schwerpunkt liegt auf den Wegen, wie man zu Kenntnissen kommen kann; die Schüler lernen, wie Wissen zustandekommt. "Wissenschaftlichkeit" bedeutet: die Lernorganisation berücksichtigt psychologische, soziologische, linguistische ... Forschungsergebnisse.

Lehrer arbeiten zusammen; selbstreguliertes Lernen in gemeinsamer Unterrichtsplanung und Auswertung

Eine Ordnung muß immer wieder neu entwickelt und geplant werden; die Lehrerrolle ist kooperativ; der Schüler erhält ein steigendes Maß an Autonomie.

Die Alltagswelt des Kindes kann zu einem Bestandteil der Schule werden, sie ist konstitutives Element des Unterrichts; auf sie bezieht sich das in theoretischer Einstellung zu Lernende.

Kinder aus verschiedenen sozialen Schichten sind unterschiedlich auf die "pädagogischen Codes" der Schule vorbereitet. Die Integration von Wissensinhalten in ein Bewußtsein gelingt Mittelschichtkindern erheblich leichter (auch beim Sammlungscode), weil sie zu Hause schon gelernt haben, abstrakte Inhalte aufzunehmen und sie elaboriert zu verarbeiten. Für Unterschichtkinder bedeutet der Sammlungscode die endgültige Verweigerung sinnvoller Lernprozesse, weil ihnen die aufgesetzten Inhalte immer fremd bleiben, da die notwendigen Informationshilfen in der Schule nicht gegeben werden.

Das wissen wir seit Jahren. Hat die Schulpraxis daraus endlich Konsequenzen gezogen? Bernstein glaubte noch 1975, in den Schulen eine hoffnungsvolle Entwicklung vom Sammlungs- zum Integrationscode zu beobachten. Das war die Zeit, als auch hier Projektarbeit diskutiert, "Integrierender Deutschunterricht" mehr und mehr versucht wurde.

> "Der Übergang vom Sammlungs- zum Integrationstyp wird Status und Rang der existierenden Inhalte radikal ändern; er wird wahrscheinlich auch eine Veränderung in den Beziehungen zwischen den Lehrern sowie zwischen Schülern bewirken. In dem Maße, wie vom Sammlungstyp zum Integrationstyp, von geschlossenen zu offenen Schulen übergegangen wird, wird die Außenwelt in neuartiger Weise in die Schule eindringen, wird die moralische Basis unserer pädagogischen Entscheidungen explizit werden, müssen wir mit beträchtlichen Wertkonflikten rechnen." (ders., S. 123 f.)

2. Die Erfahrung sozialer Beziehungen

Vom ersten Tag an erfährt das Kind die Schule als große, unüberschaubare Institution, in der kaum etwas von ihm selbst bestimmt werden kann. Alles funktioniert, würde auch ohne es funktionieren, aber es muß teilnehmen.

Eine Rolle spielt es hier nur als Schüler, d.h. als Mitglied einer recht homogenen Klassengruppe (gleiches Alter, manchmal noch gleichen Geschlechts, gleicher sozialer Herkunft oder gleicher religiöser Zugehörigkeit); alle stehen unter denselben Anforderungen, die von einer Lehrerposition mit wechselnden Person-Besetzungen gestellt werden. Die Klassengruppe wird von den Lehrern mehr und mehr differenziert durch Bewertung der Aufgabenerfüllung, was entscheidende Gruppenwechsel oder den Ausschluß aus der Schulgemeinschaft zur Folge haben kann; allerdings kann auf dieselbe Weise auch Ansehen erworben werden.

Das Kind erfährt, daß alle Sozialbeziehungen vom Funktionieren der Schule abhängen: warum welche Beziehungen anfangen und enden, zu wem sie notwendig/erwünscht/mißbilligt sind; Beziehungen sollen wenig emotional, mehr instrumental sein, auf Zeit, lockere Bindungen, möglichst keine direkten Abhängigkeitsverhältnisse. Anders als in den bisherigen Sozialisationsinstanzen erfährt der Schüler sich hier in sozialen Beziehungen zu Rollenträgern mit austauschbaren Personen: ob Lehrer, Lieblingslehrer, Rektor, Klassenbester, Nebenmann - das kann von Fach zu Fach, von Jahr zu Jahr ein anderer sein.

Eine solche formale Struktur erlaubt wichtige Erfahrungen für die fortschreitende Sozialisation: Einerseits werden vielfältige heterogene Beziehungsmöglichkeiten eröffnet; andererseits bietet sie Gelegenheiten, zwischen sozialer Rolle und Person zu unterscheiden. Das Kind tritt hier zum ersten Mal in die Struktur der Gesamtgesellschaft ein, und zwar auf ihrer Probebühne: Es kann sich darin einüben, unemotionale Sozialbindungen aufzunehmen und mitzugestalten (die komplementäre Probebühne für die emotionalen Beziehungen ist die Clique).

Konkreter lassen sich die schultypischen sozialen Erfahrungen des Schülers beschreiben in den beiden Rollenbeziehungen zum Lehrer und zum Mitschüler:

a) *Der Lehrer tritt mit dem Schüler* nicht um dessentwillen in Beziehung, sondern um seinen Beruf auszuüben; was der Lehrer tut, ist "zielgerichtetes Handeln im Auftrag, dessen Ausgang nicht beliebig ist" (Fend 1980, S. 167). An den Personen in der Lehrerrolle erfährt der Schüler
- das in einer Gesellschaft zugelassene/geförderte Erziehungsverhalten,
- legitime Formen des Durchsetzens von Anforderungen,
- Modi der sozialen Kontrolle,
- institutionelle Umgangsformen zwischen Erwachsenen und Kindern/Jugendlichen (ders., S. 165 ff.).

Die pädagogischen Diskussionen um Versuche, die Lehrer-Schüler-Beziehung auf der Grundlage eines allgemeinen Kommunikationsmodells (z.B. Schäfer/Schaller 1976) oder eines Modells humaner Beziehungen schlechthin zu beschreiben, haben zu großer Skepsis geführt, ob so das Spezifische dieser Beziehung überhaupt erfaßt werden kann. In der schulischen Interaktion geht es nie um Kommunikation oder um "Begegnungen von Person zu Person" schlechthin, sondern immer schon um institutionelle Erziehung und Leistungsforderung, also um einwirkende bzw. lernende Kommunikation.

Diese spezifische Schulkommunikation erfährt der Schüler als vom Lehrer weitgehend bestimmt, und er erfährt sie als "autoritär, demokratisch oder laissez-faire" durchgeführt (in der Terminologie von Lippit-

White), als "herrschaftsbetont oder integrationsbetont" (in der Terminologie von Anderson), als "institutionalisierte oder personalisierte Führung" (Waller). (Vgl. die Übersicht über verschiedene Terminologien bei C. W. Gorden.)

Diese Alternativen der Ausführung der Lehrerrolle determinieren das Lernverhalten des Schülers, die Quantität und Qualität seiner Kommunikation, seine Spielräume zwischen totaler Anpassung/Unterwerfung und Eigeninitiative. Sicher hat das Schülerverhalten in einer Klasse Auswirkungen auf das Lehrerverhalten; entscheidende Konsequenzen haben aber Schülerintentionen und -handlungen nur über die Lehrerreaktionen, denn nur der Lehrer hat die institutionelle Macht, Handlungsweisen durchzusetzen (oder aber die pädagogische Kommunikation scheitert überhaupt).

Solche sozialen Tatsachen der Schule werden in der Familie weitgehend bestätigt oder gar für richtig gehalten, in peer-groups zwar stark kritisiert, aber nicht als veränderbar bewußt gemacht. In der Schule erfährt der Schüler diese Determination zwar manchmal als kurzfristig anfechtbar, langfristig aber mehr und mehr als "natürlich" - es sei denn, er wird von einem der wenigen Lehrer unterrichtet, die Metakommmunikation als Unterrichtsprinzip praktizieren.

Auf der Folie der Erfahrung des Lehrers als Rollenspieler nimmt der Schüler die Besonderheiten der Lehrer-Person wahr: Sind sie in Aussehen, Temperament, weltanschaulicher, erzieherischer Haltung Individuen? Oder verschwinden die wenigen Eigenheiten hinter einem Popanz von "Schulfunktionär" oder "Unterrichtsbeamten" (Rumpf)?

Pädagogen, Sozialwissenschaftler und Psychoanalytiker wiesen übereinstimmend nach, daß sich formal-bürokratische Organisationsbedingungen und wünschenswerte Bedingungen von Erziehungsprozessen widersprechen müssen. Der Lehrer kann nicht umhin, sich in diesem Institutionendilemma für die Organisation oder für die Schüler zu entscheiden. Und wenn er auch meint, neutral vermitteln zu können, so werden seine Schüler in dem Bild, das sie aus seinem Verhalten zimmern, ihn schon klar auf der einen oder der anderen Seite ansiedeln. Sie merken täglich: Geht es einem Lehrer primär um die Kinder und hält er das auch nur einigermaßen konsequent durch, dann funktioniert die Schule nicht mehr.

Je jünger die Schüler sind, desto mehr müssen sich im Lehrer die Normen der Schule für den Schüler repräsentieren. Er ist es, dem gegenüber man sein gesamtes schulisches Verhalten anpassen muß. Und lernt der Schüler dann langsam Rolle und Person zu trennen, kann er der Person die pädagogischen Bemühungen kaum noch glauben; in Krisenfällen bleibt der Unterrichtsbeamte als letzte Instanz übrig. Ein Lehrer mag noch so sehr die Leistungsforderungen über Einsicht, Vertrauen und Überzeugen durchzusetzen versuchen - versagen diese Strategien, so vollzieht auch er die verbal so verabscheuten Zwangsmaßnahmen.

Entscheidend für die Erfahrung einer glaubwürdigen Lehrer-Person ist, ob er Unterricht als integralen Bestandteil der gesamten Lebenspraxis vertritt; in bezug auf die Leistungsanforderungen heißt das, welche Leistungen ein Lehrer über institutionelle oder persönlich Maßnahmen durchzusetzen versucht: nur "Stoffbeherrschung" oder auch die darin implizierten sozialen Leistungen? Denn jeder Unterricht, dessen Interaktionen nicht ausgerichtet sind auf die Prinzipien wahrhaftiger, angemessener, wahrer und verständlicher Verständigung, wird von Schülern bald als unglaubwürdig erkannt und kann keine Lernwirkungen mehr erzeugen. Es ist im Unterricht unvermeidbar, Äußerungen/Texte zu produzieren, ohne dabei gleichzeitig (implizit) soziale Beziehungen zu gestalten. Wenn ein Lehrer also "nur" die fachspezifischen Lernziele der Verständigung vorlebt und sie gleichfalls als Leistungen von seinen Schülern verlangt, kann er das nur tun, indem er seine Lehrerrolle "demokratisch", "integrationsbetont" und in "personalisierter Führung" ausführt.

b) In der *Beziehung zu seinen Mitschülern* erfährt der Schüler sich als "in einem Boot" mit vielen anderen; die Klassengruppe erstellt in bezug auf die auf sie einwirkenden schulischen Ereignisse und Personen oft ein gemeinsames Deutungssystem. Das schließt alle eng zusammen und ist, da man täglich mehrere Stunden lang zusammen lebt, sehr wirksam und dauerhaft. Dieses Klassendeutungssystem wirkt einheitlich und geschlossen nach außen, enthält jedoch nach innen eine quasi-natürliche Hierarchie. Die Klassengemeinschaft bietet einerseits einen Schutzraum, der Solidarität erzeugt gegen die übermächtige Institution und in dem man dauernden Verletzungen des Ichs durch die Leistungsanforderungen gemeinsam besser begegnen kann. Andererseits zersetzt der tägliche Unterricht die Klassensolidarität stetig, indem Leistungen als Konkurrenzverhalten gefordert werden; unter außerschulischen Deckmänteln (wie dem Numerus-clausus-Druck) wird den Schülern die Ideologie aufgezwungen, einer könne nur gut sein, wenn andere schlechter sind. Neid und Bewunderung etablieren die lebenslang wirksame Hierarchie in der Klassengruppe: Die vorherrschenden Werte und Inhalte werden in informellen Klassengesprächen von Meinungsführern bestimmt, und zwar bei Gefolgsleuten wie Gegnern. Der Typ des Meinungsführers ist ein anerkannt guter Schüler (dieses Merkmal gilt nicht für Hauptschulklassen), der sich wenig für die Schule anstrengt, der über viele zusätzliche Informationen im Hobby- oder Pop-Bereich verfügt, der in der Scene "in" ist und/oder viel Sport treibt; in Gesamtschulen ist er pro, in den anderen Schulformen eher contra Schule eingestellt (vgl. Fend 1980, S. 210 ff).

Innerhalb der so über ein Deutungssystem bestimmten Klassengruppe lassen sich verschiedene Beziehungsstrukturen ausmachen: Ist die Klasse insgesamt resistent gegen schulische Einflüsse, gleicht sie der Clique; läßt sie sich durch die Schule stark fremdbestimmen, bekommt sie eher Vereinscharakter. Innerhalb dieser Grobstrukturen lassen sich kleinere Cliquen, Freundschaften und Außenseiter ausmachen. Diese Untergruppen differieren stark, wenn es um außerschulische Dinge geht; sie können, je nach Themenbereich, in Sympathie oder Antipathie, unterlegen oder überlegen zueinander stehen.

Deutungssystem, vorherrschende Inhalte und Werte sowie die strukturellen Besonderheiten einer Klasse prägen insgesamt das "Klima" der Lebensgemeinschaft Klasse (als Insgesamt der alltagsweltlichen Einstellung einer Klassengruppe); es kann von Klasse zu Klasse - auch innerhalb derselben Schule - sehr verschieden sein.

Da kein Kind sich die Klassengruppe jemals aussuchen kann, hängen die ungeheuer nachhaltig wirksamen sozialen Erfahrungen mit Mitschülern vom Zufall ab: Ob einer hier akzeptiert wird, in seinem Bedürfnis nach Anerkennung, Gemeinsamkeit und positiver Selbstachtung, nach authentischer Problembewältigung unterstützt oder ausgeschlossen wird oder nur am Rande mitlaufen darf oder gar dem Terror einer dominanten Gruppe ausgeliefert ist, das wird sich sein ganzes Leben lang auf seine Selbsteinschätzung und sein Sozialverhalten auswirken. Und wenn es der schulischen Erziehung im Unterricht nicht gelingt, die Sozialisationseinflüsse der spezifischen peer-group "Klasse" in ihre Bemühungen zu integrieren, werden sich diese Gruppen immer stärker gegen jede Erziehung durch Erwachsene immunisieren.

3. Die Erfahrung von Sachverhalten

Wo sonst stehen die Gegenstände der Erfahrung so im Vordergrund, wo sonst geht es derart ausschließlich und intensiv um Sachverhalte wie in der Schule? Sie gibt die Möglichkeit, die Welt lehrgangsmäßig (nach methodischen Verlaufsplänen) und schülerbezogen (von der Motivation bis zum Transfer) zu erschließen. Schule bietet einen großen Teil der kulturellen Tradition - gegliedert nach Schulfächern - an, erlaubt langfristige, umfassende und detaillierte Orientierungen sowie den Erwerb von

Grundformen der Welterfassung. Diese idealen Voraussetzungen führen jedoch nur zu gelingenden Lernprozessen in einem emotional positiven Lernraum, wenn das Risiko intensiven rationalen Lernens aufgefangen wird von einer Atmosphäre der Geborgenheit und des Vertrauens.

Angesichts solcher großartigen Möglichkeiten schockieren Aussagen der Forschung, die die Schule im Vergleich zu anderen Sozialisationsinstanzen als stark eingeschränkten Erfahrungsraum charakterisieren (vgl. Fend 1980, S. 251 ff.): Sterile Schulbauten wirken eintönig und schaffen keine Voraussetzungen für Geborgenheit; die Jahrgangsklassen bieten unter Schülern gleichen Alters wenig alternative Orientierungen; die Masse der Schüler wirkt stereotyp und schafft kaum den sozialen Raum für Vertrautheit und Vertrauen; die autoritäre Beziehungsstruktur läßt wenig selbstinitiiertes Handeln zu, die inhaltliche Indoktrination verhindert intrinsische Motivation und unterstützt eine theoriefeindliche alltagsweltliche Einstellung; die Dominanz verbaler Belehrung schränkt die Lernmöglichkeiten einseitig ein; die Leistungstest-Orientiertheit macht Schule als Übungsraum für Probehandeln unmöglich. Diese Aussagen gelten freilich nicht für jede Schule gleich und uneingeschränkt, sondern mit graduellen Unterschieden auf einer Skala zwischen Katholischem Mädcheninternat und großstädtischer Gesamtschule. "Unserem derzeitigen Bildungssystem scheint es außerordentlich gut zu gelingen, fachliche Kompetenzen und formale Leistungsbereitschaft und die damit gegebenen Orientierungen aufzubauen. Weit weniger gut institutionalisiert sind jedoch umfassende Bemühungen der Schaffung von Verständnis, Orientierung und Identität" (Fend 1980, S. 255).

Im inoffiziellen Teil der Schule erfährt der Schüler die Kulturtradition in (meist) strenger Fächertrennung. Aus Inhaltsbereichen der Alltagswelt und der Wissenschaften entwickelt jedes Fach seine spezifisch schulischen Unterrichtsgegenstände. Da nicht die gesamte Kultur an Schüler vermittelt werden kann, sind Auswahlentscheidungen notwendig, die in der Geschichte institutionalisierter Erziehung wechselnden Kriterien unterworfen wurden. Durchgängig waren in den letzten 150 Jahren - wenn auch nach Schulformen verschieden - die Leitideen einer "humanistischen" und einer "volkstümlichen" Bildung. In jeder historischen Epoche wird bestimmt, was für die jeweilige Generation als "humanistisch" und "volkstümlich" zu gelten hat. Dementsprechend wird dann "didaktisch begründet", ob im Literaturunterricht nur poetische Texte gelesen werden sollen, von diesen nur die "klassischen" oder die gerade nicht, ob expositorische Texte dienende oder führende Funktion haben usw., ob unter Sprache der Ausdruck deutschen Wesens, ein kybernetischer Steuerungs-

und Regelungsmechanismus, ein Herrschaftsinstrument oder ein emanzipatorisches Medium zu verstehen ist. Je nach dem, welche didaktische Rechtfertigungsideologie gerade gilt, sich also über die Richtlinien bis in die Schulbücher durchgesetzt hat, werden Unterrichtseinheiten konstruiert. Sie sind ablesbar in Schulbüchern an der Kombination von Text und Aufgabenstellungen, in Unterrichtsstunden an dem, was nach der vom Lehrer angeregten Arbeitsform aus den eingebrachten Inhalten wird.

Am Beispiel des Deutschunterrichts möchte ich klarmachen, wie Themen schultypisch konstituiert werden: Laut Richtlinien sind in jeder Klassenstufe bestimmte Lernziele zu erreichen, etwa das Argumentieren im "Fünfschritt", die Satzanalyse mit Hilfe der Valenzgrammatik oder eine Inhaltsangabe. Diese Fähigkeiten müssen zwangsläufig an Inhalten vermittelt werden; also lernen die Schüler das Argumentieren zum Beispiel an der Frage, ob Hausaufgaben freiwillig sein sollten, die Satzanalyse an einem Text über ein Kaufhaus und die Inhaltsangabe am Zeitschriftenaufsatz über Wallraffs Erfahrungen in der Rolle eines Türken. Das könnte höchst interessant werden. Doch worum geht es eigentlich? Die Aufgabenformulierungen, die den Unterricht strukturieren, zeigen es deutlich: "Formuliere eine Gliederung zu einem Gesprächsbeitrag, den du als Vertreter einer Schülergruppe vor der Klasse zum Thema Hausaufgaben vortragen wirst!" oder : "Schreibe die ein- und die zweiwertigen Verben aus dem Kaufhaustext heraus und markiere die Kasus ihrer notwendigen Ergänzungen!" Es geht nicht um die Lösung der die Schüler interessierenden Probleme, sondern darum, wie eine Gliederung zu einem Gesprächsbeitrag normgerecht aufgeschrieben werden sollte. Es geht auch nicht darum, mit Hilfe der Sprachanalyse Erkenntnisse über Verkaufsstrategien zu gewinnen, sondern um das saubere Nachbeten eines Grammatikmodells.

Auslöser für den Unterricht ist eine germanistische Frage, die in einem Freiraum für theoretische Tätigkeit ohne aktuellen Handlungszwang bearbeitet wird; dazu werden Termini und Verfahren wissenschaftlich erarbeiteter Beschreibungsmodelle benutzt, und die alltagsweltlichen Erfahrungen der Schüler werden durch besondere Unterrichtsmethoden der theoretischen Bearbeitung zugänglich gemacht. Ziel ist die Erkenntnis allgemeiner Kategorisierungen und allgemein anwendbarer Methoden. Doch die Betrachtung der Unterrichtspraxis (selbst die Auswertung publizierter Unterrichtsverläufe) läßt entscheidende Merkmale theoretischer Einstellung vermissen:

Theoretische Tätigkeit sollte ausgelöst werden von Fragen, die in der Handlungspraxis derer entstehen, die vorhaben, den Fragen nachzugehen;

Theorieanleihen aus anderen Systemen sollten dem eigenen Forschungsinteresse angepaßt werden; Forschungsergebnisse sollten als Hypothesen und nicht als letzte Wahrheiten formuliert werden; Gelenkstellen der Theorie sollten Reflexionen auf die Geltungsansprüche der Aussagen sein; die Konsequenzen der theoretischen Bewußtseinsänderung auf die Handlungspraxis der Betroffenen sollten mitreflektiert werden.

Demnach erscheinen die genannten "Gegenstände" des Deutschunterrichts zwar als theoretische Sachverhalte, doch sie werden im Unterricht nicht theoretisch konstituiert (abgeleitet, bearbeitet, reflektiert, übertragen); vielmehr werden sie in unreflektierter, unreflektierbarer Deduktion aus Wissenschaftsbereichen in den Unterrichtsprozeß eingesetzt. Deshalb können die Schüler diese Gegenstände auch nur in alltagsweltlicher Einstellung erfahren: selbstverständlich, unbefragbar; sie sind in Wissensenklaven einzukapseln und so erfolgreich abzuwehren, zu reduzieren auf die Einschätzung, die bereits die Eltern zu ihnen haben: "Das muß man halt lernen und wissen", "Das ist eben Schule".

Es scheint die einzige Legitimation für die schultypischen Erfahrungsgegenstände zu sein, daß diese schon immer in der Schule behandelt wurden. Dabei bleibt man, auch wenn die Sprach-, Literatur- und Kommunikationswissenschaften, denen man das Vokabular entlehnte, zum Inhalt der Begriffe ganz anders stehen: Jedes Kind soll lernen, was ein Substantiv ist, obwohl Sprachwissenschaftler anhand dutzender Definitionsversuche darüber diskutieren, ob man diese Kategorie als Wortart überhaupt so ausgrenzen und bestimmen kann; in der Schule werden "Berichte" nach strengen Definitonsmerkmalen abverlangt, obwohl in der Diskussion um Textsorten und um Gestaltungslehren unterschiedliche Merkmale herausgearbeitet werden, ein differenziertes Spektrum vielerlei berichtender Textformen eröffnet und mögliche Leitlinien mit großen Spielräumen angeboten werden; im Literaturunterricht erfährt der Schüler die Interpretation des Lehrers von poetischen Texten als die richtigste, während die Literaturwissenschaft die Polyvalenz poetischer Texte verkündet, kontrastiv und ergänzend heterogene Interpretationen auswertet und auf Abhängigkeit des Verständnisses von den Lesern, ihren Methoden und ihren soziokulturellen Kontext aufmerksam macht. Nein, Gegenstände schulischer Erfahrungen im Unterricht sind nicht theoretisch, nicht wissenschaftlich, sondern werden zurechtgemacht.

Theorie als Prozeß der Wahrheitssuche mit Hilfe abstrakter Systemkonstrukte in dauernder Reflexion auf diese Tätigkeit - solche Prozesse kommen in der Schule nicht vor, obwohl sie permanent behauptet werden mit Hinweis auf theoretische Merkmale, die ja tatsächlich im Unterricht zu finden sind: Fragen, Freiraum ohne unmittelbare Handlungszwänge, wiederholbare und lernbare Methoden der Theoriebildung, reflexive Tätigkeit, Benutzung wissenschaftlicher Beschreibungsmodelle, als Ziel allgemeine und übertragbare Einsichten.

Deutschunterricht konstruiert aufgrund entwicklungspsychologisch gestaffelter Lernziele mit Hilfe fachwissenschaftlicher Begriffe und Verfahren seine eigenen Gegenstände; die Fachdidaktik sagt, nur an solchen "Unterrichtsgegenständen" könne gelernt werden. Nicht um des Unterrichts willen, wie immer behauptet wird, sondern um der Alltagspraxis und der Wissenschaftspropädeutik willen. Wie aber, wenn alle Brücken abgebrochen sind?

Konkret also erzeugen die Unterrichtsziele und -verfahren die schulspezifischen Gegenstände der Erfahrung, und zwar durch Thematisierung (Auswahl von "Fallbeispielen"), Sequenzierung (Anordnung nach Lernphasen), Hierarchisierung (Ordnung, Gliederung) und Validierung (Bewertung nach mehr oder weniger fundamentalen Kenntnissen und Fertigkeiten). Das didaktische Programm jeder Unterrichtsstunde, Unterrichtseinheit oder jeden Kurses müßte befragt werden, nach welchen Kriterien diese vier Ableitungsprozeduren durchgeführt wurden; damit würde der spezifische Konstitutionsprozeß eines Unterrichtsgegenstandes offengelegt. Da diese Kriterien von Lehrer zu Lehrer, von Schulbuch zu Schulbuch, ja bei demselben Lehrer von Unterrichtseinheit zu Unterrichtseinheit verschieden sind, entsteht beim Schüler ein Wirrwarr von Gegenständen schulischer Erfahrung.

Aus vielen Gesprächen in der Lehrerfortbildung weiß ich, daß weitaus die meisten Lehrer die traditionellen formalen Aufgaben der Rechtschreibung, des Grammatik- und Aufsatzunterrichts sowie der Textanalyse für unverzichtbar ansehen und sie dominant im Unterricht "behandeln"; für Lust am Text, für Spiele, Diskussionen um Probleme der Kinder, Auseinandersetzung mit Medien, handlungsorientierte Projekte bleibt höchstens am Rande Zeit. Die Lehrer wissen, daß von dem, was sie unterrichten, kaum etwas hängenbleibt; sie wissen um den Horror ihrer Schüler (und ihren eigenen) vor Rechtschreib- und Grammatikstunden; sie wissen, daß sie von Jahr zu Jahr mehr Lernunlust und Lernverweigerung erzeugen; sie wissen es und strampeln verzweifelt weiter. Sie haben nicht gelernt, die formalen Aufgaben in sinnvolle Zusammenhänge zu integrieren, mit den Schülern gemeinsam Lerngegenstände zu konstruieren; sie fürchten sich vor der Offenheit eines integrierenden, handlungsorientierten Deutschunterrichts in "angeleiteter Projektarbeit".

Nach dem "Integrationscode" (Bernstein) würden die Lerngegenstände im Unterricht interaktiv hergestellt und so von allen Beteiligten nachvollziehbar erfaßbar. Die Thematisierung und Sequenzierung der Lerngegenstände richtete sich nach dem Vorwissen und dem Erfahrungsspielraum der Schüler, Fachdisziplinen würden um Informationen gemäß der gemeinsam erarbeiteten Fragestellungen gebeten. Es entstünde eine Unterrichtswirklichkeit, als deren Mitschöpfer sich die Schüler erfahren können.

Nach dem zumeist praktizierten "Sammlungscode" aber ist der Lerngegenstand bereits vom Lehrer zurechtgemacht, bevor der Unterricht beginnt. Er hat, in strikter Konzentration auf eine Fachdisziplin, nach deren Axiomatik ein Thema ausgewählt und wird damit zugleich die fachwissenschaftliche Problemstellung und -lösungsmethode den Schülern überstülpen. Und nun rennt der Lehrer wieder und wieder in denselben Irrtum: Er glaubt, daß der Schüler genau diesen "Lehrstoff" zu seinem "Lernstoff" macht.

Wie unmöglich das ist, dürfte inzwischen deutlich geworden sein. Schon mit Hilfe des Verständigungsmodells läßt sich zeigen, daß der gemeinsame Sachverhalt in einer Interaktion darin liegen kann, worin Sprecher und Hörer sich verstehen, d.h., was sich im Prozeß der Kommunikation als gemeinsamer Bezugspol ihrer Äußerungen herausstellt. Zudem hängt die Möglichkeit der Schüler, die Ableitung eines Unterrichtsgegenstandes nachzuvollziehen, von ihrer kognitiven Entwicklung ab: Vor dem 3. Schuljahr können sie nur induktiven Lernprozessen folgen, da die Fähigkeit zum deduktiven Denken erst mit der operationalen Phase erreicht wird. Vor dem 7. Schuljahr kann nicht auf hypothetischem Niveau gearbeitet werden; trotzdem sind Lehrpläne, Schulbücher voll von grammatischen Termini und Verfahren, von literaturwissenschaftlichen Begriffen und Analyseverfahren, von abstrakten "Darstellungsformen" und ihren Merkmalen. Welche gemeinsamen Gegenstände der Erfahrung sind da überhaupt möglich? Bernstein sagt, Unterricht "dekontextualisiert" die Erfahrungen der Kinder (1977, S. 57 ff.). Für Unterrichtszwecke neu aufbereitet - besonders beim Sammlungscode - können der Erfahrungspartikel den Kindern nicht mehr als die ihren und in den abstrakten Bezügen nicht mehr sinnvoll sein. Es entsteht eine "sekundäre Kontextualisierung" mit dem Ergebnis, daß Erfahrungsinhalte unverbunden und unintegriert nebeneinander im Bewußtsein bestehen, wenn sie auch semantisch auf dieselben Objekte und Lernbereiche beziehbar sind mit der Folge: Kommt ein Kind etwa auf die Idee, seine Erdkundekenntnisse in die familiale Urlaubsplanung einzubringen? Warum wundern sich Lehrer immer wieder darüber, daß Schüler ihre Grammatikkenntnisse nicht in ihrem Sprechen und Schreiben anwenden?

4. Die Erfahrung der Sprache

Auf dem Schulhof oder in den Pausen erfährt der Schüler Sprache ebensowenig bewußt wie zu Hause oder im Freundeskreis. Erst wenn sie ihm durch Unterricht, Ermahnung oder Belehrung zum Problem gemacht wird, fällt sie ihm auf.

Schule besteht aus einem Komplex unterschiedlicher Kommunikationsformen mit je spezifischen Zielrichtungen: Verwaltungs- und Organisationsregelung, Interaktionsanweisungen, Prüfungen, hochsprachliche Information, lehrerhafte Erklärungen, Gespräche in bestimmter Ordnung, Schreib- und Lernaufgaben, Übungsrituale, dazwischen all die privaten Kommunikationsformen, die auch anderswo vorkommen.

Die Unterrichtssprache ist ein Vermittlungssystem zwischen wissenschaftlicher Fachsprache und Umgangssprache (vgl. Priesemann 1971). Beim induktiven Weg formulieren Lehrer und Schüler ihre Erfahrungen zunächst wie gewohnt umgangssprachlich; der Lehrer hilft dann, die Aussagen mehr und mehr in Fachsprache zu übersetzen, um allgemeingültige Erkenntnisse zu vermitteln (vgl. Wagenschein 1970). Beim deduktiven Weg bietet der Lehrer Tatsachen in wissenschaftlicher Fachsprache, und die Schüler bemühen sich mit ihrer Umgangssprache um die Wiedergabe des Dargebotenen (vgl. Giel 1968).

Die Unterrichtssprache ist aber auch ein Verständigungshandeln zwischen Personen mit unterschiedlichen Voraussetzungen, Möglichkeiten und Rechten. Sie wird erfahrbar als Zusammenspiel komplementärer Sprechweisen und Strategien; als häufigste solcher "teaching cycles" wie Aufforderung - Ausführung, Erklärung - paraphrasierende Wiederholung, Feststellung - stillschweigende Rezeption u.a. (vgl. die 25 Lehrerstrategien bei Spanhel 1971) stellte sich die Frage-Antwort-Sequenz heraus (vgl. Bellack u.a. 1973). In diesen institutionellen Kommunikationsritualen erfährt der Schüler seine eigenen sprachlichen Fähigkeiten als auf bestimmte zugelassene Ausdrucksformen eingeschränkt. Untersuchungen (vgl. die zusammenfassende Darstellung bei Spanhel 1973, S. 159 - 192) ergaben folgende Merkmale der "Schülersprache":
- zum größten Teil grammatisch unvollständige Sätze oder Einwortäußerungen,
- Fragen sind sehr selten,

- kaum selbständige, nicht vom Lehrer ausgelöste Äußerungen,
- kaum gesprächsdirektive Äußerungen.

Seine Äußerungen müssen in erster Linie die Kriterien der Angemessenheit (an die Lehrererwartung) und der sachlichen Richtigkeit (gemäß der Lehrerkenntnis) erfüllen; ob die Schüleräußerung wahrhaftig ist, spielt so gut wie keine Rolle. Das gilt, wie jeder Lehrer im stillen weiß, besonders für den Grammatik- und Rechtschreibunterricht, aber auch für den Aufsatzunterricht und die literarische Interpretation. Das Ich des Schülers kann sich nur in Randbemerkungen ausdrücken, im Getuschel, in allem, was stört.

Wenn Sprache zum Gegenstand des Unterrichts wird, erfährt der Schüler sie zumeist als Linguistik, und zwar je nach Vorbildung des Lehrers und Ausrichtung des Sprachbuchs als Systemlinguistik/Grammatik oder auch als Pragmalinguistik und Kommunikationstheorie. Bei bloßer Belehrung über die Beschreibung von Sprache und Kommunikation bleibt dem Schüler das Gelernte ebenso äußerlich wie die Nebenflüsse des Orinoko oder die Punischen Kriege; mit seinen sprachlichen Fähigkeiten und Problemen hat das alles nichts zu tun. Läßt aber ein Lehrer diese Erkenntnisse aus den Sprach-Erfahrungen der Schüler ableiten und etwa auf die Schulkommunikation anwenden, dann brechen die Schulrituale auf, dann kann "Sprachkritik" nicht auf eine Kritik der Sprache beschränkt bleiben, dann wird es zu einer Kritik schulischer Verständigung kommen.

Theoriesprachen mit bestimmten Termini und logischen Beziehungen sind leicht überprüfbar. Deshalb lieben Lehrer solche Fachsprachen und geben gern ihrem Unterricht damit einen wissenschaftlichen Anstrich. Aber Fachsprachen sind auch reflexiv und veränderungsbedürftig; doch die heutige Schule beruht auf den Termini der lateinischen Grammatik in der von Becker 1839 aufgeschriebenen Fassung, sie besteht auf den traditionellen Darstellungsformen wie Vorgangsbeschreibung oder Schilderung, wenn auch heute ganz andere Schreibfähigkeiten erwartet werden. Die Theoriediskussion der Wissenschaften dringt nie voll zur Schulpraxis durch. Dabei läge gerade in der lang geübten Theoriesprache ein fruchtbarer Ansatz für theoretische Erfahrungen; denn das Schulwissen ist ja ein von allem Partikularen und Lokalen befreites Wissen, insofern ein Nicht-Alltagswissen, geprägt durch die Exaktheit der Naturwissenschaften und/oder durch die Reflexivität der Geisteswissenschaften. Es erlaubt in dieser Form die Produktion oder Entdeckung neuer Wirklichkeit. Nur wird es eben nicht im angemessenen Theorierahmen vermittelt und kann seine spezifischen Leistungen nicht entfalten (Bernstein 1977, S. 142).

Formal kommen zwar Theoriesprachen im Unterricht vor, aber sie bleiben Sprachen der Lehrer. Der Unterricht geht von Fragen aus und auf Ziele hin, die nicht die Fragen und Ziele der Schüler sind; sie beteiligen sich zwar an der Durchführung, aber nicht als kompetente Sprecher, sondern als Füller der vom Lehrer gelassenen Lücken. Die Theoriesprachen müssen ihnen zu Fremdsprachen für isolierte Wissensbereiche werden, es sei denn, es findet begleitende Metakommunikation statt, es sei denn, Sprache erfahren die Schüler hier als unverzichtbares Medium des Problemlösens, es sei denn, sie dürfen ihre theoretischen Kenntnisse auf ihre eigene (auch Schul-) Praxis anwenden und in deren kritischer Aufschlußfähigkeit tatsächlich theoretische Erfahrungen machen.

Wenn Schule wirklich anwendbare Theorie vermitteln will - und das sollte sie, um ihren versprochenen lebenslangen Wirkungen gerecht zu werden -, müßten die theoretischen Erfahrungsgegenstände von den Alltagserfahrungen der Schüler her erobert werden in mühsamen und verschlungenen Versuchsreihen (denn Lernende stellen nicht gleich die "richtigen" Fragen), die Informationen wissenschaftlicher Disziplinen müßten nach dem Integrationscode vermittelt werden, und die Anwendbarkeit müßte an der eigenen Praxis exemplarisch erfahren werden können - selbstreflexiv und mit weniger Achtung vor der Theorie als vor den damit umgehenden Menschen.

5. Die Erfahrung des eigenen Ich

Das Ich der Schüler, von den theoretischen Blöcken der Unterrichtsfächer nicht betroffen, zieht sich mehr und mehr zurück. Zuerst fragt es noch nach Mitwirkungs- und Integrationschancen, dann baut es seine Fachidentitäten auf und zum persönlichen Überleben in der Institution Schutzwälle vor seinem verletzlichen Ich. Wenn es sich schon nicht äußern darf, muß es wenigstens im Untergrund überleben. "Denn in dem Maße, in dem Alltagserfahrungen als für den pädagogischen Rahmen irrelevant gelten, werden auch die durch solche Erfahrungen geprägten Aspekte des Selbst als irrelevant aufgefaßt" (Bernstein 1977, S. 151).

Aber selbst wenn theoretische Erfahrung nach dem Integrationscode organisiert wird, ist die Mitwirkung des Schülers nicht selbstverständlich. Nach den Ermittlungen Bernsteins hilft das Lernen nach dem Integrationscode nur unter folgenden Bedingungen zum Aufbau einer Identität (ebd., S. 151-154):

a) Zwischen Lehrer und Schüler muß Konsens bestehen über die leitende Idee, Problematik, Aufgabe.
b) Die Zusammenhänge der Idee mit dem zu koordinierenden Wissen müssen immer wieder deutlich gemacht werden; das verlangt vom Lehrer viel Einfühlungsvermögen und differenziertes Wissen über Lernprozesse und ihre "Haken".
c) Es sollten Lehrer-Schüler-Ausschüsse mit Überwachungsfunktion eingerichtet werden.
d) Es muß Einvernehmen über die Bewertung der Leistungen erzielt werden: Was wird bewertet, welche kognitiven und sozialen Leistungen, in welchem Verhältnis, nach welchen Kriterien?

Im Übergang zur Phase der Rollenidentität kommt das Kind zur Schule. Es wird in den nächsten zehn Schuljahren etwa 12000 Unterrichtsstunden erleben, und es braucht diesen besonderen Erfahrungsraum dringend zur Entwicklung seiner persönlichen Identität: Aus der behütenden Familie muß es heraustreten, die peer-group vereinnahmt das Kind nur in neuen Rollen - welche Sozialisationsinstanz soll dem Kind beim Ich-Werden sonst helfen als die Schule? - So ist es also für das Kind ein Segen, daß der Staat sich zum Anwalt der jungen Generation macht und einen 10 bis 13jährigen Freiraum ohne Verwertungsinteressen einrichtet, Fachleute einsetzt und alle laufenden Kosten trägt.

Neben den ungeheuren Möglichkeiten, Wissen und Fähigkeiten zu erwerben, könnte das Kind in diesem angebotenen Entfaltungsraum in bezug auf sich selbst wichtige Erfahrungen machen:
- Es könnte sich selbst mehr und mehr erfahren, erproben, was in ihm steckt, welche besonderen Fähigkeiten und Interessen es hat und haben könnte.
- Das Kind könnte in der Schule elementare Bedürfnisse befriedigen oder sogar entdecken, wie Neugier, Anerkennung durch Fremde, Sicherheit in selbstbestimmten Tätigkeiten.
- Das Kind könnte sich in der Schule in neuen anspruchsvollen Situationen bewähren, wohlvorbereitet, wohlangeleitet und wohlbegleitet von den Fachleuten, und zwar in Situationen des Probehandelns. Denn das gäbe Ich-Stärke und Sicherheit für das spätere Leben!

So reiche Möglichkeiten - und wem helfen sie? Die Selbsteinschätzung der Erfolgreichen bleibt durch die Schuljahre auf gleicher Höhe, die der Erfolglosen sinkt dramatisch ab vom 2. bis zum 8. Schuljahr (vgl. Kifer 1975). Das muß ich wiederholen, um es so schwerwiegend zu sagen wie es ist: Im Laufe der Schulzeit schätzen sich diejenigen, die schon zu Anfang nicht sehr von sich überzeugt waren, immer schlechter ein, bis sie schließlich von ihrer totalen Unfähigkeit überzeugt sind! Und dann werden sie entlassen und müssen mit diesem Selbstbild leben!

Es läßt sich empirisch nicht klar ausmachen, ob ein Klima des sozialen Zutrauens und partnerschaftlichen Umgangs in der Schule zu positiverer Selbsteinschätzung führen kann; (vgl. Fend 1980, S. 362) übergewichtig scheint der Einfluß sozialer Herkunft und ihrer Erwartung zu sein. Klar ausmachen läßt sich jedoch die Auswirkung des Lehrerverhaltens auf das Selbstbild: "Bei hohen Selbständigkeitserwartungen, keinem zu hohen Leistungsdruck, einer vernünftigen Verwendung und Betonung von Disziplin, bei wenig restriktiver und strafender Kontrolle, bei der Gewährung von Entscheidungsspielräumen und bei einem hohen Engagement der Lehrerschaft sind Kontrollbewußtsein und Selbstakzeptierung hoch, Angst mäßig und Erfolgszuversicht hoch" (Fend 1980, S. 372). Ein solches Untersuchungsergebnis, so empirisch-stolz gesicherte Einsicht verkündend es daherkommt, muß Schulfachleuten trivial erscheinen: Das wissen alle längst! Aber das ist ja gerade das Dilemma: Alle wissen es, lassen sich durch Untersuchungen bestätigen und bestätigen durch Fortsetzung ihrer Gewohnheiten wieder die Untersuchungen. Jeder Lehrer erlebt es täglich mit: Die "derzeitige Organisation des Bildungswesens führt bei fast einem Drittel aller Schüler zu einer stabilen Lernabneigung bis hin zu einer Lernneurose; für etwa 20 % der Schüler impliziert der Schulbesuch eine langdauernde Leidensgeschichte mit Insuffizienzgefühlen und einer langen Kette von Bedrohungserlebnissen" (ders., S. 374).

Ich möchte im folgenden das Problem kindlicher Ich-Erfahrung in der Schule konkreter angehen von zwei Ansätzen her: Von den Beziehungsverhältnissen und von den Inhalten der schulischen Erfahrung her.

1. Die Eigenart schulischer Beziehungsverhältnisse und ihre Wirkung auf die Identitätsbildung hat Franz Wellendorf in dem Rahmen eines szenischen Arrangements beschrieben, das er auf die Struktur eines Rituals zurückführt. Die Institution Schule legitimiert sich selbst immer wieder durch den täglich aktualisierten Mythos, hier säßen alle in einem Boot, hier wollten alle dasselbe, hier erkennte jeder jeden an und deshalb sei alles gut und richtig, wie es nun mal sei. Deshalb stellen sich alle Beteiligten immer wieder vor der Gesellschaft als funktionierende Gemeinschaft dar. Und weil das alles so fraglos ist, kann das Miteinander ritualisiert sein und bleiben: Die Rituale eröffnen ja erst die Freiräume! "Schulische Rituale (...) bieten eine allgemeine Interpretation dessen, was die Individuen in der Schule sind und sein können" (Wellendorf 1973 b, S. 101).

Die in Ritualen selbstverständlich und fraglos geregelten Beziehungsverhältnisse, Rollenspielräume und Normen brauchen nicht thematisiert zu werden, da sie ja jeder durch sein Verhalten immer wieder bestätigt. In analoger (nicht-symbolischer) Kommunikation sagen sich alle Beteiligten immer wieder: "So muß es sein!" Analog kann man aber keine Negation, keine logischen Beziehungen und keine abstrakten Begriffe kommunizieren. Die Rituale können also in der für sie zugelassenen Sprache nicht metakommuniziert werden. Und stellt sie einer verbal in Frage, droht gleich das Ritual "abweichendes Verhalten nicht repräsentativer Minderheiten". Der einzelne hat keine Chance, für jede individuelle Besonderheit ist eine Kategorie bereit: "Streber", "Klassenclown", "ewiger Stänkerer", "der Dicke", "der Professor", "die trübe Tasse"...

Aber was macht der einzelne mit seinem Ich, das er doch nicht vor der Schultür lassen kann, wenn die Rituale so erdrückend sind? Vor allem, was macht er mit seinen Affekten und Trieben, die ja aus Familie und peer-groups bereits geformt sind, und die sich doch immer wieder in Erwartungsphantasien melden? "Die Interaktionspartner versuchen, um der biographischen Organisation ihrer Identität willen diese Erfahrungen in die Darstellung ihrer sozialen Identität als Schüler und Lehrer mit einzubringen. Ist die adäquate Integration der in der Familie gewonnenen Erfahrungen in die soziale Identität nicht möglich, so vergrößert sich die Wahrscheinlichkeit, daß die Interaktionspartner die Balance der persönlichen Identität *durch eine Regression auf die Ebene archaischer Interaktionsmuster* zu bewahren versuchen. Dem entspricht dann ein schwaches Ich, das die Identitätsbalance nur um den Preis aufrechterhalten kann, daß es darauf verzichtet, sich auf neue Erfahrungen im szenischen Arrangement der Schule einzulassen." (Wellendorf 1973 b, S. 197 f.) Eine Integration des Ich in die schulischen Beziehungsmuster könnte nur gelingen, wenn die Erfahrungen der Individuen mit Triebimpulsen und Affekten aus Familie und peer-groups "soweit zwischen den Interaktionspartnern (in der Schule) kommuniziert werden können, daß ihr Zusammenhang mit den gegenwärtigen, am Organisationszweck orientierten Aktivitäten *angstfrei* wahrgenommen werden kann" (ders., S. 199). Gerade der Organisationszweck des Schulsystems verhindert aber diese angstfreie Verständigung und läßt jede Äußerung des Ich als "störend" erfahren. Identitätsbalance wird konsequent verhindert, besonders die Ich-schwachen Schüler geraten immer wieder in die Gefahr der Regression auf frühere Identitätsstufen.

Notwendig wäre statt dessen reflexives Sprechen und szenisches Verstehen aller Beteiligten (vgl. ders., S. 216):

219

a) es wird gesprochen über das, was jeder jedem in schulischen Szenen immer schon unterstellt, von ihm erwartet, will;
b) es wird gesprochen über libidinöse und aggressive Impulse gegen Lehrer und Mitschüler;
c) es wird gesprochen über die biographischen Hintergründe und Ursachen der Wünsche und Vorstellungen.

Um der komplexen Schulwirklichkeit näher zu kommen und auch die (zu fördernden) Ich-dynamischen Aktivitäten der Schüler in den Blick zu rücken, empfiehlt Theodor Schulze (1979), die Schnittpunkte zwischen individueller Lebensgeschichte und den schulischen Ritualen als "kritische Ereignisse" ernstzunehmen und zu beschreiben. Das könnten etwa solche Situationen sein (ders., S. 90 ff.):

1. individuelle Aneignung und Bewältigung von institutionell vorgezeichneten Schlüsselsituationen,
2. individuelle Aneigung von szenischen Arrangements,
3. individuelle Ausgestaltung von Leerstellen, Hohlräumen und Nischen,
4. unvorhergesehene Zwischenfälle, Brüche und Widersprüche,
5. individuelle Gestaltung außerordentlicher Gegebenheiten, dessen, was eigentlich nicht dahin gehört,
6. historische Umbrüche und Öffnungen, außerhalb und innerhalb des Schulwesens.

Hier eröffnet sich noch ein weites Feld für Forschungen aufgrund von Lebensgeschichten, Erzählungen und Befragungen. Das darf aber kein Alibi sein, inzwischen nicht aufmerksam zu werden für die individuellen Versuche der Schüler, ihr Ich auch in der Schule zum Ausdruck zu bringen, und diese Versuche zu unterstützen.

2. Von der Heterogenität der schulischen Erfahrungsgegenstände und ihrer Unintegrierbarkeit in die aufzubauende Identität her versucht seit vielen Jahren Horst Rumpf Anstöße zu geben, damit die Schule ihre Versprechung, für die Kinder dazusein, endlich einlöst. Rumpf weist in vielen Untersuchungen nach, daß sich das Kind in den schulischen Lerngegenständen nicht wiederfindet. Es wird dauernd auf einer Pseudo-Theorie-Ebene angesprochen ("Heute behandeln wir die Präpositionen"), es erfährt eine Menge systematischen Wissens aus isolierten Fächern, es muß theoretische Aussagen und moralische Urteile nachvollziehen ohne von seiner Entwicklung her dazu in der Lage zu sein, seine Ansätze zu ästhetischer Tätigkeit gelten wenig, seine Vorerfahrungen sind "falsch", "beschränkt", müssen angepaßt werden. Wie soll es das alles seiner Alltagserfahrung vermitteln? "Das Erfahrungen und Anforderungen integrierende Ich verschwindet, wenn es in den Lerninhalten nicht vorkommt, sich in den ih-

nen zuzulegenden Bedeutungen nicht finden kann" (Rumpf 1976, S. 26). Die Kinder schaffen in ihrem Bewußtsein isolierte Kammern für die schulischen Tatsachen; das neu Gelernte betrifft dann nicht mehr, es hat ja mit den handlungsrelevanten Erfahrungen nichts zu tun. Der Schüler lernt, für die Dauer des Unterrichts seine anderen Kenntnisse und Fähigkeiten stillzulegen. Wie wäre es sonst zu erklären, daß Schüler einer 9. Hauptschulklasse nicht mal mehr zum Thema "Berufswahl", "Freizeit in unserer Stadt" oder "Konsumverhalten und seine Ursachen" interessiert sind? Wie sollen sie es jetzt noch einem hoffnungsfroh startenden Lehramtsanwärter glauben, daß der tatsächlich auf ihre Fragen (vor allem die noch unerkannten) eingeht? Diese Probleme schleppt jeder Schüler unbewußt (aber handlungssteuernd!) durch jeden Schultag; er kann sie nicht aussprechen und zur Diskussion stellen, denn die Schulrituale sind nicht reflektiv. Der Schulpädagoge schätzt sicher diese Lage richtig ein, wenn er als eines der obersten Lernziele fordert, zu "lernen, mit Brüchen in der Kontinuität der Selbst- und Welterfahrung zu leben". (Rumpf 1976, S. 166) Aus der Lektüre literaturdidaktischer Entwürfe könnte man vermuten, daß die notwendigen Ich-befreienden Anstöße aus *ästhetischen Erfahrungen in der Schule* erfolgen könnten. Doch Spiel, Phantasie und Sinnlichkeit scheinen geradezu Antipoden schulisch geförderter Erfahrungsmedien zu sein; dennoch gibt es immer wieder hier und da aufblitzende Anzeichen ästhetischer Geistestätigkeit: spontane Impulse zu Innovationen und Veränderungen, ganzheitliche Gestimmtheit, Gefühle des Nonkonformen, offene Planung und Gestaltung, Risiken der Entscheidung, divergierendes Denken um heterogene Lösungen, Kreativität, Expressionen des Ich, Selbsttätigkeit in der freien Wahl der Inhalte und Methoden. Lehrende müssen sich dazu über die Schulordnung erheben, Zeitdruck und Stoffhetze ausschalten, Ängste vor Geltungsverlust überwinden, Zensurenorientierung und Konsumverhalten auch der Schüler überspielen und ihrer beider "Lust" an schematischen Unterrichtsverfahren umdirigieren.

Ästhetische Prozesse mit ihren Phasen der Wahrnehmung, der (Mit-) Produktion, des Genießens der eigenen Neuartigkeit, der befreiten Kommunikation und des selbständigen Urteilens sind in gelenkten Unterrichtseinheiten zwar ausdrücklich vorgesehen ("fachspezifisch"), werden aber - wenn überhaupt realisiert - von Lehrern und Schülern eher als exotische Ausnahmeveranstaltung empfunden. Einige wenige Schüler sind stark genug, aus eigener Kraft die institutionellen Barrieren zu überspringen und für ihre Kreativität Freiräume aufzutun. Die anderen müssen inoffiziell reagieren und sich irgendwie austoben.

Dabei stören nicht so sehr die originellen Verhaltensweisen, sondern weit mehr die damit produzierten Inhalte. Ästhetische Wahrnehmungen holen Ungeplantes, Unvorhersehbares in den Unterricht, Erfreuliches, bei dem man verweilen möchte, Überraschendes, das die Gefühle aufreizt und Zeit braucht, um eingeholt zu werden. Diese Wahrnehmungen und die folgenden Phasen des ästhetischen Prozesses sind stark an sinnliche Erlebnisformen gebunden; doch wie kann Schule das alles auffangen, wo sie generell Sinnlichkeit tabuisiert? Und was Schüler und Lehrer in der Phase der poetischen (Mit-)Produktion äußern (können), ist schließlich gespeist aus Vor- und Unbewußtem; die Phantasietätigkeit bringt Vorstellungen und Wünsche zum Ausdruck, die quer zu allem stehen, was in der Schule üblich oder zugelassen ist. Und in welcher Schulklasse gibt es die zum ästhetischen Erleben und Genießen geeignete Atmosphäre? Auch was in der Phase der ästhetischen Kommunikation - als befreiter, chancengleicher Verständigung - besprochen wird und herauskommt, ist nicht vorherzusagen, steht unter dem ständigen Risiko des Scheiterns und ist höchstens als Gemeinschaftsleistung zu bewerten.

Wenn diese Schritte ästhetischer Erfahrung in der Schule nicht möglich werden, so werden auch die ästhetischen Urteile weiterhin Vorurteile bleiben; zu denen der Schüler wirken dann die Lehrerurteile aus philosophischer Schulung aufgesetzt und fremd. Dies gilt auch für den Literaturunterricht. Dort wird zwar über Literatur geredet, ästhetische Erfahrungen werden aber verhindert. Jürgen Kreft hat in mehreren Publikationen dargestellt, wie Literaturdidaktik und Literaturunterricht das Ästhetische aus Theorie und Praxis eliminiert haben:

- Literaturdidaktik ist ideologisch angepaßt und propagiert den Bildungsbürger mit philologischem Wissen;
- Literaturunterricht flüchtet in die germanistische Neutralität;
- Literaturdidaktik ersetzt poetische Literatur durch gesellschaftskritische rhetorische Texte;
- Literatur wird als "Widerspiegelung" oder als Darstellung der bereits erkannten Wirklichkeit mit "schönen Worten" verstanden;
- von der Schulorganisation - nur das Überprüfbare gilt - läßt man sich in einem positivistischen Wissenschaftsverständnis bestätigen;
- Literatur wird zum Ausleseinstrument;
- Texte sind beliebig zu wählen für formale Lernziele, folglich wird eine fremdbleibende kulturelle Tradition repressiv vermittelt;
- die Unterrichtsmethoden (Mini-Germanistik) neutralisieren literarische Wirkungen.

Kreft propagiert poetische Texte für eine ästhetische Kommunikation mit nicht objektiver äußerer Natur und mit innerer Natur, wobei zugleich moralische Kompetenzen erworben werden können, da die intersubjektive Verständigung über poetische Evokationen die Maxime für ethische Entscheidungen verändert (nach der Kohlbergschen Entwicklungslogik). Dafür muß der Literaturunterricht alle Zwänge wegräumen, "die zur Zeit verhindern, daß die literarische Kommunikation als gesellschaftlich vermittelte Kommunikation mit äußerer und innerer Natur, als Applikation auf die eigene Situation und Biographie, als Bildungsprozeß verläuft" (Kreft 1977 a, S. 101).

Über die Ausbildung ästhetischer Kompetenz entbindet die ästhetische Erfahrung Emanzipation, weil sie zur Versöhnung des Menschen mit innerer und äußerer Natur verhelfen kann: Versöhnung durch Entdeckung und Artikulation verschütteter Bedürfnisse, als befreite Kommunikation mit der eigenen inneren und äußeren Natur (vgl. Kreft 1978):

So erfreulich diese Konzeption eine Theorie des Ästhetischen mit einer Theorie der Bildungsprozesse zur Deckung bringt, so unaufgelöst bleiben die Zweifel "von unten her" an den Realisierungsmöglichkeiten:
- Die ästhetischen Erfahrungen der Schüler in Familie und peer-group sind bisher so gut wie nicht berücksichtigt worden.
- Die institutionellen Rahmenbedingungen werden weitgehend ignoriert; die Ergebnisse schulischer Rezeptionsforschungen müßten die Theorie verändern.
- Welch hohen Grad emanzipierter Ich-Identität und Ich-Stärke muß ein Lehrer entwickelt haben, der einen solchen Literaturunterricht geben kann?
- Werden vielleicht auch die Wirkungen ästhetischer Erfahrung unterschätzt? Diese ist prozeßorientiert und läßt sich nur selten in Produkten auffangen.
- So lange wir kaum etwas über die hypostasierte "ästhetische Entwicklungslogik" wissen (Kreft; Hartwig), können wir nur hoffen.
- Wie sollen gerade ästhetische Prozesse, die voll sind von Widersprüchen, Haken, persönlichen Bekenntnissen, individuellen Krisen, sich unter den beschriebenen schulischen Bedingungen entfalten?

Selbst wenn man poetische Texte schülerorientiert im Unterricht vermittelt, also die ersten subjektiven, "borierten" Interpretationsversuche zuläßt und die Schüler ihre persönlichen Erfahrungen am Text "abarbeiten" (Kreft) läßt, muß die organisierte Unterrichtspraxis die ästhetische Erfahrung einschränken oder verhindern.

In einer gründlichen Analyse der Beziehungen zwischen "Katharsis" und "Paideia" kommt Jürgen Landwehr (1980, S. 51) zu der Schlußfolgerung: "Der Schüler muß erwarten, daß eine in den Unterricht integrierte ästhetische Aktivität nie sich selbst genügen kann, sondern immer noch verarbeitet werden muß." Ihr institutionell bedingtes "Mißtrauen ins Ästhetische" hat die Schule - wie Landwehr zeigt - immer schon verschleiert, indem sie alle poetischen Wirkungen umlenkte ins Begrifflich-Rationale (ebd., S. 52).

Welche emanzipatorischen Potenzen der Literatur man auch immer pädagogisch nutzen will, unverzichtbar bleiben
- ein starkes Selbstwertgefühl der Institution Schule und der Lehrer,
- neue Leistungskriterien: Phantasie, Individualität als anzuerkennende Leistungen,
- ein wirklicher Spielraum zum Probedenken und Probehandeln,
- eine neue Definition der Position des Schülers, der auch als Produzent ernstzunehmen wäre,
- Anerkennung der spezifisch poetischen Wirkungen der Literatur mit ethisch-politischen Konsequenzen.

6. Ethisch-politische Erfahrungen in der Schule

Die intentionalen und funktionalen Einflüsse der Schule auf Wertsysteme, moralische Haltungen und Urteile können die Trends der Charakterbildung, die primär von der Familie gesteuert werden, nur verstärken oder modifizieren. Schule ist also schon von ihrer institutionellen Wirkungsmöglichkeit her stark eingeschränkt. Was sie innerhalb ihres Wirkraumes selbst an eigenen ethisch-politischen Erfahrungen eröffnet, ist bestimmt von der Spannung zwischen theoretisch-pädagogischem Anspruch und institutioneller Schulwirklichkeit. Ansprüche wie Erziehung der Jugend zu Selbständigkeit, Mündigkeit, Verantwortlichkeit werden in Richtlinien, pädagogischen Lehrbüchern, bei Schulfeiern oder in Lehrerinterviews formuliert, das Gegenteil erfahren Lehrer und Schüler täglich hautnah. Die Psychologen R. und A.T. Tausch haben nachgewiesen, daß Lehrer in Diskussionen solche Maßnahmen für die besten halten, die sie nicht selbst praktizieren, dagegen solche täglich ausüben, deren Erziehungswert sie theoretisch ablehnen (Tausch/Tausch 1977, S. 15). Der Psychoanalytiker Peter Fürstenau zieht aus den schulischen Widersprüchen eine Konsequenz, die doch gerade den Leistungsideologen zu denken geben müßte:

"Solange sich die pädagogische Ideologie unserer Gesellschaft mit dem zentralen Widerspruch nicht auseinandersetzt, daß die von der Schule als Institut (funktional) ausgehenden Tendenzen dem deklarierten Erziehungsideal der Gesellschaft, dem Organisationszweck der Schule und den intentionalen Erziehungsmaßnahmen der Lehrer entgegenwirken und sich diesen gegenüber durchsetzen, wird ein effektiver politischer Anstoß zur Behebung der von verschiedenen Seiten beklagten Schulschwierigkeiten und mangelhaften Leistungen der Schule nicht zu erwarten sein" (Fürstenau 1972, S. 22).

Schon aus den bisher dargestellten Merkmalen des Erfahrungsraumes Schule lassen sich Folgen für die ethisch-politische Einstellung absehen:

1. Schule fördert vorkonventionelle Stufen der moralischen Entwicklung: Die blinde Orientierung an Bestrafung und Gehorsam muß in einem System willkommen sein, in dem die Organisation vor alles geht. Die hierarchische Struktur ist vorgegeben und unveränderbar wie die zurechtgemachten Inhalte, die fremden Aufgaben und anonymen Mächte, die die Zeit einteilen, die Wahrheiten der Schulbücher vertreten und Lebensläufe bestimmen.

2. Die zweite vorkonventionelle Stufe der moralischen Entwicklung - eigene Interessen und persönliche Bedürfnisbefriedigung als Basis moralischen Urteils - wird vor allem durch die schulischen Rituale und Abwehrreaktionen der Schüler gestützt: Die rituell ausgeschlossenen Triebregungen, Gefühle und Ich-Anteile kehren entstellt zurück und lassen die Schüler auf Vorstufen ihrer Entwicklung zurückfallen; sie erfahren Machtausübung an sich selbst und geben sie weiter an Schwächere; die eigene Machtentfaltung dient ihnen schon bald nicht mehr nur zur Aggressionsabfuhr, sondern auch als Lustgewinn (vgl. Fürstenau 1972, S. 20). Zudem übernehmen sie von launischen Lehrern das Recht, willkürlich zu urteilen und zu handeln, wenn es ihnen nur gerade paßt; daß sie ihr Verhalten zu rechtfertigen haben, erfahren sie von Lehrern nur allzu selten. Von hier aus liegt auch die Regression zum uneingeschränkten Lustprinzip der Stufe 0 nahe.

3. Wo die Lehrpersonen als Repräsentanten der Schulorganisation auftreten und sich eher mit dieser identifizieren als mit ihrer Erzieherrolle, wird die Loyalität gegenüber Ordnungen in personengebundener Zustimmung zur dominanten Maxime. Der Lehrer vermittelt die Organisation, die Inhalte, die Aufgaben, die Wertsysteme; wer ihm gegenüber sich angemessen verhält, liegt richtig.

Dieses autoritäre Beziehungsverhältnis findet der Schüler in der Hierarchie seiner Klasse noch einmal wieder: Der Meinungsführer bestimmt das politische Klima und die Urteilsmaßstäbe, Selbständigkeit gegen die tonangebenden Lehrer und Schüler führt zum Außenseitertum; und diese Rolle kann kaum einer wollen oder aushalten, denn sie liefert ihn der Institution schutzlos aus.

4. Die höchste Stufe, die Schüler in der Institution Schule erreichen können, ist die des moralischen Urteils aufgrund von Pflichterfüllung um der Pflicht willen. Seit der Einschulung wurde die Bandbreite ihrer Verhaltensmöglichkeiten auf das institutionskonforme Verhalten eingeschränkt, gespielt wird das Schäferspiel von der funktionierenden Gemeinschaft, in analoger Kommunikation bestätigt man sich die Unbefragbarkeit des Systems. Der Idealzustand ist erreicht, wenn die Beteiligten störungsfrei funktionieren: Das ist Ordnung und Ruhe. Und die so als höchste Maxime zu lernende Pflichtethik in anonymer Umwelt kann dann auch am mühelosesten auf die Berufswelt übertragen werden.

Die Schule entspricht damit den gesellschaftlichen Erwartungen (vgl. Panon 1968, S. 199 ff.): Sie soll individuelles Erfolgsstreben fördern, aber nur unter moralischer Kontrolle dieser Gesellschaft. Die Einser-Abiturienten und die Preisgewinner leisten einen Beitrag zur Verbesserung der Gesellschaft, da sie in meßbaren Leistungen beweisen, wie man optimal seine Pflicht erfüllt. Höchstleistungen in Solidarität, Kreativität oder sozialem Engagement will man als chronische Außenseiter nicht missen.

> "Im Bildungssystem sind wichtige ethische Traditionen institutionell nicht verankert, und von daher traditionell ausgeblendet. Gemeint ist das Sozialprinzip, das die "unverdiente Hilfe' für "unverdiente Nachteile' und die prinzipielle Gleichwertigkeit aller Personen betont. Institutionell ausgeklammert ist auch das Humanprinzip, nach dem der Selbstwert einer Person, der Selbstwert eines intellektuellen Strebens und die Unverletzbarkeit der Person im Mittelpunkt stehen" (Fend 1980, S. 161).

Daß die heutige Schule als Institution den Übergang zu postkonventionellen Phasen ethisch gerechtfertigten Urteilens und Handelns nicht ermöglichen kann, geht einerseits aus der gerade dargestellten Begünstigung der Stufen 0 bis 4 hervor. Es kommen aber noch Merkmale des "heimlichen Lehrplans" hinzu, die selbst einem Lehrer, der zum Urteilen nach universalen Prinzipien erziehen will, ihren Transfer auf ethisches Handeln erschweren bzw. so gut wie unmöglich machen. Ich erwähne nur folgende Schwerpunkte:

a) Die künstliche "Lernsituation" der Schule: Erfahrungskomplexe werden in "Fächer" zerschlagen, wodurch "politische Phänomene ... sich auflösen und in eine Anzahl unpolitischer Momente zerfallen" (Fürstenau 1972, S. 19). Der "Sammlungscode" soll die handlungsrelevanten Themen entschärfen, neutralisieren; dadurch werden die ethisch-politisch entscheidenden Diskussionen zwischen verschiedenen Fach- und Interessenvertretern abgewürgt und jedes Detailwissen als - für sich genommen - unverbindlich lehrbar.

b) Ich-Stärke, die zum Aushandeln und Vertreten mitbestimmter Normen der Stufen 5 bis 7 nötig ist, kann in der Schule nur gegen den Strom erworben werden. Was kann ein Schüler tatsächlich mitbestimmen? Vielleicht ob er Kakao trinken will oder Milch. Wann kann sich hier ein Ich bewähren gegen Rituale und Vorschriften? Welche Selbstdarstellung stört nicht? Wann spielt Wahrhaftigkeit die Hauptrolle?

c) Die Sprache zur konsensuellen Kommunikation ist nicht die Sprache der Schule; und kommt sie im Deutschunterricht als lehrreiches Beispiel vor, wird sie zwangsläufig wie ein exotisches Objekt vorgeführt, als Theorie, die ja doch nicht im "täglichen Leben" praktizierbar ist. Wann lernen Schüler tatsächlich für sie geltende Verträge auszuhandeln, wann lernen sie, universale Prinzipien gegen etablierte Normen durchzusetzen, und wann sollen sie sich in Prozesse diskursiver Konsensbildung (und nicht ins schnelle Kompromißschließen) einüben? Möglich wäre das alles erst in der gymnasialen Oberstufe, die über 70 Prozent der Jugendlichen sowieso nicht besuchen.

d) Der für die postkonventionellen Stufen notwendigen Reflexion steht die institutionelle Theoriefeindlichkeit entgegen: Die Lerngegenstände sind künstlich zurechtgemacht, die Aufgaben sind nicht die Fragen der Lernenden, eine Reflexion auf Geltungsansprüche findet nicht statt. Eine emotionale Basis für das risikohafte Reflektieren fehlt, im Gegenteil: Kritik bringt zusätzliche Gefahren. Sachverhalte werden als letztgültige Wahrheiten formuliert, selbst "Interpretationen" werden als eindeutig richtig verkauft und abverlangt. Wie soll bei einem derart schlechten Stellenwert der Hypothese und der Frage, der vorläufigen Wahrheit und des Unvollkommenen eine ethisch-politische Einstellung entstehen, die sich immer probehandelnd gegen eine feindliche Wirklichkeit durchsetzen muß, ohne Aussicht auf endgültige Sicherheit, auf breite Zustimmung oder gar Anerkennung?

e) Schließlich vermittelt die Schule kaum - oder höchst ungern - die kreativen Fähigkeiten, die für ein mitbestimmendes Aushandeln neuer Richtlinien des Handelns unverzichtbar sind. "Wer schöpferisch sein will, muß Autoritäten herausfordern und den Wert des Tradierten anzweifeln können" (Jackson 1975, S. 31). Schule müßte der versprochene Raum zum Probehandeln tatsächlich sein; Kreativität, Spiele und ästhetische Erfahrung müßten tatsächlich gefördert werden und sich im Denken und Handeln auswirken. Woher sollen die innovativen Ideen für vertragliche Vereinbarungen jenseits der konventionellen Vorschriften kommen, wenn alternatives Denken nicht geübt und verstärkt wurde? Aus welchen Vorstellungen sollen denn die universalen Prinzipien Gerechtigkeit und Gleichheit inhaltlich erfüllt werden, wenn nicht kontrafaktisch Bilder möglicher Lebensweisen erarbeitet werden? Und woher soll schließlich einer die Vorschläge zur Konsensbildung nehmen, wenn nicht aus den Phantasien konkreter Utopien?

IV. Sprach- und Literaturdidaktik im Rahmen kulturwissenschaftlicher Germanistik

1. Die Institution Germanistik

Immer noch kann man Germanistik studieren oder lehren als ein spätromantisches Fach; man nehme aus der Kultur nur die sprachlichen Denkmäler wahr, beschäftige sich mit ihrer Geschichte, ihren Elementen und Strukturen sowie deren Geschichte, das ganze beschränkt auf den "deutschen Sprachraum". Satz- und Textanalysen bleiben Selbstzweck, die Formalia werden perfektioniert, die Bezüge zum gelebten Leben, zu gesellschaftlichen Problemen, zur Identität der Studierenden und Lehrenden bleiben ausgeschaltet.

Worum es eigentlich gehen sollte, bricht über die so ausgebildeten Deutschlehrer als "unerwartete Irritation" herein, wie eine Studienrätin nach fast 20 Dienstjahren dem zeit-magazin (15/88) erzählt: Sie wurde von den Schülern überrascht, die über die '68er Revolten sprechen wollten. "Deine eigene Sozialisation wird plötzlich zum Unterrichtsstoff", sagt sie, "das war faszinierend und seltsam zugleich." - Schimmert vielleicht aus solcher Äußerung geheimes Wissen um identitätsbildenden Unterricht heraus, verschüttete Bedürfnisse nach Inhalten, die Lehrer und Schüler angehen?

Lassen wir die Anekdoten; Kultur als die gesamte menschliche Arbeit, mit der er die Erde bewohnbar macht zur Welt des Menschen, ist aufgeteilt auf viele Fächer, auf daß sie entschärft werde und ihre emanzipativen Kräfte harmlos und betrachtbar bleiben.

Man lehrt über Kant und Schiller, welche Wirkungen spielerischer und theoretischer Umgang mit Literatur auf die menschliche Urteilskraft, Handlungsfähigkeit und den Gemeinsinn haben kann, praktiziert aber diesen Umgang nicht. Man weiß, daß Menschen eine Sprache zusammen mit Wissensinhalten und Kommunikationserfahrungen erwerben, daß ihr Ausdruck für sie eine Identitätsfrage ist, unterrichtet aber nicht entsprechend. Man weiß, daß das, was als Geistesgeschichte erforscht wird, nie das handlungsleitende Bewußtsein der Menschen ausmachte und berücksichtigt doch bei Interpretationen nur jene, nicht dieses. Auf Kongressen der Geisteswissenschaftler wird besonders deutlich, wie die Reflexionsprofis die Kritik ihres Faches lächelnd neben ihrer abgeschotteten Praxis herlaufen lassen. Und die Geschichte des Faches zeigt: das hat Methode.

Wessen "Geist" repräsentieren denn die Geisteswissenschaften? Sicher nicht mal den ihrer Wissenschaftler; selbst der Geist des Volkes, der sich - leicht zugänglich - in den Massenmedien dokumentiert, bleibt meist außen vor. Und ohne es zu merken, daß sie von ihnen selbst handeln, analysieren Philologen Texte, in denen Menschen darunter leiden, daß ihr aufgesetztes Bildungswissen keinen Kontakt zur Lebenspraxis findet. In den Verbänden und den Fakultätsgremien haben längst wieder diejenigen das Sagen, die es nicht nötig haben, ihre Arbeit vor ihrer Gesellschaft, den einzelnen Studenten und unserer Geschichte zu legitimieren; sie verkürzen den Kernbereich philologischer Forschung, die Hermeneutik, auf eine geistesgeschichtlich fundierte Kunstlehre, ja schneiden ihr noch die applikative Phase ab. Die wenigen anderen, die ihren Beruf als ganze Person ausüben, versuchen weiterhin ernst zu nehmen, was sie lesen, und zu vertreten, was sie lehren. Spätestens von Gadamer (1960) haben sie gelernt, daß Hermeneutik die Tätigkeit ist, hinter die Sprache von Menschen zu schauen und aus ihren Äußerungen und Texten zu erschließen, welche Bilder sie von den Sachverhalten ihrer Welten, von den Beziehungen zu ihrer Mitwelt und von sich selbst produzieren. "Die hermeneutische Erfahrung ist das Korrektiv, durch das sich die denkende Vernunft dem Bann des Sprachlichen entzieht, und sie ist selber sprachlich verfaßt." (Gadamer ^{2}1965, S. 380)

Was wir mit der Sprache eigentlich meinen, ist aus allen möglichen Äußerungsformen zu ermitteln: "von der zwischenmenschlichen Kommunikation bis zur gesellschaftlichen Manipulation, von der Erfahrung des Einzelnen in der Gesellschaft wie von der Erfahrung, die er an der Gesellschaft macht, von der aus Religion und Recht, Kunst und Philosophie aufgebauten Tradition bis zu der emanzipatorischen Reflexionsenergie des revolutionären Bewußtseins... Hermeneutik ist keine bloße Hilfsdisziplin der romantischen Geisteswissenschaften" (Gadamer 1967, S. 113/ 114). Sie wird vielmehr durchgehendes Prinzip aller Humanwissenschaften, bezieht vor allem Sozialwissenschaften und Psychoanalyse in die Sprach- und Textwissenschaften ein, wenn diese ihren Humboldtschen Anspruch aufrechterhalten, Texte als Äußerungen zwischen Menschen wirklich verstehen - und nicht nur Verstehensprozesse beschreiben und erklären - zu wollen.

Diese Hermeneutik-Konzeption stellte Jürgen Habermas aus sozialwissenschaftlichem Interesse auf eine sprachhandlungstheoretische Grundlage: "(Philosophische) Hermeneutik bringt in reflexiver Einstellung Erfahrungen zu Bewußtsein, die wir in Ausübung unserer Kommunikativen Kompetenz, also indem wir uns in der Sprache bewegen, an der Sprache machen" (Habermas 1973, S. 264).

Hermeneutik rekonstruiert das allgemeinmenschliche Vermögen, beim Sprechen/Schreiben mehr zu produzieren als Sprache, beim Verstehen mehr als die gehörte/gelesene Sprache zu verstehen, nämlich den Sinn einer Äußerung, eines Textes; und dieser Sinn ist ein Erfahrungsprozeß in den beteiligten Menschen, in dem sie sich selbst darstellen, auf andere einwirken und Sachverhalte in bestimmter Sichtweise darstellen. Zu diesem Vermögen gehört die Fähigkeit - die eine Hermeneutik letztendlich erst ermöglicht -, bei gestörter Kommunikation diese verständlich zu machen.

Wir verstehen den Sinn *an* der Sprache, an Hand der Sprache, aber erst mit Hilfe unseres gesamten Wissens, Fühlens, Denkens, Glaubens, Meinens und Wertens; darüber hinaus verstehen wir den Handlungssinn der Äußerung mit Hilfe unserer Handlungsfähigkeit, die uns nach Normen Situationen einschätzen und zu Handlungsweisen entscheiden läßt.

Hermeneutik bezieht sich also auf unsere Erfahrungen in der pragmatischen Dimension; die Verstehensarbeit in der semantisch-syntaktischen Dimension setzt sie voraus, aber nicht ausschließend, sondern wie eine notwendige Ouvertüre. Deshalb umfaßt eine wissenschaftliche Hermeneutik zwangsläufig die Sprachwissenschaften, die das Kriterium "Verständlichkeit" im Verständigungsprozeß zu rekonstruieren helfen; wie ist der Sinn konstituiert, unter welchen Alternativen sind die Äußerungsmittel ausgewählt? So aufgeschlossen ist die Äußerung der hermeneutischen Arbeit zugänglich, den Fragen nach ihrem Sinn für die Beteiligten, deren Handlungskontext und Lebensgeschichte, nach ihrem Sinn der Weltgestaltung in historischer und ethisch-politischer Dimension.

Die hermeneutische Verschmelzung der Interpretationshorizonte, die nach Gadamer das Verstehen in jedem Verständigungsprozeß ausmacht, wird von den Beteiligten produziert aufgrund ihrer gemeinsamen Unterstellung eines möglichen Konsensus aus Verständlichkeit, Angemessenheit, Wahrheit und Wahrhaftigkeit. Dieses Verstehen baut nicht auf der Annahme absoluter Vernunft auf; die Kriterien gelingender Verständigung werden nicht angestrebt, als sei jemals eine Welt denkbar, in der nur noch sie gelten (vgl. Habermas 1988, S. 178ff). Sie sind immer wieder neu herzustellen, wie sie immer wieder erwartet, unterstellt werden müssen. Die kommunikative Vernunft ist eine situative Vernunft, ihre Ansprüche werden jeweils in bestimmten Kontexten erhoben und mit faktischen Handlungsfolgen akzeptiert oder zurückgewiesen. Diese Vernunft ist identifizierbar in Präsuppositionen verständigungsorientierter Äußerungen.

Ein interaktionistischer Kulturbegriff

"Kultur" - sind das nicht die großen Werke der Schriftsteller, Maler und Musiker? Wenn schon, dann aber auch die Anstrengungen der Menschen, die solche Werke aufführen, anhören, zu verstehen suchen. Sind das aber nicht auch die kleinen Werke meiner Nachbarn und Kinder, ihre Erzählungen und Spiele, ihre Erklärungen für ungewöhnliche Ereignisse, ihre Art, ein Abendessen zuzubereiten oder Geburtstag zu feiern? Und was wäre das alles ohne uns, die wir zuhören und verstehen, mitspielen oder mit noch gewagteren Vermutungen widersprechen?

Kultur steht nicht im Bücherschrank oder im Museum, sie spielt sich zwischen Menschen ab. Kultur ist das Gemeinsame von Autor und Leser, Koch und Esser, das, was den Musikhörer mit dem Komponisten verbindet, was dem Zuschauer ermöglicht, den Film des ihm fremden Filmemachers mitzuvollziehen.

Kultur besteht aus gemeinsamen Erfahrungen, ist in den Menschen in einer Kulturgemeinschaft produktiv und rezeptiv wirksam: *Interpretationsmuster* für Ereignisse und Handlungen anderer, *Sinnstiftungsschemata* für eigene Tätigkeiten.

Aber was gehört dazu, wie weit ist der Rahmen des Kulturellen zu ziehen? Wenn wir uns nicht gleich normativ den Blick verstellen wollen und darüber rechten, ob nun Goethes "Faust" und nicht auch die Fernsehdokumentation von gestern abend, nur Schloß Brühl und nicht auch die Kleingartenanlage dazugehören sollen, können wir allgemein sagen: Alles, was verstanden werden muß, um es kennenzulernen, gehört zu den kulturellen Erscheinungen. Natürlich gibt es Qualitäts- und Funktionsunterschiede, aber auch um die festzustellen brauchen wir wieder Deutungsmuster, gemeinsame Werkmaßstäbe, geordnete Übersichten ...

Eben dies soll hier unter Kultur verstanden werden: die Potentiale an Bedeutungsmustern, die Menschen miteinander teilen, die sie beim Aufwachsen gelernt haben, an Vorstellungsformen, mit denen sie die Welt um sie herum wie auch sich selbst begreifen, aus denen sie ihr Weltbild schaffen, das sie sich beim Miteinanderumgehen immer wieder bestätigen, das Potential an Handlungspraktiken, die ihnen Interaktion und Gesellschaft ermöglichen.

Aber nicht alle Menschen auf dieser Erde deuten die Welt gleich; eine Kultur wird ausgeübt nur von einer Gruppe von Menschen, und zwar von denen, die darin übereinstimmen, daß die Welt tatsächlich so ist, wie sie sie interpretieren. Da ist der Mond nicht einfach der Mond, sondern für die einen ihr Gott, der ihnen Wasser für die Felder besorgen kann, wenn sie ihn nur lustig darum bitten; für die anderen ist er die zu erobernde Himmelsplattform für eine ungehinderte Sonnenforschung oder strategische Erdbeherrschung ...

Kulturen entstehen in der Auseinandersetzung von Menschengruppen mit der Welt um sie herum. Beide Pole des kulturellen Prozesses - der Mensch mit seinen Anlagen und Möglichkeiten einerseits und die Umgebungen andererseits - kann die amerikanische Kulturanthropologie in der englischen Sprache zusammenfassen im Begriff der *human conditions*: Das meint sowohl die spezifisch menschliche Beschaffenheit, die menschliche Weise, sich in der Welt zu verhalten, als auch die Lebensbedingungen. Im Deutschen leistet Vergleichbares der Begriff *Verhältnis*, nämlich der Mensch als dialektisches Verhältnis als Leib-Seele-Geist-Gemeinschaft (vgl. Jansen 1979) in der Auseinandersetzung mit den Verhältnissen um ihn herum.

Die Bedeutungskomplexe, die dabei entstehen und das Leben der Gruppe sinnvoll machen, werden bei ihrem Gebrauch in den täglichen Interaktionen zugleich weitergegeben; immer wieder andere Menschen, nachwachsende und fremde, eignen sie sich lernend an, formen damit ihre Erfahrungen und passen sich so ein in die kulturelle Gemeinschaft. *Enkulturation* ist der kulturgeprägte Prozeß des Denken- und Fühlenlernens, den jeder mitmacht in seiner *Sozialisation*, in der er handeln lernt; beide Prozesse ermöglichen die *Individuation*: eine kulturell geformte einzigartige Persönlichkeit zu werden, ein "Selbst" auszubilden.

Kultur *entsteht* immer wieder in Kommunikation und *besteht* aus den sozialen Erfahrungen einer Menschengruppe: Erfahrungen mußten auf ihre Tauglichkeit überprüft werden; erstes Wissen entstand handlungsintegriert, führte zu Routinen, zur lebenspraktischen Orientierung; Varianten und Alternativen der wiederholten Ausführung werden zum gedanklichen Probehandeln geführt haben: Wie ist hier und jetzt die Umwelt besser für die Bedürfnisse auszuwerten? Wie sind hier und jetzt die eigenen Wünsche und Vorstellungen zu befriedigen? Wie soll die Lebensgemeinschaft hier und jetzt zusammenleben? Äußere Natur, innere Natur und Gesellschaft sind von Anfang an die handlungsleitenden Ziele, auf die hin gemeinsames Wissen erworben, gesammelt, erwogen und bewertet wird. Ermöglicht wird das alles durch die dabei geschaffene Sprache; mit ihr entsteht - als spezifisch menschliche Kultur - auch ein überschüssiger Wissensvorrat, der erst später oder nie im Handeln einzuholen sein wird. Die gedankliche Simulation von Erfahrungen samt deren Varianten kann fortgesponnen werden zu selbstgemachten Vorstellungen, nie erlebten Geschichten und stringent konstruierten Ideengebäuden. Ästhetisch und theoretisch Erdachtes macht auch den Alltagsblick weiter und bringt der Gemeinschaft die Probleme moralischer Entscheidung angesichts dessen, was eigentlich sein sollte. (Vgl. dazu die anschauliche "Abstammungsgeschichte des Menschen" von Rudolf Faustel, Jena und Wiesbaden 1986).

Ich will weder idealistisch die sozialen Lebensformen aus kulturellen Leitideen erklären noch materialistisch die Kultur einer Lebensgemeinschaft aus ihren sozialen Verhältnissen; ich folge aber auch nicht Diltheys vermittelnder Theorie: Er setzt zwar auch zwischen die Ansprüche der Außen- und Innenwelt die frei entscheidende "Persönlichkeit", aber eine subjektive, die höchstens für die außergewöhnlichen kulturellen Reflexionsleistungen in Kunst, Wissenschaft und Philosophie zuständig sein kann. *Kultur als gesellschaftliches Wissen* hat ihren Sinn darin, daß man sie mit anderen teilt, daß sie sich in Kommunikationsprozessen bewährt als gemeinsame Bezugsebene der geäußerten Zeichen.

Das schließt nicht aus, daß Kultur in einer Gesellschaft ungleich verteilt ist: Die Menschen sind - aufgrund vieler Einflußfaktoren - mit den Inhaltsbereichen und Fähigkeiten ganz unterschiedlich vertraut. Das "objektive Gesamtpotential" einer Kultur gibt es höchstens als Theorie-Konstrukt bei enzyklopädischen Wissenschaftlern; praktisch wird jeder von seinem subjektiven Anteil vage auf das Ganze schließen. Was davon tatsächlich mit anderen identisch ist, was anknüpfbar oder zu verändern ist, muß jeder lebenslang immer wieder aushandeln. Das wird er je nach seiner Einstellung zur anstehenden Handlungssituation naiv, beharrend oder aufgeschlossen tun.

Mit einem interaktionistischen Kulturbegriff kommt man sicherlich der Existenzform der *Geltung* einer Kultur am nächsten; es wird nur sehr schwer, etwas "Festes" auszumachen, in dem sich kulturelle Interpretationsmuster konkret erforschen und beschreiben lassen. In einer Lebensgemeinschaft geltende Gewohnheiten, Kenntnisse und Vorstellungen sind "fuzzy systems": vage, fließende, mehrschichtige Komplexe aus diffusen Sinnbereichen mit konkreten Bild-Elementen, mehr mythisch als rational eingebundenen Werten und Gefühlen, wirksam als Handlungsdispositionen. Sie treten nie als sie selbst auf, sondern immer in situationsspezifische Ausdrucksformen, die wieder erst gedeutet werden müssen, um verstanden zu werden. Da jede Kultur also eine spezifische Auswahl aus Verhaltens- und Denkmöglichkeiten repräsentiert, zwingt sie - unbemerkt - dazu, die nicht von ihr anerkannten Vorstellungen, Wünsche, Bedürfnisse zu verdrängen. Diese werden aber - wie die Psychoanalyse zeigt - als Unbewußtes weiterwirken. Und wer eine Kultur erwirbt, lernt auch Abwehrstrategien, Verfahren der Tabuisierung, des Verschweigens und Verdrehens bestimmter Erfahrungen. So arbeitet jeder im Prozeß seiner Enkulturation auch mit an der "*gesellschaftlichen Produktion von Unbewußtheit*" (M. Erdheim 1982). Die Adoleszenz ist - in ihrem Verhältnis zur frühen Kindheit - die entscheidende Lebensphase, in der die Inhalte der gesellschaftlichen Unbewußtheit geprägt werden. Die Ethnopsychoanalyse erforscht das Verhältnis des Einzelnen zu seiner Kultur, indem sie fremde und eigene Kulturen ins persönliche Gespräch bringt, was für die Forscher nicht leicht auszuhalten ist.

In den Kultursoziologien erforscht man verschiedene *Erscheinungsformen* auf die darin zum Ausdruck kommenden Symbolsysteme hin und versucht, die leitenden Weltbilder zu erschließen. Man beginnt also etwa bei *Gesetzestexten und Satzungen*, weil hier das, was eine Menschengruppe für wahr und richtig hält, verhältnismäßig klar expliziert ist. Auch in *Werken der Kunst und Wissenschaft* treten die prägenden Leitideen recht deutlich zu Tage; leider ist jedoch deren Bezug zur Lebenspraxis kaum noch auszumachen, weil ihre "Kultur" verselbständigt wird, wie man an der antibürgerlichen "bürgerlichen Kultur" des 19. und 20. Jahrhunderts leicht beobachten kann. Oder man versucht, "Subkulturen" mit exponierten *Lebensstilen* zu erfassen; nicht nur, um deren Welt- und Selbstverständnis exemplarisch als Micro-Kultur zu begreifen, sondern auch um von deren betonten und abgelehnten Werten auf Stärken und Schwächen der Gesamtkultur zu schließen, aus der sie hervorgegangen sind. Soziale *Bewegungen* sind ebenfalls besser erkennbar - wie "die Studentenbewegung", der Vegetarismus, der Feminismus; überschaubare Trägergruppen zeigen ein leichter benennbares, weil abweichendes Verhalten und äußern sich auch explizit zu ihren Zielen.

Geschmacksurteile zum Bildungsgut und entsprechende Kommunikationsgewohnheiten erfaßt Bourdieu mit seinem "*Habitus*"-Begriff und ordnet sie drei Statusgruppen der Gesamtgesellschaft zu. So kann er schon allgemeinere Interpretationsmuster ermitteln, wenn auch aufgrund eines reduzierten Kulturbegriffs ("Kulturelle Kompetenz" ist bei ihm die Fähigkeit zum Decodieren eines Kunstwerks).

Punktuell, aber immer und überall in einer Gesellschaft trifft man auf Konfliktsituationen, in denen Menschen in *Begründungszwänge* geraten, in denen sie Verhaltensweisen explizit ablehnen oder rechtfertigen, in denen sie für und gegen bestimmte Tatsachen protestieren; dabei formulieren sie bewußte Teile ihrer Deutungssysteme aus. Die so erkennbar werdenden Sinnschemata erscheinen allerdings als persönliche Meinungen, sie sind thematisch eingeschränkt und situativ-subjektiv nuanciert; sie können nur über die Köpfe der Repräsentanten hinweg zu sozialen Sinnkonstrukten zusammengefaßt werden.

Ebenfalls sehr allgemeine und recht formale Untersuchungskategorien sind "*Kommunikative Gattungen*" (Luckmann), oder "*Codes*" mit fachsprachlichen Schlüsselwörtern. Sie stellen integrale Bestandteile dar von Stilen, Bewegungen, Ideologien und können für unterschiedliche Ziele eingesetzt werden. Als etwa in einer Richtung feministischer Linguistik das zurückhaltende, empathische und sachliche Kommunikationsverhalten der meisten Frauen als "typisch weiblich" erkannt und propagiert wurde, riet eine andere Richtung zum gegensätzlichen Verhalten, um "auf Männerart" endlich feministische Ziele durchzusetzen. Und verständigungsorientierte Männer suchten nun ihre Identität.

Erst recht können Ansätze inhaltbezogener Sprachwissenschaft, die das *Weltbild einer Sprache* ermitteln wollen - besonders aus den schwer übersetzbaren Ausdrücken -, nur auf sehr abstrakter Ebene Befunde vorlegen. Welche Bewußtseinsinhalte sind wirklich für alle Deutschsprechenden, für alle Indoeuropäer gleich? Daß wir alle (im Gegensatz zu Japanern) wegen unserer Satzstruktur in Ereignissen immer einen Akteur und eine Aktion annehmen? Daß wir mangels großen Wortfeldes (im Gegensatz zu Eskimos) Schneezustände undifferenziert wahrnehmen? Schon weil man sich formulierend immer auch dagegen verhalten kann, beweisen Sprachmittel allein noch nichts über Weltbilder; daß in einer Sprache verschiedene Ideologien ausgedrückt werden können, spricht gegen eine Gleichsetzung von Sprache und Kultur. (Dazu vor allem Gipper 1987)

Mit einer Sprachgemeinschaft teilt man Ausdrucksmöglichkeiten, die Inhalte jedoch, auf die sich sprechende Menschen damit beziehen und die sie dabei erschaffen, sind nach *Lebensgemeinschaften* verschieden, nach sozialen *Milieus*. Das sind Sozialräume mit spezifischen Bedingungen und Möglichkeiten der Lebensgestaltung, eigenen sozialen Tatsachen, Normen und Werten, besonderen Stilen der Formung und des Umgangs mit sprachlichen und präsentativen Symbolen. Kulturen einer Gesellschaft sind nicht in ihrem Sprachsystem zu finden, sondern in ihrer

Kommunikation, in den vielfältigen Formen der - auch sprachlichen - Verständigung.

Als allgemeinste kulturelle Ausdrucksform muß die Sprache einerseits der Kultur gleich sein, so daß sie sie angemessen und adäquat repräsentieren kann; andererseits muß die Sprache von der Kultur verschieden sein, damit überhaupt Interpretationen, also auch verschiedene Sichtweisen der Sachverhalte entstehen können, damit Individualität in der Sozialität möglich wird, und schließlich auch, um die kulturellen Ausdrucksformen vergleichen und beurteilen zu können.

Das Kleinkind beginnt damit, eine Kultur zu erlernen, lange vor der Sprache. Von den ersten Regungen im Mutterleib an gestaltet es seine Erfahrungen, indem es sich in Interaktionen einreiht. Es lernt, da aufmerksam zu werden, wo auch die Eltern Schwerpunkte des Erlebens markieren; es faßt wie sie bestimmte Erfahrungen als gleich zusammen, typisiert sie und wird so gesellschaftsfähig. Auf der Basis dieser interaktiven Sinnverständigung kann es dann auch eine Sprache erlernen, die Sprache, die die Kultur als Kontext braucht, um verstanden zu werden und Verständigung zu erzeugen.

"Morgen, mein Schatz!" - "Das sage ich aber meiner Mami." - "Bitte vorbeigehen zu dürfen." - "Gleich treffe ich den Bundespräsidenten." Sprache, deutsch, zweifellos, aber noch nicht mehr als Beispielsätze. Sollen sie einen Sinn haben für Menschen, die mit ihnen handeln, brauchen diese Sätze einen situativen Rahmen. Und hier zeigt sich, daß wir unsere Kultur kennen: Wir wissen, wie in unserer Kultur diese Rahmen normalerweise ausfallen und ausgefüllt werden müssen - wer den einen Satz, wer den anderen angemessen zu wem wann unter welchen Umständen sagen kann. Damit der Ruf "Voll!" zur Verständigung führt, muß von den Beteiligten ein bestimmter Kontext hinzugedacht werden.

Ein kulturspezifisches Erfahrungsschema versorgt uns nicht nur mit Kenntnissen über ein Stück Wirklichkeit, über die dabei üblichen Beziehungsverhältnisse und entsprechenden Ausdrucksformen, sondern zugleich mit Gefühlen dazu, Einstellungen und Wertmarken, ja ganze Verhaltensprogramme sind mit kulturellen Konzepten verbunden. Wer schon einmal versucht hat, zu Weihnachten auf die Canarischen Inseln zu fliegen, weiß, wie stark Erfahrungsmuster emotional in uns verwurzelt sind und uns am Boden der Tatsachen halten können.

An Bruchstellen der Lebenserfahrung kann man gut Einblick gewinnen in die Erfahrungsbereiche, die in einem kulturellen Wissens- und Interpretationsmuster gebunden sind: Das Kind, das bald in die Schule kommt, hat von verschiedenen Gruppen seiner Familie, seines Freundeskreises und im Kindergarten schon viel über seinen zukünftigen Lebensraum erfahren: wie man sich dort benimmt, welche Normen/Regeln die sozialen Beziehungen bestimmen, also wie *Gesellschaft* dort funktioniert; worüber dort geredet wird, welche Inhalte als sinnvoll gelten, wie die *äußere Natur* dort behandelt wird; wie dort zu reden und zu schreiben erwartet wird, welche Codes und Vermittlungssysteme eine Rolle spielen, also welche Aufgaben der *Sprache* dort abverlangt werden; und schließlich weiß das Kind vor dem ersten Schulbesuch schon, wie es sich selbst dort darstellen können wird, welche Chancen sein Ich bekommt, also wie sich seine *Identität* dort entwickeln kann. Es kennt bereits typische Situationen mit typischen Raum-/Zeitverhältnissen, typische Ereignisse, Geschichten und Lebensläufe. Und manche Kinder wissen auch schon einiges darüber, wie sich die sozialen Erfahrungen mit Schule in Medien niederschlagen, in Witzen und Fernsehserien, in Mäuse-Kinderbüchern und Schlagern.

All dies angesammelte Wissen anderer wird das Kind in die Lage versetzen, die neue Situation zu verstehen und mitzugestalten, gerade wenn Mutters Hand es endlich losgelassen hat.

Doch auch die Befreiungsaktionen gehören zur Kultur: Wir können auf unsere Erfahrungskomplexe reflektieren, sie auseinandernehmen, modifizieren, neu zusammensetzen; wir können Weltansichten metaphorisch verwandeln, mißlingende Verständigung metakommunikativ besprechen, wir können Alternativen erproben und ganz neue Welten erfinden. Das tun alle Mitglieder einer kulturellen Gemeinschaft täglich. Professionell jedoch wird diese *Reflexion* einer Kultur geleistet in ihren Bereichen Kunst und Wissenschaft, dort sinnlich, spielerisch, phantasierend, hier theoretisch, logisch, systematisch. Die großen Werke stellen einer Gesellschaft Modelle zur Verfügung, ihre gelebte Welt zu erkennen, zu kommentieren und neu zu gestalten, angeregt von der immer unvollendet gespürten Kultur.

Heute haben diese Reflexionsexperten in Kunst und Wissenschaft sich allerdings schon so weit von ihrer Reflexionsbasis entfernt und verselbständigt, daß eigene Instanzen notwendig wurden, die diese Reflexionen wieder der Gesellschaft zugänglich machen sollen: im Bereich des Bildungswesens ist es die Didaktik, in den Medien sind es populärwissenschaftliche Journalisten und Kunstkritiker.

Schauen wir uns nur einmal an, welche Wissenschaften sich dem Forschungsgegenstand "soziale Erfahrungen" nähern, jede auf ihre Weise und durchaus nicht im selbstverständlichen Symposium mit den anderen!

Kulturphilosophie	
Kulturanthropologie	
Theologie	Ethnologie
Soziolinguistik	Ethnopsychoanalyse
	Geographie
Pragmatik	Volkskunde, Empirische Kulturwissenschaften
Kulturanalytische Sprachwissenschaft	
	Kulturgeschichte
Kognitive Linguistik	Mentalitätengeschichte
Psycholinguistik	Brauchtumsgeschichte
Neurolinguistik	Sozial-, Wirtschafts-, Technik-... geschichte
Kulturpsychologie	Politologie
Psychoanalytische/ tiefenhermeneutische Kulturanalyse	Kultursoziologie
	Wissenssoziologie
	Kommunikationssoziologie
Landeskunde der	Mediensoziologie
Fremdsprachendidaktik	Sprachsoziologie
"Kulturkunde"	Literatursoziologie
	Geistes- und Ideengeschichte
Sozialisationsforschung	

Kulturwissenschaftliche Inhalte in den Fremdsprachendidaktiken und in der germanistischen Kulturkunde

Wer Anglistik oder Romanistik für ein Lehramt studiert, hat sich neben der Sprache und der Literatur auch mit *"Landeskunde"* zu beschäftigen. Anscheinend ist es notwendig, die Kenntnisse der "Inländer" von ihrer Lebenswelt zu erlernen, um ihre Sprache angemessen gebrauchen und ihre Literatur verstehen zu können.

Inhalte der Landeskunde waren jedoch seit dem 19. Jahrhundert - und sind es an manchen Universitäten noch heute! - lediglich die Spitzen der Hochkultur: Neben Informationen über England/Frankreichs ... Geographie und Wirtschaft wird die übliche "Geschichte von oben" geboten, das Rechtssystem und Bildungswesen, die Religionen, die Wissenschaften und Künste, die die Inhalte der Sprachlernprozesse ausmachen sollen. Seit etwa 20 Jahren sind neue Konzepte mit erweiterten Kulturbegriffen hinzugekommen, angeregt durch die Soziolinguistik, die Sozialpsychologie oder die Kulturanthropologie. Die *Ziele dieser Reformansätze* stimmen darin überein: es sollen die spezifischen Alltagswelten der fremden Sprachgemeinschaft erschlossen werden, Staats-, Geistes- und Ideengeschichte ergänzt durch "Geschichte von unten", Sozial- und (Volks-)Kulturgeschichte.

Der deutsche Germanistikstudent findet nichts den Landeskunden Entsprechendes. Dabei ist die Germanistik aus einer Wissenschaft von deutschsprachiger Gesamtkultur im 18. Jahrhundert hervorgegangen. Aber ihre Geschichte seitdem ist wesentlich die Geschichte der Reduktion ihrer Gegenstände auf Sprachgeschichte und Literaturdenkmäler; Geistes- und Kunstgeschichte blieben noch unentbehrliche Stützen der Interpretation; ein schmaler Strang germanistischer Philologie in der Nachfolge Jakob Grimms bezog weiterhin deutsche Mythologie und Volkspoesie ein. Eine soziokulturell fundierte Arbeitsweise überlebte bei manchen Mediävisten und Dialektologen. Die tonangebenden Schulen der deutschen Sprach- und Literaturwissenschaften aber gingen den Weg der "bürgerlichen Wissenschaften": Durch Historisierung und Formalisierung ihrer Gegenstände enthob man sie allen Gegenwarts- und Anwendungsbezügen. "Die Sprache" wurde zum anonymen Objektivgebilde hochstilisiert, "gebraucht" von einer "Sprachgemeinschaft", der im realen politischen Leben weder eine erfahrbare Gemeinschaft noch eine konkrete Teilhabe entsprach; Literatur bestand aus Denkmälern zur Verherrlichung von Werken und Autoren. Weder die Grammatiken der Sprachen noch die Interpretationen poetischer Texte antworteten auf gesellschaftliche Fragen. Die Lebensbereiche, in denen ihre Forschungsergebnisse hätten eine Rolle spielen können - und, wie die Geschichte zeigt, auch hätten spielen müssen - waren in selbständige Forschungsgebiete abgeschoben worden: Alle sozialen Fragen hatte die in der Mitte des 19. Jahrhunderts entstehende Soziologie zu bearbeiten, die auch zur rationalen Legitimation der Bourgeoisie diente, einschließlich ihrer Kritik (vgl. G. Hauck, Geschichte der soziologischen Theorie, Reinbeck 1984); die "Sachkultur", das "abgesunkene" Kulturgut der niederen Schichten, das Einfache, Banale und Alltägliche konnte man der "Volkskunde" überlassen. Kultur erhielt ihren "affirmativen Charakter": sie bestätigte die "natürlichen" Lebensverhältnisse. Es ist kaum vorstellbar, daß das wirklich jemand geglaubt hat, wenn den unteren Schichten der Geist spätromantischer Heile-Welt-Naivität zugeschrieben wurde und dem Bildungsbürgertum der Geist philosophischer Aufklärung und künstlerischer ewiger Klassik.

Aber eine von allen Praxisbezügen abgeschottete Germanistik konnte glauben machen, sie beschäftige sich mit eben den Inhalten, die auch das Bewußtsein der führenden Gesellschaftsschichten ausmachten. Die Diskrepanz zwischen dem tatsächlich handlungsleitenden Bewußtsein der gebildeten Schichten und dem, was der Deutschunterricht besonders des Gymnasiums an Inhalten lehrt, wird bis heute nicht zur Kenntnis genommen. Welches Wissen von der Welt, welche Einstellungen zu sozialen Fragen, welche Selbstbilder, welche Deutungssysteme und welche Sprachcodes tatsächlich den Tages- und Lebenslauf der Menschen bestimmten, brauchte nicht erforscht und gelehrt zu werden, denn der "gesunde Menschenverstand" regelt sich in der Gesellschaft von selbst; und für die höheren Weihen, sprich Einkommensklassen gehört darauf gesetzt ein Wissen über die jeweils anerkannte Spitzenkultur.

Bezeichnend für diese Entwicklung war: Als zwischen 1886 und 1910 "Deutsch" zum beherrschenden Schulfach geworden und die Ausbildung der Gymnasiallehrer den Universitäten übertragen war, reformierten nicht etwa diese neuen Ansprüche die Germanistik, sondern die hehren Gegenstände des Universitätsfaches wurden zu Inhalten des Deutschunterrichts.

Die Abtrennung der Forschungsgegenstände Sprache und Literatur von den sozialen Erfahrungen ihrer Menschen hat immer nur reaktionären Mächten gedient. Man behauptete die Entpolitisierung der Germanistik (Noch 1965 wird ins Reallexikon der deutschen Literaturgeschichte gedruckt (II, S. 205): "Die Politisierung ist als die Krebskrankheit der Literaturwissenschaft zu betrachten."); erreicht wurde dadurch jedoch eine heimliche - oder ideologische - Politik der Verfügbarkeit für deutschnationale, völkische, faschistische und bildungsbürgerliche Interessen.

Nun, die Geschichte des Faches ist mehrfach geschrieben, ich brauche sie hier nicht zu wiederholen, will aber auf die Vorträge von Lämmert, Killy, Conrady und v. Polenz beim Germanistentag 1966 hinweisen, die unter dem Titel "Germanistik - eine deutsche Wissenschaft" (Frankfurt 1967) gedruckt wurden.

Auch die Wiederannäherung an die Volkskunde diente nur zur Verbreitung der völkischen Blut- und Boden-Ideologie. 1912 wurde der Deutsche Germanistenverband gegründet mit dem ersten Satz im Gründungsaufruf: "Mehr und mehr ist in allen Kreisen, denen es um die Zukunft unseres Volkstums ernst ist, die Überzeugung zum Durchbruch gekommen, daß unser deutsches Geistesleben stärker als bisher auf völkische Grundlagen gestellt werden muß" (Frank, 1976, S. 528).

In dieser Richtung entstand auch in den 20er Jahren der Begriff "Kulturkunde" als Leitidee konservativer Pädagogik, und zwar zunächst im Fachgespräch von Gymnasial- und Hochschullehrern philologischer Fächer, dann auch in Schulzeitschriften, Lehrbüchern und Richtlinien (vgl. die Begriffsgeschichte von D. Briesemeister in H. Weber 1976, S. 158-182). Kulturkunde war die Lehre von der Gesamtheit deutschen Wesens, gestützt auf ausgewählte Wissenschaften und Philosophien (etwa Spengler), aber ausgerichtet auf Lebenshilfe und Weltorientierung in einer eher religiösen Atmosphäre. Die wissenschaftlichen Aufgaben einer Kulturkunde wurden dann von der Soziologie übernommen, auf rationale Grundlagen gestellt und als Kulturanthropologie und Kultursoziologie durchgeführt. In den Fremdsprachenphilologien regte E.R. Curtius u.a. schon 1925 an, sachliche Beiträge zur kulturellen Länderanalyse zu leisten, aber die Lösung kulturkundlicher Probleme der Soziologie zu überlassen. Dort entstanden "Landeskunden" als notwendige Forschungs- und Lehrgebiete in Form wissenschaftlicher Disziplinen. Die offizielle Deutsch-Philologie jedoch versank jetzt total im nationalsozialistischen Sumpf; bis heute ist der Begriff "Kulturkunde" nicht neutral zu gebrauchen, und es gibt in der Germanistik nichts den Landeskunden Entsprechendes.

Gebranntes Kind scheut das Feuer: 20 Jahre nach dem 2. Weltkrieg dominierten werkimmanente Literaturwissenschaft und sprachsystemorientierte formale Linguistik die Fachgespräche. Der einzige inhaltlich bedeutsame Reform-Impuls auf den Deutschunterricht ging in dieser Nachkriegsepoche von der Schrift eines Auslandsgermanisten aus: Robert Minders "Soziologie der deutschen und französischen Lesebücher" (1953) war der Anlaß dafür, daß zu Anfang der 60er Jahre Lesebücher mit Heile-Welt-Geschichten und agrikulturellem Weltbild aus dem Unterricht verschwanden.

Kulturkunde war in dieser Zeit ebensowenig ein Thema der deutschen Germanistik wie die Inhalte des Deutschunterrichts in der Didaktik. Einen ersten Neuanfang brachte das Studienfach "*Deutsch als Fremdsprache*". Es war eingerichtet worden im Hinblick auf die vielen Gastarbeiterkinder in deutschen Schulen und konnte zunächst einiges lernen von Deutschlehrern, die im Ausland unterrichtet hatten: 1970 veranstaltete das Goethe-Institut ein internationales Seminar zum Thema "Die Kultur der deutschsprachigen Länder im Unterricht". Der an den schönen Künsten und den Wissenschaften orientierte Kultur-Begriff wurde einmütig verabschiedet, der anglo-amerikanische und französische Begriff von Kultur als Lebensweise des ganzen Volkes bereitwillig übernommen und der Neukonzeption von Unterrichtsinhalten zugrundegelegt. Dieser Begriff wird gestützt von der *Volkskunde*, die nun auch stärker auf sich aufmerksam macht. Hermann Bausinger, der sein Tübinger Volkskunde-Institut 1971 in "Empirische Kulturwissenschaften" umbenennen ließ, propagierte als Kultur die "Selbstverständlichkeiten des Denkens und Verhaltens", die nicht von einer ausgeprägten gemeinsamen Ideologie getragen werden müssen. Ein demokratischer Unterricht in 'Deutsch als Fremdsprache' erfordert, die Kulturen in der Kultur zu erforschen und nebeneinander anzuerkennen, die Rollentypen und Codes zu erlernen, die *alle* nötig sind, um in einer pluralistischen Gesellschaft verschiedene Situationen zu bewältigen. Soziolinguistik und Soziologie sind die Bezugswissenschaften für diese pragmatische Neuorientierung.

Nach dem Konzept der "Cultural Studies", das seit etwa zwei Jahrzehnten am Centre for Contemporary Cultural Studies der Universität Birmingham erarbeitet wird (vgl. die ausführliche Besprechung von Utz Maas (1980)), geht es darum, über die Analyse von Texten die Lebensweisen gesellschaftlicher Gruppen zu verstehen und zu deuten. Ziel ist, die Deutungssysteme zu erkennen, mit denen Menschen ihr Bewußtsein formen (lassen) und ihr Handeln steuern; zugleich sollen die Existenzbedingungen der Menschen und die Medien der Weltbildvermittlung in ihren Arbeitsweisen und Wirkungen durchschaubar gemacht werden. Dabei ist zwischen dem Alltagsbewußtsein einerseits und den theoretischen, ästhetischen und ethisch-politischen Reflexionsformen zu unterscheiden.

Die stark politische Diskussion um Reformen des Unterrichts in den frühen 70er Jahren, um das Erziehungsziel der Sozialen Emanzipation, um nicht-vereinnahmenden Unterricht für Migranten aus vielen europäischen Ländern begünstigte eine Entwicklung der *Landeskunden zur zentralen didaktischen Instanz.* Hier lag die politische Dimension des Sprach- und Literaturunterrichts, und zwar diesmal offen ausformuliert. Das Thema der Fachtagung Landeskunde 1979 in Königstein hieß "Vom Sprachunterricht zum Kulturunterricht". Die Proklamation politischer Ziele über die landeskundlichen Inhalte ist seitdem natürlich zurückhaltender geworden, die Tendenz aber hält an. Am radikalsten wollen solche fremdsprachendidaktischen Konzepte ihr Fach reformieren, die *Landeskunde als politische Bildung* definieren: Wenn das Erlernen der Fremdsprache zur "transkulturellen Kommunikation" befähigen soll, muß der Lernende die Komplexität der kulturellen sozioökonomischen Umfelder durchschauen können. Sprechen/Schreiben/Verstehen wird als Handeln verstanden, mit dem man sich in fremde Kulturen integriert, um dort an relevanten Kommunikationsprozessen teilzunehmen; dazu sind kompetente Kenntnisse der dort anstehenden Problembereiche notwendig. Diese

Landeskunde wird sozialwissenschaftlich "grundiert" (vgl. die GUL-
LIVER Sonderbände der Zeitschrift "Das Argument"), oberstes Studien-
ziel ist die selbständige Erarbeitung kulturkundlicher Themen nach poli-
tik- und sozialwissenschaftlichen Methoden.
  Solch ein didaktischer Entwurf verändert, wenn er personell realisier-
bar ist, den Studienplan der Studenten wie den Lehrplan des Schulfaches
bis in die Methodik hinein. (Am Beispiel des Französischen: Baum-
gratz/Picht 1978.) Inhalte des Fremdsprachenunterrichts sind dann etwa
soziale Probleme wie Armut, Behinderte, Drogen, Altern, Gastarbeiter,
Umwelt ..., und zwar im Spiral-Curriculum auf drei Abstraktionsstufen:
a) konkrete Erfahrungen in Situationen,
b) die institutionelle Behandlung des Problems,
c) gesamtgesellschaftliche Ursachen und Wirkungen.
Solch ein systematisches Konzept kann nicht "rein" durchgezogen werden; die sozialen Probleme werden ergänzt durch Ereignisse, wie sie von
Bürgern des Landes erfahren werden, deren Interessen usw. Firges/ Me-
lenk (ebd., S. 117) sagen: "Gegenstand der Landeskunde ist im Prinzip
alles, was in einem Land geschieht."
  Aufschlußreich ist die Erkenntnis der beiden Französisch-Didaktiker,
daß "dem Durchschnittsfranzosen die landeskundlichen Inhalte nur zu einem Teil vertraut sind; deren methodische Aufbereitung und Strukturie-
rung ist ihm vermutlich eher fremd" (ebd.). Wo der Franzose mit seinem
Alltagswissen operiert, setzt der Französischlernende systematisiertes
Wissen ein und bezieht es auf seine eigenen alltagsweltlichen (etwa deutschen) Erfahrungen.
  Diese Einsichten werden bestätigt von Germanisten, die im In- oder
Ausland *Deutsch als Fremdsprache* lehren: Die Studenten gelangen erst
durch das Studium der fremden sozialen Realität zu einer bewußten Erfahrung der eigenen (vgl. Witte 1976, S. 164). Die eigene kann man aber
nicht studieren, weil sie in der Fachaufsplitterung nicht mehr wiederzufinden ist; ihre systematische Aufarbeitung sollte in der Schule bereits
geleistet worden sein.
  Vorbildlich für eine Integration mehrerer Wissenschaften in ein didaktisches Konzept zur Vermittlung eines "kritischen Gesamtbildes des
modernen Deutschland" (ebd.) ist das Institut d'Allemand der Université
Sorbonne Nouvelle (Paris III, Asnière), an dem u.a. Robert Minder und
Pierre Bertaux lehrten. Der Leitbegriff "civilisation" umfaßt im Französischen die Gesamtheit der Lebensformen einer Gesellschaft, also wird der
Sprachunterricht, die Sprach- und Literaturanalyse eingebunden in ein
Studium der sozialen, politischen und kulturellen Wirklichkeit der

deutschsprachigen Länder. So halten etwa Historiker, Politiker, Wirtschaftswissenschaftler und Kunsthistoriker gemeinsam Seminare zu thematischen Schwerpunkten ab; ihr Ziel ist es vor allem, Zusammenhänge zwischen den Fachdisziplinen einsichtig zu machen.

Germanistik als Kulturwissenschaft

Die Wissenschaften, die sich heute mit den sozialen Erfahrungen und ihren Interpretationsmustern befassen, sind viel zu vielfältig und zu sehr über Fakultäten verstreut, als daß sie zu einer neuen Kulturwissenschaft zusammengefaßt werden könnten. Jede von ihnen (s. S. 239) braucht auch als Informations- und Methodenrahmen die ihrem Ansatz entsprechende Basis, so etwa die "Kulturanalyse" entweder die Sozialpsychologie oder die Ethnomethodologie, die Volkskunde oder die Sprachwissenschaft. Es kann also nicht das Ziel kulturwissenschaftlicher Germanistik sein, Teildisziplinen anderer Fächer in sich aufzunehmen. Auch die Forderung, stärker mit diesen "Bezugswissenschaften" zusammenzuarbeiten, wird lediglich ein Festredenimpuls bleiben, wenn nicht in der Germanistik selbst ein verändertes Forschungs- und Lehrinteresse motivierend wirkt.

Hermann Bausinger regt in seinem Vortrag "Germanistik als Kulturwissenschaft" (1980, hier S. 26) an, "das landeskundliche Interesse zu integrieren, mit anderen Worten: die Germanistik kulturwissenschaftlich zu verankern." Einerseits sei der "Realiensalat" (Curtius) einer enzyklopädischen Landeskunde abzulehnen, andererseits könne man den Germanisten "vor Grenzüberschreitungen in den soziokulturellen Bereich hinter seinen Texten nicht bewahren" (ebd., S. 27/28). Und darin solle er dann auch den Mut haben zu dilettieren.

Hier schlägt Bausinger wahrscheinlich gar nichts Neues vor, sondern spricht endlich aus, was in der Germanistik alltäglicher Brauch ist. Gerade darin sehe ich aber eine fundamentale Motivation, sich explizit um den Ausbau des Faches Kulturwissenschaft zu kümmern: Wo man jetzt sein Alltagswissen (aus der Schule oder gelegentlichen Lektüren) quasi selbstverständlich in das wissenschaftliche Gespräch, vor allem die Lehre, einfließen läßt, müßte dieselbe theoretische Neugier erzeugt werden, dieselbe vorurteilsbefreite Information gesucht werden, wie man sie bei eigenen fachspezifischen Gegenständen erwartet.

Wenn man diese Forderung nicht so allgemein erheben und das wissenschaftliche Nachfragen auf die eine oder andere Richtung beschränken würde, stimmten sicherlich die meisten Germanisten zu. Denn auch das ist alltäglicher Brauch: Der eine erforscht die Literatur mentalitätengeschichtlich und kennt sich im Geist einer Epoche und ihren Tatsachen hervorragend aus; der andere erforscht die Sprache ontogenetisch und kennt den entwicklungspsychologischen Forschungsstand; jeder treibt die Germanistik in einige kulturwissenschaftliche Richtungen. Eine Auswahl an Themen des Berliner Germanistentages 1987 kann das veranschaulichen: Im 2. Band der vierbändigen Publikation (Tübingen 1989) werden vorgestellt: Erkenntnisse aus literarischen Texten für die Friedens- und Konfliktforschung, über Gewalt, Faschismus, die Bewältigung von Angst, über Frauen und Frieden; Methoden in der Rüstungspolitik, der Wissenschaftssprache; Geschichte des Arbeiterliedes, des Schulaufsatzes, der Germanistik, der Präsentationsmedien für Literatur, der Lehrbücher, der Schriftkultur; Modelle zur politischen Dimension des Deutschunterrichts, zur Beantwortung der Fragen des Deutschlehrers, für Analphabeten, zur Schreiberziehung, zum logischen Denken und zur Rhetorik, zur kommunikationstechnologischen Grundausbildung und zur Vorbereitung auf Berufsausbildung und Arbeitswelt, zur Wissenschaft in gesellschaftlicher Verantwortung.

Implizit spielt also Kultur als Lebensweise auch in der Germanistik eine Rolle; sie wird nur nicht als "Landeskunde" thematisiert und als eigener Forschungs- und Studienbereich organisiert.

Ich kann im Rahmen dieses Buches kein Programm einer kulturwissenschaftlichen Germanistik entwerfen, das bedürfte der Zusammenarbeit vieler; es gibt in der Literatur bereits ein Fülle recht konkreter Vorschläge dazu, ich verweise nur exemplarisch auf die Publikationen der Gesellschaft für Interkulturelle Germanistik (Iudicium Verlag, München) und auf das zusammenfassende Statement von Bernd Thum, Germanistik als angewandte Kulturwissenschaft (1989). Mein Ziel ist eine Programm zur inhaltlichen Fundierung der *Sprach- und Literaturdidaktik*. Deren Studium könnte der gesamten Germanistik Impulse durch folgende Merkmale geben:

- Lehre und Forschung sind zentriert um eine kulturpolitische Aufgabenstellung.
- Lehre und Forschung vermitteln in Form und Inhalten zwischen wissenschaftlicher Erkenntnis und reflektierter Anleitung zur Verbesserung der Handlungspraxis.
- Basis und Ziel dieser kritischen Arbeit ist die Erfahrungswirklichkeit der Lehrenden und der Lernenden.
- Das Studium wird organisiert als Hilfe zur Kommunikativen Kompetenz, also nicht nur als Ausbildung, sondern als Bildung.

- Wissenschaftliche Inhalte und Methoden leisten Hilfe bei der universitären Kulturarbeit; Grundmodell dafür ist die Hermeneutik - einschließlich ihrer Applikationsphase.
- Durchgeführt wird das Studium in seinen zentralen Lehrveranstaltungen um universale und spezifische "Kulturthemen" (M.E. Opler), das sind in einer Zeit und Gesellschaft als relevant diskutierte Themen, die Problemlösungen fordern und Aktivitäten anregen. (z.B. Vom Abenteuer, geboren zu werden - Tod und Verklärung - Wirtschaftliche Macht in Gegenwart und Geschichte - Krieg und Frieden u.ä.)

Eine um relevante Themen zentrierte Germanistik wäre keine Wissenschaft von der Sprache oder von Texten, auch keine Geisteswissenschaft; sie wäre eine notwendige kritische Instanz ihrer Gesellschaft.

Sie könnte anschließen an Arbeitsweisen, wie sie schon jetzt gelegentlich in einigen germanistischen Institutionen zu finden sind: Etwa an eine Richtung der Sprachwissenschaft, die Äußerungen im sozial- und lebensgeschichtlichen Kontext, vor allem in den Institutionen des öffentlichen Lebens, untersucht. "Angewandte Sprachwissenschaft" nach dem Muster "Linguistische Analysen von Schulsprache, Juristensprache, Arzt- und Patienten-Kommunikation" usw. ist jedoch noch keine Kulturwissenschaft, denn dort geht es primär um die Demonstration, daß man dank formaler Ansätze und Methoden sprachliche Dokumente aus allen Lebensbereichen beschreiben kann. Aus der Diskussion um den Grammatikunterricht ist zu lernen, daß trotz 150jähriger Begründungsversuche nicht einsichtig wurde, was die Beschreibungsmöglichkeit an Aufklärung leisten soll. Erst wenn die Rekonstruktion der in Textdokumenten aufgehobenen individuellen und gesellschaftlichen Lebenspraxis mit Hilfe der Sprachbeschreibung das Ziel ist, bekommt die Arbeit kulturwissenschaftlichen Sinn und kann der Aufklärung der Menschen - auch außerhalb der Universitäten - dienen.

Anzuschließen wäre auch bei Literaturwissenschaftlern, die Texte als symbolische Handlungen im sozial- und lebensgeschichtlichen Zusammenhang ihrer Autoren und Leser - vor allem der gerade damit befaßten! - deuten, die verstehen wollen, wie soziale Gruppen und Individuen beim Schreiben, Sprechen und Verstehen ihre Lebensprobleme bearbeiten und sich neue Handlungsspielräume erschließen.

Natürlich müßten Germanisten dazu Konzepte, Methoden und Forschungsergebnisse aus vielen Fachwissenschaften zur Kenntnis nehmen, aber aufarbeiten im Hinblick auf eigene Fragestellungen. Eine kulturwissenschaftliche Germanistik würde Erkenntnisse über soziale Erfahrungen integrieren in ein Gesamtkonzept zum Verstehen, Bewerten und Entwerfen von Verständigung in allen Medien und Kommunikationsformen ihrer Gesellschaft. Ohne strikt berufsbezogen zu sein würde dieses Konzept speziellen wissenschaftlichen Methoden und Erklärungsmodellen ihren Sinn zum Durchschauen der gesellschaftlichen und der individuellen Lebensverhältnisse geben. Es würde deshalb besonders qualifizieren für Berufsfelder, die sprachliche und textliche Fähigkeiten vermitteln bzw. voraussetzen, also für Lehramts- wie Magisterstudiengänge gleichermaßen. Für die Lehrerbildung lege ich im übernächsten Kapitel ein entsprechendes didaktisches Konzept vor.

2. Die Erfahrungsmodi und die Erkenntnisziele des Wahren, Schönen und Guten

Indem Kulturen sich entwickeln, bilden sie auch ihre Reflexionsformen aus. Seit Kants "Kritik der Urteilskraft" (1786) ist es üblich geworden, *praktische, theoretische und ästhetische Erkenntnisformen* gegeneinander abzugrenzen, wobei die "praktische" in eine nutzenorientierte und eine ethisch-politische, die das sittlich Gute sucht, auszudifferenzieren ist. Diese Modi der Reflexion unterscheiden sich sowohl in ihrer Beziehung zum denkenden und handelnden Subjekt, zum anzusprechenden Du bzw. seiner Gesellschaft als auch zum Erkenntnisobjekt. Es sind Grundeinstellungen zum Umgang mit der Welt, mit sich selbst und miteinander; erkennbar werden sie am unterschiedlichen Gebrauch der Sprache. Die nutzenorientiert-praktische Einstellung zielt auf möglichst problemlose Einpassung effektiver Mittel in Handlungsmuster; in der ästhetischen Einstellung erschließt das Subjekt im "interesselosen Wohlgefallen" (Kant) - frei von jeder Zweckbindung - aus der schönen Form sinnliche Erkenntnis; theoretisch ist die Erkenntnis rational in Konzentration auf die Sache zu erarbeiten; ethisch-politisch werden durch Reflexion auf Wertkriterien verantwortbare Handlungsentscheidungen vorbereitet. Kant machte aufmerksam auf die notwendige Vermittlung von ästhetischer und theoretischer Reflexion zum Entdecken der Wahrheit; Schiller leistete die zweite Vermittlung der Wahrheit zur vertretbaren Handlung, die er als Bildungsprozeß einer Charakterformung beschrieb, die sich öffentlich in gesellschaftlicher Emanzipation bewährt: Im partnerschaftlichen Umgang mit Kunst lernen die Menschen, sich selbst in eine konsensuelle Normenfindung einzubringen und die Handlungskonsequenzen "gemeinsinnig" zu vertreten. Damit beschrieb Schiller sehr viel konkreter - und in seinen Briefen zur Ästhetischen Erziehung an den Prinzen Friedrich-Christian von Schleswig-Holstein-Augustenburg (1793/94) auch sehr viel politisch-praktischer -, was von Schelling, Hegel und Hölderlin drei Jahre später im "Systemprogramm des deutschen Idealismus" als Vision formulierten: "Ich bin nun überzeugt, daß der höchste Akt der Vernunft, der, indem sie alle Ideen umfaßt, ein ästhetischer Akt ist, und daß Wahrheit und Güte nur in der Schönheit verschwistert sind" (überliefert von Hegel, hier entnommen Hölderlins Sämtlichen Werken, hrsg. v. P. Stapf, Berlin 1967, S. 1090). Die Reflexionsformen zielen also letztlich auf spezifische Werte, in deren interaktiver Erzeugung menschliche Vernunft verwirklicht wird.

In den Geisteswissenschaften der Folgezeit sind diese Werte zu Schlagworten verdorben, als das Wahre, Schöne und Gute zwar immer hoch- und heiliggehalten, aber kaum in der Arbeit verwirklicht. Es ist grotesk zu sehen, wie postmodern in germanistischen Publikationen über das "klassische Ideal" hergezogen wird, natürlich in der Goetheschen Reduktion auf das "Gute, Edle, Schöne" einer heilen Welt; dabei waren es doch vor allem Germanisten, die ein solches Schrumpf-Ideal einmütig konstituierten, um die Dichtung unpolitisch zu halten. Was dagegen wirklich als Ideal gemeint war, rückte Hans Robert Jauß mit der Schillerschen Position ins rechte Licht, indem er dessen Schriften als "immer noch die beste Quelle" für die "emanzipatorische Kraft der ästhetischen Erfahrung" (in Rüsen 1988, S. 230) zum Wiederentdecken anmahnte. - Und die klassischen Reflexionsformen haben sich in Experten-Institutionen aufgeteilt:

Max Weber nennt Wissenschaft, Kunst und Moral als eigenständige "Wertsphären", die aus der Ausarbeitung der kognitiven, expressiven und moralischen Bestandteile jeder Kultur entstehen (1963, Vorwort; vgl. auch Habermas 1981, I, S. 228 ff). Sie leisten die "Rationalisierung" der gesellschaftlichen Entwicklung durch Erweiterung des objektiven Wissens und Technifizierung der Methoden; sie entzaubern die Weltbilder ihrer Gesellschaft und klären diese über ihre theoretischen, ästhetisch-expressiven und moralisch-evaluativen Denk- und Lebensformen auf. Wissenschaft, Kunst und Moral unterscheiden sich als Bewußtseinsstrukturen, insofern als "das handelnde und erkennende Subjekt verschiedene Grundeinstellungen gegenüber Bestandteilen derselben Welt einnehmen kann" (Habermas, ebd., S. 323/24). Die drei Bereiche verselbständigen sich dabei: sie entfalten ihre Eigengesetzlichkeit als Selbstzweck, lösen ihre Arbeitsweisen aus der Lebenspraxis, in die ihre naive Ausübung eingebettet war und bleibt.

In der Wissenssoziologie unterschied erstmals Alfred Schütz in den 30er Jahren dieses Jahrhunderts "Sinngebiete der Alltagswelt, der Welt der Wissenschaft, der Phantasie- und Traumwelten" (vgl. Schütz/Luckmann I, 1975, S. 41-46). Vergleichbar sind Termini, die in der osteuropäischen Semiotik entstanden: Mukarowsky (1983) spricht von "praktischen, theoretischen, ästhetischen ... Funktionen" des sprachlichen Zeichens, je nachdem, zu welcher Art von Handlung es gebraucht wird. Der Romanist Hans Robert Jauß greift beide Traditionen auf, konzentriert sich aber auf den Begriff der "ästhetischen Erfahrung" (Jauß 1977). Ebenfalls in Konstanz erweitert Kvetoslav Chvatik Mukarowskys Ansatz zu einer Theorie fundamentaler Orientierungen in der Welt (Chvatik 1983).

Nach Alfred Schütz werden diese verschiedenen Einschätzungen des Wahrgenommenen in je spezifischen "Erlebnis- und Erkenntnisstilen" ausgedrückt, die sich u.a. in der Bewußtseinsspannung, der Spontaneität, der Zeitperspektive, der Selbst- und Sozialerfahrung und in der Fraglosigkeit/Fragwürdigkeit unterscheiden (Schütz/Luckmann 1975 I, S. 41-46). Erfahrungen werden als wirklich, denkbar ... vorgestellt oder als notwendig (gewollt) beurteilt, was für die Handlungskonsequenzen von entscheidender Bedeutung ist.

Je nach Erfahrungsmodus wird im Bewußtsein ein Sinngebiet als spezifische Wirklichkeitsebene erzeugt:
- In pragmatischer Beurteilung werden Erfahrungen zum Handeln konstituiert und erzeugen die Wirklichkeit der Alltagswelt;
- in theoretischer Einschätzung entstehen Gedankensysteme aus allgemeinen, reflektierbaren Aussagen; aufgebaut wird die Welt der Wissenschaften und der Philosophie;
- in ästhetischer Zuwendung zur Wirklichkeit entsteht die Welt des Spiels, der Phantasie, der Kunst;
- in ethisch-politischer Grundeinstellung werden Erfahrungen als Werturteile angeeignet und aufgedrückt, es entstehen Normen und Wertsysteme.

Leider arbeiten manche Forscher zu diesem Thema mit der zentralen Kategorie der "Einstellung" und meinen damit eine bestimmte "Perspektive", die eine eigene "Sinnwelt" erzeugt. Umgangssprachlich und in der soziologischen Fachdiskussion ist dieser Begriff mit einem ganz anderen Inhalt besetzt: Er meint dort die parteiische Haltung zu Gegenwartsproblemen, eine "soziale Orientierung als Kollektivbewußtsein", erkennbar in Äußerungen, in denen neben einer Zustandsbeschreibung eine wertende Stellungnahme und Handlungstendenzen auszumachen sind (Berger 1974, S. 129 u. 164 f; zur Auseinandersetzung um den Einstellungsbegriff vgl. Meinefeld 1977). Ich spreche statt dessen von *Erfahrungsmodi*, weil jede der vier fundamentalen Erfahrungsweisen das Erfahrene nach grundsätzlich anderen Prinzipien behandelt; jeder Modus hat eine spezifische Art des Verstehens, des Fragens, er konstruiert völlig andere Wirklichkeiten. Diese auseinanderzuhalten ist zum Beispiel für das Kriterium der Wahrheit im Verständigungsprozeß notwendig.

Man wird die Erfahrungsmodi in der wissenschaftlichen Literatur auch unter anderen Termini finden, und weitere Modi werden genannt; einige davon wie die "magische" und die "religiöse" Einstellung lassen sich aus den hier beschriebenen ableiten, andere wie die "traumatische" sind im Rahmen einer sprachdidaktischen Theorie nicht angemessen zu beschreiben. Ich konzentriere mich auf die fundamentalen Modi, ergänze also die antike Werttrias "verum - pulchrum - bonum" um den alle anderen voraussetzenden Modus des Alltäglichen.

Die Sprach- und Literaturdidaktik ist eine praxisorientierte Disziplin wie die Medizin, weshalb sie jedoch in der Germanistik als "arme Schwester" angesehen wird. Ihr geht es nicht nur darum, Lernprozesse zu erforschen, sondern vor allem, sie anleitend zu verbessern. Sie muß also auf die Vermittlung der theoretischen, ästhetischen und ethisch-politischen Reflexionsformen ineinander und in die Alltagspraxis dringen; folglich muß sie nicht nur Wahrheit, Güte und Schönheit verschwistern, sondern zeigen, wie man nach ihren Erkenntnissen lehren und leben kann. Fachspezifisch soll die Sprach- und Literaturdidaktik dies zeigen in Lernprozessen zum sprachlichen Handeln und Verstehen.

Vier Modi der Konstitution von Wirklichkeit in der Erfahrung

Erfahrungen sind immer Interpretationsprozesse; die Formen der Erfahrungsaneignung und des Erfahrungsausdrucks werden davon bestimmt, welches Handlungsziel in einer Situation interaktiv verfolgt werden kann. Dieses Handlungsziel - als vorgestelltes - kann in unterschiedlichen Bezügen zur Handlungspraxis stehen: Es kann unmittelbar zum praktischen Bewältigen der Situation auffordern; es kann aber auch anregen, diese Situation zu reflektieren, allgemeine Erkenntnisse zu gewinnen; oder aber eine angetroffene Wirklichkeit zu verändern, umzuschaffen, neu zu schaffen; es kann aber auch zu Entscheidungen herausfordern, die auch für andere Konsequenzen haben. Im ersten Fall bewegt man sich in der sog. Alltagswirklichkeit, in der man handeln muß, um mit anderen überleben zu können; im zweiten Fall bewegt man sich in einer logisch konstruierten, theoretischen Wirklichkeit; im dritten Fall entsteht eine in der Phantasie neugeschaffene, eine ästhetische Wirklichkeit; bei Werturteilen schließlich werden politische Entscheidungen getroffen, die ethisch zu legitimieren sind.

Alltagspraktische Erfahrungen

In der Lebenswelt des Alltags muß sich ein Wissen im Handeln als brauchbar erweisen; sinnvoll ist hier das, was zum Bewältigen einer unmittelbar gegebenen Situation taugt; es wird als fraglos richtig unreflektiert angeeignet. Reibungsloses Funktionieren ist oberstes Ziel, und doch stellen sich Konflikte ein, zu deren schneller Überwindung man eine obere Sinnwelt braucht, in der allgemeine Regeln und Werte als fertige Lösungsmuster aufgehoben sind. Magische, mystische oder religiöse Sinnsysteme leisteten früher diese Aufgaben mehr oder weniger zufriedenstellend. Heute ist die Geltung dieser Sinnsicherungssysteme abgelöst bzw. ergänzt worden von den Massenmedien. Sie bestätigen durch industriell vorgefertigte Erfahrungsblöcke die Fraglosigkeit des Alltagsbewußtseins und halten konsumtive Lösungsangebote bereit. Ihre schematisierten Ordnungsklischees lassen keinen Gedanken an eine Reflexionsbedürftigkeit der Informationen aufkommen (vgl. Leithäuser 1976, S. 14 ff). Inhalt des Alltagsbewußtseins ist ein elementares Wissenssystem zur tagtäglichen Orientierung in Handlungssituationen. - Diese quasi naturhaften Glaubensgewißheiten werden historisch als *Mentalitäten* erforscht (vgl. Raulff 1987): kaum je bewußte Dispositionen, kognitiv-ethisch-affektive Konglomerate, die unpersönlichen Inhalte des Denkens, die Caesar mit dem letzten römischen Soldaten gemeinsam hatte, träge, nur sehr langsam veränderlich.

Der Allgemeinheitsgrad von Redewendungen, mit denen man das Alltagswissen schützt ("da kann man nichts machen", "das ist eben so"), zeigt deutlich, wie jeder Problematisierungsversuch in nichts verdampft; Wörter mit riesigem Anwendungsbereich, Partikel und Pronomen herrschen beim Alltagsgespräch vor, sie nehmen zu, je mehr sich die Äußerungen von den konkreten Ereignissen und den wirklich erfahrenen Gegebenheiten entfernen. Neues wird prinzipiell auf Bekanntes reduziert. Um die Alltagsinteraktion problemlos aufrechterhalten zu können, "verarbeitet" das Bewußtsein im alltagsweltlichen Erfahrungsmodus neue Situationen durch Übertragung alltagspraktisch eingeübter Organisationsregeln. "Das Alltagsbewußtsein behauptet sich mittels der Übertragung, der bloß wiederholenden Anwendung von Abwehr-, Thematisierungs- und Reduktionsregeln, als ein quasi transzendentaler Bewußtseinshorizont gegenüber der sozialen Realität, deren Bestandteil es zugleich ist. ... Sie ist die schwankende Brücke, die die sozialen Situationen im Bewußtsein zu einer Lebenswelt verbindet und die Kontinuität des Bewußtseins möglich macht" (Leithäuser u.a. 1977, S. 63).

Abwehrregeln steuern Strategien, mit denen bedrohliche/verunsichernde Inhalte und Beziehungen aus Interaktionssituationen herausgehalten werden können. Reduktionsregeln führen alles Neue/Unbekannte auf Bekanntes/Gewohntes zurück. Die Erfahrungsmuster, auf die reduziert wird, werden als allgemein und fraglos geltender Sinn unterstellt. Aber auch was als bekannt empfunden wird, ist oft nur vermeintlich bekannt und könnte nicht expliziert werden. Statt dessen wird die Kenntnis ebenso vage in Phrasen behauptet: "Das hab ich doch immer gesagt. Kenn' ich doch. Alter Hut ..." Thematisierungsregeln dienen einerseits der Abwehr verunsichernder Inhalte, indem sie das zugelassene Thema-Horizont-Schema stützen; dann wird gesagt, was "zur Sache gehört", was "Sinn hat", was "nicht zu weit führt". Andererseits dienen Thematisierungen dem Aufbrechen von Alltagsschematismen, indem sie solche Verhaltensweisen anregen, mit denen man sich auf eine Erweiterung des Themas einlassen und den Horizont stellenweise erweitern oder eine fremde Situation nach Bekanntem absuchen kann. Doch "es bedarf schon gravierender Wandlungen der situativen Bedingungen, damit thematische Orientierungen sich gegenüber dem Restitutionsdruck der etablierten Formen durchsetzen können" (Leithäuser u.a. 1977, S. 114).

Um Kinder vom Alltagsbewußtsein überhaupt zu Lernprozessen abholen zu können, müssen die situativen Bedingungen verändert werden; der Weg führt über die Inhalte, über eine thematische Ausweitung des Erfahrungshorizonts; nicht aufgegeben werden dürfen dabei die emotional stützenden, weil Sicherheit gebenden Beziehungsverhältnisse, wie sie für Alltagssituationen notwendig sind. Wer aus der Enge eines Alltagsbewußtseins heraushelfen will, muß Schutzmaßnahmen und Auffangnetze bereithalten für die kalte Zeit des Heraustretens, damit die ungewohnten Risiken ausgehalten werden können; er darf vor allem nicht verunsichern, ohne Gegenangebote parat zu haben, die die aufzugebenden Stützen ersetzten können und Reflexion sowie theoretische und ästhetische Erfahrungen überhaupt erst ermöglichen.

Leithäuser u.a. (1977, S. 118/19) schlagen folgende Wege zur Reflexion und Veränderung alltagspraktischer Regeln vor:
- nach weiteren möglichen Themen fragen, unterschiedliche Deutungen erproben;
- Widersprüche bewußt machen und austragen;

- nach dem fragen, wie es früher war und zukünftig sein könnte;
- nach den leitenden Interessen und mächtigen Interessenten von Zuständen und Entwicklungen fragen;
- nach Veränderungsmöglichkeiten fragen und sie diskutieren.

Doch der Schritt aus dem Alltagsbewußtsein heraus in ein "thematisches Bewußtsein" (Berger 1974) ist sehr schwer, weil er das alltagsweltliche Denken selbst in Frage stellt. Leithäuser macht deutlich, daß im Alltagsbewußtsein nur zugelassene Probleme, für die man also Lösungsmuster hat, als solche akzeptiert werden; das Klären und Lösen besorgen dann die Strategien der Übertragung durch Abwehr, Reduktion und Themabeschränkung. Hinzu kommt, daß dem Alltagsbewußtsein jede Motivation zur Entfaltung der Sprachkompetenz und zur Sprachreflexion fehlt (Bernstein 1971, S. 15 - 23); es äußert sich nicht einmal in einem allgemeingültigen und verläßlichen Code (Leithäuser/Volmerg 1979, S. 19). "Das Alltagsbewußtsein stellt sich als ein Sammelsurium von weltanschaulichen Dispositionen dar, als ein Kompendium von unverbundenen und nebeneinander gelagerten, heterogenen und fragmentarischen Weltanschauungen - historische Restbestände im politisch unorientierten Bewußtsein" (Leithäuser 1976, S. 176). Die verschiedenen Deutungssysteme erzeugen zwar Widersprüche, die in Situationen aller Lebensbereiche als Konflikte erfahren werden; sie werden jedoch von den Erklärungsmustern der Massenmedien zu einer heilen Welt verschmiert.

Allerdings scheint dieses Zuschmieren nicht perfekt zu gelingen; denn in alltäglichen Gesprächen versichern sich die Menschen häufig gegenseitig die Richtigkeit ihrer "natürlichen" Einstellungen: Sie sagen sich, daß man schließlich nicht alles durchgehen lassen könne, Kinder zu gehorchen haben, Männer nun mal so sind ... Solche rechtfertigenden Äußerungen werden als *Alltagstheorien* bezeichnet: Es ist "das Orientierungs- und Erklärungswissen", das die Menschen "zur Selbstvergewisserung, zur Darstellung und Erklärung ihrer Situation anwenden müssen" (Arbeitsgruppe Schulforschung 1979, S. 173). Es sind ausformulierbare Dokumente der leitenden Deutungssysteme.

Selbstverständlich weiß das Alltagsbewußtsein um theoretische Reflexion, es gibt sie, aber sie ist nicht alltäglich brauchbar; sie muß als Selbstzweck oder als Geschäft einiger Profis, etwa an Universitäten, hingestellt werden, um zu verhindern, daß sie aufbrechend und verändernd in die Lebenspraxis eingreift. Theorie steht als abgehobener Lebensbereich neben den lebbaren Leben. Alle Unterrichtsprozesse stoßen immer wieder an die Abwehr theoretischer Reflexion. Besonders auf Lehrerfortbildungsveranstaltungen erlebe ich es immer wieder.

In dieser theoretischen Beschreibungsweise entstand ein recht negatives Bild des Alltagsbewußtseins. Doch weil es das primäre, alle anderen Bewußtseinshaltungen fundierende Modell der Wirklichkeit erzeugt und das meistgebrauchte Wissen bereithält, muß es als überschreitbar dargestellt werden. Deshalb durchzogen die Forschungen zum Alltagsbewußtsein immer schon zwei Intentionen: einerseits "die Distanz (zu erforschen) zwischen dem, was die Menschen sind und dem, was sie zu sein glauben" (Lefebvre 1974, S. 151), um ihnen zu helfen; dabei andererseits den verborgenen Reichtum des Alltagslebens - das "Unbekannte im Vertrautesten" (Lefebvre 1974, S. 139) - zu entdecken, um das Selbstbewußtsein der Menschen für die notwendigen Lernprozesse zu stärken. Die Germanistik hat solche Forschungen wohlweislich in die Volkskunde abgeschoben. Wiederaufnehmen müßte sie sie zumindest zum Offenlegen ihrer eigenen Forschungsvoraussetzungen; vor allem aber müßte sie die alltägliche Lebenswelt als Gebiet der notwendigen Anwendung ihrer Forschungsergebnisse gründlich kennenlernen.

Theoretische Erfahrungen

Theorie beginnt mit der Frage. Das fraglos Gegebene wird in Frage gestellt. Die Frage wirkt in jedem Fall handlungsanhaltend, kurz oder länger; sie muß die unmittelbaren Handlungszwänge vorübergehend abstreifen, um den nötigen Freiraum für ihre besonderen Interessen zu bekommen. Die Frage wird angeregt in Handlungsvollzügen, die aus irgendwelchen Gründen nicht glatt laufen; einander widersprechende, divergierende Erfahrungen führen zu Konflikten, die nach Lösung rufen, nach Klärung der Erfahrungsinhalte und ihrer Geltung für die Situation.

Das Ziel der theoretischen Bewußtseinshaltung ist Erkenntnis; diese kann gewonnen werden durch Erforschung der Bereiche der Wirklichkeit, die erkennbar werden, wenn man von ihrer Funktion für Handlungsvollzüge absieht; man erfaßt sie durch Beschreibung und Erklärung ("wissenschaftliche Erfahrungserkenntnis", Fahrenbach 1978). Oder die Erkenntnis wird gewonnen durch Reflexion auf die Bedingungen der Möglichkeit von Erfahrung überhaupt und auf die Geltungsansprüche der Erfahrungsurteile ("philosophische Reflexionserfahrung", Fahrenbach 1978). Das theoretische Reflexionsinteresse wird also von der Handlungspraxis ausgelöst; es hat aber auch die Praxis zum Thema und mündet wieder in die Praxis zurück, manchmal nach Sekundenbruchteilen, manchmal nach Jahrtausenden. Je länger die theoretische Beschäftigung mit einer Frage dauert, desto mehr verselbständigt sich die Theorie zu einer eigenen Lebensform mit eigenem Gegenstandsbereich, eigenen Methoden und eigenen "Sprachen", stellt somit eine eigene Form von Praxis dar, in der andere Gesetze gelten als in der Lebenswelt des Alltags. Und doch kann die Verbindung niemals abreißen, weil auch die Menschen, die theoretisch tätig sind, in der Lebenswelt des Alltags zu Hause sind: Ihre theoretische Tätigkeit wirkt sich aus auf ihre Stimmungen, Verhaltensweisen, gesellschaftliche Position... Umgekehrt ist die Alltagswelt nicht nur die Erfahrungs- und Bewährungsgrundlage der Theorie, sie liefert auch die Sprache dafür.

Die Begriffe der alltäglichen Umgangssprache sind das Material, mit denen das theoretische Systematisieren beginnen muß, also nicht mit einem "Material des rohen Erlebens, sondern auf der Basis eines bereits vorgegebenen Bestandes von empirischen Begriffen und Aussagen, die auf komplexe und subtile Weise miteinander verflochten sind" (Körner 1970, S. 206). Das bemerkt allerdings erst der, der sich mittels der Frage aus dem fraglos Gegebenen gelöst und etwas theoretisch in ein Fragwürdiges verwandelt hat. Schon diese Frage aber konzentriert die Aufmerksamkeit - anders als in der Alltagswelt - auf einen kleinen Ausschnitt, verengt den Gesichtskreis, um deutlicher sehen zu können. Antworten sind nicht unmittelbar zur Hand, sie müssen gesucht werden. Und sind sie in der ganzen Lebenswelt noch nicht vorhanden, müssen sie erzeugt werden: Hypothesen, Antwortversuche, durchaus metaphorisch, vom Bekannten, Konkreten her das zu findende Abstrakte, Allgemeine benennend. (Z.B. sind alle Stammwörter der Bezeichnungen für Geistiges ursprünglich Bezeichnungen für konkrete Gegenstände.)

Die spezifische Form theoretischer Praxis ist das Experiment, das planmäßige Erproben von Möglichkeiten in kontrollierten Operationen, der dauernde Wechsel von hypothetischem Vorauslaufen und korrigierendem Zurückgehen zur Ebene empirischer Erfahrung. Diese Ebene ist Anreger, Prüfstein und Bewährungsfeld für die Theorie, aber nicht ihr Gegenstand.

Gegenstand theoretischer Erkenntnis ist vielmehr das, was auf die Frage als Antwort gefunden werden kann, also ein Gegenstand, der in theoretischer Praxis konstituiert wird. Theoretische Gegenstände gibt es nur in der Modellwelt einer konstruierten Theorie. Mit den Mitteln der Logik werden Erfahrungsbereiche zu Theorien vereinheitlicht, d.h. auf die Strukturen und Kategorien eines Transformationssystems gebracht: Von den Prinzipien des konstruierten Systems her wird ein Erfahrungsbereich reduziert auf das von dieser Theorie für relevant Gehaltene und Erfaßbare; die Erfahrungselemente bekommen ihren Stellenwert und ihren Terminus, die Inexaktheit der alltagssprachlichen Fassung wird ersetzt durch die Präzision eines definierten Begriffs.

S. Podlech zeigt am Beispiel der Rechtsprechung, wie ein Ereignis der alltäglichen Lebenspraxis durch Reduktion auf juristische Theorie und entsprechende Termini und Regeln überhaupt erst zu einem "juristischen Fall" wird. Denn man kann den Fall erst dann in juristischer Theorie behandeln, wenn man ihn auf die Termini und Regeln der Rechtsprechung eingerichtet hat. Es gilt als Grundsatz juristischer Methodenlehre, "daß Gegenstände rechtlicher Überlegungen nie Sachverhalte sind, sondern sprachlich erfaßte Beschreibungen von Sachverhalten" (Podlech 1975, S. 171).

Im System einer Theorie gibt es keine Sachverhalte, sondern nur Tatsachen, das sind (zugelassene) Aussagen über Sachverhalte. Mit ihnen reflektiert der Theoretiker nicht nur ihre Anwendbarkeit auf die von ihr gemeinte Praxis, sondern auch ihre eigenen Voraussetzungen und Geltungsansprüche. Theorie ist selbstreflexiv: In ihr wird expliziert, was an Erkenntnissen und Erklärungen von ihr zu erwarten ist, warum der Erfahrungsbereich so und nicht anders dargestellt wird, welche Probleme es dabei gibt und in welchem Verhältnis sie zu anderen Theorien steht. Sie sagt: Man kann die Welt so sehen, von diesem Aspekt her ergibt sich folgendes Bild - und es ist ein Bild. Wenn von anderen Aspekten her ergänzende oder widersprechende Bilder entstehen, so ist das nur gut für jede der beteiligten Theorien und ihrem Weg der Wahrheitssuche.

Die angemessene Kommunikationsweise einer Theorie ist der *Diskurs*; von ihm werden die Konstruktionsweise einer Theorie wie die davon bedingten Erkenntnisse offen zur Diskussion gestellt und auf ihre Geltungsansprüche befragbar gemacht. Sie ist offen für Veränderungen, ja sie muß sich im Prozeß der Wahrheitssuche die Veränderungen zum Prinzip machen, denn sie weiß sich (anders als das Alltagsbewußtsein) nicht im Besitz der Wahrheit. Die Geschichte des theoretischen Denkens zeugt davon: Jede Theorie, so in sich geschlossen auch ihr System ist, ist in ihren redlichen Beispielen nicht mehr als ein Beitrag zu einem nie abzuschließenden Aufklärungsprozeß; sie erzeugt, wenn sie wirksam ist, Veränderungen in sich selbst, erzeugt neue Theorien, die die vorhandenen modifizieren, falsifizieren.

Doch was geschieht tatsächlich, wenn die theoretische Einstellung ins Alltagsbewußtsein einbricht und Theorie praktisch wird? Erfahrungen, die auf den Begriff gebracht werden, verlieren ihre emotionale Komplexität, werden präziser; der Begriff eröffnet eine Einsicht in die vorher diffuse

Erfahrung von einem bestimmten Aspekt her. Die Erfahrung wird entsinnlicht, verallgemeinert und auf wenige Merkmale der gewohnten Ganzheit reduziert. Theoretische Erkenntnisse treten mit eigener Autorität auf und fordern Handlungskonsequenzen; das Akzeptieren einer Einsicht bedeutet, vertraute Handlungsmuster nicht mehr mit gewohnter Naivität ablaufen zu lassen und neue Handlungsformen zu finden, sie womöglich mit anderen auszuhandeln.

Zwei grundsätzlich verschiedene Verhältnisse von theoretischer Einsicht zur Gesellschaft möchte ich mit Berger/Luckmann an den Typen des "Intellektuellen" und des "Gebildeten" aufzeigen: Beide sind reflexionsfähig und in der Lage, Theorie mit Praxis zu vermitteln. Der entscheidende Unterschied: "Wir neigen dazu, ihn (den Intellektuellen) als einen Experten zu bezeichnen, dessen Expertise von der Gesellschaft nicht gewünscht wird... Wie der 'offizielle' Experte hat er einen Entwurf für die ganze Gesellschaft. Aber während der Plan seines Kontrahenten mit den institutionellen Programmen übereinstimmt und diesen als theoretische Legitimation dient, schwebt der des Intellektuellen in einem institutionellen Vakuum, das gesellschaftlich noch am besten in einer Subgesellschaft intellektueller Leidensgenossen Gestalt annimmt" (1969, S. 134 f). (Die die 70er Jahre bestimmende Diskussion um eine Reform oder Gegenreform der Schule kann die Verhaltensweisen der beiden Typen von Aufklärern veranschaulichen.)

Erkenntnis ist aufgeklärte Erfahrung, sie erweitert vor allem das Möglichkeitsbewußtsein. Ob sie die Handlungspraxis je erreicht, hängt von den Verhältnissen und von der ethisch-politischen Einstellung der dort gerade Maßgebenden ab. Die Theorie kann sich darauf beschränken, zu erklären, Zusammenhänge aufzudecken; sie kann aber auch einen Schritt weitergehen und Voraussagen einer Praxisentwicklung abgeben. Schließlich kann sie Problemlösungen vorschlagen. Wie "praktikabel" oder "problemerzeugend" sie dabei eingeschätzt wird, kann sie nicht mehr mitbestimmen. Die dann entscheidenden Deutungssysteme sind allemal alltagspraktisch orientiert.

Ästhetische Erfahrungen

Etwas in einer Situation weckt "Erwartungsaffekte" (Bloch); eine Ahnung, daß etwas zu entdecken sei, macht neugierig auf einen erfüllten, zum Verweilen gebrachten Augenblick. Situationsmerkmale, Bilder oder Texte lösen nicht wie üblich habituelle Handlungen aus, sondern Vorstellungen von Möglichem. Hier ist der Motor nicht eine Frage, denn sie könnte noch gar nicht formuliert werden, weil der Gegenstand der Aufmerksamkeit erst im Prozeß ästhetischer Zuwendung hervorgebracht werden muß; hier ist die Antriebskraft eine Sehnsucht, ein Verlangen aus einer Hoffnungsvorstellung, die über alle Erinnerungsvorstellungen hinausgeht. Bisher Unbekanntes wird hinter der betrachteten Oberfläche geahnt und erfüllt mit Freude, Angst, Furcht, Schreck, Verzweiflung, Hoffnung, Zuversicht! Überdeckt werden die unbewußten, aber tragenden Gefühle von einer vorsichtigen, noch heimlichen Freude auf eine Situation der Freiheit, ein Angebot wahrnehmen zu können, ohne gleich danach handeln zu müssen - die Erwartung der ausgesetzten Zeit, die in einer Haltung des Betrachtens erlebt werden kann. Lasse ich mich ein auf das Angebot und erprobe in der eigenen Tätigkeit des Spiels, der Phantasie, genieße ich nicht das Angebot an sich, sondern das, was ich in ästhetischer Tätigkeit daraus machen werde. Vieles erkenne ich wieder, auf den ersten oder zweiten Blick, aber alles erscheint mir ungewöhnlich, einiges "stimmt" nicht wie gewohnt, ich muß weitere Vorstellungsbilder produzieren, sie mal so, mal so kombinieren, sie in neuem Licht sehen; dabei denke ich neue Gedanken, beginne zu erkennen, was möglich wäre. Rüdiger Bubner legt in diesem Sinne die kantische Ästhetik aus (1978, S. 11 f): "Das Eigentümliche ästhetischer Erfahrung tritt dann in den Blick, wenn man sie als einen Versuch objektiver Erkenntnis interpretiert, der notwendig scheitert ... weil das fragliche Objekt sich dagegen sperrt und (wir) schließlich frei variierend ganz andere Deutungsleistungen in Gang setzen... In freier Variation lassen sich alternative Sichtweisen durchspielen, die verstärkte Bemühung um ein angemessenes Begreifen eröffnet ganz neue, bisher nicht geahnte Verständniskapazitäten. Das rezipierende Subjekt macht dabei das Erlebnis seiner autonomen, schlummernden oder ungenutzten Tätigkeit. (In einem) nie endenden Spiel produktiver Annäherungen, den unablässigen Bemühungen, der Irritation Herr zu werden", machen wir ästhetische Erfahrungen: Nicht im Erreichen einer endgültigen Lösung, sondern im Prozeß der sinnlich-geistigen Mitwirkung am Phantasiespiel um das Geahnte, das als möglich Vorschwebende.

Ästhetische Erfahrung braucht Spiel, Phantasie und Sinnlichkeit: Phantasie als Probedenken und Spiel als Probehandeln eröffnen Spielräume für sinnliche Gestalten und ihr unvorhersehbares Treiben. Phantasie verstehe ich mit Pohlen/Wittmann (1980) "als eine kognitive Imaginationsinszenierung, die als (aktive) subjektive Interpretation rezenter Wahrnehmungsinhalte entsteht" (S. 76). Sie kann affirmativ wirken, weil sie Lebenswirklichkeit vorgaukelt statt sie zu ändern; andererseits verweigert sie Anpassung und negiert das alltäglich Gelebte. Phantasie ist eine "sinnliche Erfahrungsform" (Pohlen/Wittmann 1980, S. 81), die Brücke zwischen den Trieben (durch Sozialisation geformt und eingeschränkt), den nach Befriedigung verlangenden körperlichen Bedürfnissen und dem möglicherweise realisierbaren Handeln; Phantasie hält den Wunsch nach unmittelbarer Befriedigung an und gibt ihm eine "Zeitperspektive" (Brückner). Und wenn der ästhetische Prozeß aus Lust und Erkennen glückt, erfahre ich plötzlich, wie ich mich selbst erfahre: "Es ist die schockartige Erfahrung der Wiederkehr von Verdrängtem: Das Wiederfinden der im kindlichen Spiel gesetzten Erwartungen und gehegten Wünsche, mithin das glückhafte Wiedererkennen vergessener Erfahrung und verlorener Zeit" (Jauß 1977, S. 61).

Ästhetische Tätigkeit spielt sich im Spielraum des Vorbewußten ab, bedrängt von bewußten Erfahrungen wie von unbewußten Trieben. Die Psychoanalyse versucht, diese schwer zu fassenden Vorgänge so zu beschreiben, daß die Phantasien von unbewußten Erinnerungen an harmonische Verhältnisse angetrieben werden. Sie sind in präsentativen Symbolen aufbewahrt und können über die Brücke der Metaphorik in diskursive Symbole übersetzt werden. Damit Protosymbole kreativ für ästhetische Prozesse wirksam werden können, müssen sie in der vorbewußten Stufe verfügbar gemacht, also zum Ausdruck gebracht werden.

Als erste Form der Auseinandersetzung mit dem Auslöser der ästhetischen Erfahrung eignen sich künstlerische Ausdrucksformen, weil sie die Polyvalenz des Anlasses erhalten: bildnerische, tänzerische, musikalische; sprachliche nur in ästhetischer Verwendung oder als die andere Ausdrucksformen begleitende Kommunikation, bei der Erinnerungen, Vermutungen, Assoziationen unkontrolliert ausgesprochen bzw. im "automatischen Schreiben" ausgeschrieben werden sollen (vgl. Hartwig 1980, S. 246).

Poiesis - inhaltlich definiert als Prozeß des Hervorbringens des ästhetischen Gegenstandes (vgl. Jauß 1977, S. 77 ff) - wird durch die Affekte, die die präsentativen Symbole im Aufscheinen erzeugen, in Gang gebracht; sie sind das situative Anregungspotential für die Motivation zur nächsten Stufe, in der die Reflexionen auf die selbst erzeugten Vorstellungen, ihre Ursachen und möglichen Wirkungen einsetzen. Die Spannung in dem greifbar nah Erscheinenden, das sich immer wieder entzieht, muß im erprobenden Spiel erfüllt werden, um zu Entdeckungen zu führen.

Aisthesis als die rezeptive, anschauliche Tätigkeit ästhetischer Erfahrung ist die des Erkennens durch sinnliches Empfinden und Fühlen, des erkennenden Sehens und des sehenden Wiedererkennens verschütteter Vorstellungen und Intentionen; sie eröffnet die Möglichkeit, Wahrnehmungen der inneren wie der äußeren Wirklichkeit zu erneuern (vgl. Jauß 1977, S. 97 ff). Aber eben das muß ich dann auch tun; erst die am Du gesellschaftlich vermittelte und in ein lebbares Leben integrierte ästhetische Erfahrung verhilft dem Ich zum Leben. Indem ich meine Bilder zu deuten versuche, suche ich Sprache für das, was es schließlich überzeugend - also gemeinsam - zu entdecken gilt. Das erfordert Verständigungsprozesse.

Katharsis: Was empfunden, geahnt und schließlich versuchsweise formuliert wurde, stößt in der kommunikativen Phase des ästhetischen Prozesses auf größte Schwierigkeiten (vgl. Jauß 1977, S. 136 ff): Was nur in ästhetischer Vermittlung überhaupt erzeugbar war, soll nun in bekannten Darstellungsweisen gesagt werden. Die Wege, die dazu bisher begangen wurden, sind etwa:

1. (im alltagspraktischen Rahmen) durch besondere körperliche Verhaltensweisen, im Spiel mit dem Anlaß, in der Wiederholung der Eindrücke;

2. (theoretisch) in der Reflexion auf das Zustandekommen des ästhetischen Gegenstandes, durch Analyse der Form und des eigenen Rezeptionsprozesses, durch Beschreibung der Wirkgestalten, durch ein ästhetisches Urteil, angeboten im Diskurs;

3. in anderen künstlerischen Formen: weiterdichtend, -malend, -singend ... Sprachlich gelingt das am ehesten literarischen Figuren (wie etwa Faust), die ihre ästhetischen Erlebnisse in poetischer Form in Worte zu fassen vermögen. Im Spielraum zwischen kultischer Partizipation, ästhetischer Reflexion und künstlerischer Produktion liegen prinzipiell die Möglichkeiten, ästhetische Erfahrungen kommunizierbar zu machen, immer und überall arg bedrängt von Normen und Gewohnheiten. Deshalb regen Ästhetiken immer schon einen

4. Weg an, eine Form sozialer Katharsis, den Verständigungsprozeß im interesselosen Wohlgefallen: der "Zirkel" bei Schiller, die "Arbeitsgruppe" bei Herbert Marcuse. Gruppen, in denen Gespräche möglich werden über den Sinn bisher für selbstverständlich gehaltener Gewohnheiten und Ansichten, über die neuen Erfahrungen, ihre Wirkungen auf das Bewußtsein, auf die eigene Biografie, auf die Erwartungen. In Schulen und Hochschulen wäre Raum, Kompetenz und Material für solche Gruppen. Produktive Arbeitsformen für ästhetischen Umgang mit poetischen Texten habe ich in meinem Buch "Umgangsformen" (Ingendahl

1991) zusammengestellt, geordnet nach den Phasen des hermeneutischen Prozesses.

Wenn K. Kosik sagt: "Die Kunst ist im wahren Sinn des Wortes revolutionär; denn sie führt den Menschen aus den Vorstellungen und Vorurteilen über die Wirklichkeit in die Wirklichkeit und ihre Wahrheit selbst" (1970, S. 125), dann ist, um die revolutionäre Bedeutung dieser Bewußtseinsaufkärung realistisch einzuschätzen, mit Lukacs zu ergänzen: "Die soziale Rolle der Kunst ist also 'bloß' ... eine seelische Vorbereitung für die neuen Formen des Lebens" (1963, S. 848). Dazu müssen wir aber zulassen, daß das ästhetisch Erfahrene zur ganzen Person in ein "Mitteilungsverhältnis" (Jauß) tritt, also Gewohntes problematisieren darf, lang Geahntes formulieren läßt und das Gespräch über uns selbst eröffnet.

Ethisch-politische Erfahrungen

In menschlichen Wahrnehmungen und Handlungen ist das Verhältnis von Ursache und Wirkung nicht naturgesetzlich vorausgeregelt; es besteht prinzipiell die Möglichkeit der Wahl zwischen Alternativen, die allerdings nicht gleichwertig sind, formal aber *Freiheit* ermöglichen. Die Möglichkeit der Freiheit macht Entscheidungen nötig. Der personale Aspekt der Freiheit besteht in der Willensfreiheit; die Freiheit des Wollens ist nie eine unumschränkte, sondern abhängig von dem, was ich aufgrund meiner Sozialisation überhaupt zu wollen in der Lage bin. Ob ich dann meinen Willen handelnd verwirkliche, hängt von den gesellschaftlichen Bedingungen ab, unter denen ich lebe. Die Handlungsfreiheit ist gebunden an die konkreten wirtschaftlich-politischen Spielräume, die ich mir immer wieder neu schaffen muß in der Auseinandersetzung mit anderen und Institutionen. Insgesamt gesehen besteht also die Freiheit "im Selbstgeben der Gesetze, nach denen man als politische Gemeinschaft oder als Individuum handelt" (Höffe 1980, S. 18). Aus dieser Bestimmung geht hervor, daß Freiheit zur Realisierung unabdingbar der Verständigung bedarf: Über das, was ich wollen kann, kann ich mir nur sprachlich klarwerden; Gesetze müssen mit anderen zusammen gemacht werden in Verständigungsprozessen; und ob einer nach den Gesetzen handelt, kann nur in Verständigungsgemeinschaften festgestellt werden. Schließlich setzt auch die individuelle Wahl, das Abwägen ein inneres Gespräch voraus; diese Fähigkeit zum inneren Gespräch über Handlungsalternativen muß das Kind - wie Wygotski nachgewiesen hat - über die geäußerte Sprache erlernen.

Entsprechend den personalen und sozialen Aspekten der Entscheidungsfreiheit nenne ich die wertende Bewußtseinshaltung zur Erfahrung die *ethisch-politische*; dieser Doppelbegriff soll vor allem zwei Dimensionen wertender Entscheidungen deutlich machen: Wertsetzung in persönlicher Verantwortung hat Handlungskonsequenzen zu meiner sozialen Umgebung. In der praktischen Philosophie ist dieses Begriffspaar seit Aristoteles üblich: "Während die Ethik das menschliche Handeln mehr unter der Perspektive des handelnden Subjekts untersucht, behandelt die Politik die institutionellen Bedingungen, unter denen ein glücklich gelingendes persönliches Handeln möglich ist" (ders., S. 30).

Bewertungen sind sicherlich immer schon ein Bestandteil aller unserer geistigen Tätigkeiten; Erfahrungen werden bewußt oder unbewußt danach eingeschätzt, welche Handlungs-, Erkenntnis- oder Erlebensmöglichkeiten sie für uns eröffnen/verschließen. Das setzt voraus, daß wir immer schon zu wissen meinen, wie etwas sein sollte, woran wir dann alles Erfahrene messen. "Das Grundphänomen des Guten mag darin bestehen, daß wir stets nicht bloß wahrnehmen, wie etwas ist, sondern mitwahrnehmen, wie es wohl sein sollte" (v. Weizäcker 1978, S. 139). Solche Sollensvorstellungen, an die ein Mensch glaubt, sind seine *Maximen*; es sind subjektive Normen, die als Handlungsregeln wirksam werden (vgl. Kambartel 1974, S. 296 ff).

Ich weiß um die moralischen Werte meiner Gesellschaft; diejenigen, die ich mir in meinen Maximen als die für mich maßgebenden Werte zu eigen gemacht habe, vertrete ich als geglaubte Bewußtseinsinhalte. Indem ich Maximen über längere Zeit einhalte, gebe ich meinem Leben Kontingenz, ich werde wiedererkannt, kann Identität ausbilden. Deren Merkmal kann es auch sein, Maximen in bestimmten Situationen - auf Druck oder nach Einsicht - zu wechseln. Erfahrene Sachverhalte haben keinen Wert an sich, ein Wert wird ihnen in der Erfahrungsweise zugeschrieben. Werte erlauben das Vergleichen abgestufter Urteile zwischen Oppositionen: gut und böse, human und inhuman usw. Menschen gleicher Kultur und gleicher Sprache verfügen über dieselben Werturteilswörter und vergleichbare Werte, nicht jedoch über dieselben Werturteile; aber sie können sich darüber verständigen.

Damit Werte miteinander vergleichbar und überprüfbar auf ihre Überzeugungskraft (Durchsetzbarkeit) sind, muß jeder über einen Maßstab zur Überprüfung seiner Wertsetzungen verfügen, an dem auch andere ihre Werte prüfen. Dieser Maßstab muß eine allgemeingültige Richtlinie sein, die angibt, wie man in einer Gemeinschaft anerkannt richtig ("gut") handelt. Sie muß Kriterien nennen können, mit denen jeder in jeder Situation entscheiden kann, ob seine subjektive Wertsetzung richtig sein kann oder nicht; gesucht werden allgemeine Prozeßnormen. Die allgemeinste ist in einem Sprichwort und im "kategorischen Imperativ" Kants formuliert (zur Geschichte dieser fundamentalen Maxime vgl. Erikson 1971, S. 192 ff): "Handle so, daß die Maxime deines Handelns jederzeit Prinzip einer allgemeinen Gesetzgebung sein könnte." Als Sprichwort: "Was du nicht willst, das man dir tu, das füg auch keinem andern zu."

Rüdiger Bubner untersuchte die bisher vorgeschlagenen Wege zur Praktizierung dieser universellen Prozeßnorm (1976, S. 201-290); seine Überlegungen wiederhole ich hier nicht, referiere nur seine Schlußfolgerung: Da jede ethische Entscheidung auf Handlungen und Haltungen hinausläuft, kann sich die Güte einer Wertsetzung nur dort bewähren. Zur Verallgemeinerbarkeit meines Werturteils werde ich also darauf reflektieren müssen, ob die Handlungskonsequenzen meiner Entscheidung von mir vor allen möglichen Betroffenen gerechtfertigt werden können.

Als fundamentales, alle moralischen Entscheidungen begründendes Prinzip stellt sich also die *Wahrhaftigkeit* heraus. Wer sein Leben annimmt, will im Grunde immer Wahrhaftigkeit, will immer als derselbe wiedererkannt werden. Doch meine wahrhaftigen Entscheidungen können nur Gültigkeit beanspruchen, wenn sie die von anderen ebenfalls anzustrebende (und von mir ihnen ja unterstellte) Wahrhaftigkeit nicht negieren oder erschweren. Meine Entscheidungen müssen sich auch vor dem Wahrhaftigkeitsstreben anderer bewähren und ihnen ebensolche Entscheidungen erlauben.

Wahrhaftige Entscheidungen müssen also von Anfang an auf *Verständigung* ausgerichtet sein; und da ich in verschiedenen gesellschaftlichen Gruppierungen lebe, in denen Menschen unterschiedliche Erwartungen an mich herantragen, muß ich meine Entscheidungen nach dem Prinzip der Angemessenheit vor den anderen vertreten können und sie offen rechtfertigen. Wahrhaftig vertretene ethisch-politische Entscheidungen sind dann auch richtig, wenn andere darin mit mir konsensuell oder nach Gruppennormen übereinstimmen. Richtige Entscheidungen wiederum setzen voraus, daß die Fälle, auf die eine Regel bezogen wird "*wahr*" erfaßt sind und nicht etwa für die Regel zurechtgemacht wurden. Schließlich setzt die Wertverständigung eine verständliche Formulierung meiner Argumente voraus. Nur was ich situativ verständlich vermitteln kann, ist überhaupt als wahr, richtig und wahrhaftig zu beurteilen. Formal bedingt das Verständlichkeitskriterium die anderen drei, inhaltlich bedingt die Wahrhaftigkeit das Einhalten der anderen drei Kriterien. Indem auf diese Weise Verständigung über ethische Entscheidungen gelingt, wird Ethik praktisch, beobachtbar, überprüfbar, erfahrbar. Jeder Verständigungsprozeß, der gelingt oder dessen Gelingen versucht wird, ist praktische Vernunft.

Doch vom Wollen zum Können, von der selbstverständlichen Unterstellung an andere zum eigenen Erfüllen der Erwartungen der anderen führt ein weiter Weg. Lawrence Kohlberg (vgl. Kohlberg/Turiel 1978) hat die kognitive Entwicklung zur konsensuellen Rechtfertigung über 6 Stufen beschrieben; ich habe dieses Modell im Rahmen der Genese der Kommunikativen Kompetenz vorgestellt (s. S. 140 ff, 176 ff), ich stelle die Stufen hier noch einmal übersichtlich zusammen:

> I. In der vorkonventionellen Phase orientiert sich der Mensch an den Folgen einer Handlung, und zwar in der Stufe 1 an Bestrafung und Gehorsam; in der Stufe 2 sind eigene Interessen und persönliche Bedürfnisbefriedigung die Basis moralischen Urteilens.
>
> II. In der konventionellen Phase orientierte sich der Mensch auf der Basis von Loyalität gegenüber Ordnungen: in der Stufe 3 durch personengebundene Zustimmung; in der Stufe 4 akzeptiert man anonyme Ordnungen.
>
> III. In der postkonventionellen Phase orientiert sich der Mensch an universalen Prinzipien, die unabhängig von einer gesetzten Ordnung begründet werden können: in der Stufe 5 an wechselseitigen Rechten und Pflichten im Sinne eines Sozialvertrags; in der Stufe 6 orientiert sich der Mensch an allgemeinen, aber vom einzelnen selbst gewählten ethischen Prinzipien wie Gerechtigkeit, Gleichheit, Menschenrechten.

Diese 6. Stufe ist aber immer noch an die monologische Gewissensentscheidung gebunden. Deshalb haben Apel (1973) und Habermas (1976c) vorgeschlagen, aus der 6. Stufe des Kohlbergschen Systems eine 7. Stufe auszugliedern. Sie wird notwendig, weil es einen qualitativen Unterschied ausmacht, ob jemand sich die Prinzipien selbst setzt oder diese Prinzipien auch diskursiv zur Diskussion stellt. In der 7. Stufe muß also nach dem sokratischen Prinzip der dialogischen Prüfung von Geltungsansprüchen immer wieder ermittelt werden, was im Hinblick auf alle Betroffenen gut und richtig sein kann. Im praktischen Diskurs wird der sonst nur unterstellte Grundsatz der Verallgemeinerungsfähigkeit nach dem Prinzip der Verständigung de facto dialogisch erprobt.

Die umgangssprachlich weitgehend synonym gebrauchten Wörter 'moralisch' und 'ethisch' können wir mit Hilfe der sieben Stufen der moralischen Entwicklung differenzierter anwenden, indem wir *moralische Ma-*

ximen der Stufen 1 bis 5 von *ethischen Prinzipien* der Stufen 6 und 7 unterscheiden (ähnlich unterscheidet Erikson 1971, S. 195). 'Moralisch' sind Werturteile, 'ethisch' ist die spezifische Weise des Findens, Setzens und Vertretens von Werturteilen in Verständigungsprozessen. Die praktischen Handlungsentscheidungen hängen sehr stark von der sozialen Umgebung ab, in der sie getroffen werden. Es macht uns etwas aus, welche Menschen beteiligt und/oder betroffen sind. Kohlberg zog aus dieser Erkenntnis folgende Konsequenzen für die schulische Förderung ethischer Argumentationsfähigkeit:

1. "Moralerziehung muß sich unmittelbar mit Handeln beschäftigen und nicht nur mit Urteilen, mit real life-Situationen und nicht nur mit hypothetischen" (Garz 1980).
2. Es darf kein isoliertes Fach "Moralerziehung" geben, sondern moralisches Urteilen muß Bestandteil jedes Faches sein, da jeder Unterrichtsgegenstand Auseinandersetzungen über Wertfragen mit sich bringt oder erzeugt.
3. Gerechtes Urteilen und Handeln können Schüler nur in gerechten Gemeinschaften lernen und einüben, d.h., die Lerngruppe muß nach den ethisch-politischen Grundprinzipien leben.
4. Der Lehrer kann jedoch nicht nur "sokratisch" die Entwicklung fördern, weil er in der gegenwärtigen Situation, wo "Kinder stehlen, betrügen und aggressiv sind", nicht warten kann, bis sie die postkonventionelle Phase erreichen; er muß auch indoktrinieren im Sinne einer Parteinahme, aber in demokratischen Prozessen, in denen das Recht der Schüler, sich an den Prozessen der Regelfindung und Wertsetzung zu beteiligen, anerkannt wird.

Auf der Ebene der konkreten Handlungsentscheidungen sind auch die außerordentlichen geschlechtsspezifischen Unterschiede zu erklären: Generell argumentieren Frauen meist auf dem 3. Niveau, Männer eher auf dem 4.; bei den Erwachsenen, die die Fähigkeit zum formal-hypothetischen Denken erreicht haben, urteilen 51 Prozent der Männer prinzipienorientiert (also auf den Stufen 5-7), aber nur 17 Prozent der Frauen (Haan 1977, S. 112 f). Wohlgemerkt: die Kompetenzen der hier verglichenen Gruppen waren gleich; Männer und Frauen setzen aber wohl ihre Fähigkeiten anders ein. Männer isolieren dabei die moralischen Probleme stärker vom Handlungskontext, trennen schärfer zwischen Fakten und Gefühlen, intellektualisieren die Problematik, während Frauen die persönlichen Bedürfnisse der Beteiligten sensibler zu erfassen versuchen und berücksichtigen. Entsprechend entwarf Norma Haan ergänzend zu Kohlbergs "formaler Moral" ein Modell "interpersoneller Moral" in fünf Stadien; diese sind gekennzeichnet durch Strukturen zunehmenden Gleichgewichts zwischen eigenen, fremden und gemeinsamen Interessen. Da beide Modelle auf Piagets kognitiven Voraussetzungen fußen, sind sie durchaus vergleichbar: Zuerst die egozentrische Betonung der eigenen Interessen ("vorkonventionell"), danach deren Unterordnung unter die der Partner ("konventionell"), dann die Betonung der Gemeinsamkeiten und schließlich die kommunikative Koordinierung aller Interessen ("postkonventionell"). Das Besondere an Norma Haans Modell ist, daß nie nur Gedankenoperationen als typisch für eine Entwicklungsstufe beschrieben werden, sondern damit zusammen die spezifische Sicht der eigenen Person und der Partner. Von diesem Modell her kann das moralische Urteilen von Frauen angemessener begriffen werden.

Eine Vergleichsuntersuchung darüber, wann Männer und Frauen formale und wann interpersonelle Moral-Argumente gebrauchen, ergab, daß dies hauptsächlich von den sozialen Situationen abhängt, vom Grad der eigenen Betroffenheit, von der Flexibilität in der Handhabung verfügbarer Argumente und auch vom Themenbereich (vgl. Lempert 1982, S. 123). Was geht in jemandem vor, der zwar in der Lage ist, komplexe Zusammenhänge zu durchschauen, prinzipiengeleitet zu argumentieren, aber praktisch auf der Stufe 2 oder 3 entscheidet?

Auch hier werden die vier Kriterien des Verständigungshandelns wirksam: es ist nicht selbstverständlich, daß einer, der für sich auf höheren Stufen argumentieren kann, das Umsetzen dieser Entscheidung in eine praktische Tat ebenso aushalten und vor den Beteiligten vertreten kann. Was täglich zu beobachten ist, sind Rechtfertigungen, Entschuldigungen wie etwa "Ich weiß zwar, daß ... Aber ich konnte nicht anders."

Praktisch und realistischerweise kann also eine konsensuelle Kommunikationsethik nur als langfristiges Programm verwirklicht werden. Darin eingeschlossen sein muß auch strategisches Handeln, das ausgerichtet ist auf eine schrittweise Verwirklichung der Kommunikationsethik unter konkreten Verhältnissen. Für Menschen, die danach leben wollen, ergeben sich die lebenslangen Aufgaben, Errungenschaften auf diesem Wege zu bewahren, neue Stufen immer "ethischerer" Maximen zu erringen und zwar gemeinsam mit anderen.

3. Sprachliche und literarische Bildung im kulturellen Kontext

Noch immer wird Deutschunterricht so dargestellt und durchgeführt, als ginge es darum, die Kinder eine Sprache zu lehren. "Wie ein anderes Latein" wird ihnen ihre Sprache vorgeführt; Sprachunterricht geschieht immer noch zum großen Teil um der Sprache selbst willen und nicht um der Tätigkeit, der Aufgabe der Sprache willen. Sprache wird hier zum isolierten Objekt; sie rückt aus ihrer vermittelnden Position zwischen den Menschen und ihrer Welt heraus. Sie verliert, derart beschnitten, ihre Vermittlungsleistungen zwischen den bisherigen Erfahrungen von Menschen und ihren Äußerungshandlungen (Ingendahl 1979).

Spracherziehung im kulturellen Kontext geht von den kulturspezifischen Erfahrungen der Lernenden aus und verhilft über systematischen Unterricht zur Kommunikativen Kompetenz mit dem Ziel der Fähigkeit und Bereitschaft zur Verständigung in allen Lebensbereichen.

Sprachunterricht wird hier also inhaltlich begründet im Rahmen einer ethisch-politischen Sprachdidaktik.

Didaktik erforscht und schlägt vor, wie Bildungsprozesse unter bestimmten individuellen und gesellschaftlichen Bedingungen möglich werden können, dadurch daß Menschen lernen, selbständig und verantwortlich in verschiedenen Lebensbereichen zu handeln. Didaktik nimmt also Partei für den Lernenden im Bildungssystem.

Da auch unser gegenwärtiges System noch - trotz aller gegenteiligen Festredenbehauptungen und Richtlinienversprechen - primär aufs Funktionieren, auf Funktionsverteilung und Befähigung zu unmittelbar brauchbaren Tätigkeiten ausgerichtet ist, kann eine am einzelnen Menschen und seinem sozialen Wirken orientierte Didaktik nur als Widerstand organisiert werden. Es ist weithin üblich, dieses Problem zu umgehen, indem man sich in der Didaktik auf die Propagierung formaler Lernziele beschränkt. Inhalte werden wegen der "Pluralität der Gesellschaft" und wegen ihres raschen Veraltens für notwendig austauschbar erklärt; in Lernprozessen sollen sie daher beliebig sein. Damit schneidet man jedoch die Menschen von ihren Erfahrungen ab, die sie täglich machen und die ihnen ganz und gar nicht beliebig sind. Man nimmt diese Menschen nicht ernst mit ihren widersprüchlichen und unverarbeiteten Erfahrungen. Schulisches Lernen läuft neben ihrem "eigentlichen" Leben her, in dem sie ihre Identität suchen; es bleibt wirkungslos, weil es ihnen nicht bei ihrer Identitätssuche hilft, sondern sie für ökonomische Zwecke ausbildet, die außerhalb ihrer selbst liegen.

Kinder haben bereits vielfältige und - wie die Psychoanalyse zeigt - fundamentale Erfahrungen gemacht, wenn sie schulischen Lernprozessen unterworfen werden, und sie machen weiter - auch neben den "offiziellen" Lernprozessen - neue Erfahrungen. Doch die Erfahrungsinhalte und Erfahrungsweisen widersprechen einander, sind weder alltäglich-automatisch noch vernünftig zu vermitteln. Elternhaus, peer-group und die Arbeitswelt haben kein Interesse, den Heranwachsenden dabei zum Ziele ihrer Identitätsbildung zu helfen, die Schule verweigert ihnen praktisch diese Hilfe; dabei ist sie der Idee nach die einzige Sozialisationsinstanz, die diese Hilfe leisten sollte. Deshalb müssen von Anfang an die systematischen Lernprozesse an und mit den konkreten Erfahrungen der Lernenden durchgeführt werden; das aber heißt: "Der konkrete Ansatz einer Befreiungspädagogik, die sich als Widerstand organisiert, muß in den Widersprüchen gesucht werden, die die Gegenwart mit ihrem Bildungssystem offenlegt" (Heydorn 1972, S. 120).

Zur besonderen *fachdidaktischen Begründung* der Unterrichtskonzeption werde ich von den Einsichten in die *Tätigkeit der Sprache* ausgehen: sie *vermittelt* die personale und soziale Identität der Menschen, die Normen ihrer Gesellschaft und ihre Erfahrungen der Wirklichkeit miteinander in der *Äußerung*, die eine Handlung ist und also auf andere einwirkt und zugleich von den anderen abhängig ist. Beim Produzieren und Rezipieren der Äußerung müssen sie *Verständigung* jedesmal erzeugen und/oder unterstellen als Bedingung der Möglichkeit, kommunikativ, strategisch, expressiv oder normenorientiert zu handeln. Anzustreben durch Unterricht ist laut Verfassungsauftrag die Fähigkeit und Bereitschaft, Lebenssituationen mehr und mehr kommunikativ, also verständigungsorientiert zu bestreiten, da nur diese Interaktionsform die Würde der beteiligten Personen wahrt. Dazu sind die Kinder und Jugendlichen zu *befähigen*, die Kriterien gelingender Verständigung selbständig und verantwortlich zu gewährleisten:
- die Verständlichkeit durch Aufklärung über und Einübung in die sprachlichen, theoretischen und ästhetisches Möglichkeiten des Ausdrucks und des Verstehens;
- die Wahrheit durch Aufklärung über und Einübung in Methoden der Wahrheitsfindung in verschiedenen Erfahrungsmodi und Wirklichkeitsbereichen sowie in Strategien des Argumentierens;
- die Angemessenheit durch Aufklärung über die normativen Erwartungen gesellschaftlicher Gruppen/Institutionen und durch Einübung in empathisches Rollenhandeln;

- die Wahrhaftigkeit durch Hilfen beim Wahrnehmen und Akzeptieren der eigenen Lebensgeschichte und zum Entwerfen einer persönlichen Identität.

Der Leitbegriff der "Kommunikativen Kompetenz" darf also nicht lediglich formal als Formulierungs- und Verstehenskompetenz verstanden werden; denn sie kann praktiziert werden nur in eins mit einer kognitiv-operationalen Kompetenz (also der Fähigkeit zum reflektierenden Umgang mit Erkenntnissen über die Wirklichkeitsbereiche), in eins mit einer ästhetischen Kompetenz (nach Krefts Vorschlag: die Fähigkeit zur Formulierung der Ich-Ansprüche) und in eins mit einer interaktiv-moralischen Kompetenz (also der Fähigkeit zum verantwortlichen Handeln in verschiedenen Sozialbeziehungen). Diese Kompetenzen müssen wir Didaktiker als konkrete Fähigkeiten zum sprachlichen Handeln beschreiben, für schulische Lernprozesse als Lernziele formulieren und diese nach dem Entwicklungsstand der Schüler stufen. Die Kommunikative Kompetenz ist also nicht das Ziel der Arbeit im Deutschunterricht. Vielmehr sollen die Schüler eine Kommunikative Kompetenz erwerben, damit sie
- sich selbst erfahren und sich selbst in verschiedenen Lebenssituationen zum Ausdruck bringen können, und damit sie
- Gesellschaft durchschauen und in ihr verantwortlich handeln können, und damit sie
- Wirklichkeit in verschiedenen Einstellungen erfahren und die Aufklärung darüber in ihren Lebensbereichen voranbringen können, und damit sie
- dabei ihre Sprache als Schlüssel zur Welt und als Schlüssel zum Mitmenschen erfahren.

Das umfassendste deutschdidaktische Gesamtkonzept hat Peter Jansen in seinem Buch "Anthropologie und sprachliche Verständigung" (1979) vorgelegt; treffender heißt das Buch im Untertitel: "Zur kategorialen Grundlegung der Sprachdidaktik".

Grundprinzipien dieser Konzeption sind: Der Schüler soll im Deutschunterricht nicht nur fähig werden, selbständig und verantwortlich in verschiedenen Lebensbereichen sprachlich zu handeln, sondern er soll vor allem die Bereitschaft dazu entwickeln. Das Fach Deutsch bekommt so über die Dimension spezifischer Lernziele hinaus eine inhaltliche ("in verschiedenen Lebensbereichen") und eine ethische Dimension ("selbständig und verantwortlich"); zudem bedeutet eine solche Grundlegung methodisch, daß der Schüler über Ziele des Faches nicht belehrt werden soll, sondern daß er sie täglich im Unterricht erfahren soll: Die Form des Deutschunterrichts muß seinen Inhalt repräsentieren.

Um daraufhin Kommunikative Kompetenz als fundamentale Handlungskompetenz nach wachsenden ethischen Maßstäben durch den Deutschunterricht vermitteln zu können, fordert Jansen vier Qualitäten des Deutschunterrichts; dabei steht jeweils einmal der sachliche, der gesellschaftliche, der ich-bezogene und der sprachliche Aspekt des Verständigungshandelns im Vordergrund:

1) Deutschunterricht muß erfahrungsbezogen sein

Wirklichkeit, auf die die Schüler sprechend/verstehend zeigen, ist ihnen als sprachlich vermittelter Erfahrungskomplex verfügbar. Um diese ihre Wirklichkeit selbst besser kennenzulernen und durchschauen zu können, müssen sie ihre Lebensbereiche (Familie, peer-group, Schule, Arbeitswelt) in Abhängigkeit von den Sozialisationsbedingungen und in verschiedenen Erfahrungsmodi (alltagsweltlich, theoretisch, ästhetisch, ethisch-politisch) erfahren. So können sie lernen, sachlich zu sprechen/zu verstehen und ihre sprachlichen Handlungen einem begründbaren Wahrheitsanspruch zu unterstellen.

2) Deutschunterricht muß handlungsorientierend sein

Verständigung ist eine sprachliche Interaktionshandlung, die für die Beteiligten in einer Situation sinnvoll ist, die nach dem Prinzip der Gegenseitigkeit funktioniert und gemeinsam an akzeptierten Normen orientiert wird. Also muß der Schüler erfahren, warum und wozu er Aufgaben im Deutschunterricht bewältigen soll; er muß lernen, Partnererwartungen einzuschätzen, darauf angemessen zu antworten, sein Handeln zu rechtfertigen und die Geltung von Normen metakommunikativ auszuhandeln. Seine Äußerungen muß er als Handlungen begreifen, mit denen er sich selbst vorstellt, einen Sachverhalt in bestimmter Sichtweise darstellt und auf andere einwirkt. Deutschunterricht läßt ihn das in der Form des Probehandelns lernen.

3) Deutschunterricht muß integrierend sein

Sprachliche Verständlichkeit ist Grundvoraussetzung für alle Verständigungsprozesse. Also ist zu lernen, seine eigene Sprache so kennenzulernen und auszubauen, daß man sie produktiv, rezeptiv und reflektiv als Instrument zur Erschließung von Inhalten und zur Stiftung von Beziehungen einsetzen kann. Die sprachlichen Tätigkeiten des Hörens, Denkens, Sprechens, Schreibens müssen auch im Unterricht *miteinander* vorkommen, so wie sie praktisch im Wechsel von Kommunikation und Metakommunikation miteinander verzahnt sind. Also wirken alle Arbeitsbereiche des Deutschunterrichts (Literaturunterricht, Grammatik, Aufsatz ...) funktional zusammen bei der Bearbeitung thematisierter Verständigungsaufgaben in Unterrichtseinheiten: d.h., die Planungsfrage für "die nächste Stunde" lautet etwa: "Wir stehen gerade in der Anwendungsphase des Themas 'Freundschaft und Liebe', wie können uns poetische Texte oder grammatische/pragmatische Reflexionen dabei helfen?"

4) Deutschunterricht muß personalisierend sein

Fachspezifisch führt der Deutschunterricht auf seine Art den Schüler über die Stufen der Sozialisation und Individuation zur Identität: Der junge Mensch lernt, Ich-Ansprüche und gesellschaftliche Anforderungen miteinander zu vermitteln: Er lernt sich selbst, seine Ich-Identität und seine soziale Identität kennen; er lernt, seine sprachlichen Handlungen einem Wahrhaftigkeitsanspruch zu unterstellen und sich selbst dabei unverwechselbar auszudrücken.

In diese ethisch-politische Lebensaufgabe sich einzuüben, dazu bietet der Deutschunterricht dem Schüler das primäre Bewährungsfeld. Deshalb ist diese Qualität des Deutschunterrichts auch die entscheidende. Wenn der Schüler nicht von Anfang an erfährt, daß der Unterricht um seinetwillen stattfindet, verkommen die anderen drei Qualitäten zu reinen Techniken, die schließlich auch inhuman mißbraucht werden können!

Lernziele eines Faches sollen konkrete Tätigkeiten beschreiben, die die Lernenden nach Unterrichtsphasen mehr und mehr selbständig beherrschen sollen. Nach den Diskussionen um den "lernzielorientierten Unterricht" in den 70er Jahren stehen die Didaktiker und Lehrer ihnen skeptisch gegenüber: Formal formuliert sind sie überflüssig, weil selbstverständlich; inhaltlich und moralisch parteiisch gelten sie als ideologisch. - Ich halte Lernziele für nützlich, wenn sie nichts vorschreiben, sondern darüber informieren, in welchen Arbeits- und Lernschritten Schüler entwicklungsgemäß weiter gefördert werden können.

Wir haben (vgl. Ingendahl u.a. 1977) aus der Analyse gelingender Verständigung Tätigkeiten nach lernpsychologischen Kriterien geordnet, die sukzessiv das Verfassen eigener Texte (A) und das Verstehen fremder Texte (B) lehrbar machen, wobei die Reflexionsaufgaben jeweils integriert sind. Der erste Lernzielkomplex im Teil A beschreibt, was nötig ist, um zu lernen, bisherige Erfahrungen zusammen mit neu erworbenem Wissen für Äußerungen/Texte aufzubereiten: Sicherheit gewinnen, Erfahrungen in gewohnter Weise zu äußern; mehr und mehr sich dabei an den Verstehensmöglichkeiten der anderen orientieren, auf Rückfragen korrigierend, differenzierend, präzisierend antworten; Informationsquellen nennen, Erfahrungshintergründe erkennen und Wirklichkeitsbereiche auseinanderhalten; neue Informationsquellen kennenlernen und nutzen (Methode: ...); Informationen zu einem Themenbereich für verschiedene Zwecke aufarbeiten, gliedern, gewichten ... bis schließlich - am Ende der

Schulzeit - Information als Interpretation der Wirklichkeit nach Interessen begriffen und vertreten werden kann. So differenziert werden auch die nächsten Lernzielkomplexe operational beschrieben. das Planen von Äußerungen/Texten in verschiedenen Organisationsformen, das Klären kommunikativer Bedingungen, die Entscheidung unter ich-, du-, oder sachbezogenen Sprachhandlungsweisen, die Metakommunikation, das Ausprobieren von Formulierungsweisen und das Bewerten sprachlicher Äußerungen; entsprechend Teil B.

Die fachlichen Informationen zum Lehren dieser Fähigkeiten liefern die Forschungsrichtungen der Sprach- und Literaturwissenschaften: Für die produktiven Aufgaben des Unterrichts - also die Gesprächs- und Aufsatzerziehung einschließlich Rechtschreib- und Kommunikationstraining - etwa: die Theorien sprachlichen Handelns, Rhetorik- und Stillehren, Kommunikations- und Texttheorien, Grammatiken, Linguistiken, Sprachphilosophie und Sprachgeschichte. Für die reproduktiven Aufgaben etwa: Literaturtheorien und -geschichte, Hermeneutik und Rezeptionsästhetik sowie ebenfalls die sprachreflexiven Disziplinen.

Die Bezugswissenschaften liefern der Fachdidaktik also einmal die nötigen Informationen zur Formulierung der Lernziele des Schulfaches: Welche sprachlichen Handlungen gibt es, aus welchen einzelnen Tätigkeiten bestehen sie, welchen Bedingungen unterliegen sie? Diese wissenschaftlichen Informationen beschränken sich aber nicht aufs Formale, sondern sagen zugleich etwas über Werte und Inhalte aus: Sie unterstreichen einfache und komplexe Formen des Verstehens, unterscheiden leistungsstarke grammatische Beschreibungs- und Erklärungsmodelle von trivialen, können Maßnahmen zur optimalen Manipulation und zur bestmöglichen Verständigung nennen usw. Die Bezugswissenschaften liefern also Gütekriterien für Grade der Beherrschung einer sprachlichen Fähigkeit. Drittens schließlich sagen die wissenschaftlichen Informationen etwas über die Inhalte aus, die in den sprachlichen Tätigkeiten dargestellt, reflektiert und verstanden werden; die Kommunikationswissenschaft untersucht etwa "Alltagsgespräche"; die Textlinguistik verschiedene "Textsorten" wie etwa "Festansprache" oder "Interview", die Sprechakttheorie untersucht "Äußerungen" wie etwa "Versprechen" oder "Fragen"; Grammatiken untersuchen "Sätze" wie "Der Schüler ist stolz auf seine gute Note"; Literaturhistoriker untersuchen etwa Epochen auf ihre typischen Werke; Literaturwissenschaftler untersuchen auch etwa "Mondgedichte im 19. und 20. Jahrhundert" oder "die Metaphorik Arno Schmidts". Diese Inhalte können aber nicht auch Inhalte des Schulfaches Deutsch sein, denn hier geht es nicht um Belehrung über Fachwissenschaften, sondern um Lernprozesse, die zu selbständigem und verantwortlichem sprachlichen Handeln in verschiedenen Lebenssituationen befähigen sollen. Ob und welche fachwissenschaftlichen Informationen überhaupt für diese Lernprozesse tauglich sind und wenn ja, wie sie für Kinder verschiedener Altersstufen aufbereitet werden müssen, kann erst durch didaktische Forschung und Begründung unterschieden werden. Diesen Prozeß nennt Klaus Hage die "Transformation von Wissen zu Bildungsinhalten" und stellt aufgrund der Forschungen Jean Piagets fest, "daß der Wunsch, kausale Beziehungen zwischen Lehrverhalten und Lernverhalten erfassen zu können, nicht erfüllbar ist" (Hage 1979, S. 165). Weil Lernen von Wissen und Fähigkeiten ein re-konstruktiver Prozeß ist, weil jeder Lerner das Lehrangebot nur mit seinen eigenen Kategorien und Operationen internalisieren kann, kommt beim Lernenden nie das an, was der Lehrende ihm gesagt/gezeigt hat.

"Eine Deckung von Wissensstruktur (des Lehrers) und Lernstruktur ist nur partiell herstellbar. Sie ist methodisch eine Frage der Kooperation zwischen Lehrern und Lernern, ihrer sozialen Gleichheit und der antizipierenden Reziprozität ihrer Kommunikation. Der strukturelle Deckungsbereich ist um so kleiner, je geringer diese Reziprozität ausfällt, bzw. je stärker die Lehr-Lern-Situation vom Lehrer bestimmt wird" (ebd., S. 209).

Das bedeutet
a) für den Unterricht: daß Unterricht generell nur Sinn hat als Verständigungsprozeß, und zwar als Verständigung über die Transformation von Wissen zu Bildungsinhalten;
b) für die Unterrichtsinhalte: "Die Kategorie der Verständigung verbietet die nomologische Ableitung der Wissensstruktur aus der Wissenschaftsstruktur" (ebd., S. 10).
c) für die Position des Schülers im Unterricht: "Den Schüler als Subjekt seines Lernprozesses in den Mittelpunkt der Betrachtung zu stellen scheint uns gerade dann unumgänglich zu sein, wenn einmal erkannt wurde, daß vom Lehren zum Lernen kaum logische Brücken zu bauen sind" (ebd., S. 166). Dabei ist vorausgesetzt, daß Unterricht nicht um des Lehrens, sondern um des Lernens willen stattfindet;
d) für die didaktische Aufbereitung von "Gegenständen" für den Unterricht: Welche alltagsweltlichen, theoretischen, ästhetischen und ethisch-politischen Gegenstände zu Unterrichtsinhalten werden können, kann sich erst in der Lehrer-Schüler-Interaktion herausstellen.

Der Unterrichtsprozeß wird in alltagsweltlicher Einstellung beginnen, evoziert in Phasen geschärfter Aufmerksamkeit theoretische und/oder ästhetische Erfahrungen, entfaltet diese "Inseln" und formuliert vom Horizont der Schüler her ein Problem, das dann im Unterricht zu bearbeiten auch für die Schüler sinnvoll sein kann. Planbar ist der kommunikative Prozeß, in dem Unterrichtsinhalte entstehen sollen, und zwar in der Antizipation gelingender Verständigung und den daraus abzuleitenden pädagogischen Methoden. "Intersubjektive Konstitution von Gegenständen" heißt nach Klaus Hage: "Einigkeit über die Intentionalität der unterrichtlichen Handlungen herstellen und Bewertungskriterien aushandeln" (ebd., S. 195).

Nach der allgemeindidaktischen Lehrplantheorie von Heimann/Schulz sind die vier Entscheidungsfelder des Unterrichts "Intentionen", "Thematik", "Methodik" und "Medien" (vgl. Heimann/Otto/Schulz 1965). "Intentionen" sind handeln, fühlen und erkennen, also praktische, ästhetische und theoretische Tätigkeiten, jeweils graduell gestuft nach den Phasen "anbahnen, entfalten, gestalten." Intentionen ausdifferenziert zu Lernzielen sind im Unterricht nur an Inhalten anzustreben: aus der Verbindung von Thematik und Intention entsteht ein Unterrichtsziel in einem Schulfach.

Was den *Inhalt* eines Unterrichts ausmacht, sollte allen Fachleuten klar sein, aber: "Wie umfassend die Palette dessen ist, was man mit 'Inhalt' bezeichnet, mag die folgende Aufreihung andeuten: Thema, Übungsaufgabe, Sachstruktur, Stoff, Lernmaterial; hinzu kommen extreme qualitative Verschiedenheiten, wie sie etwa zwischen den Themen 'Bruchrechnung' und 'gesellschaftliche Konflikte' klaffen" (Heymann 1975, S. 74). Nach Heymann sind Unterrichtsinhalte nicht Variablen der Unterrichtsplanung wie Lernziele oder Methoden, sondern sie konstituieren sich erst im Unterricht selbst. Welches Thema auch Lehrer oder Schüler setzen, was daraus wird - vor allem als Lernergebnis (Einsicht, Wissen, Verständnis ...) - kann sich erst im Unterrichtsprozess ergeben. Der Lehrer wird den thematischen Rahmen setzen müssen, innerhalb dessen er die jahrgangsspezifischen Fähigkeiten vermitteln kann. Die konkreten Inhalte müssen die Motivation zum Lernen erzeugen, müssen sich für den Schüler als tragfähig für sinnvolle Auseinandersetzungen erweisen. Woher nimmt der Lehrer pädagogisch legitimierbare Inhalte?

Sowohl der einzelne als auch die Sozialisationsinstanzen kennen ihre bevorzugten Themen, sie können Aufgaben nennen, bei deren sprachlicher Bewältigung ihnen ein Fach wie "Deutsch" helfen könnte. Das

"Sprachbuch", das sich ein 3. Schuljahr selber machte, handelte u.a. von folgenden Themen:

> "Wie dieses Sprachbuch entstanden ist
> Selbstdarstellung: Über mich und was ich mache
> Kurzgeschichten
> Das Punktsystem
> Die Demonstration
> Über die Arbeit
> Was wir im 3. Schuljahr lernen und wissen wollen
> Gegen den Lärm
> Wie soll eine gute Lehrerin sein?
> Besuch in der Klasse oder Der Schulrat
> Wenn Stefan zaubern könnte" (Berg/Rossbroich 1974, S. 188).

Weit mächtiger meldet die Wirtschaft ihre Ansprüche an: Wöchentlich können Lehrer im "Informationsdienst des Instituts der deutschen Wirtschaft" (Köln) erfahren, was sie unterrichten sollen. In der Ausgabe von 11.6.81 heißt es etwa (S. 2):

> "Obwohl nämlich die Hauptschule in den sogenannten Kulturtechniken durchaus Grundkenntnisse vermittelt, ergeben sich doch Schwierigkeiten bei der Umsetzung dieses Wissens auf höhere Stufen. Es erscheint daher verfehlt, Neue Mathematik, Englisch oder Grundlagen der Gesellschaftswissenschaften an die Schüler heranzutragen". Oder gar ganz speziell (S. 5): "Wenn die Grundkenntnisse der Rechtschreibung nicht sicher beherrscht werden, sollte auf das Einüben von Fremdwörtern zunächst verzichtet werden".

Die Ansprüche der Wissenschaften deduzieren Lehrer und Schulbuchautoren selbst, weil sie sie aus ihrem Studium kennen. Und die anderen Sozialisationsinstanzen? Die Kirchen vermitteln religiöse und kirchliche Erfahrungen in einem eigenen Fach, der Staat verlangt zumindest die Wahlfähigkeit ... Auch melden Schulfächer manchmal wechselseitig Ansprüche an: in Deutsch fehlen Informationen über historische Ereignisse während der "Aufklärung", in Biologie fällt auf, daß die Schüler kein Stichwortprotokoll machen können ... Was aber fordern die Parteien, die kulturellen Einrichtungen, die Gewerkschaften, Freundeskreise und Cliquen, die Familien ...? Und wer nimmt diese Aufgabe ernst? Sind es nicht wichtige Verständigungsprobleme unserer Gesellschaft, wenn Eltern mit ihrer heranwachsenden Tochter nicht mehr reden können, wenn es in Cliquen Streit und Gewalt gibt oder wenn Arbeiter am Fließband verstummen?

Die Unterrichtszeit ist knapp, die Themen müssen schon exemplarisch sein und eine Fülle von sprachlichen/literarischen Lernprozessen ermöglichen.

Wie jede Fachdidaktik muß auch "unsere" von dem Erziehungsauftrag ausgehen, den Schüler zu befähigen, die sprachlichen Aufgaben seiner jetzigen und zukünftigen Lebenspraxis selbständig und verantwortlich zu lösen und dabei (dabei!) eine Identität zu entwickeln. Wenn das wirklich unser Auftrag ist, dann können wir doch wohl nicht empfehlen, die Probleme der Sprach- und Literaturwissenschaften an Schüler heranzutragen! Vielmehr müssen doch dann wohl eben diese Aufgaben im Unterricht anstehen, und dann müssen auch die Ziele zum Aufbau einer Sozialen und einer Ich-Identität für die Schüler erkennbar sein.

Auf unsere Fragen zu antworten sind wohl Kulturwissenschaften kompetenter, die sich in den letzten Jahrzehnten mehr an den Rändern der traditionellen Wissenschaften entwickelt haben: Sprach- und Wissenssoziologie, Sozialpsychologie, Sozialisationsforschung, Ethnologie und Volkskunde: Wissenschaften also, die das erforschen, worauf Menschen zeigen, wenn sie sprechen: auf Erfahrungen mit sich selbst, mit anderen, mit Umwelt.

Um also Inhalte für Lernprozesse zur sprachlichen Verständigung zu finden, müssen wir von Lebensbereichen ausgehen, in denen alle Kinder und Erwachsenen täglich kommunizieren. Dieter Lenzen schlug bereits 1973 vor, aus wissenschaftlichen Analysen der Sozialisationsinstanzen (vgl. Lenzen 1973, S. 144 f) sollten Inhalte deutschunterrichtlicher Lernprozesse abgeleitet werden. Diese Vorschläge sollen dann pädagogisch geprüft werden im Hinblick auf die Sozialisation, Individuation und Emanzipation der Heranwachsenden, also im Hinblick auf entwicklungsgemäße Erziehungsziele. Solche allgemeinen Themen wiederum können dann in fachdidaktischer Planung zu Unterrichtsthemen aufgearbeitet werden, und zwar über folgende Prozeduren (vgl. Blankertz 1969, Klafki 1983):

1. Das Thema wird erschlossen von bedeutsamen Fragen des Schülers her, also von seiner Erfahrungswelt aus.
2. Das Thema wird in Beziehung gesetzt zu den Ansprüchen der am Thema interessierten "objektiven Mächte", das sind gesellschaftliche Gruppen wie Staat, Kirche, Berufsgruppen, Gewerkschaften, Parteien, Wissenschaft, Wirtschaft ..., aber auch Familien und peer-groups.

3. Das Thema wird ausgerichtet auf Ziele, die in seinem Rahmen entwicklungsgemäß angestrebt werden können; diese Ziele werden operationalisiert zu praktischen, theoretischen und ästhetischen Tätigkeiten, mit denen die Schüler am Thema die Ziele erarbeiten.
4. Thema und Ziele werden spezifiziert durch fachspezifische Aufgabenstellungen.
5. Schließlich wird das Thema dem allen entsprechend aufbereitet zu einer methodischen Verlaufsstruktur mit bestimmten Arbeitsformen und Medien.

Fragen zum Inhalt des Deutschunterrichts sollen also beginnen in den fundamentalen Lebensbereichen Familie, peer-group, Bildungssystem und Arbeitswelt, also in den Erfahrungsfeldern, die jeder Mensch bei seiner Sozialisation durchläuft. Diese Lebensbereiche unterscheiden sich grundsätzlich darin, welche Stellung der Heranwachsende in ihnen einnehmen kann.

In diesen Lebensbereichen entstehen die Verständigungsaufgaben, hier liegen die Themen, mit denen Menschen täglich zu tun haben und zu tun haben sollten. Die hier nahegelegten Themenbereiche können nun didaktisch zentriert werden um Orte ("Spielplatz"), um Zeiträume ("Tageslauf") oder um Probleme der Heranwachsenden ("Langeweile in der Clique am Wochenende"). In der konkreten Unterrichtsplanung müßte dann ein Themenbereich strukturiert werden als Situationskette, also als überschaubar ausgegrenzte und nach Handlungskonsequenzen verbundene Folge von erlebten und möglichen Situationen; jede Situation dieser Kette müßte im Deutschunterricht fachspezifisch als Verständigungssituation begriffen werden.

Schematisch zur besseren Übersicht:

In Lebensbereichen

Familie		
Peer-group	Bildungssystem	Produktionsbereiche

INHALTE:
Erfahrungsfelder zur Ableitung von Inhalten: Orte, Zeiträume, Probleme

leben Menschen in Situationsketten

(= Struktur einer UE)

Struktur einer Situation als Verständigungssituation:

Sprecher		Hörer
	Äußerung	
Sprache		Sachverhalt

Sprachlich zum Ausdruck kommen dabei

Erfahrungen
mit sich selbst (Problem der Identität)
mit anderen (Problem der Gesellschaft)
mit Sachverhalten (Problem der Erkenntnis)
mit Sprache (Problem der Vermittlung)

THEMEN:
Motivationale Schwerpunkte
= Zwecke der
Unterrichtsarbeit

und zwar in den verschiedenen Erfahrungsmodi

alltagspraktisch		
theoretisch	ästhetisch	ethisch-politisch

ARBEITSFORMEN

Fähigkeiten zur Aneigung und Artikulation von Erfahrungen:

kommunikative Kompetenz		
kognitiv operationale Kompetenz	ästhetische Kompetenz	interaktive (+ moral.) Kompetenz

LERNZIELE

praktiziert in den sprachlichen Tätigkeiten

Produktion: sprechen und schreiben
Reflexion: denken, metakommunizieren
Rezeption: verstehen

LERNAUFGABEN

Ein Beispiel deute ich an:

Sachverhalte aus einer der Sozialisationsinstanzen Familie peer-group, Bildungssystem, Arbeitswelt, Wissenschaft, Staat ...	Wochenende in der Familie
Verständigungsproblem	Familienmitglieder verständigen sich über die Wochenendgestaltung
Thematisierung nach methodischer Grobstruktur: Schüler und Lehrer umstellen das Thema von ihrer Alltagserfahrung her und grenzen es ein	Erfahrungen mit schematischen Wochenendabläufen langweiligen Sonntagen besonderen Ereignissen Familienfeiern Ausflügen Fernsehen Wochenendarbeit Tätigkeiten der Hausfrau ...
Welche der erfahrenen Verständigungsaufgaben möchten/ sollten wir besser bewältigen können?	z.B. ästhetischer Problemaufriß: Rollenspiel: Der Fernseher geht am Samstagabend kaputt. Kurzgeschichte: "Die Spazierfahrt" (Holthaus) Gedicht: "Familienausflug" (Kästner)
Materialien	a) Beziehungsebene Familienmitglieder haben verschiedene Interessen; Familienbudget, Wohnraum ... setzen Grenzen; neue Möglichkeiten der Interaktion b) Inhaltsebene Informationen zum Entstehen der unterschiedlichen Interessen, zur Wohnraumgestaltung, zu Arbeitsbedingungen der Eltern, zu neuen Spielen ... c) Tätigkeitsmodelle für zu verbessernde sprachliche Fähigkeiten: etwa Argumentieren nach dem Fünfsatz, Erproben im Rollenspiel ...
theoretische Reflexionen	angeregt durch informierende Texte aus Fachbüchern und Zeitschriften, durch Versuche zur schematischübersichtlichen Darstellung komplexer Zusammenhänge,

ästhetische Fähigkeiten	bei der Auseinandersetzung mit/der Gestaltung von poetischen Texten und Bildern,
ethisch-politische Konsequenzen	Vorbereitung auf die kommenden Wochenenden: das Erreichbare wird - nach Gruppen differenziert - geübt, Vorbereitung eines Elternnachmittags/Wochenendes der ganzen Klasse mit den Eltern
Sequenzierung zu einer Situationskette, Hierarchisierung, Bewertungen	Motivationsphase - Nachspielen/Anspielen gewohnter Wochenendsituationen - Unterrichtsgespräch über diese Alltagserfahrungen, systematisierter Überblick; ein erstes Teilthema wird herausgegriffen: Gemeinsame Wochenendgestaltung in der Familie Stufe der Schwierigkeiten: - Jeder wird sich selbst klar über seine persönlichen Wünsche und Vorstellungen: Einzelarbeit, bei der Redeeinleitungen als Hilfe angeboten werden: Wenn ich könnte, wie ich wollte, ... Wenn es nach mir ginge, ... Ich würde gern ... - Sprachreflexion über den Gebrauch des Konjunktivs in diesen Wunschäußerungen Lösungsversuche: - Gruppenarbeit: Zusammenstellung der Bedingungen für die Realisierung der Wünsche - Befragung der Familienmitglieder nach ihren Vorstellungen - schriftliche Zusammenfassung: Konfrontation der Interessen Einübung des Fünfsatzes als Argumentationsverfahren ...

Ein Unterrichtsbeispiel

Vom System der vier Erfahrungsmodi her ist zu sehen, wie aufgesplittert die kulturellen Erfahrungsweisen unserer Gesellschaft in der Forschung sind: Für die Alltagskultur ist die Volkskunde zuständig, für die ästhetische Sprachkultur die Literaturwissenschaften nach Sprachen getrennter Philologien; der theoretischen Kultur nimmt sich die Soziologie an, auch die Sozialisationsforschung; und die ethisch-politischen Fragestellungen teilen viele Disziplinen untereinander auf, denn diese scheinen die brisantesten zu sein, von der Philosophie und Theologie über die Pädagogik zur Politikwissenschaft. In dieser organisierten Zerstückelung dessen, was in der kulturellen Praxis und im Lebenslauf zusammengehört, liegt sicherlich einer der Gründe für die gesellschaftliche Irrelevanz der Geisteswissenschaften, ein weiterer in der Isolierung der theoretischen Erkenntnisformen. Eine Folge davon ist, daß die wissenschaftlichen Disziplinen ihre Forschungsgegenstände vornehmlich aus ihrer Fachtradition heraus konstituieren, so daß die Problemstellungen gesellschaftlichen Fragen entweder hinterherhinken oder außerhalb des Faches nicht wiederzufinden sind.

Ein Studium von Lehrern für die Fächer Kunst und Musik ist undenkbar ohne die praktische Ausbildung an Materialien und Instrumenten. Der angehende Deutschlehrer aber studiert nichts als die Spitzen der Literaturgeschichte, linguistische Methoden und bestenfalls einige Theorien. Die ästhetisch-praktische Auseinandersetzung um die Literatur findet an Theatern, in Film- und Fernsehstudios statt - wirkungsvoller zweifellos für die Bevölkerung, aber wissenschaftlich unbrauchbar. Die ethisch-politische Diskussion wird in der Literaturkritik der Medien und in der Literaturdidaktik geführt, manchmal unter Beteiligung von Germanisten, dann aber streng getrennt von ihrer eigentlichen wissenschaftlichen Arbeit. Literarische Wertung, eine von Oskar Walzel in den 20er Jahren eingeführte germanistische Thematik, hat sich - wo sie überhaupt betrieben wird - verselbständigt zu einem innerfachlichen Fragenkreis, isoliert von der alltäglichen Lektüre "illiterater" Leser.

Im Unterricht wird Kultur in reflexiver Praxis vermittelt; er ist nie Alltagswelt, in der sofort gehandelt werden muß, sondern er bereitet Handeln vor, reflektiert seine Bedingungen und Möglichkeiten. Er holt wohl die Schüler mit ihrem Alltagsbewußtsein ab und führt sie über die drei reflexiven Erfahrungsmodi wieder in ihre Alltagswelt zurück, - wenn er gelingt, verändert. Das läßt sich darstellen an einem lernpsychologischen Verlaufsschema einer unterrichtlichen Handlungseinheit, das auf eine

Schulstunde ebenso anwendbar ist wie auf ein Projekt über mehrere Wochen:

In der Phase der *Motivation* wird eine Problematik aus der Erfahrungswelt der Schüler zum Thema. In alltagspraktischer Bewußtseinshaltung können Materialien dazu gesammelt werden; aber schon hier ist eine theoretische Orientierung unverzichtbar, um das Alltagsleben für Lernprozesse aufzubereiten: Es gilt, Probleme zu erkennen, die Beschränkungen gewohnter Erfahrungen und ihre Ursachen, die Lebenswelt distanziert zu sehen und mit theoretischen Begriffen zu erkennen. Wieviel gründlicher Einsicht in Lernprozesse bedarf es allein schon, um Probleme so formulieren zu können, daß sie im institutionellen Rahmen mit einiger Erfolgsaussicht einer Lösung zugeführt werden können! Im gesamten Verlauf einer Unterrichtseinheit muß es immer wieder theoretische Phasen geben: bei der Metakommunikation des Unterrichts, seiner Sach-, Beziehungs- und Verfahrensprobleme. Das gilt insbesondere für die 2. Phase, die *Stufe der Schwierigkeiten*. In der 3., der Phase der *Lösungsversuche* werden verallgemeinertes Wissen und theoretische Modelle gebraucht. Ästhetische Verfahren eröffnen den Spielraum zur Erweiterung des Horizonts über dem Thema. Möglich ist hier nicht nur, was denkbar ist, sondern auch das Spürbare, Geahnte, noch diffus Vorschwebende. Spielformen locken die Phantasietätigkeit heraus, alternierende Interaktionsformen ermöglichen Probehandeln, Verändern, "einfach-mal Ausprobieren". Vorschläge von Kindern und Lehrer, mediale Angebote, poetische Texte und Bilder regen an, mit Gewohntem mal ganz anders umzugehen; szenische Spielformen versinnlichen alte und neue Erfahrungen; poetisch-rhetorische Mittel der Wiederholung, der multifunktionalen Sprachverwendung, der Ironie, eröffnen neue Erlebnisse und Sichtweisen. Besonders die Phase der Lösungsversuche sollte in diesem Modus erfahren werden; aber auch in anderen Phasen helfen Spiel und Phantasie, Lust an der Arbeit zu behalten. Theoretische und ästhetische Tätigkeiten, die metakommunikativ immer wieder mit der Alltagserfahrung verbunden oder mit ihr konfrontiert werden, lösen sich bei den Lösungsversuchen ab. In den Phasen der *Anwendung* und des *Transfers* dominiert die ethisch-politische Reflexion, um Fragen nach der Relevanz und Brauchbarkeit der Erkenntnisse, den förderlichen und hemmenden Bedingungen der Realisation zu diskutieren. Beispielhaft können dann - noch im Schutz des Schonraums Unterricht - verschiedene Handlungen in der schulischen und außerschulischen Lebenspraxis das veränderte Bewußtsein dokumentieren.

Verständigungsorientierter Sprach- und Literaturunterricht soll selbst Modell seines handlungsleitenden Prinzips sein: Er soll anregen, die immer erwarteten Kriterien der Verständlichkeit, der Angemessenheit, der Wahrheit und der Wahrhaftigkeit selbst mehr und mehr einzuhalten. Dieser Unterricht arbeitet also an gegen die kommunikative Realität draußen, natürlich mit dem Ziel, in diese hineinzuwirken. Kann eine Schule, in die Lehrer und Schüler mit ihren kommunikativen Gewohnheiten hineinkommen, ein verständigungsorientiertes Zentrum reflexiver Kultur sein?

Aberhunderte von Beispielen, über die in der pädagogischen Fachliteratur und in Gewerkschaftszeitungen berichtet wird, zeigen, daß die Organisation der Schule als Kulturzentrum keine unüberwindlichen Schwierigkeiten bereiten muß. Allgemein scheint es zu fehlen an inhaltlichen Impulsen; solche haben in den letzten zwanzig Jahren die anderen Lebensräume mit verschiedensten Alternativscenen verändert, "... neue symbolische Formen im Alltag, in denen sich das Kognitiv-Instrumentelle mit dem Moralisch-Praktischen und dem Ästhetisch-Expressiven wieder berührt, ... ein Kranz surrealistischer Erscheinungen, die vielleicht doch nicht nur Regressionen anzeigen, sondern Suchbewegungen" (Habermas 1979, S. 35).

So sehr jeder Lehrende mit solchen Prozessen sympathisieren wird, so wenig kann er in der Schule blauäugig dazu beitragen. Unterricht ist immer auch Therapie, weil er Aufklärungsprozesse in Kenntnis verzerrter Kommunikation ringsum und in Kenntnis zu erwartender Lernschwierigkeiten planen muß. Die notwendige Ideologiekritik am bisherigen Bewußtsein tut weniger weh, wenn sowohl das Selbstwertgefühl des Lernenden erhalten bzw. gestärkt wird als auch die familialen und die peergroup-Beziehungen nicht zerstört, sondern gefördert werden. Das folgende Beispiel mit einem Thema aus dem Lebensbereich Familie soll deutlich machen, wie sprachlich-literarische Bildung zur kulturellen Reflexion und Veränderung beitragen kann.

Besonders im Unterricht mit Pubertierenden kann der gewöhnliche Einstieg in eine Unterrichtseinheit, nämlich von den Alltagserfahrungen her, scheitern, weil die emotional getragenen Abwehrhandlungen jeden Unterricht vereiteln. Deshalb ist es oft besser, zunächst einen fremden Text (Bild, Film o.ä.) anzubieten, damit die Schüler ihre eigenen Erfahrungen zur Thematik erst einmal "in fremdem Gewand" darstellen können. Sie brauchen nicht unbedingt von sich selbst zu sprechen, sondern können die Menschen der fremden Geschichte als Subjekte ihrer eigenen - der Schüler - Erfahrungen vorstellen und besprechen. Das hilft ihnen auch schon, sich ihren Erfahrungen gegenüberzustellen und diese den geplanten Lernprozessen zugänglich zu machen.

Eine Unterrichtseinheit "Tagesläufe" aus dem Lebensbereich Familie könnte in einem 6. Schuljahr also mit einem ästhetischen "Stutzpunkt" beginnen: Wir wählten einen Fibeltext, der in den 70er Jahren noch in 1. Schuljahren gelesen wurde:

> Mutter hat viel Arbeit.
> Schon am frühen Morgen ist sie auf.
> Sie wärmt für Monika die Milch.
> Sie kocht für uns und macht alles sauber.
> Sie hilft Manfred bei den Schularbeiten.
> Am Abend häkelt sie einen Schal für Martin.
> Sie arbeitet immer und ist nie müde.

Der Text kann eine fruchtbare Spannung schaffen, weil er nicht die Erfahrungen der Schüler wiedergibt, sondern das auch ihnen bekannte Bild der nimmermüden Frau und Mutter, die höchstens den Muttertag zum Ausruhen braucht. Diese Diskrepanz läßt Fragen aufwerfen und damit theoretische Reflexionen auf das eigene Bewußtsein eröffnen; gegenwärtige und historische Kenntnisse werden dabei geäußert. "Möchte ich eine solche Mutter haben/ werden/ zur Frau haben?"

Als Hausaufgabe könnten die Schüler den Text ihren Eltern und Großeltern vorlegen (möglichst Männern und Frauen getrennt!), sie nach ihren Erfahrungen und Meinungen fragen. Wer dazu zu Hause keine Chance sieht, könnte Schulbücher und Textsammlungen auf Texte zur Familie durchsehen. Damit werden Diskussionen in der Klasse vorbereitet darüber, welche Interessen Schulbuchverfasser und Lehrer haben, bestimmte Mutter- und Vaterbilder zu reproduzieren/zu fördern. Die poetischen Texte, die in einer Textsammlung während dieser Unterrichtseinheit immer weiter ergänzt werden sollten, können den Horizont eigener Erfahrungen und Vorstellungen erweitern, zumindest offenhalten.

In der ästhetischen Erfahrungsdimension kann diese Eingangsphase entfaltet und intensiviert werden: der Lesebuchtext wird als "poetischer" Text aufgefaßt, gesprochen und deklamiert, sodann in Spielszenen dargestellt. Seine Wirkung steigt erheblich, wenn man diese Szenen mehr und mehr im Zeitraffer-/Zeitlupentempo spielen läßt: Die Darstellerin der Mutter bewegt sich immer schneller und hektischer, während die Darsteller der anderen Familienmitglieder immer langsamer und träger werden. Zuschauer fragen ab und zu in die Szene: "Wirst du eigentlich nicht müde?" und erhalten ständig zur Antwort: "Nein, ich bin nie müde." Auch eine szenische Gegenüberstellung der "Schulbuchmutter" mit Müttern aus tatsächlichen Erfahrungen der Schüler hilft zum Aneignen der Problematik um den Tageslauf einer Mutter in unserer Kultur.

Im nächsten Schritt können die unterschiedlichen Mutterbilder in Stichwort-Paradigmen überschaubar dargestellt und dann in einer sprachlichen Analyse theoretisch auf ihr Zustandekommen untersucht werden: Welche Sprachmittel sind typisch für die Vermittlung der Bilder? Z.B. im Lesebuchtext: Im Satzbau wirkten die monoton gereihten Aussagesätze apodiktisch: "So ist es und nicht anders." - die verallgemeinernden Wörter "viel, alles, immer..." führen zu Pauschalurteilen. - Es fehlen differenzierte Wörter: "Mutter hat - oft - viel Arbeit" usw.

Die tatsächlichen Tätigkeiten der Mütter können systematischer an einer Zeitleiste "Tageslauf" entlang angeordnet werden. Die hier übersichtlich geordneten Stichwörter sind nun die Grundlage für Textproduktionen der Kinder. Dabei versuchen sie, im Darstellungsstil zum Ausdruck zu bringen, wie randvoll ausgefüllt ein Arbeits- und Hausfrauentag sein kann: In gemeinsamen Formulierungsversuchen probieren die Schüler geeignete Sprachmittel dafür aus:

Konjunktionen: anschließend
Satzgefüge: Bevor sie ...
              Nachdem sie ...
              (Sprachliche Variation der Zeitenfolge)
Substantivierung: Nach dem Aufstehen ...
Satzreihe: Sie steht um 6 auf. Sie bereitet das Frühstück vor. Sie ...

Dabei können Beschreibungen eines realen Arbeitstages einer bestimmten Mutter entstehen, aber auch allgemeine Darstellungen eines für viele Frauen typischen Tages. In einer Reflexion auf das Tempus der Verben in ihren Texten können die Schüler erkennen, daß dieselbe Form: das Präsens zum Ausdruck der Gegenwärtigkeit und auch der Zeitlosigkeit gebraucht werden kann. Will man das unterscheiden, braucht man zusätzliche Ausdrücke.

Die soziokulturelle Problematik eines solchen Tageslaufs könnte in Rollenspielen ästhetisch bearbeitet werden. Mutter erzänlt dem Vater abends, was sie den Tag über gemacht hat. Wie verlaufen die Szenen bei verschiedenen Auftakten:

Vater: "Was hast du denn heute schon gemacht?"
oder "Du siehst aber müde aus; hast du heute viel zu tun gehabt!"
Mutter: "Stell dir mal vor, die Kinder ..."
oder "Heute war's vielleicht interessant: ..."
oder ...

Beobachtungsgruppen notieren etwa
> Tätigkeit der Mutter
> ihre Bewertungen
> Kommentare des Vaters
> genannte Redensarten und "fertige Sätze"

Wie bewerten die Schüler selbst die genannten Tätigkeiten? Worin gründen diese Werte?

Wie ihre Mütter/Väter?

Welche Bewertungen stecken in Redensarten? Aufgrund der gesammelten Erkenntnisse sind die Schüler in der Lage, eine ethisch-politische Diskussion zu führen, die durch eigene Erfahrungen und Betroffenheit fundiert ist. Sie können erkennen, daß die Bewertungen der Hausfrauen-Tätigkeit auf jahrhundertelanger unbefragter Tradition beruhen. Redensarten und fertige Sätze helfen den Betroffenen vielleicht, die Routine-Situation leichter zu ertragen ("Ich muß halt die Zähne zusammenbeißen." - "Jetzt habe ich aber die Nase voll!"), stabilisieren aber auch die Gewohnheiten. Ethisch-politische Diskussionen werden durch solche Formeln meist verhindert, weil sie durch ihre geläufige Formuliertheit rechthaberisch eingesetzt werden können: Weil ich das so glatt formulieren kann, stimmt mein "Argument" (denn das haben ja viele schon so gesagt!).

Während dieser Arbeiten kann der Lehrer immer wieder anregen, zusätzliche Texte - informative, aber vor allem poetische - einzubringen, damit alternative Sichtweisen und Handlungsmöglichkeiten den Erfahrungshorizont erweitern.

Methodisch folgt nun die Phase der Durcharbeitung der aufgeworfenen Probleme und der Suche nach Lösungsmöglichkeiten. Ein Ausschnitt aus den "Selbstgesprächen einer Mutter" von Hildegard Maria Binder (in: Bosch 1972, S. 20) soll die Schüler zur Reflexion der Rollenproblematik anregen:

> "... woher kommt dieses leitbild von der sich aufopfernden, nie klagenden, nie fordernden frau und mutter, diesen ihren nie stille haltenden händen. Ich fühle mich diesem leitbild nicht gewachsen, dieses ideal erreiche ich nie, aah diese müden füße... von dem bißchen hausarbeit. Ja, dem mann steht der feierabend zu, der

pünktlich geregelte feierabend und der urlaub, das berufsleben stellt immer höhere anforderungen an ihn, den berufstätigen steht es zu, aber mir? Die erziehung der kinder erledigt sich so nebenbei zwischen der hausarbeit, schulprobleme, ich muß eben mit den kindern arbeiten, der lehrerin, dem lehrer ist es bei den überfüllten klassen nicht möglich, da kommt es auf mich an und wenn ich es nicht schaffe? Meine schuld, wenn die kinder in deutsch nicht mitkommen, meine schuld die schlechten zeugnisse, ich habe meine aufgaben eben nicht erfüllt."

Klangprobe und Umformung helfen den Schülern, sich operational an eine theoretische Auswertung des Textes heranzuarbeiten: Sie befragen die Kleinschreibung, die rhetorischen Fragen, die ironische Darstellungsweise auf ihre Funktionen für die Aussage der Mutter. Eine Arbeitsgruppe könnte einzelne Aussagen kritisch in Frage stellen ("Was heißt: die Mutter opfert sich auf? Wer erwartet/verlangt das?") und Antworten mit Begründungen zu geben versuchen. Eine zweite Arbeitsgruppe vergleicht die hier verwendeten Ausdrucksmittel mit denen aus den Lesebuchtexten. Eine dritte Gruppe stellt aus allen bisherigen Texten die Rolle der Mutter mit ihren charakteristischen Aufgaben zusammen:

    Hausfrau   Hausarbeit
                          einkaufen
                          ...

    Mieterin   mit dem Hausbesitzer sprechen
                          die Wohnung in Ordnung halten
                          ...

    Nachbarin   ...

In allen Äußerungen und Texten über den Tagesablauf von Müttern stecken - mehr oder weniger explizit - auch Wünsche für ein angenehmeres Leben:

    nicht so viel Arbeit haben
    müde sein dürfen
    ...
    nicht auch noch an den schlechten Schulleistungen der Kinder schuld sein
    ...

Hier werden für die Schüler Tendenzen erkennbar, aus den Rollenzumutungen auszubrechen. Eine wichtige Hausaufgabe wäre es an dieser Stelle, mit der eigenen Mutter über ihre - vielleicht sonst geheim gehaltenen - Wünsche und Veränderungsvorschläge zu sprechen. Die gesammelten Wünsche können in der Klasse nach Schwerpunkten geordnet und so überschaubar gemacht werden:

    freie Zeit   Arbeitserleichterung

Thematisch differenzierte Gruppen können nun Möglichkeiten entwerfen, wie einige Wünsche der Mutter - unter Mitwirkung der Kinder! - zu verwirklichen wären, - eine ethisch-politische Aufgabenstellung, die nicht nur theoretische, sondern auch praktische Entscheidungen verlangt, auf die die Schüler sich zu bewähren haben werden.

Wenn im nächsten Abschnitt der Tageslauf des Vaters im Mittelpunkt steht, so können die Schüler hier ihre bisher erworbenen Kenntnisse und Fähigkeiten in einem ersten Transfer anwenden und üben. Vielleicht stellt man beim ersten Gespräch über die Tätigkeiten des Vaters fest, daß es erst notwendig wird, seinen Arbeitsplatz zu erkunden. Die Diskrepanzen zwischen vagen Vorstellungen und neuen Kenntnissen über die Arbeitsvorgänge wären dann in Hausaufgaben und einer Klassendiskussion aufzuarbeiten. Wenn genügend Zeit ist, könnten nun auch die Rollenzumutungen des Vaters, die Bewertungen seiner Tätigkeiten sowie seine Wünsche und Veränderungsvorschläge bearbeitet werden, jetzt in selbstorganisierter Gruppenarbeit.

Für eine ästhetische Annäherung an die komplexe Situation, in der der Vater von der Arbeit nach Hause kommt, könnten Schülergruppen verschiedene Rollenspielszenen vorbereiten, darbieten und gegenseitig auf auffällige Verhaltensweisen und Äußerungen hin beobachten. In einer Plenums-Diskussion wird dann der Wahrheitsanspruch der Szenen ermittelt: tatsächliche Erfahrung oder Klischeevorstellung?

Jedenfalls werden dabei Fragen unbeantwortet bleiben, die sich um Auswege aus dem familialen Dilemma bemühen. Um diese ethisch-politische Auseinandersetzung sachlich vorzubereiten, sind verschiedene - alltagsweltlich gesicherte - Vorstellungen der Schüler in ästhetischen und theoretischen Reflexionsformen zu entfalten; dazu kann der folgende Text von arbeitsteiligen Gruppen in verschiedene Richtungen ausgewertet werden.

> "Es ist still im Zimmer. Alle warten. Gleich tritt Vater ein. Es ist fünf Uhr. Wir sind eine gute Familie. Bei uns herrscht noch Gemeinschaftsgeist. Schon steht Vater vor der Tür und schließt sie auf. Er putzt kräftig seine Schuhe ab auf der Matte und sagt guten Abend. Der Vater hat immer recht. Die Kinder begrüßen ihn freudig, nehmen ihm die Aktentasche ab und bringen ihm seine Pantoffeln. Es ist wieder so richtig gemütlich daheim. Die Mutter bekommt einen Kuß und ist froh und zufrieden.

Vater wäscht sich die Hände, kämmt die Haare, lockert den Schlips, krempelt die Ärmel hoch, streckt sich lang aus auf dem Sofa. Er liest die Zeitung und fühlt sich wohl in seinen Pantoffeln. Gleich gibt es Abendbrot..."

Aus: Peter Melzer "Von einer guten Familie",
in: Bosch 1972, S. 12

Eine erste Gruppe inszeniert den Text: die Darsteller spielen ihn so genau wie möglich nach, damit die Ironie erlebbar wird. (Einige Sätze müssen - als Kommentare zum pantomimischen Spiel - von einem Sprecher vorgetragen werden.)

Eine zweite Gruppe arbeitet die ironische Schreibweise theoretisch heraus, und zwar durch Umformungsproben und durch Infragestellung bestimmter Sätze ("Wieso sind wir eine gute Familie? Was ist das eigentlich?"). Die Kontextgebundenheit ironisch gemeinter Sätze kann erprobend festgestellt werden, indem die Sätze in andere Textzusammenhänge gebracht werden:

Es ist still im Zimmer. Ich bin allein
zu Hause und lese "Pünktchen und Anton."...

Eine dritte Gruppe bearbeitet das Problem des Rollentauschs, schreibt Peter Melzers Text für eine Frau um und bereitet - auch ironische - Spielszenen vor, in denen ein Hausmann die von der Arbeit heimkehrende Mutter erwartet. Die Gruppe könnte zu einer Plenums-Auswertung anregen, bei der realisierbare Möglichkeiten des Rollentauschs ermittelt würden.

Eine vierte Gruppe könnte aus ihrer Kenntnis von Familienserien im Fernsehen die jeweiligen Beziehungsverhältnisse, Rollenverteilungen und Veränderungswünsche beschreiben.

In allen Darstellungen und Beschreibungen sind fremde und eigene Vorstellungen von "guten Familien" mit "Gemeinschaftsgeist" genannt, mitgemeint oder unterstellt worden. Diese gilt es nun zu explizieren, zunächst als positives Resümee der vorangegangenen Gruppenarbeiten in Stichworten. Diese könnten - auch im Rahmen einer Klassenarbeit - zu einem referierenden, erzählenden oder erörternden Text ausformuliert werden. Wichtig wäre das aber deshalb, weil nun jeder Schüler sich selbst schreibend darüber klar werden kann, welche "Aufklärungen" der Unterricht bei ihm bewirkt hat; d.h. er reflektiert auf sich, wer er nun geworden ist, - eine für die Vorpubertät entscheidend wichtige Tätigkeit.

Die Unterrichtseinheit aber sollte mit gemeinsamen Anwendungsarbeiten beschlossen werden, die ja nach der Situation der Klasse verschieden sein können. Eine Gruppe könnte nun etwa Fibeltexte zu formulieren versuchen, die inhaltlich den erarbeiteten Vorstellungen einer erstrebenswerten Familie entsprechen; sie bitten dabei auch ihre Eltern um Mitarbeit und legen ihre Texte schließlich Erstkläßlern zur Probe vor: wahrscheinlich müssen sie ihre Texte daraufhin nochmal ändern.

Eine andere Gruppe könnte eine Spielszenenfolge erarbeiten/erspielen, mit denen sie anderen Klassen ihre Einsichten aus dieser Unterrichtseinheit vermittelt und sie zum Gespräch herausfordert.

Alternativ oder ergänzend könnte die Gruppe auch eine Erzählung aus dem Lesebuch oder der entstandenen Textsammlung für eine szenische Darstellung vor Mitschülern dramatisieren.

Eine weitere Gruppe verfremdet ironisch Familienserien im Fernsehen und schreibt oder spielt einen eigenen "Film":

Als Big Jim gerade unter Tränen
das Gemüse putzte, sprengte Lola
heran und rief: "Hallo Baby,
was macht die große Wäsche?"...

Alle Gruppenergebnisse sollten - zusammen mit einer Dokumentation über den Ablauf der Unterrichtseinheit - bei einem Elternnachmittag/-abend präsentiert werden. Auf diese Weise würde die Schule die ethisch-politische Dimension ihres gesellschaftlichen Bildungs- und Erziehungsauftrags praktisch werden lassen: Sie stellt ihre Arbeiten zur Emanzipation des Alltagsbewußtseins, ihre theoretischen und ästhetischen Tätigkeiten gegenüber den im Unterrichtsthema Angesprochenen vor: Mit den Eltern der Schüler würde so ein Gespräch ermöglicht, das bei allen Beteiligten eine Erfahrung entstehen ließe, die der Kabarettist Hanns Dieter Hüsch so formuliert: "Und wenne nach Bett gehs', dann merkse, datte heut mal wieder en Stücksken weitergekommen bis."

Literaturverzeichnis

Abrahams/Sommerkorn, Arbeitswelt, Familienstruktur und Sozialisation, in: *Hurrelmann*, Sozialisation und Lebenslauf. Reinbek 1976.

Adorno, Th.W., Ästhetische Theorie. Frankfurt 1970.

ders., Negative Dialektik. Frankfurt 1973.

Allemann, B., Ars poetica. Darmstadt 1966.

Apel, K.-O., Transformation der Philosophie, Bd. I u. II. Frankfurt 1973.

ders. (Hg.), Sprachpragmatik und Philosophie. Frankfurt 1976.

ders., Ist die philosophische Letztbegründung moralischer Normen auf die reale Praxis anwendbar? in: Funkkolleg Praktische Philosophie/Ethik, Studienbegleitbrief 8, 20. Kollegstunde. Weinheim 1981, S. 72-100.

Arbeitsgruppe Bielefelder Soziologen, Alltagswissen, Interaktion und gesellschaftliche Wirklichkeit, Bd. 1 u.2. Reinbek 1973.

Arbeitsgruppe Schulforschung, Alltagstheorien von Schülern und Lehrern über Schulversagen, in: *Schön/Hurrelmann*, Schulalltag und Empirie. Weinheim 1979.

Augst, G. (Hg.), Spracherwerb von 6 bis 16. Düsseldorf 1978.

ders., Kinderwort. Der aktive Kinderwortschatz (kurz vor der Einschulung). Frankfurt 1984.

ders., Bauer, A., Stein, A., Grundwortschatz und Ideolekt. Tübingen 1977.

ders., Metakommunikation als Element des Spracherwerbs, in: Wirkendes Wort 5/1978, S. 328-339.

ders., Der aktive Wortschatz der Schulanfänger, in: Wirkendes Wort 2/1984, S. 88-100.

Ausubel, D.P., Das Jugendalter. München 1968.

Auwärter/Kirsch/Schröter (Hg.), Seminar: Kommunikation, Interaktion, Identität. Frankfurt 1976.

Auwärter/Kirsch, Zur Ontogenese der sozialen Interaktion, in: *Edelstein/Habermas* (Hg.), Soziale Interaktion und soziales Verstehen. Frankfurt 1984.

Auwärter, M., "Die Kinder sind meistens traurig." Interviews mit Vier- bis Zehnjährigen, in: Kursbuch 72, 1983, S. 113-130.

Baacke, D., Jugend und Subkultur. München 1972.

Baacke/Schulze, Aus Geschichten lernen. München 1979.

Ballmer/Posner (Hg.), Nach-Chomskysche Linguistik. Berlin 1985.

Bates, E., Language and Context. New York 1976.

Bättig/Hots/Jürgens/Reineke/Rohde/Wilkens, Der Zusammenhang von Sprache und Erfahrung am Beispiel der Sprache in der Alternativscene, in: OBST 16, 1980, S. 45-70.

Bauer/Hengst (Hg.), Kritische Stichwörter zur Kinderkultur. München 1979.

Bauersfeld, E., Lernen und Lehren von Mathematik. Köln 1983.

Baumgratz/Picht (Hg.), Perspektiven der Frankreichkunde, Tübingen 1978.

Bausinger, H., Germanistik als Kulturwissenschaft, in: Jahrbuch Deutsch als Fremdsprache, Bd. 6, 1980, S. 17-31.

Berger, H., Untersuchungsmethode und soziale Wirklichkeit. Frankfurt 1974.

Berger/Luckmann, Die gesellschaftliche Konstruktion der Wirklichkeit. Frankfurt 1969.

Berger/Domeyer/Funder/Voigt-Weber, Alternativen zur Lohnarbeit? Bielefeld 1985.

Bergius/Gottschaldt/Lersch/Sander/Thomae (Hg.), Handbuch der Psychologie 3. Bd. Entwicklungspsychologie. Göttingen 1959.

Bernstein, B., Elaborierter und restringierter Code: eine Skizze, in: *Klein/Wunderlich* (Hg.), Aspekte der Soziolinguistik. Frankfurt 1971, S. 15-23.

ders., Soziale Schicht, Sprache und Sozialisation, in: *Kochan, D.C.* (Hg.), Sprache und Kommunikative Kompetenz. Stuttgart 1973, S. 43-65.

ders., Beiträge zu einer Theorie des pädagogischen Prozesses. Frankfurt 1977.

Bever, T.G., The Interaction of Perception on Linguistic Structures: A Preliminary Investigation of Neo-Functionalism, in: *Sebeok* (Ed.), Current Trends in Linguistics Vol. 12/3, The Hague 1974.

Biere, B.U., Kommunikation unter Kindern. Methodische Reflexion und exemplarische Beschreibung. Tübingen 1978.

Bierwisch, M., Psychologische Aspekte der Semantik natürlicher Sprachen, in: *Motsch, W.* (Hg.), Richtungen der modernen Semantikforschung. Berlin (Ost) 1983, S. 15-64.

Blanckertz, H., Theorien und Modell der Didaktik. München 1969.

ders., Die fachdidaktisch orientierte Curriculumforschung und die Entwicklung von Strukturgittern, in: *ders.* (Hgs.), fachdidaktische curriculumforschung. Essen 1973, S. 9-27.

Bloch, E., Das Prinzip Hoffnung, Bd. 1-3. Frankfurt (1959) [4]1977.

Bloom, L., One Word at a time. The Hague 1973.

Blos, P., Der zweite Individuierungs-Prozeß der Adoleszenz, in: *Döbert/ Habermas/Nunner-Winkler* (Hg.), Entwicklung des Ichs. Köln 1980.

Böhme, G., Wissenschaftssprache und die Verwissenschaftlichung der Erfahrung, in: *Zimmermann, J.*, Sprache und Welterfahrung. München 1978.

Boehncke, H./Humburg, J., Schreiben kann jeder. Reinbek 1980.

Boettcher/Hein/Reich/Zabel, Vorschläge zur Konstruktion von Studienordnungen zur Ausbildung von Deutschlehrern, in: Lili 9/10, 1973.

Bopp, I., Das linke Psychodrom, in: Kursbuch 55/1979.

Bosch, M. (Hg.), Beispielsätze, Starnberg 1972

Bossard/Boll, The Sociologie of Child Development. New York 1965.

Brandt, G. u.a., Berufliche Sozialisation und gesellschaftliches Bewußtsein jugendlicher Erwerbstätiger. Frankfurt 1973.

Braun/Fuhrmann, Angestelltenmentalität. Neuwied 1970.

Braunroth/Seyfert/Siegel/Vahle, Ansätze und Aufgaben der linguistischen Pragmatik. Frankfurt 1975.

Britton, J., Die sprachliche Entwicklung in Kindheit und Jugend. Düsseldorf 1973.

Brekle/Maas (Hg.), Sprachwissenschaft und Volkskunde. Opladen 1986.

Bruner, J.S., The ontogenesis of speech acts, in: Journal of child language 1975, S. 1-19.

ders., Von der Kommunikation zu Sprache - Überlegungen aus psychologischer Sicht, in: *Martens K.*, Kindliche Kommunikation. Frankfurt 1979.

Bruner/Olver/Greenfield, Studien zur kognitiven Entwicklung. Stuttgart 1971.

Bubner, R., Handlung, Sprache und Vernunft. Frankfurt 1976.

ders., Die Konstruktion ästhetischer Erfahrung im Alltag, in: Ästhetik im Alltag, hg. v.d. Hochschule für Gestaltung. Offenbach/M. 1978, S. 11-14.

Caesar, B., Autorität in der Familie. Reinbek 1972.

Chafe, W.L., Meaning and the structure of language. Chicago 1970.

Champagne, P., Fernsehen und Familie, in: *Prokop, D.* (Hg.), Massenkommunikationsforschung Bd. 2. Frankfurt 1973.

Chvatik, K., Die ästhetische Einstellung, in: Zeitschrift für Semiotik 5/1983.

Cicourel, A., Basisregeln und normative Regeln im Prozeß des Aushandelns von Status und Rolle, in: *Arbeitsgruppe Bielefelder Soziologen* (Hg.), Alltagswissen, Interaktion und gesellschaftliche Wirklichkeit. Reinbek 1973.

ders., Sprache in der sozialen Interaktion (1972). München 1975.

ders., Interpretieren und Zusammenfassen: Probleme bei der kindlichen Aneignung der Sozialstruktur, in: *Martens, K.* (Hg.), Kindliche Kommunikation. Frankfurt 1979.

Cohen/Taylor, Ausbruchsversuche. Frankfurt 1980.

Coulmas, F., Sprache und Kultur, in: *Hymes, D.*, Soziolinguistik. Frankfurt 1979, S. 7-25.

Daheim/Heid/Laerum/Riesler/Roth (Hg.), Sozialisationsprobleme arbeitender Jugendlicher. München 1978.

Dahrendorf, R., Die neue Freiheit. Frankfurt 1981.

Damon, W., Struktur, Veränderlichkeit und Prozeß in der sozialkognitiven Entwicklung des Kindes, in: *Edelstein/Habermas* (Hg.), Soziale Interaktion und soziales Verstehen. Frankfurt 1984.

Dehn, M., Über die sprachanalytische Fähigkeit des Kindes beim Schreibenlernen, in: Diskussion Deutsch 1/1985, S. 25-51.

Dehn, W., Erzählen und Zuhören, in: *ders.* (Hg.), Ästhetische Erfahrung und literarisches Lernen. Frankfurt 1974.

Delhees, K. H., Motivation und Verhalten. München 1975.

Döbert/Habermas/Nunner-Winkler (Hg.), Entwicklung des Ichs. Köln 1980.

Döbert/Nunner-Winkler, Adoleszenskrise und Identitätsbildung. Frankfurt 1975.

dies., Performanzbestimmende Aspekte des moralischen Bewußtseins, in: *Portele* (Hg.), Sozialisation und Moral. Weinheim 1978.

dies., Abwehr- und Bewältigungsprozesse in normalen und kritischen Lebenssituationen, in: *Olbrich/Todt* 1984, S. 259-278.

Dornseiff, F., Der deutsche Wortschatz in Sachgruppen. Berlin ^{6}1965.

Dreeben, R., Was wir in der Schule lernen. Frankfurt 1980.

Eccles/Popper, Das Ich und sein Gehirn. München 1977.

Eco, U., Einführung in die Semiotik. München 1972.

ders., Das offene Kunstwerk. Frankfurt 1973.

Edelstein/Habermas (Hg.), Soziale Interaktion und soziales Verstehen. Frankfurt 1984.

Eggert/Berg/Rutschky, Schüler und Literaturunterricht. Köln 1975.

Engelbert, A., Kinderalltag - familiale und ökologische Bedingungen, in: Zeitschrift für Sozialisationsforschung und Erziehungssoziologie 2/1982, S. 207-227.

Erdheim, M., Die gesellschaftliche Produktion von Unbewußtheit. Frankfurt 1982.

Erikson, E.H., Identität und Lebenszyklus. Frankfurt 1966.

ders., Kindheit und Gesellschaft. Stuttgart 1968.

ders., Einsicht und Verantwortung (1964). Frankfurt 1971.

Fahrenbach, H., Erfahrung und Sprache in philosophischer Reflexion, in: *Zimmermann* (Hg.) 1978, S. 19-66.

Fend, H., Theorie der Schule. München 1980.

ders., Sozialgeschichte des Aufwachsens. Frankfurt 1988.

Feustel, R., Abstammungsgeschichte des Menschen. Jena und Wiesbaden 1986.

Fillmore, C.S., The case for case, in: *Bach/Harms* (ebs.), Universals in Linguistic Theory. London 1970. p. 1-88.

Fischer/Fuchs/Zinnecker, Jugendliche und Erwachsene '85 (Shell-Jugendstudie). Hamburg 1985.

Fischer, G., Zum Kulturbegriff in fremsprachendidaktischen Konzepten der BRD, in: Deutsch als Fremdsprache (Leipzig) 3/1988.

Flavell, J.H., Kognitive Entwicklung. Stuttgart 1979.

Frank, H.J., Dichtung, Sprache, Menschenbildung. Geschichte des Deutschunterrichts von den Anfängen bis 1945. München 1976.

Floßdorf, B., Kreativität. Bruchstücke einer Soziologie des Subjekts. Frankfurt 1978.

Fürstenau, P., Zur Psychoanalyse der Schule als Institution, in: *Pädagogisches Zentrum* (Hg.), Zur Theorie der Schule. Weinheim ²1972, S. 9-25.

Gadamer, H.G., Wahrheit und Methode. Tübingen 1965.

ders., Kleine Schriften. Tübingen 1967.

Garfinkel, H., Das Alltagswissen über soziale und innerhalb sozialer Strukturen, in: *Arbeitsgruppe Bielefelder Soziologen 1973,* Bd. 1, S. 189-262.

Garz, D., Zum neuesten Stand von Kohlbergs Ansatz der moralischen Sozialisation, in: ZfP 1/1980, S. 93-98.

Gehlen, A., Über die Geburt der Freiheit aus der Entfremdung, in: Archiv für Rechts- und Sozialphilosophie Bd. XL, 3/1953.

Giel, K., Operationelles Denken und sprachliches Verstehen, in: 7. Beiheft der ZfP. Weinheim 1968, S. 111-124.

Gipper, H., Vom Aufbau des sprachlichen Weltbildes im Prozeß der Spracherlernung in den ersten drei Lebensjahren, in: Wirkendes Wort 3/1979, S. 165-180.

ders., Das Sprachapriori. Stuttgart 1987.

Goeppert, H.C., Sprachverhalten im Unterricht. München 1977.

Gorden, C.W., Die Schulklasse, ein soziales System, in: *Heintz,* Soziologie der Schule, Sonderheft 4 der Kölner Zeitschrift für Soziologie und Sozialpsychologie. Köln 1968.

Greenfield, P.M., Kinder und neue Medien. München 1987.

Gottschalk/Neumann-Schönewetter/Soukup, Sozialisationsforschung. Frankfurt 1981.

Greimas, A.J., Du sens. Paris 1970.

Greverus, I.-M., Kultur und Alltagswelt. München 1978.

Grewenig, A., Zur Rekonstruktion sprachlich realisierter Wissensstrukturen. Hamburg 1980.

Grice, Logic and Conversation (1968).

Griesche, D., Lage, Bewußtsein und Interessen der Arbeitnehmer im unmittelbaren öffentlichen Dienst. Bremen 1976.

Grimm, H., Der Heidelberger Sprachentwicklungstest, in: *Augst*, Spracherwerb von 6 bis 16. Düsseldorf 1978.

Gronemeyer, M., Die Macht der Bedürfnisse. Reinbek 1988.

Großkurth/Volpert, Lohnarbeitspsychologie. Frankfurt 1975.

Habermas, J., Technik und Wissenschaft als Ideologie. Frankfurt 1968.

ders., Kultur und Kritik. Frankfurt 1973.

ders., Universalpragmatische Hinweise auf das System der Ich-Abgrenzungen, in: *Auwärter/Kirsch/Schröter* (Hg.), Seminar: Kommunikation, Interaktion, Identität. Frankfurt 1976, S. 332-347.

ders., Was heißt Universalpragmatik?, in: *Apel* 1976, S. 174-272.

ders., Zur Rekonstruktion des Historischen Materialismus. Frankfurt 1976.

ders. (Hg.), Stichworte zur 'Geistigen Situation der Zeit'. Frankfurt 1979.

ders., Theorie des kommunikativen Handelns, Bd. 1 u. 2. Frankfurt 1981.

ders., Nachmetaphysisches Denken. Frankfurt 1988.

Habermas/Luhmann, Theorie der Gesellschaft oder Sozialtechnologie? Frankfurt 1971.

Hage, K., Zur Konstitution von Wissen in Lehr- und Lernprozessen. Weinheim 1979.

Halliday, M.A.K., Beiträge zur funktionalen Sprachbetrachtung. Hannover 1975.

Hannappel/Melenk, Alltagssprache. München 1979.

Hannig, C. (Hg.), Zur Sprache des Kindes im Grundschulalter. Kronberg/Ts. 1974.

Hartwig, H., Jugendkultur. Reinbek 1980.

Hauck, G., Geschichte der soziologischen Theorie. Reinbek 1984.

Heckhausen, H., Motive und ihre Entstehung, in: *Weinert/Graumann/Heckhausen/Hofer* (Hg.), Pädagogische Psychologie 1. Frankfurt 1974.

Heintz, P., Soziologie der Schule, Sonderheft 4 der Kölner Zeitschrift für Soziologie und Sozialpsychologie. Köln 1968.

Heinz, W.R., Arbeitswelt, Familienstruktur und Sozialisation, in: *Hurrelmann*, Sozialstruktur und Lebenslauf. Reinbek 1976.

ders., Zum Zusammenhang zwischen Arbeitssituation und Sozialisation am Beispiel der 'Berufswahl', in: *Lorenzer u.a.* (Hg.), Produktion, Arbeit, Sozialisation. Frankfurt 1976.

ders., Berufliche Sozialisation, in: *Hurrelmann*, Handbuch der Sozialisationsforschung. Weinheim 1980.

Heinrich, D., 'Identität' - Begriffe, Probleme, Grenzen, in: *Marquard/Stierle* (Hg.), Identität (Poetik und Hermeneutik VIII). München 1979, S. 133-186.

Henry, J., Lernziel Entfremdung, in: *Zinnecker*, Der heimliche Lehrplan. Weinheim 1975.

Hess/Shipman, Early Experience and the Socialisation of Cognitive Modes in Children, in: Child Development 65.

Hess/Handel, Familienwelten. Düsseldorf 1975.

Heuermann, H. (Hg.), Literarische Rezeption. Paderborn 1975.

Heymann, H.W., Zusammenhänge zwischen Unterrichtsvariablen, insbesondere zwischen Lernmethoden und Lerninhalten, in: *Frey* (Hg.), Curriculum-Handbuch, Bd. II. München 1975, S. 69-76.

Hillert, D., Sprachprozesse und Wissensstrukturen. Opladen 1990.

Höffe, O., Ordnungsbedürftigkeit und Zukunftsoffenheit des Handelns, in: Funkkolleg Praktische Philosophie/Ethik, Studienbegleitbrief 4, 9. Kollegstunde. Weinheim 1980.

Hörmann, H., Psychologie der Sprache. Berlin 1970.

ders., Meinen und Verstehen. Frankfurt 1978.

Hoff, E., Kontrollbewußtsein: Grundvorstellungen zur eigenen Person und Umwelt bei jungen Arbeitern. Berlin 1980 (Max-Planck-Institut für Bildungsforschung, hekt.).

ders., Sozialisation als Entwicklung der Beziehungen zwischen Person und Umwelt, in: Zeitschrift für Sozialisationsforschung und Erziehungssoziologie 1/1981, S. 91-116.

Hoffmann, J., Die Welt der Begriffe. Weinheim 1986.

Hollstein, W., Der Untergrund. Neuwied 1969.

Holzer, H., Kommunikationssoziologie. Reinbek 1973.

Holzkamp-Osterkamp, Grundlagen der psychologischen Motivforschung. Frankfurt 1976.

Hopster, N. (Hg.), Hochschuldidaktik "Deutsch". Paderborn 1979.

Hornstein/Schefold/Schmeister/Stackebrandt (Hg.), Lernen im Jugendalter. Gutachten und Studien der Bildungskommission, Bd. 54. Stuttgart 1975.

Humboldt, W. von, Schriften zur Sprachphilosophie, Bd. III der Werke in 5 Bänden, hg. v. *Flitner/Giel*. Stuttgart 1963.

Hurrelmann, K., Familiale Sozialisation und soziale Ungleichheit, in: *Walter, H.* (Hg.), Sozialisationsforschung Bd. II. Stuttgart/Bad Cannstadt 1973.

ders., Soziologie der Erziehung. Weinheim 1974.

ders., Sozialisation und Lebenslauf. Reinbek 1976.

ders./*Ulich*, Handbuch der Sozialisationsforschung. Weinheim 1980.

Ingendahl, W., Sprechen und Schreiben. Heidelberg 1975.

ders. u.a., Handlungsorientierter Deutschunterricht. Heidelberg 1977.

ders. (Hg.), Erziehungsziel: Sprachliche Verständigung. Bochum 1978.

ders. (1978b), Das wirkende wort und die wirkende äußerung, in: Wirkendes Wort 1/1978, S. 3-19.

ders. (1978c), Interesse an Verständigungshandeln. Vom praktischen Sinn sprachlicher Reflexion, in: Diskussion Deutsch 44, 1978, S. 540-555.

ders., Die Leistungen der Sprache für die Aneignung und die Artikulation von Erfahrungen, in: *Bülow/Schmitter* (Hg.), Integrale Linguistik. Amsterdam 1979, S. 257-276.

ders., Was ist ein Thema im Deutschunterricht?, in: Diskussion Deutsch 70/1983, S. 204-221.

ders., Verständigung als Zentralbegriff der Spracherziehung, in: Muttersprache 1-2/1984, S. 1-19.

ders., Linguistische Vorarbeiten für eine Pragmatische Stilistik. Ein Forschungsbereich zwischen Sprach- und Kulturwissenschaften, in: Muttersprache 1/1988, S. 108-120.

ders., Umgangsformen. Frankfurt 1991.

Inhelder, B., Die affektive und kognitive Entwicklung des Kindes, in: Schweizer Zeitschrift für Psychologie 15/1956, S. 251-268.

Ipfing, H.-J., Jugend und Illustrierte. Osnabrück 1965.

Iser, W., Der Lesevorgang, in: *Warning* (Hg.), Rezeptionsästhetik. München 1975.

ders., Der Akt des Lesens. München 1976.

Jackson, P.W., Einübung in eine bürokratische Gesellschaft, in: *Zinnecker*, Der heimliche Lehrplan. München 1975.

Jahoda, M., Wieviel Arbeit braucht der Mensch? Weinheim 1983.

Jansen, P., Anthropologie und sprachliche Verständigung. Bochum 1979.

Januschek, F., Arbeit an sprachlichen Handlungsmustern, in: Osnabrücker Beiträge zur Sprach-Theorie 16/1980, S. 163-193.

ders. (Hg.), Politische Sprachwissenschaft. Opladen 1985.

Jauß, H.-R., Kleine Apologie der ästhetischen Erfahrung. Konstanz 1972.

ders., Ästhetische Erfahrung und literarische Hermeneutik. München 1977.

ders., Ästhetische Erfahrung als Verjüngung des Vergangenen, in: *Zimmermann* (Hg.), Sprache und Welterfahrung. München 1978.

Jeggle/Korff/Scharfe/Warneken (Hg.), Volkskultur in der Moderne. Reinbek 1986.

Jencks, Ch., Chancengleichheit. Reinbek 1973.

Kallmeyer u.a., Lektürekolleg zur Textlinguistik, 2 Bde. München 1973.

Kallmeyer/Schütze, Konversationsmaximen, Interaktionspostulate, in: Linguistik und Didaktik 21/1975.

Kambartel, F., Erkennen und Handeln - Methodische Analysen zur Ethik, in: *Gadamer/Vogler*, Philosophische Anthropologie, 2. Teil, Bd. 7 der Neuen Anthropologie. München 1974.

Karst, Th. (Hg.), Texte aus der Arbeitswelt seit 1961. Stutgart 1974.

Keller, M., Kognitive Entwicklung und soziale Kompetenz. Stuttgart 1976.

Kern/Schumann, Industriearbeit und Arbeiterbewußtsein I, Frankfurt [3]1974.

Ketteler, V., Soziale Erfahrung und Erzählen. Meisenheim 1979.

Kifer, E., Relationship between Academic Achievement and Personality Characteristics, in: American Educational Research Journal 2/1975, p. 191-210.

Klotz, V., Abenteuer-Romane. München 1979.

Kluwe, R., Wissen und Denken. Stuttgart 1979.

Knoll/Wondraschke/Hüther, Jugend und Kulturpolitik. Darmstadt/Berlin 1970.

Körner, S., Erfahrung und Theorie. Frankfurt 1970.

Kohlberg, L., Zur kognitiven Entwicklung des Kindes. Frankfurt 1974.

Kohlberg/Turiel, Moralische Entwicklung und Moralerziehung, in: *Portele* (Hg.), Sozialisation und Moral. Weinheim 1978.

Kohlberg, L., Eine Neuinterpretation der Zusammenhänge zwischen der Moralentwicklung in der Kindheit und im Erwachsenenalter, in: *Döbert/Habermas/Nunner-Winkler* (Hg.), Entwicklung des Ichs. Köln 1980.

Kosik, K., Dialektik des Konkreten. Frankfurt 1970.

Krappmann, L., Eine nützliche Provokation. Erklärende Einleitung, in: *Jencks*, Chancengleichheit. Reinbek 1973.

ders., Neuere Rollenkonzepte als Erklärungsmöglichkeit für Sozialisationsprozesse, in: *Auwärter/Kirsch/Schröter* (Hg.), Seminar: Kommunikation, Interaktion, Identität. Frankfurt 1976, S. 307-331.

Kreft, J., Literaturbericht Literaturdidaktik, in: Westermanns Pädagogische Beiträge Heft 1 und 3/1974.

ders., Natur - Gesellschaft - Ästhetik, in: *Baumgärtner/Dahrendorf*, Zurück zum Literaturunterricht? Braunschweig 1977, S. 89-102.

ders., Grundprobleme der Literaturdidaktik. Heidelberg 1977.

ders., Zur Förderung der Emanzipation im handlungsorientierten Literaturunterricht, in: *Ingendahl* (Hg.), Erziehungsziel: Sprachliche Verständigung. Bochum 1978.

ders., Möglichkeiten und Grenzen einer curriculumtheoretischen Begründung des Faches Deutsch, in: *Hopster* 1979, S. 24-50.

Kreutz, H., Soziologie der Jugend. München 1974.

ders., Soziale Bedingungen der Sozialisation Jugendlicher in industriellen Gesellschaften, in: *Hurrelmann*, Sozialisation und Lebenslauf. Reinbek 1976.

Kris, E., Die ästhetische Illusion. Frankfurt 1977.

Kubie, L.S., Psychoanalyse und Genie. Der schöpferische Prozeß. Reinbek 1966.

Kuhn, H., Werte - eine Urgegebenheit, in: *Gadamer/Vogler* (hg.), Philosophische Anthropologie, 2. Teil, Bd. 7 der Neuen Anthropologie. München 1974.

Kunczik, M., Sozialstruktur des Industriebetriebes, in: *Markefka*, Soziologie der Arbeitswelt 2. Neuwied 1976.

Laing, R.D., Phänomenologie der Erfahrung. Frankfurt 1969.

ders., Das Selbst und die Anderen. Reinbek 1977.

ders., Interpersonelle Wahrnehmung. Frankfurt 1971.

Lancker, D. van, Heterogeneity in Language and Speech. Neurolinguistic Studies, Working Papers in Phonetics 29. Los Angeles 1975.

Landwehr, J., Katharsis oder Paideia, in: *Landwehr/Nitzschke* (Hg.), Ästhetik und Didaktik. Düsseldorf 1980.

Langer, S., Philosophie auf neuem Wege (1942). Frankfurt 1965.

Lefebvre, H., Kritik des Alltagslebens, Bd. 1 (1946). München 1974.

Leithäuser, Th., Formen des Alltagsbewußtseins. Frankfurt 1975.

Leithäuser/Volmerg u.a., Entwurf zu einer Empirie des Alltagsbewußtseins. Frankfurt 1977.

Leithäuser/Volmerg, Anleitung zu einer empirischen Hermeneutik. Frankfurt 1979.

dies., Psychoanalyse in der Sozialforschung. Opladen 1988.

Lempert, W., Leistungsprinzip und Emanzipation. Frankfurt 1971.

ders., Moralische Urteilsfähigkeit, in: Zeitschrift für Sozialisationsforschung und Erziehungssoziologie 1/1982, S. 113-126.

Lenzen, D., Ein didaktisches Strukturgitter für den deutschen Sprachunterricht, in: *Blankertz, H.* (Hg.), fachdidaktische curriculumforschung. Essen 1973, S. 100-154.

ders., Didaktische Theorie zwischen Routinisierung und Verwissenschaftlichung, in: *Adl-Amini/Künzli* (Hg.), Didaktische Modelle und Unterrichtsplanung. München 1980, S. 158-179.

Lenzen, H.-D., Kinderkultur. Frankfurt 1978.

Leontjew, A.N., Tätigkeit, Bewußsein, Persönlichkeit. Berlin (DDR) 1979.

Lewis, M.M., Sprache, Denken und Prsönlichkeit im Kindesalter. Düsseldorf 1970.

Loevinger, J., Zur Bedeutung und Messung von Ich-Entwicklung, in: *Döbert/ Habermas/Nunner-Winkler* (Hg.), Entwicklung des Ichs. Köln 1980.

Lompscher, J. (Hg.), Theoretische und experimentelle Untersuchungen zur Entwicklung geistiger Fähigkeiten. Berlin (DDR) 1972.

Lorenzer, A., Sprachzerstörung und Rekonstruktion. Frankfurt 1973.

ders., Psychoanalyse und Gesellschaft, in: *Gerhardt, M.* (Hg.), Die Zukunft der Philosophie. München 1975.

ders. u.a. (Hg.), Produktion, Arbeit, Sozialisation. Frankfurt 1976.

ders., Sprachspiel und Interaktionsformen. Frankfurt 1977.

ders., Das Konzil der Buchhalter. Frankfurt 1984.

Luckmann, Th., Die Konstitution der Sprache in der Welt des Alltags, in: *Badura/Gloy*, Soziologie der Kommunikation. Bad Cannstadt 1972, S. 218-237.

ders., Kommunikation und die Reflexivität der Sozialwissenschaften, in: *Zimmermann, J.* (Hg.), Identität (Poetik und Hermeneutik VIII). München 1979.

Lukács, G., Zur Ontologie des gesellschaftlichen Seins. Neuwied 1971.

Maas/Wunderlich, Pragmatik und sprachliches Handeln. Frankfurt 1972.

Maas, U., Argumente für die Emanzipation von Sprachstudium und Sprachunterricht. Frankfurt 1974.

ders., Kann man Sprache lehren? Frankfurt 1978.

ders., Kulturanalyse, in: Osnabrücker Beiträge zur Sprach-Theorie 16/1980, S. 118-162.

ders., Wider einen Sprachunterricht des schlechten Gewissens, in: *Diegritz, Th.* (Hg.), Diskussion Grammatikunterricht. München 1980, S. 174-201.

ders., Schrift - Schreiben - Rechtschreiben, in: Diskussion Deutsch 1/1985, S. 4-25.

Markefka, M., Soziologie der Arbeitswelt 2. Neuwied 1976.

Martens, K., Kindliche Kommunikation. Frankfurt 1979.

Mead, G.-H., Geist, Identität und Gesellschaft (1934). Frankfurt 1968.

Meinhold/Hollstein, Erziehung und Veränderung. Neuwied/Darmstadt 1975.

Mentzos, S., Interpersonale und institutionalisierte Abwehr. Frankfurt 1976.

Mezger, W., Star und Schlager im Leben der Jugendlichen, in: *Furian, M.* (Hg.), Kinder und Jugendliche im Spannungsfeld der Massenmedien. Stuttgart 1977, S. 140-154.

Miller/Galanter/Pribram, Strategien des Handelns (1969). Stuttgart 1973.

Mollenhauer/Brumlik/Wudtke, Die Familienerziehung. München 1975.

Mollenhauer/Rittelmeyer, Methoden der Erziehungswissenschaft. München 1977.

Meinefeld, W., Einstellung und soziales Handeln. Reinbek 1977.

Negt, O., Stichwort "Kinderöffentlichkeit", in: *ders.*, Stichworte zur Kinderkultur. München 1979.

ders./Kluge, Öffentlichkeit und Erfahrung. Frankfurt ^{4}1976.

Neidhardt, F., Schichtenspezifische Elterneinflüsse im Sozialisationsprozeß, in: *Wurzbacher* (Hg.), Die Familie als Sozialisationsfaktor. Stuttgart 1968.

ders., Systemtheoretische Analysen zur Sozialisationsfähigkeit der Familie, in: *ders.* (Hg.), Frühkindliche Sozialisation. Stuttgart 1973, S. 173-180.

Neisser, U., Kognition und Wirklichkeit. Stuttgart 1979.

Neuland, E., Ausgewählte Probleme der Sprachentwicklung im Schulalter, in: *Baurmann/Hoppe* (Hg.), Handbuch für Deutschlehrer. Stuttgart 1984, S. 64-91.

Neumann, K. (Hg.), Kindsein. Göttingen 1981.

Noltenius, R. (Hg.), Alltag, Traum und Utopie. Essen 1988.

Oevermann, U., Sprache und soziale Herkunft. Frankfurt 1972.

Oevermann/Allert/Gripp/Konan/Krambeck/Schröder-Caesar/Schütze, Beobachtungen zur Struktur der sozialisatorischen Interaktion, in: *Auwärter/Kirsch/Schröter* (Hg.), Seminar: Kommunikation, Interaktion, Identität. Frankfurt 1976.

Oksaar, E., Spracherwerb im Vorschulalter. Stuttgart 1977.

Olbrich/Todt, Probleme des Jugendalters. Berlin 1984.

Peirce, Ch.S., Über die Klarheit unserer Gedanken (1878). Frankfurt 1968.

Pestalozzi, H.A., Nach uns die Zukunft. München 1979.

Piaget, J., Das moralische Urteil beim Kinde (1932). Frankfurt 1972.

ders., Einführung in die genetische Erkenntnistheorie. Frankfurt 1973.

ders., Der Aufbau der Wirklichkeit beim Kinde. Ges. Werke, Bd. 2. Stuttgart 1975.

ders., Lebendige Entwicklung, in: ZfP 1/1974.

ders., Das Weltbild des Kindes (1926). Frankfurt 1980.

Podlech, S., Die juristische Fachsprache und die Umgangssprache, in: *Petöfi/Podlech/v. Savigny* (Hg.), Fachsprache und Umgangssprache. Stromberg 1975.

Pohlen/Wittmann, "Die Unterwelt bewegen". Frankfurt 1980.

Portele, G. (Hg.), Sozialisation und Moral. Weinheim 1978.

Posner, R., Linguistische Poetik, in: Lexikon der germanistischen Linguistik. Tübingen 1973.

Priesemann, G., Zur Theorie der Unterrichtssprache. Düsseldorf 1971.

Quasthoff, U., Eine interaktive Funktion von Erzählungen, in: *Soeffner, H.G.* (Hg.), Interpretative Verfahren in den Sozial- und Textwissenschaften. Stuttgart 1979.

dies., Erzählen in Gesprächen. Tübingen 1980.

Ramge, H., Spracherwerb. Tübingen 1973.

ders., Spracherwerb und sprachliches Handeln. Düsseldorf 1976.

Raulff, U., Mentalitäten-Geschichte. Berlin 1987.

Redder/Rehbein, Zum Begriff der Kultur, in: OBST 38/1987, S. 7-21.

Rehbein, J., Komplexes Handeln. Stuttgart 1977.

Richter, D., Kinderbuch und politische Erziehung, in: *ders./Vogt*, die heimlichen erzieher. kinderbücher und politisches lernen. Reinbek 1974.

Ritz-Fröhlich, G., Das Gespräch im Unterricht. Regensburg 1977.

Ronneberger, F. (Hg.), Sozialisation durch Massenkommunikation. Stuttgart 1971.

Rüsen, J. (Hg.), Die Zukunft der Aufklärung. Frankfurt 1988.

Rumpf, H., Unterricht und Identität. Perspektiven für ein humanes Lernen. München/Wien 1976.

ders., Schuldeutsch, in: *Messner/Rumpf* (Hg.), Schuldeutsch? Wien 1976, S. 10-25.

Samples, R.E., Learning with the whole Brain, in: Human Behavior 2/1975.

Scharmann, Th., Die individuelle Entwicklung in der sozialen Wirklichkeit, in: Handbuch der Psychologie, Bd. 3. Göttingen 1959, S. 571.

Scherner, M., Nichttextualisierte Verstehensvoraussetzungen als sprachwissenschaftliches Problem, in: *Bülow/Schmitter* (Hg.), Integrale Inguistik. Amsterdam 1979, S. 319-358.

Schilling, J., Freizeitverhalten Jugendlicher. Weinheim 1977.

Schleuning, P., Scene-Sprache, in: Osnabrücker Beiträge zur Sprach-Theorie 16/1980, S. 9-44.

Schmidt, S.J., Texttheorie. München 1973.

ders., Skizzen zu einer Texttheorie, in: *Kallmeyer u.a.*, Lektürekolleg zur Textlinguistik Bd. 2. München 1973.

ders. (Hg.), Der Diskurs des Radikalen Konstruktivismus. Frankfurt 1987.

Schmidt-Scherzer, R., Sozialpsychologie der Freizeit. Stuttgart 1974.

Schön/Hurrelmann (Hg.), Schulalltag und Empirie. Weinheim 1979.

Schütz, A., Das Problem der Relevanz. Frankfurt 1971.

ders., Der sinnhafte Aufbau der sozialen Welt (1932). Frankfurt 1974.

ders./Luckmann, Strukturen der Lebenswelt I. Neuwied Darmstadt 1975. Bd. 2 Frankfurt 1984.

Schulz, W., Didaktische Theorie der Schule, in: *Zinnecker*, Der heimliche Lehrplan. Weinheim 1975.

Schulze, Th., Autobiographie und Lebensgeschichte, in: *Baacke/Schulze*, Aus Geschichten lernen. München 1979. S. 51-98.

Schwendter, R., Theorie der Subkultur (1973), Frankfurt 1978.

Selman, R.L., Die Entwicklung des sozialen Verstehens. Frankfurt 1984a.

ders., Interpersonale Verhandlungen, in: *Edelstein/Habermas* (Hg.), Soziale Interaktion und soziales Verstehen. Frankfurt 1984b, S. 113-166.

Spanhel, D., Die Sprache des Lehrers. Düsseldorf 1971.

ders. (Hg.), Schülersprache und Lernprozesse. Düsseldorf 1973.

ders., Die Schülersprache, in: *ders.* (Hg.), Schülersprache und Lernprozesse. Düsseldorf 1973.

Steinert, H., Die Strategien sozialen Handelns. München 1972.

Steinkamp, G., Analyse und Kritik des Leistungsprinzips im Ausbildungs- und Berufssystem industrieller Gesellschaften, in: *Hurrelmann*, Soziologie der Erziehung. Weinheim 1974.

Stierlin/Levi/Savard, Centrifugal versus centripetal separation in adolescene, in: Feinstein/Giovacchini (eds.), Adolescent Psychiatry, Vol. II, New York 1973.

Stone/Church, Kindheit und Jugend. Einführung in die Entwicklungspsychologie Bd. 2. Stuttgart 1978.

Stryker, S., Die Theorie des Symbolischen Interaktionismus, in: *Auwärter/Kirsch/Schröter*, Seminar: Kommunikation, Interaktion, Identität. Frankfurt 1976.

Tausch/Tausch, Erziehungspsychologie. Begegnungen von Person zu Person. Göttingen 1977.

Teichert, V. (Hg.), Alternativen zur Erwerbsarbeit? Opladen 1988.

Tenbruck, F.H., Moderne Jugend als soziale Gruppe, in: *Friedeburg, L.v.* (Hg.), Jugend in der modernen Gesellschaft. Köln 1965.

Thum, B., Germanistik als angewandte Kulturwissenschaft, in: *Oellers* (Hg.), Germanistik im Deutschunterricht im Zeitalter der Technologie, Bd. 1. Tübingen 1988, S. 256-277.

Tillmann, K.-J., Sozialisationstheorien. Reinbek 1989.

Todt, E., Motivation. Heidelberg 1977.

Valéry, P., Dichtkunst und abstraktes Denken (1939), in: *Allemann, B.,* Ars poetica. Darmstadt 1966, S. 208-228.

van der Geest, T., Entwicklung der Kommunikation. Bochum 1978.

Vollmerg, U., Die Vergesellschaftung psychopathologischer Strukturen im Produktionsprozeß, in: *Lorenzer u.a.* (Hg.), Produktion, Arbeit, Sozialisation. Frankfurt 1976a, S. 128-145.

dies., Zum Verhältnis von Produktion und Sozialisation am Beispiel industrieller Lohnarbeit, in: *Lorenzer u.a.* (Hg.), Produktion, Arbeit, Sozialisation, Frankfurt 1976b, S. 105-127.

Wacker, A., Arbeitslosigkeit als Sozialisationserfahrung, in: *Lorenzer u.a.* (Hg.), Produktion, Arbeit, Sozialisation. Frankfurt 1976, S. 171-187.

Wagenschein, U., Verstehen lehren. Weinheim 1970.

Wagner, K., Die Sprechsprache des Kindes, Bd. 2. Düsseldorf 1975.

Wallraff, G., Industriereportagen. Reinbek 1970.

Warning, R. (Hg.), Rezeptionsästhetik. München 1975.

Watzlawick/Beavin/Jackson, Menschliche Kommunikation. Bern 1969.

Watzlawick, P., Die Möglichkeit des Andersseins. Bern 1977.

Weber, H. (Hg.), Landeskunde im Fremdsprachenunterricht. München 1976.

Weber, M., Gesammelte Aufsätze zur Religionssoziologie, Bd. 1, 1963.

Weber, U., Kognitive und kommunikative Aspekte der Sprachentwicklung. Düsseldorf 1975.

Wegener, Th., Arbeitsbedingungen und familiale Erziehung. Frankfurt 1979.

Weigl, J., Untersuchungen zum handlungsbezogenen Sprachverstehen im Kleinikindalter, in: OBST 20/1981, S. 158-181.

Weisgerber, L., Die sprachliche Gestaltung der Welt. Düsseldorf 1962.

ders., Zweimal Sprache. Düsseldorf 1973.

Weizsäcker, C.F.v., Der Garten des Menschlichen. München 1978.

Wellendorf, F., Schule und Identität, in: betrifft: erziehung 5/1973, S. 26-32.

ders., Schulische Sozialisation und Identität. Weinheim 1973.

Westphal/Friesicke, Handbuch der Jugendarbeit und Jugendpresse. München 1967.

Wieczerkowski/z. Oeveste (Hg.), Lehrbuch der Entwicklungspsychologie, Bd. 2. Düsseldorf 1982.

Wieder/Zimmermann, Regeln im Erklärungsprozeß, in: *Weingarten/Sack/Schenkein* (Hg.), Ethnomethodologie. Beiträge zu einer Soziologie des Alltags. Frankfurt 1972.

Willis, P., Spaß am Widerstand. Frankfurt 1970.

Wise, M.R., Language and Behavior, in: *Brend/Pike,* Tagmemics Vol 1. The Hague 1976, S. 85-140.

Witte, B., Kritische Deutschlandkunde, in: *Wierlacher* (Hg.), Jahrbuch Deutsch als Fremdsprache, Bd. 2, 1976, S. 158-170.

Wunderlich, D. (Hg.), Linguistische Pragmatik. Frankfurt 1972.

Wurzbacher, G. (Hg.), Die Familie als Sozialisationsfaktor. Stuttgarrt 1968.

Wylie, L., Ein Dorf in der Vaucluse (1957). Frankfurt 1978.

Wettler, M., Sprache, Gedächtnis, Verstehen. Berlin 1980.

Wygotski, L.S., Denken und Sprechen. Frankfurt 1969.

ders., Das Spiel und seine Bedeutung in der psychischen Entwicklung des Kindes, in: *Elkonin, D.,* Psychologie des Spiels, Köln 1980, S. 441-465.

Youniss, J., Moral, kommunikative Beziehungen und die Entwicklung der Reziprozität, in: *Edelstein/Habermas* (Hg.), Soziale Interaktion und soziales Verstehen. Frankfurt 1984.

Ziehe, T., Pubertät und Narzißmus. Frankfurt 1975.

Zimmermann, J. (Hg.), Sprache und Welterfahrung. München 1978.

Zinnecker, J., Der heimliche Lehrplan. Weinheim 1975.

Zoll/Hennig, Massenmedien und Meinungsbildung. München 1973.

Über den Autor

Dr. *Werner Ingendahl* lehrt seit 1974 als Professor für Germanistik (Didaktik der deutschen Sprache und Literatur) an der Universität – Gesamthochschule Wuppertal. Seine wichtigsten Arbeitsgebiete sind die Grundlagen der sprachlichen und literarischen Bildung sowie die Möglichkeiten des Deutschunterrichts. In den siebziger Jahren wirkte er an der Reform der Aufsatzerziehung mit und entwickelte mit einer Arbeitsgruppe einen integrierenden, handlungsorientierten und erfahrungsbezogenen Deutschunterricht in der Form der „angeleiteten Projektarbeit" – ein Konzept, das in den zwanzig Jahren seither – nicht zuletzt durch Lehrerfortbildung – bekannt und praktisch wurde. In den letzten Jahren galt sein Interesse vor allem den inhaltlichen Problemen der Sprachvermittlung: Welche Rolle spielt das Wissen beim Spracherwerb? Was kann einer, der sprechen lernt? An welchen Themen sollten Schüler ihre kommunikativen Fähigkeiten entfalten und reflektieren? Welche Auswirkungen haben Formen und Inhalte des Deutschunterrichts auf Persönlichkeit und Gesellschaft?

Aus dem Programm
Linguistik

Gerhard Helbig
Geschichte der neueren Sprachwissenschaft
8. Aufl. 1989. 393 S. (WV studium, Bd. 48) Pb.
ISBN 3-531-22048-9

Inhalt: Die Sprachwissenschaft vor de Saussure – Die Neuorientierung bei de Saussure – Die Herausbildung der strukturellen Linguistik – Die inhaltsbezogene Grammatik – Die funktionale Grammatik – Die Abhängigkeitsgrammatik – Die Entwicklung und Leistung von Glinz – Die Bedeutung von Charles Carpenter Fries – Die generative Transformationsgrammatik – Zusammenfassung und Ausblick.

Dieser Band bietet nicht nur für Studierende, sondern auch für Deutsch- und Fremdsprachenlehrer einen unentbehrlichen Überblick über die moderne Linguistik und ihre Theoriegeschichte. Ihre unterschiedlichen, oft gegensätzlichen und sich doch vielfach überschneidenden Richtungen werden eingehend und faßlich charakterisiert, sorgfältig verglichen und überlegt gewertet.

Michael Dürr
und Peter Schlobinski
Einführung in die deskriptive Linguistik
1990. 315 S. (WV studium, Bd. 163) Pb.
ISBN 3-531-22163-9

Diese Einführung gibt einen Überblick über die Teilgebiete der Linguistik: Phonetik/Phonologie, Morphologie, Syntax, Semantik und Pragmatik. Die grundlegenden linguistischen Fragestellungen und Fachtermini werden anhand von Beispielen aus verschiedenen Sprachen behandelt, wobei die Autoren immer auf Anschaulichkeit Wert legen. Zur Illustration der Beschreibungstechniken und -methoden werden zahlreiche Sprachbeispiele herangezogen – auch aus außereuropäischen Sprachen. Das Buch will vor allem die Fähigkeit vermitteln, Sprachmaterial hinsichtlich linguistischer Fragestellungen analysieren zu können: es enthält daher zahlreiche Übungsaufgaben mit Lösungshinweisen.

WESTDEUTSCHER VERLAG
OPLADEN · WIESBADEN

Aus dem Programm Literaturwissenschaft

Jochen Vogt
Aspekte erzählender Prosa
Eine Einführung in Erzähltechnik und Romantheorie.
7., neubearb. und erw. Aufl. 1990. 273 S. (WV-Studium, Bd. 145) Pb.
ISBN 3-531-22145-0

Die seit vielen Jahren in Studium und Schule bewährte Einführung „Aspekte erzählender Prosa" liegt mit dieser Ausgabe in völlig neubearbeiteter und stark erweiterter Fassung vor. Der Autor vermittelt die grundlegenden Bedingungen, Strategien und Techniken literarischen Erzählens sowie die Terminologie und die Kategorien der Erzählforschung anhand zahlreicher Beispieltexte aus der deutschen und der internationalen Literatur. Diskutiert werden ferner die historische Dimension und die Entwicklung verschiedener Erzählstrukturen und -techniken sowie die Beziehung zwischen Romanform und moderner Gesellschaft. Der Leser erhält mit diesem Band ein leicht verständliches Instrumentarium für die selbständige Analyse von Erzähltexten aller Art.

Dietrich Schwanitz
Systemtheorie und Literatur
1990. 284 S. (WV studium, Bd. 157) Pb.
ISBN 3-531-22157-4

Der Anschluß der Literaturwissenschaft an die Systemtheorie stellt sich als faszinierender Paradigmawechsel dar: Die Umstellung des Gegenstandsbezugs auf Probleme macht die disparatesten Dinge als ihre Lösungen vergleichbar: die Leitbegriffe dieser neuen Komparatistik sind Selbstbeschreibung und Autopoiesis; der Denkstil ist streng und verspielt; und die Methode steuert sich als Beobachtung von Beobachtung. Entsprechend zeigt das Buch an Beispielen aus der deutschen und europäischen Literatur, was die Systemtheorie in der Anwendung auf klassische Felder der Literaturwissenschaft wie Genretheorie, Erzählforschung, Kulturgeschichte, Kunsttheorie etc. leistet; zugleich stellt es in fiktiven Dialogen zwischen literarischen Figuren zentrale Bestandteile der Systemtheorie dar.

WESTDEUTSCHER VERLAG
OPLADEN · WIESBADEN